房地产估价理论与方法

马光红　编著

U0833631

上海大学出版社
·上　海·

内 容 提 要

本教材主要介绍房地产估价的基本理论与方法，包括对房地产价格影响因素的分析、房地产估价的基本方法，如比较法、收益法、成本法、假设开发法以及土地价格评估的基准地价法、路线价法等。本教材在撰写时根据新颁布的《房地产估价规范》(GB/T50291—2015)的相关要求组织内容，章节安排合理，重点突出；例题的选择和编排紧扣教材内容，由浅入深，讲解详细，能够帮助读者灵活掌握理论知识的运用，也有利于读者理解和把握房地产估价的要旨；精选的复习思考题覆盖各章的主要知识点，难度适中。本教材可以作为普通高等学校的房地产企业管理、土地资源管理、房地产经济、土地经济、工程项目管理等相关专业的教学用书，也可以作为准备参加土地估价师、房地产估价师以及房地产经纪人考试者的培训用书，还可以作为房地产估价领域的教师以及研究者的参考用书。

图书在版编目(CIP)数据

房地产估价理论与方法/马光红编著. —上海：上海大学出版社，2016.7
ISBN 978-7-5671-2439-4

Ⅰ.①房… Ⅱ.①马… Ⅲ.①房地产价格—估价—高等学校—教材 Ⅳ.①F293.35

中国版本图书馆 CIP 数据核字(2016)第 154238 号

责任编辑 傅玉芳
封面设计 柯国富
技术编辑 金 鑫 章 斐

房地产估价理论与方法

马光红 编著

上海大学出版社出版发行
(上海市上大路 99 号 邮政编码 200444)
(http://www.press.shu.edu.cn 发行热线 021-66135112)
出版人：郭纯生

*

南京展望文化发展有限公司排版
上海叶大印务有限公司印刷 各地新华书店经销
开本 787×1092 1/16 印张 20.5 字数 449 千
2016 年 7 月第 1 版 2016 年 7 月第 1 次印刷
ISBN 978-7-5671-2439-4/F·156 定价：38.00 元

前　　言

房地产具有生活必需品和投资品的双重属性，人们购买房屋首先是为了满足居住的需要，当居住需求得到满足以后，如果居民还具有一定的货币支付能力，在信贷支持下，可以通过购买房地产进行投资，以期获得增值收益和租金回报。由于房地产必须固着在土地上，房地产的价值包含土地的价值。土地价值的高低，受到土地区位的影响，同样面积的土地，由于所处的区位不同，价值差别较大。因此，区位的差异，往往导致房地产价格有明显的差别。随着我国住房制度货币化改革以及住房产权的明晰化，房地产交易价格越来越重要。由于房地产既属于价值量高的商品，又属于差异化程度非常大的商品，在交易中如何确定交易价格，成为产权人和消费者非常关注的问题。随着我国房地产市场的发展，房地产估价行业的重要性日益显化。

房地产估价在我国是一个既古老又年轻的行业，早在战国时期的书籍中，就有关于依土地肥沃程度划分土地等级并作为税赋标准的记载。历史上的田地交换、房屋买卖都离不开对价格的评估，这些都是房地产估价的萌芽。从20世纪初期开始，在上海、北京等我国的主要城市，房地产的交易十分活跃，并开始出现一些专业的房地产估价人员。解放以后，由于禁止房地产买卖，估价行业也一度消失。20世纪80年代，伴随着土地使用制度的改革和市场经济的全面推行，我国现代房地产估价开始兴起，并迅速发展。

随着我国房地产市场的发展和完善，房地产经济活动的类型日益多样化，具体表现在房地产产权的让渡，土地使用权的出让、转让，房地产的抵押、拍卖，以房地产出资设立企业，企业的资产重组等。所以为了满足不同经济活动的需要，专业房地产估价人员需要合理地评估房地产价格；估价目的不同，价格的表现形式有所差异。房地产价格由于受到多种因素的影响，如一国经济发展状况、货币政策、税收政策、土地供应政策、公共住房政策等，同一房地产，由于交易时点不同，价格差别较大。因此，只有具备专业的房地产知识和技能，才能准确地评价一宗房地产的客观合理价值。此外，当前房地产估价的应用范围也越来越广泛，除了房地产交易以外，房地产开发、经营、融资，都需要以估价为基础的相关咨询服务。

本书由马光红编写，研究生刘岩、王亚对书中部分内容和例题数据进行了校对，马光红负责全书的审阅和校对，上海大学经济学院的谢叙祎博士对本书的撰写提出了借鉴性的建议，包括内容的界定、例题的选用，并提供了一些参考性案例和例题，丰富了本书的内容；吴冠岑副教授、王万力博士也对本书的内容界定提出了建议；对此一并表示感谢。

本书撰写过程中，参考了大量国内已经出版的书籍和文献，主要的参考文献列于书后，在此，对相关文献的作者表示感谢。

由于作者学术水平有限，可能存在疏漏和不足，书中的内容需要进一步完善和补充，恳请相关学者、教师以及使用本书的人员提出宝贵意见和修改建议，欢迎读者批评指正，可致信ma_guanghong@aliyun.com，作者在此致以谢意。

编　者

2016 年 6 月

目　　录

第一章　绪论：房地产及房地产估价 …… 1
第一节　我国房地产估价的历史及其发展简介 …… 1
一、我国古代土地、房屋的评估简介 …… 1
二、我国近代房地产估价简介 …… 3
三、我国当代房地产估价简介 …… 5
第二节　房地产、土地的定义及其诠释 …… 6
一、房地产 …… 6
二、房地产的实物、区位和权益 …… 8
第三节　房地产的特性及其诠释 …… 12
一、位置的固定性 …… 12
二、供给滞后性 …… 14
三、寿命周期长 …… 15
四、完全差异化商品 …… 16
五、保值增值特性 …… 17
六、外部性 …… 17
七、流动性差 …… 19
八、易受限制 …… 21
第四节　土地市场、房地产市场结构与特征分析 …… 21
一、市场结构类型 …… 21
二、贝恩的市场结构分类 …… 23
三、基于赫芬达尔—赫希曼指数(Herfindahl-Hirschman Index，HHI)值为基准的市场结构分类 …… 23
四、土地市场与结构 …… 24
五、房地产市场结构及其市场细分 …… 25
六、房地产估价的必要性 …… 32
【复习思考题】 …… 36

第二章　房地产需求、供给及价格影响因素分析 …… 37
第一节　房地产的需求、供给与价格 …… 37

一、房地产的需求 …… 37
二、房地产的供给 …… 38
三、房地产市场供求均衡分析 …… 40
四、房地产市场的非均衡 …… 40
第二节　房地产价格与租金的关系 …… 43
一、房地产价格与租金的关系分析 …… 43
二、住宅市场租买结构问题分析 …… 45
三、完善我国住宅市场租买结构的措施 …… 49
第三节　房地产价格影响因素分析 …… 50
一、经济因素 …… 50
二、社会因素 …… 60
三、影响房地产价格的个体因素 …… 65
第四节　我国房地产指数的主要类型、编制方法及其应用 …… 69
一、“国房指数”的编制及其应用 …… 70
二、“中房指数”的编制及其应用 …… 73
第五节　房地产价格及其补地价的计算 …… 76
一、成交价格、市场价格、评估价格、公开市场价值 …… 76
二、楼面地价 …… 77
三、名义价格与实际价格 …… 77
四、招标价格、拍卖价格以及协议价格 …… 77
五、补地价 …… 78
【复习思考题】 …… 79

第三章　房地产估价的基本知识 …… 81
第一节　房地产估价的概念及其诠释 …… 81
一、房地产估价的概念 …… 81
二、房地产估价对象 …… 82
三、房地产的客观合理价格或价值 …… 83
四、专业房地产估价人员 …… 83
第二节　房地产估价的目的 …… 85
一、房地产抵押估价 …… 85
二、房地产税收估价 …… 87
三、房地产征收和征用估价 …… 88
四、房地产拍卖、变卖估价 …… 88
五、房地产分割、合并估价 …… 89
六、房地产损害赔偿估价 …… 89

七、房地产保险估价 …… 89
八、房地产转让估价 …… 90
九、房地产租赁估价 …… 90
十、建设用地使用权出让估价 …… 90
十一、房地产投资基金物业估价 …… 91
十二、为财务报告服务的房地产估价 …… 91
十三、企业各种经济活动涉及的房地产估价 …… 92
十四、房地产纠纷估价 …… 92
十五、其他目的的房地产估价 …… 92
第三节　房地产估价的基本原则 …… 92
一、独立、客观、公正原则 …… 93
二、合法原则 …… 93
三、最高最佳使用原则 …… 95
四、估价时点原则 …… 96
五、替代原则 …… 97
第四节　我国当代房地产估价行业发展简介 …… 98
一、以法律形式确定了房地产估价行业的地位 …… 98
二、实行房地产估价师资格认证和培训制度 …… 99
三、建立了房地产估价师资格和房地产估价机构资质行政许可项目 …… 99
四、发布了房地产估价的部门规章和规范性文件 …… 100
五、制定并颁布房地产估价国家规范 …… 100
六、成立了房地产估价行业组织 …… 100
七、形成完善的房地产估价理论和方法体系 …… 101
八、形成了公平竞争的房地产估价市场 …… 101
九、拓宽了房地产估价服务的范围 …… 101
十、房地产估价行业发展的特点和难点 …… 102
第五节　房地产估价方法简介 …… 102
【复习思考题】…… 103

第四章　比较法 …… 105
第一节　比较法概述 …… 105
一、比较法的含义 …… 105
二、比较法的理论依据 …… 105
三、比较法适用的对象和条件 …… 106
四、比较法的操作步骤 …… 107
第二节　交易实例资料的调查和搜集 …… 108

一、交易实例数据和资料搜集的途径和方法 …… 108
二、有关交易实例资料搜集的内容 …… 109
第三节 可比实例的选取 …… 111
一、可比实例的数量 …… 112
二、可比实例选取的特征要求 …… 112
三、可比实例选取举例 …… 113
第四节 可比实例价格调整 …… 115
一、建立比较基础 …… 115
二、交易情况修正 …… 119
三、进行市场状况调整 …… 123
四、房地产状况调整 …… 126
五、特殊因素修正 …… 130
第五节 计算比较价值 …… 132
一、综合修正公式 …… 132
二、计算比较价值 …… 132
第六节 比较法应用举例 …… 134
【复习思考题】 …… 140

第五章 收益法 …… 142
第一节 收益法概述 …… 142
一、收益法的基本思想 …… 142
二、收益法的概念 …… 143
三、收益法的理论依据 …… 144
四、收益法的应用条件 …… 144
五、收益法的实施步骤 …… 144
第二节 净收益、还原利率、收益年限的计算 …… 145
一、净收益 …… 145
二、还原利率的测定及其计算 …… 153
三、收益期限的确定 …… 158
第三节 收益法的基本计算公式及其应用举例 …… 159
一、直接资本化法的公式 …… 160
二、报酬资本化法的基本公式 …… 160
三、报酬资本化法公式的变化形式 …… 161
四、直接资本化法和报酬资本化法的比较 …… 174
第四节 剩余技术在房地产估价实务中的应用 …… 175
一、投资组合与综合报酬率 …… 175

二、土地剩余技术和建筑物剩余技术 …… 177
三、自有资金剩余技术和抵押贷款剩余技术 …… 180
第五节 收益法的综合应用及其举例 …… 181
【复习思考题】…… 187

第六章 成本法 …… 190
第一节 成本法概述 …… 190
一、成本法的含义 …… 190
二、成本法的理论依据 …… 190
三、成本法的适用范围和适用条件 …… 191
四、成本法基本计算公式及其实施步骤 …… 192
五、房地产成本的基本构成 …… 193
第二节 新开发土地的成本法估价 …… 197
一、新开发土地成本法的估价过程 …… 198
二、新开发土地的成本构成 …… 198
三、新开发土地价格的修正及其计算实例 …… 199
四、新开发土地宗地单价的求取 …… 199
第三节 新开发房地产的成本法估价 …… 201
一、新开发房地产成本法的估价过程 …… 201
二、新开发房地产的土地成本构成 …… 202
三、新建建筑物建筑、安装、装饰等成本的计算 …… 203
四、应用举例 …… 206
第四节 旧房地产价格计算 …… 208
一、旧房地产成本法的估价过程 …… 208
二、重置成本或重建成本及其计算 …… 209
三、建筑物折旧的计算方法 …… 210
第五节 成本法应用举例 …… 225
【复习思考题】…… 227

第七章 假设开发法 …… 229
第一节 假设开发法概述 …… 229
一、假设开发法的基本含义 …… 229
二、假设开发法的理论依据 …… 229
三、假设开发法的适用范围 …… 230
四、使用假设开发法进行房地产估价应具备的条件 …… 230
五、假设开发法与成本法的关系 …… 231

第二节 假设开发法的估价过程及其实施步骤 …… 232
一、选择具体的估价方法 …… 232
二、选择估价前提 …… 232
三、选择最佳开发经营方式 …… 232
四、测算后续开发经营期 …… 233
五、测算后续开发的必要支出 …… 234
六、测算开发完成后的价值 …… 235
七、确定折现率或者测算后续开发应该得到的利润 …… 236
八、计算开发价值 …… 236
第三节 假设开发法总结及其应用举例 …… 245
一、具有开发潜力的土地价格评估 …… 245
二、存量旧房地产的估价 …… 249
三、在建工程的价格评估 …… 250
四、土地开发方案的比较分析与选择 …… 251
【复习思考题】 …… 254

第八章 基准地价修正法和路线价法 …… 257
第一节 城镇土地分等定级 …… 257
一、城镇土地分等定级的概念及其简介 …… 257
第二节 基准地价评估 …… 258
一、基准地价的概念和特点 …… 258
二、基准地价评估的过程及其采用的方法 …… 264
三、基准地价修正系数表的编制 …… 265
第三节 基准地价系数修正法在土地评估中的运用 …… 269
一、基准地价系数修正法 …… 269
二、基准地价系数修正法评估土地价格的步骤和方法 …… 270
三、基准地价系数修正法应用举例 …… 274
第四节 路线价法及其应用举例 …… 278
一、路线价法简介 …… 278
二、路线价法的实施步骤 …… 280
三、路线价法的应用情况举例 …… 287
第五节 多层、高层建筑地价分摊 …… 296
一、按建筑面积分摊 …… 297
二、按房地价值分摊 …… 298
三、按土地价值分摊 …… 298
【复习思考题】 …… 299

第九章　房地产估价报告的撰写及其程序 …… 301
第一节　房地产估价的程序 …… 301
一、估价准备阶段 …… 301
二、估价作业阶段 …… 304
三、估价收尾阶段 …… 306
第二节　房地产估价报告的撰写 …… 307
一、估价报告的内涵 …… 307
二、估价报告的形式 …… 307
三、估价报告的总要求 …… 308
四、估价报告的内容及需要注意的问题 …… 308
【复习思考题】 …… 311

参考文献 …… 313

第一章　绪论：房地产及房地产估价

第一节　我国房地产估价的历史及其发展简介

自古以来，土地和房屋就被认为是人们重要的资产、财富、生产和生活资料。土地是人类赖以生存的基础。人们利用土地，进行农耕、养殖活动，生产出粮食，满足基本的生活需要；早期人们利用天然的建筑材料，通过自身劳动，建造出挡风、遮雨、避寒的住所，满足居住的需要。所以，土地、房屋是人类生存、生活的必要条件。随着人类文明的进步和科学技术的发展，农耕技术不断提高；在建筑领域，人们也利用自然资源，制造和加工出更多的新型建筑材料，并且利用天然的和人工的建筑材料建造房屋。伴随着人类活动的多样化，房屋的类型也呈现出多样化。房屋不再是传统意义上的安居之所，更是人们用于生产、办公和加工等社会劳动的载体。如今，房屋已经成为人们进行经济活动的重要生产资料。

房屋是固着在土地上的。土地是自然界的馈赠之物，土地资源丰富；但是相对于人们的需求而言，土地资源是稀缺的。随着世界人口的不断增加，农业用地、工业用地、居住用地需求的增加，土地的价值不断提高。因而，土地具有保值、增值的特性。由于房地产是土地和房屋两部分组成的，所以房地产也具有保值、增值的特性。

房地产不仅是生活必需品，而且是投资品。房地产的价值量高，是重要的资产和财富，在人们的经济、生活中发挥着重要的作用。例如，在企业的经营活动中，它是重要的固定资产。

我国作为文明古国，不仅具有灿烂的文化、先进的科学技术；而且在房地产估价领域，也具有悠久的历史。在我国历史上，为了满足不同发展时期各类经济活动的需要，很早就出现了对土地的肥瘠程度、房屋质量和价值进行评估的活动。而我国早期的房地产估价活动，主要侧重于对土地质量和土地价值的评估。

一、我国古代土地、房屋的评估简介

众所周知，大自然赋予人类的土地贫瘠肥沃程度差别较大。有的土地肥沃，人们利用土地进行耕作、从事农作物的种植，在投入一定劳动的情况下，产出较高；而有些贫瘠的土地，即使投入一定的劳动，产出也较低。因此，古代人乐于在肥沃的土地上耕作。所以，我国早期的房地产评估主要是对土地肥沃贫瘠程度的测定和评价。

据我国史料记载，在公元前两千多年以前，统治阶级、土地的所有者为了征收农业税、

田赋或者征收地租,就开始对土地质量进行评估。这是最早的土地评估的萌芽,主要是对土地资源的肥瘠、土地的农业产出高低进行评价,即对土地的自然质量进行评估,作为征收田赋的参考依据。虽然,当时的评估还没有涉及对土地价值或者土地价格的评估,但已经初具房地产评估的思想萌芽。对土地质量进行评估,其主要目的是为了征税的公平和合理,即根据土地的产出高低进行征税,土地产出较高的征收较高的税赋,土地产出较低的征收相对低廉的税赋。在当时,统治阶级把所管辖的土地划分为三级九等,具体划分见图 1-1。

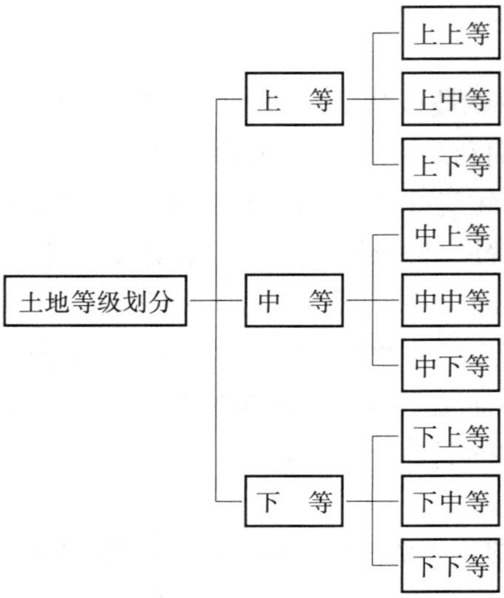

图 1-1　我国古代土地等级划分

随着社会的变迁,我国土地所有制不断演化。在原始社会,由于生产力极其低下,古代的人们通过集体劳作,才能战胜恶劣的自然条件,获得共同生存的机会。因此,实行氏族公社土地公有制。在原始社会后期,农业产出出现剩余,逐步出现土地私有,土地制度由公有逐步向私有过渡。进入奴隶社会以后,土地实行国有制,即井田制。进入封建社会以后,土地私有制出现。如春秋战国时期,各诸侯国先后变法。新的国家赋税制度和法律条文出现,促使土地所有制逐步由国有制向私有制转变。例如,春秋时期齐国管仲的"相地而衰征"和鲁国的"初税亩"制度;战国时期,秦国商鞅变法,废井田,开阡陌,承认土地私有,各国颁布相应的法律,允许土地私有,标志着井田制的瓦解,代之以多种形式的封建土地所有制。

实行土地私有,土地兼并活动也逐步出现。土地的所有者因为土地经济活动的需要,对土地进行产权交易或者对土地进行出租,产生了对土地价值或者价格评估的需求,仅对土地进行质量评估不能满足土地产权交易的需要,这促使人们开始关注土地价值问题,探讨土地价格评估的方法。在长期的评估实践中,初步形成了一些简易的评估方法,逐步形成了一定的理论体系。随着人类文明的进程和社会的发展,房屋作为交换标的物开始出现,房屋或者田宅买卖在一些人口聚集的小城镇出现,房屋和其他生活资料一样,成为人们进行交易的商品。

在对土地和房屋的评估实践中，当时所采用的一般方法就是原始的、简单的比较，也就是通过对邻近的土地质量、产出、形状和面积等方面进行对比，确定土地的差异，以邻近地块的买卖价格作为参考依据，然后根据对比情况进行价格调整，作为土地交易的价格参考。通过对上述评估过程进行分析可知，以上评估体现了比较法的思想。在我国宋代时期，土地买卖除了采用简单的比较法以外，有的交易定价开始根据地租的高低来确定，也就是根据地租来定价。在这种情况下，可以把地租作为土地所有者在租赁土地过程中获得的稳定收益，这样的评估过程则体现了收益法的思想。在封建社会的晚期，特别是清朝时期，对房屋的估价开始采用建造成本法，如清朝政府在收回俄国人占用我国的土地时，曾经采用的方法就是成本法。根据史料记载，清朝统治者所采取的措施就是估计俄国人在修建房屋过程中的成本投入，补偿其盖房的成本，然后令其搬迁。在封建社会早期，土地、房屋价值评估主要是买卖者采用简单的比较、租金定价等方法来确定，还没有专门从事土地、房屋价值评估的专业人员。据史料记载，在我国元朝时期，曾经出现专门从事土地、房屋价值评估的人员，这可以称为我国历史上最早的土地估价、房地产估价的从业者①。

二、我国近代房地产估价简介

在清朝后期，由于人口的增长明显超过耕地的净增加，土地资源稀缺，土地更为紧张，进而引起土地恐慌，人们的各种社会关系也变得日益紧张。因为没有土地或者拥有较少土地的农民增多，土地的所有者通过提高地租来经营土地，造成农民日益穷困，租佃关系愈趋尖锐。封建统治阶级对土地的兼并日益加剧。而帝国主义的侵略，外国列强在我国主要城市如上海、青岛等强设租界，大量占用我国的土地，加剧了土地资源紧张。

孙中山先生所处的时代，正是中国由封建社会向资本主义急剧转变的时期。这一时期土地集中现象十分突出，土地分配极其不合理，自耕农占有土地面积急剧下降。孙中山先生观察到国内主要城市地价猛涨、土地日益集中、农民土地经营破碎、地租不合理等现象，认为中国革命中应解决的关键问题就是土地问题。孙中山先生的土地思想，早期主要受到欧美学者斯宾塞尔（Thomas Spence）、亨利·乔治（George Henry）等人影响，中期受到达马熙克、单·威廉等学者的影响。斯宾塞尔针对当时欧洲的土地私有制度，提出了“土地是人类天赋的生存权，应归村镇或教区所有”的观点，主张土地私有不正当、地主独占地租是与社会的正义不相符的观点，应把将来发生的地租没收归公。亨利·乔治在其《进步与贫困》一书中认为，土地是大自然馈赠的财富，人人都有使用土地的平等权利，正如人人都有呼吸空气的平等权利一样；然而随着社会财富的增加、技术的不断进步，独占地租的现象不断上升，地主坐享其成，不劳而获，而工人却日趋穷困，这是极其不合理的。所以他认为土地的“私有是盗窃，地租是赃物”，主张没收全部地租、抽土地单一税。达马

① 叶剑平、曲卫东编著：《不动产估价》，中国人民大学出版社，2006 年，第 1～3 页。

熙克针对德国在19世纪末，财富大量集中、人口涌入都市、地价暴涨、土地问题因之日趋严重的现实，提出了土地公有的观点。受到欧洲资产阶级民主思潮的影响，在中华民国建立的初期，孙中山提出了“平均地权”的思想并颁布了相应的法律、法规和政策，初步制定了土地法、土地使用法、土地征收法及地价税法，由政府进行土地管理及征税事宜；实行了私有土地由土地所有者报价，国家据价征税，必要时国家依价收买，也就是“核定天下地价，其现有之地价，仍属原主所有，其革命后社会改良进步之增价，则归于国家，为国民所共享”的平均地权的政策，同时还规定国家应当给佃农以土地，资其耕种，也就是实行“耕者有其田”的政策。孙中山先生认为，在中国实现“平均地权”政策的目标，需要分步推进和实施，总括而言就是：

(1) 核定地价：共和政府成立以后，首先对地价进行核定，应当允许私人土地所有者对土地进行估价，然后报价与政府，政府根据土地所有者的报价在核发地契时标明地价，根据标定的土地价格征税或者作为征用土地时的补偿标准；也就是按价征税和按价征收。

(2) 照价抽税：如果土地的价格没有上涨，则按照核定的地价来征税；如果土地的价格上涨，对溢价部分则不应该“抽税”，而是主张完全“充公”。

(3) 照价收买：在国家需要的时候，政府可以根据核定的地价进行购买，也就是“按照业主订立契约时之价格”、“给价而收用之”；所谓的照价收买是针对土地而言，而地上之附着物，如房屋等，则另行给予补偿。

孙中山先生去世以后，国民党政府在胡汉民的倡导和支持下，于1930年颁布了《土地法》，这部法律是在1928年11月通过的《土地法原则草案》的基础上修订而来的。《土地法》共涵盖5编、397条。第一编为总则，主要包括法例与实施、土地所有权、土地重划、土地测量等；第二编为土地登记，主要包括通则、登记程序、登记费以及土地权利书状等；第三编为土地使用，主要包括通则、市地、农地和土地重划程序；第四编为土地税，包括通则、地价之申报及估计、改良物价值之估计、税地区别、土地税征收、土地税之减免等；第五编为土地征收，包括通则、征收准备、征收程序、补偿地价与迁移费等。

《土地法》明确了执行机关，确定了土地权利的执行方式。规定地政机关为《土地法》的执行机关，把地政机关划分为中央和地方，明确了各地政机关的职责；规定推行土地登记制度。在肯定国土全民所有的情况下允许土地私有，禁止土地荒芜。照价收税，明确了各项土地税收制度，地政机关是对土地进行估价的机关，一般土地按照土地估价前5年的市场价格为准，其他土地则按照严格程序对土地进行估价，地政机关估价完成后应公布标准地价，经过30天公告无异议后则为估定地价；如果出现异议，则由地政机关公决，地价除有重大变更外，每5年重新估价一次。土地税为地方税，分地价税和土地增值税两种，一年分四次缴纳。通过《土地法》的相关条文和规定可知，在1930年以后，随着《土地法》的颁布和实施，国民党政府的职能机关开始对土地价值进行评估，以满足土地纳税和土地征用的需要。由于《土地法》颁布的时期，正是我国遭受日本侵略的时期，面对外敌入侵，我国人民全力抗击日本侵略者，因而这一部《土地法》在我国没有得到较好的实施。

1949年中华人民共和国建立以后，我国逐步实行城市土地和房屋的公有化制度。

1951 年 8 月，政务院颁布了《城市房地产税暂行条例》，在暂行条例中规定了标准的房价、标准地价、标准房地价以及房租等作为房地产税的计税依据。在一些主要的城市，还颁布了关于房屋买卖和管理的办法。例如，上海市在 1950 年颁布的《上海市私营企业 1950 年重估财产房屋部分估价标准》以及 1954 年《广州市房地产交易办法》等。1956 年以前房屋还有出租和交易。但是，随着我国住房福利分配制度的实行和土地行政划拨制度的实施，房地产的买卖和租赁等经济活动逐步减少，房地产估价因受制度制约而处于停滞状态。

三、我国当代房地产估价简介

1978 年以来，伴随着我国经济体制的改革，建筑业和房地产业开始复苏。首先，在理论界，就房地产的属性问题进行了广泛的争论。国内有的经济学家提出房地产不仅具有福利性，还具有商品性，房地产具有二元属性，而商品性是其主要特性。通过广泛的讨论，在理论上达成共识的前提下，我国政府启动了城镇住房制度和土地使用制度的改革。随着住房制度改革的深入，房地产的价值开始显化，为了满足房地产经济活动的需要，房地产价格或者价值评估活动开始出现，房地产估价开始复苏，房地产估价行业逐步形成。

在 20 世纪 80 年代初期和中期，为了规范市场中各经济主体的行为，提供相应的制度环境和制定法律法规成为政府进行经济体制改革的重要工作之一。在这一时期，我国政府颁布了《中华人民共和国中外合资经营企业法》。根据该部法律的规定，对中外合营企业征收场地使用费。1982 年，在深圳又实行了土地有偿使用的试点工作，开始通过建立土地一级市场，实行土地所有权和使用权的分离，对国有土地实行有偿使用制度。以上法律法规的颁布和条例的实施，为土地估价提供了业务支撑，为房地产估价行业的兴起奠定了制度和法律基础。

随着我国工业化和城市化的进程，城市政府为了城市公共设施的建设或者其他商业活动的需要，城市动拆迁和城市更新等经济活动不断出现。在动拆迁过程中，需要对城市存量土地、地上房屋或者其他附着物进行价值评估，并以此确定动拆迁补偿。因此，随着城市动拆迁规模的扩大，对房地产估价的需求越来越迫切，房地产评估在一些大中型城市的房地产管理部门得到恢复和发展，并有专门的人员从事估价实务工作。

为了加强财产管理，准确反映房产的价值及其随着时间的推移而变化的状况，原城乡建设环境部(现住建部)在 1984 年印发了《经租房屋清产估价原则》。此后，住建部、物价局和国家工商行政管理局在 1988 年又颁发了《关于加强房地产交易市场管理的通知》，在通知中明确地提出，房地产评估工作在房地产经济活动中具有非常重要的作用，随着旧房出售的增加，各城市应该及时建立房地产价格专业评估队伍。

我国房地产估价行业的规范和快速发展，是在 20 世纪 90 年代以后，随着房地产估价师执业制度的建立而得以发展的。在这一时期，我国借鉴西方国家房地产估价职业资格考试制度和做法，也开始实行估价师执业资格考试及其认证制度。特别是在 1995 年以后，每年组织房地产估价师执业资格考试，通过职业考试的专业人员，不仅在估价理论上掌握了房地产估价的丰富知识，通过房地产估价实务，实际估价能力也明显提高。

为了促进房地产估价行业的发展，规范估价报告和估价技术报告的撰写，在 1999 年 2 月，建设部和国家技术质量监督局联合颁发了中华人民共和国国家标准《房地产估价规范》。在规范中，详细规定了房地产估价的原则、程序、方法和估价报告的撰写要求以及对估价专业人员的职业道德要求，以保证房地产估价结果的公平、公正、客观和合理。在 2015 年 4 月，住房和城乡建设部、国家质量监督检验总局又联合颁布新的《房地产估价规范》(GB/T50291)并且从 2015 年 12 月开始实施。

随着我国房地产市场的快速发展，房地产业已经成为我国的支柱产业，在拉动投资、刺激消费、扩大就业、保持经济稳定增长方面起到了重要的作用。房地产经济活动日益频繁，房地产买卖、抵押、保险、典当以及房地产税收等经济活动均需要对房地产价格进行科学、合理的评估。在需求的推动下，房地产估价业务不断拓展，房地产估价行业的规模也逐步扩张。迄今为止，在法律法规不断完善、行业标准不断健全、从业人员业务水平不断提高的背景条件下，房地产估价行业已经成为重要的中介服务行业。

第二节　房地产、土地的定义及其诠释

一、房地产

房地产属于重要的资产、财产，习惯上又称为不动产。在我国香港地区又称为物业、楼宇；在欧美国家又称为“property”、“real estate”。虽然在不同的地区和国家名称不同，但是其内涵是指土地、建筑物及其他土地上定着物的总称。具体而言，房地产是由实物、权益与区位形成的综合体。也可以认为，房地产是指土地、建筑物形成的物质实体及其所衍生的各种权利的总和。房地产具有双重含义：一方面是指土地、房屋等实物资产；另一方面是指房地产所对应的权利。由于世界上不同的地区和国家，土地所有制度不同，房地产的各种权利也有所差异。例如，我国土地属于二元所有，即城市的土地属于国家所有，农村和城市郊区的土地，除由法律规定属于国家所有的以外，属于集体所有；宅基地和自留地、自留山，也属于集体所有。所以，在我国的法律体系内，城市居民拥有城市房地产，从权利属性上分析，居民拥有房屋的所有权和土地的使用权，不拥有土地的所有权。

1. 土地

土地作为人们赖以生存的场所，是农业生产的基本资料，也是工业、交通、城市建设和旅游等不可缺少的物质条件。长期以来，不同学科、不同领域、不同部门对土地赋予了不同的概念和含义。

英国经济学家马歇尔(Alfred Marshall)认为，“土地是大自然无偿资助人们的地上、水中、空中、光和热等物质的力量”；美国经济学家雷利·巴洛维提出，“土地是受控制的附着于地球表面的自然和人工资源的总和”；澳大利亚学者克里斯钦和斯图尔特认为：“土地是地球表面及其他对人类生存和成就有关的重要特征，是地球表面的一个立体垂直表面，

从空中环境到地下的地质层，并包括动植物群体以及过去和现在与土地相联系的人类活动”。联合国粮农组织对土地的定义是：土地包括地球特定地域表面及其以上和以下的大气、土壤及基础地质、水文和植物，并包含这一地域范围内过去和目前的人类活动的种种结果，以及动物就它们对目前和未来人类利用土地所施加的重要影响。

虽然不同的学者对土地的定义有所差异，但是均认为土地是一个综合的概念。综合以上的论述，土地的内涵是指：土地是地球表面的特定区域，土地在地球上的位置是固定的，有特定的形状和面积；土地是一个自然和社会经济的综合体；土地是一个立体的三维空间的连续实体。

在房地产估价中，通常认为土地不仅仅指陆地的表层，还涵盖地球表面以上一定范围内的空间以及地球表面以下一定范围内的空间。

2. 建筑物

建筑物是为了满足人们生活、工作、学习及其他经济活动等的需要，利用建筑材料、一定的施工技术、施工方法和投入必需的人工劳动而建成的物质实体。具体包括构筑物和房屋两种类型。建筑物通常是由承重结构、围护结构、建筑配件以及建筑设备等构成。承重结构主要承受建筑物的自重荷载、风荷载和地震荷载，主要包括：基础、柱、墙、梁板等承重构件；围护结构形成建筑物的室内空间，主要包括墙体、门窗、屋面等，围护构件应具有一定的保温、隔热性能，以保证提供人们从事各种活动所需要的适宜的空间。建筑物根据承重构件的材料和结构形式的差异，划分为砖混结构、钢筋混凝土结构、钢结构等多种形式。在钢结构中，又可以进一步细分为网架结构、悬索结构等。图 1 - 2 为青岛高铁站图示，属于钢结构的建筑物。图 1 - 3 为钢结构建筑物图示。

图 1 - 2　青岛高铁北站——钢结构建筑图示

3. 其他定着物

其他定着物是指固定在土地上，不能移动的非房屋实体，如挡土墙、室外给排水管道、煤气管道、通信设施等，也涵盖其他不能移动的自然物质实体。

图 1－3　钢结构建筑物图示

二、房地产的实物、区位和权益

1. *房地产实物*

实物是指构成物体的实体部分。对于房地产而言，房地产实物是指土地和建筑物的实体，也就是能够被人们通过感官感觉到的部分，如土地、房屋的主体结构，柱、梁、板、框架剪力墙、地下连续墙等构件、地下室、门窗等配件以及雨篷、散水、明沟等部分。

对于土地而言，土地存在的形态差别明显，有的属于农用地，有的属于建成区的土地。土地的形态不同，土地的市场价值存在差异。对于房地产而言，实物状态及其所采用的建筑材料、建筑施工技术、结构形式不同，表明建筑物在施工过程中，投入的成本存在差异，进而会影响到房屋的价格。如在土地取得成本相同的情况下，对于非成品房屋，砖混结构的建筑物，工程单方造价一般会低于框架结构的建筑物，而框架结构的建筑物一般会低于框架剪力墙结构的建筑物。因此，从成本构成的视角进行分析，房地产的供给主体在确定销售价格时，如果采用成本法定价的话，框架剪力墙结构的建筑物一般要高于同期、相同区位框架结构建筑物的价格。当然，以上的分析，没有考虑房地产市场供求以及其他微观、宏观因素的影响，仅仅从供给主体在开发房地产的过程中成本投入的视角进行探讨。

在房地产市场上，房地产的实物形态差别非常大，有的属于尚未竣工的在建工程，有的属于刚刚竣工的增量房地产，还有的属于存在期限比较长的存量房地产；有的房地产属于危旧房屋，不能再作为人们居住、办公等日常活动的场所，房地产的实物状态如何，直接影响房地产的价格。

因此，在进行房地产评估时，如果估价对象属于房屋或者房屋与土地一块进行评估，应该对评估房屋的结构形式、实物状况、成新状况、结构安全状况等进行全面的了解和把握。

2. 房地产区位

土地是人类生活、生存所必需的重要资源。土地资源相对于人们需求而言，是稀缺的。在我国，土地资源分为城镇土地和农用地、自留山、自留地等。对于城镇土地而言，具有明显的区位特征。城镇土地的区位特征体现在两个层面：一是表现在不同的城镇之间，二是表现在城镇内部不同地域之间。由于不同城镇在自然、经济等方面存在着地域差异，决定了城镇之间土地价值和土地利用方式的差异；而城镇内部土地区位条件的不同，也会导致土地的获益能力存在差异，土地的价值差别较大。作为建筑物的载体，土地的区位特征，使房地产也呈现出明显的区位特征。具体而言，就是不同城市之间，实物状况、结构形式、成新状况、权益状况相同的房地产，房地产的价值却存在明显的差异；在同一城市内部不同区域，房地产的价值也明显不同，区位对房地产价值具有重要的影响和决定作用。可以说，区位决定土地、房地产的价值。

在房地产估价实务中，既要考虑土地的宏观区位，又要考虑土地的微观区位因素。首先分析房地产的宏观区位，也就是所位于的城市，进而分析房地产具体坐落在城市的哪一个确定部位，即微观区位。一个城市经济发展状况、产业发展、教育、文化等，对房地产价格影响明显。我国一线城市，如北京、上海、深圳、广州等，因其强大的集聚效应、产业效应吸引大量的人口，从而增加了对房地产的需求。房地产的微观区位是指房屋、土地所处的具体位置。房地产微观区位的概念侧重强调与区位相联系的交通设施、周边配套设施、环境状况以及文化、教育等设施。房地产微观区位周边的配套设施及教育资源等因素对房地产的价格影响较大。

房地产作为重要的资产、生活必需品以及生产资料，房地产不能移动的特性，决定了房地产的价格不仅仅受到其实物状态的影响；在很大程度上，还受到周边配套设施、受到所处区位的文化、教育设施、交通设施、治安状况、社区居民的文化素质以及其他设施的影响，也就是受到其坐落位置的影响。因此，在房地产估价中，专业估价人员不仅需要评定待估房地产的实物、结构、成新状况等，还需要对房地产所处的区位进行详细的考察，了解待估房地产周边的配套设施、环境状况、商业设施、道路通达等情况，在此基础上才能对房地产价格进行合理的评定。

3. 房地产权益

房地产权益是指房地产中无形的、不可触摸的部分，包括权利、利益和收益，也就是房地产产权及其由产权所衍生的其他权利以及在不同的权利状况下房地产的收益。房地产产权主要包括所有权、使用权、租赁权、抵押权、典权、地上权和地役权等，见图 1－4。

根据《中华人民共和国土地管理法》的规定，我国土地实行二元所有制，实行土地全民所有和劳动群众集体所有制，也就是国家所有和集体所有。国家所有的土地实行土地所有权和使用权相分离的原则，通过协议出让和市场化运作方式等实现土地使用权和所有权的分离；对于集体所有的土地，国家具有最终的处分权；集体所有土地的所有权在让渡时存在单向性，也就是集体所有的土地只有通过土地征用转为国家所有，而国有土地所有权不能逆向让渡。所有权对于所有者来说，是一种任意处置其所有物的权利。因此，所有

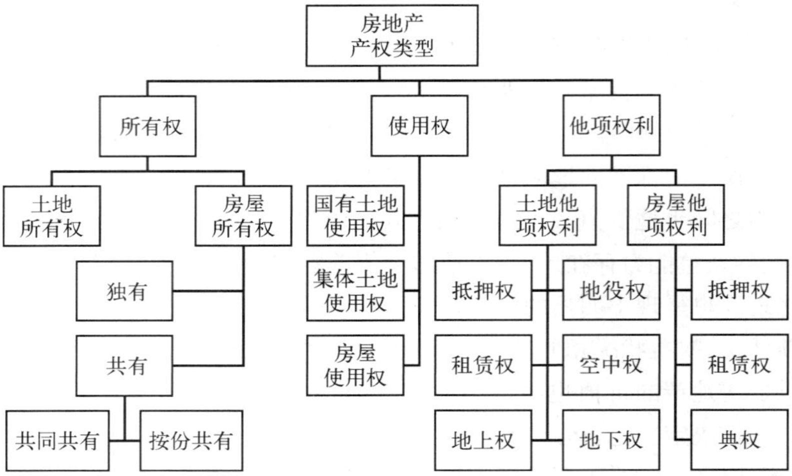

图 1－4　我国房地产产权类型

权又称为绝对权、对世权、全面支配权。因此，土地所有权是一种最充分、最全面的权利，它可以分解为占有权、使用权、收益权、处分权等多种权能。在我国现行的法律框架下，国有土地所有权是一种最充分、最全面的权利，而集体土地所有权在流转过程中，受到单向流转的制约，该产权在一定程度上是残缺的、不全面的。

土地使用权是指土地所有者或者非土地所有者在依法占有土地的条件下，对土地进行开发和利用，以获取收益的权利，土地使用权是土地所有权的重要权能之一。

土地处分权是指土地所有者或者非土地所有者依法处置土地的权利，主要包括出售、赠与、出租、抵押等权利。土地处分权一般由土地所有者来行使，在特殊情况下，也可以由非土地所有者来行使。如我国国有土地通过土地出让市场实现土地使用权和所有权分离以后，土地使用权的受让人可以根据有关法律规定，在土地二级市场上转让土地使用权或者以土地使用权作为抵押，获得金融部门的信贷。

土地抵押权是指债务人或者第三人以其土地使用权及地上建筑物、构筑物、附着物作为履行债务的担保，当债务人不履行债务时，债权人有权从抵押财产的价值中优先得到清偿的权利。根据我国《土地法》的规定，土地抵押权，主要是指国有土地使用权的抵押，随着集体土地使用制度的改革，承包农村集体土地的单位或者个人，可以以承包土地经营权进行抵押。

土地租赁权是指土地所有者或者非土地所有者根据法律的规定，将土地使用权以及依附于土地上的建筑物、构筑物或者其他附着物出租给承租人，并向承租人收取租金的权利。

土地典权是指获得土地使用权的自然人或者法人，以其土地使用权和土地上的建筑物、构筑物以及附着物等作为抵押进行融资的权利。产权人又称为出典人，支付典价的称为承典人。承典人在典期内具有使用土地以及地上建筑物、构筑物的权利，也具有转租或者转典的权利。在典期内，出典人不收取租金，承典人不收取利息；在典期结束时，出典人退回典价，赎回土地及其以上的建筑物和附着物，典期超过 10 年或者在契约中没有注明年限而超过 30 年时，原则上视为绝赎。

土地留置权是指债权人对债务人的土地及其以上的建筑物、构筑物和附着物等拥有的担保物权，如果债务人不按照契约的约定支付一定的款项，超过约定期限后，债权人有权留置债务人的以上财产，或者通过法律手段变卖债务人的财产，并从获得的价款中优先得到清偿。

地上权是指在他人的土地上以拥有建筑物或者其他构筑物为目的而使用其土地的权利。地上权的续存期限可长可短，并且可以不确定期限，地上权使用者是否需要支付地租，由双方当事人自行协商确定，地上权可以转让给他人，也可以作为抵押的标的物。

地役权是指为了使用自己土地的便利而使用他人土地的权利，例如通行权、引水排水权等。提供方便使用的土地称为供役地，得到方便使用的土地称为需役地。

房屋所有权是指以房屋作为客体，由房屋所有者根据法律的规定，对自己所有的房屋具有的占有、收益、使用、处分并排除一切他人干涉的权利。与土地所有权相同，房屋所有权也是一种最充分的权利，是一种绝对权。根据《物权法》的“一物一权”原理，即在同一个客体物上只能设定一个所有权，也就是不能同时设定两个或者两个以上相互矛盾的物权，同一幢房屋或者建筑物内的具有独立功能的单元只能设定一个所有权。“一物一权”原理并不限定对于同一幢房屋或者建筑物内的具有独立功能的单元只能由一个人所有，可以由两个自然人或者机构共同拥有，也就是共有，具体又可以分为按份共有和共同共有。由于房屋必须以土地作为载体，房屋与土地是不能分离的。因此，在我国的法律框架下，房屋所有权主要是指土地使用权和建筑物所有权。

房屋使用权是指房屋所有权人或者非所有者依法使用房屋的权利。例如，房屋的产权人通过租赁的方式，将房屋使用权让渡给承租人，承租人在使用过程中通过向所有权人支付租金而拥有房屋使用权。

房屋的处分权是指房屋所有者或者非所有者依法处置房屋的权利，包括转让、租赁、抵押以及赠与等。

房屋的收益权是指房屋所有者或者非所有者依法利用房屋进行经营或者出租获取收益的权利。

房屋的租赁权是指房屋所有人或者非房屋所有人依法作为房地产的出租人，将一定期限的房屋使用权租赁给承租人使用，并向承租人收取租金的权利。

房屋他项权利与土地他项权利相类似，包括房屋的抵押权、典权、留置权等。

以上各种权利，可以单独产生收益，因而形成各种不同内涵的价格。在进行房地产估价时，只有对待估房地产的权利状况进行全面的了解，方能进行正确的评估。

在我国，随着住房制度改革，在房地产市场上，存在着不同权益状况的房屋，有的房地产具有完全产权，如商品房，购买商品房的业主拥有国有土地的使用权和房屋的所有权；有的房地产属于不完全产权房，如经济适用房。经济适用房作为我国的保障性住房，是城市政府为了解决中低收入城市居民居住困难，通过划拨土地、控制开发商开发利润、对开发商和购房者实行部分税费减免、控制销售价格而供应的一种保障性商品房。经济适用房的用地属于划拨用地，因此，经济适用房属于不完全产权房。经济适用房的拥有家庭，居住满一定期限后，在房地产市场上进行交易时，根据相关政策的规定，从销售所得中，提取一部分，补交地价款。因此，对房屋或者土地进行评估，需要详细把握其产权状况，然后选用科学合理的方法进行价格评定。

第三节　房地产的特性及其诠释

房地产和其他商品相比，具有明显的特征。从经济学的视角进行分析，房地产没有替代品，为了解决居住问题，人们要么买房，要么租房，人们只能在租买之间选择。当房地产销售价格较高时，住房消费者可以选择租房来解决居住问题。从产权市场来分析，由于房地产固着在土地上，不能移动，人们购买房屋或者住宅，没有出现商品的流动，在交易过程中，伴随的是产权的流动，包括所有权、使用权和他项权利的转移和让渡。从房地产经济活动进行分析，存在着多样性的特征，包括买卖、租赁、抵押、典当、保险等活动。因此，房地产作为一种价值量高的生活必需品和投资品，具有明显的特征，具体体现在位置固定性、保值增值特性、流动性差、产品完全差异化、外部性、用途多样等，如图 1－5 所示。

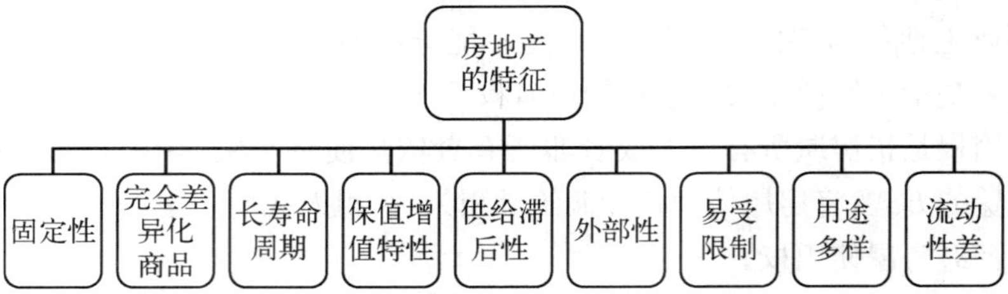

图 1－5　房地产的特征

一、位置的固定性

土地具有位置固定、不可以移动的特性，房屋固着在土地上，也具有位置固定性的特征。由于房地产的不可移动，房地产市场呈现出区域性的特征，房地产市场属于区域性的市场。当某一城市房地产市场总供给和总需求不相等、存在供需缺口时，区域外的房地产不能流动到区域之内参与竞争，区域内的房地产也不能流动到区域之外参与竞争，由于房地产位置的固定性，导致了房地产市场的分割。房地产市场更多地受到区域经济发展状况的影响，房地产市场与区域产出和服务市场、劳动力市场具有密切的联系。房地产作为重要的生产资料，当区域经济增长时，如需求引致的区域经济增长、劳动力供给增加引致的区域经济增长，对房地产市场会产生影响，影响房地产的供给、需求、价格和租金。

从中观层面上分析，由于不同区域经济发展水平、居民的收入水平、住房消费习惯的差异，对房地产的需求也会存在差异，不同的区域房地产的需求价格弹性和收入弹性不同，当房地产价格发生变化时，需求变动的幅度也会存在差异。

前已述及，土地具有明显的区位特征，具体表现在两个层面：首先，在不同城市之间，土地的自然和经济状况不同，土地的价值存在差异；其次，在同一个城市内部，不同位置的土地，土地价值和土地利用方式会有所不同。土地的区位特征导致土地价值或者价格的差异。房地产作为土地和建筑物的综合体，房地产价格也呈现出区位差异。如同一城市，位于市中心的房地产和位于城市边缘区位的房地产，价格存在明显的不同，正是由于区位对房地产价格的决定作用，导致房地产开发商在决定房地产销售价格时，仅仅考虑其周边相邻房地产项目的销售价格，忽视与其不同区位或者不同板块的开发项目的销售价格。因而，房地产开发企业的竞争仅仅是相邻开发项目之间的竞争，不相邻的项目不构成实质的竞争关系，而不同项目产品的差异化又弱化了相邻开发项目之间的竞争程度。

因此，实物状态相同、权益状况相同的房地产，由于所处的城市或者区位不同，价格会存在明显的差异。房地产估价就是对房地产在某一时点的市场价格进行科学的评估，为房地产各种经济活动提供服务。因此，为了合理地进行估价，专业估价人员应该对某一区域或者某一城市的房地产市场或者房地产市场的某一子市场进行分析和评判，了解待估房地产所处的区位、周边配套设施以及交通等条件等。

当然，随着建筑科学技术的发展和计算机技术在建筑领域的应用，建筑施工技术不断提高，对已经投入使用的建筑物，在城市更新和城市动拆迁的过程中，可能建筑物的坐落位置与城市规划发生矛盾，为了节省投资、缩短施工周期、提高存量建筑物的利用、保护环境、节约资源，在建筑领域对存量建筑物进行移位已经成为常见的施工现象。特别是在我国，随着城市化的进程，城市的不断拓展以及城市更新，许多存量房地产或者具有历史意义的保护性建筑物，其原始坐落位置与城市规划产生冲突，建筑物的移位已经成为建筑施工领域的重要施工过程。因此，对于房地产的位置固定性，就当前来分析，这一界定是相对的。但是与数量巨大的存量房地产对比而言，能够移位的房地产或者建筑物毕竟还是少数，并且在移位的过程中还受到诸多条件的限制，如地上建筑物的结构形式、周边场地的影响等。如需要移位的建筑物，其周边必须有相应的空地才能保证移位的实施。图1－6、1－7、1－8为建筑物的整体平移实例。

图1－6　国内某建筑物整体平行移动实例

图 1－7 国内某建筑物整体平行移动实例

图 1－8 国内某公共建筑物整体平移

二、供给滞后性

对于房地产开发企业而言，从事住宅、写字楼、商业房地产的开发、经营等活动，从获取土地使用权、建筑物的规划、设计、施工、竣工验收到房屋销售，一般需要较长的时间，建筑物的施工周期一般在 2～3 年。而房地产的需求，由于受到货币政策、税收政策、住房公积金政策的影响，在货币政策、税收政策发生变化时，需求在短时期内可能增加或者减少。所以，相对于需求而言，房地产的供给具有滞后性。房地产供给的滞后，还体现在决策的延迟和信息的不对称。

房地产市场属于信息偏在的市场，房地产的供给主体、开发商和存量房的业主，不能够及时获得市场交易的价格信息；另外，房地产价格存在着刚性，房地产价格不能随着供给、需求的变化及时调整；由于房地产的供给主体在获取市场价格信息方面存在着延迟，当房地产市场供给不足时，开发商不能及时决策；另一方面，房地产开发往往受到土地供应的影响，在我国，土地一级市场属于垄断市场，房地产商品的供给受到土地市场的影响明显，开发商能否进行房地产开发，取决于其能否从城市政府土地储备机构获得国有土地的使用权。

在房地产市场上，需求受到其他因素的影响，如一国的货币政策、税收政策的变化、新的法律法规的颁布或者修订、居民收入的增加、偶然事件的影响，在短期内需求会发生较大的变化，而房地产的供给相对与需求而言却存在着滞后性。房地产的供给滞后性，表明房地产在短期内供给不具有弹性，这样会导致房地产的价格在需求变化时，随着需求的增加或者减少，产生较大的波动，具体见图 1－9。

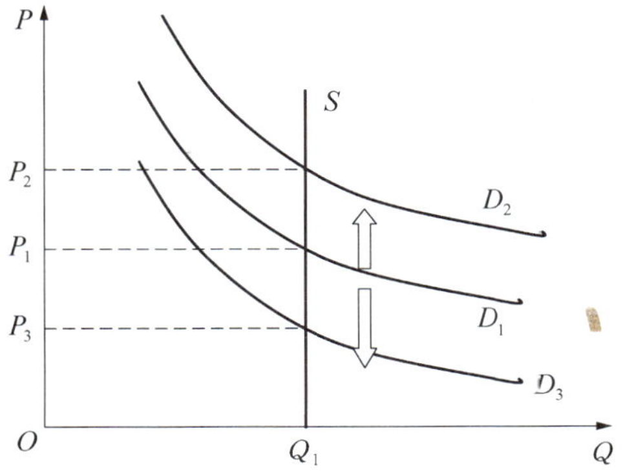

图 1－9　房地产市场的短期均衡及其价格随着需求的变化

三、长寿命周期

房地产具有较长的寿命周期，属于耐久性长的商品。如建筑物在设计时根据其重要性，设计寿命分别为 100 年、50 年等，国家级以及重要的建筑物设计耐久期为 100 年，一般建筑物设计耐久期一般在 50 年。房地产从竣工、使用到拆除，一般经历较长的时期。在我国现行的法律框架内，国家或者城市政府作为城市建设用地的拥有者，通过土地一级市场，把一定期限的土地使用权通过出让的方式，让渡与土地使用单位，并收取相应的土地出让金。土地使用权的最高出让年限，在《土地管理法》中有相应的规定，如居住用地 70 年，工业用地 50 年，教育、科技、卫生、体育用地为 50 年，商业、旅游等用地为 40 年，综合用地为 50 年，具体见图 1－10。根据《城市房地产管理法》的相关规定，土地使用权使用期限届满时，土地使用者可以申请续期，但是需要按照不同房地产的类型补交土地出让金。

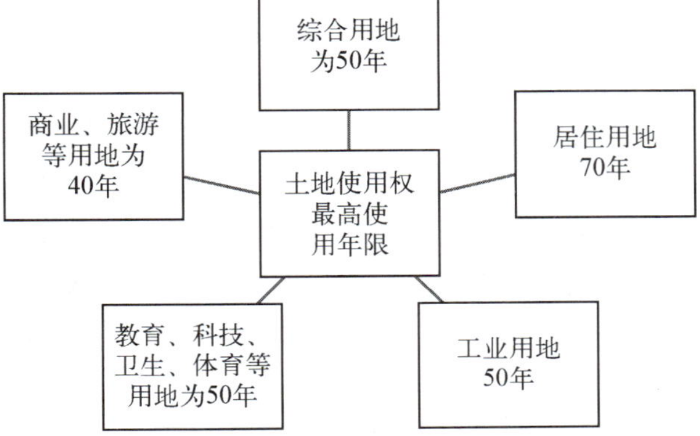

图 1－10　土地使用权最高使用年限

四、完全差异化商品

房地产产品的差异化，主要是由于其宏观区位和微观区位的不同造成的。区位确定房地产的价值。建筑属性完全相同的两幢房地产，由于其宏观区位和微观区位的不同，其价值差异非常大，如：我国一线城市和二、三线城市住宅价格的差异；同一城市，核心区域和郊区住宅价格的差异。房地产产品的差异化是指在区域性的房地产市场上，不存在完全相同的两幢房地产或者完全相同的房屋。温茨巴奇认为，由于不动产的不可移动，每一个房地产产品都有一个唯一的、不可复制的位置，相对于有相似性和替代性的其他商品，房地产是唯一的、独特的，因而是有差别的。

房地产产品的差别主要体现在区位、质量、结构、装修、建筑设计、环境与配套、物业管理以及权益的不同，具体如图1-11所示。

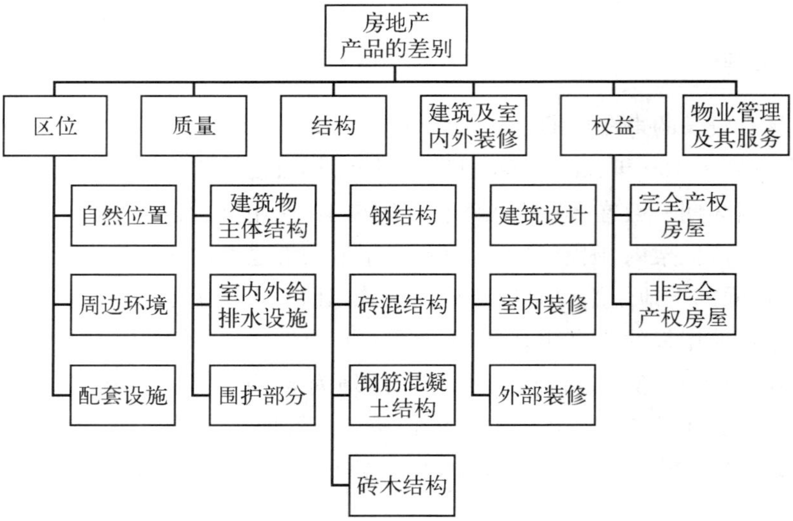

图1-11 房地产产品的差别

首先，房地产的区位是唯一的，不可复制的，房地产的区位不同，决定了处于不同位置的房地产产品存在着差异，而区位的决定作用始终是处于第一位的。区位对房地产产品差别化的影响主要体现在自然位置差异、周边环境和配套设施等方面。

其次，房地产的质量差别主要是指房地产主体结构、室内外设施、围护结构等方面。主体结构的施工质量、选用的建筑材料、室内外给排水设施的施工质量、围护结构的材料、质量等方面的不同，也会导致房地产产品的差异化程度；地上建筑物是通过复杂的施工工艺、施工技术，通过利用多种建筑材料和人工劳动形成的复杂实体，不同的建筑实体，在某一方面或者诸多方面存在着差异。

第三，房地产的结构形式方面也存在不同，有的建筑物属于钢结构，有的属于钢筋混凝土结构，或者为砖混结构；建筑物的基础结构形式也存在着差异，有的为条形基础，有的为满堂基础、箱形基础或者桩基础等。因此，房地产产品的差异化还体现在结构形式的不同。

第四，建筑设计、室内外装修也造成房地产产品的差异化。不同的建筑设计方案，特别是户型设计，单元内功能分区、房间的位置、厨卫布局等存在着差异；而室内外装修，特别是室内装修，装修风格、装饰材料的选用等存在着千差万别。

最后，物业管理和服务的差异，也会强化房地产产品的差异化。房地产属于跨期消费产品，耐用期长。在物业的使用期间，物业企业如果能够提供全面、细致的服务，对物业的公共部分及时进行维修和保养，能够延长房地产的经济寿命，提高物业的投资价值。因此，房地产的产品差异还表现在物业管理和服务方面。

五、保值增值特性

房地产，特别是住宅类房地产，具有生活必需品、投资品的特性。国内外的实证分析表明，房地产价格具有抵御通货膨胀的能力，房地产价格的增长率，一般会超过一国或者地区的通货膨胀率。因此，房地产属于较好的投资品。房地产价格受到多种因素的作用，如宏观经济因素、市场供求因素、市场微观经济主体的经济活动等的影响。在短期内处于经常波动之中，从长期来分析，如果不剔除通货膨胀的影响，房地产价格呈现逐步增长的变化趋势，主要是因为随着工业化、城市化的进程，人口在城市的集聚，增加了土地的需求。土地资源的总量供给是固定的，人口的增长，增加了土地资源的稀缺程度。因此，土地价格、房地产价格随着时间的推移，会逐步提高，房地产具有保值增值的作用。

供给需求的变化，会导致房地产价格波动。房地产价格的上升，由多种因素所致：其一，为通货膨胀。其二，为对存量房地产进行装修、改造、更换内部设备和设施。其三，为人口的增加、收入的提高增加对房地产的需求；或者外部环境的改善，如交通环境、城市基础设施建设引致房地产价格上升；或者由于货币政策、税收政策、土地供给政策、公共住房政策等。以上因素所导致的房地产价格上升，因装修、改造所引起的价格上升，不是房地产的增值，而是由于房屋品质的提高引致房地产价格上升；通货膨胀引起的上升也不是房地产的增值，仅仅是保值，需求增加和城市环境的变化引致的价格上升，才是房地产的增值。所以，在分析房地产的增值时，还要详细进行探讨。

六、外部性

外部性是指经济活动中，私人成本、私人收益与社会成本、社会收益不相等时，一项经济活动对其他主体所产生的影响。如果生产者或者消费者从事某项经济活动时，给社会上其他成员带来益处，但是该项经济活动的主体却没有得到补偿，此时私人收益低于社会收益，这种性质的外部影响称为“外部经济”，或者正外部性。与此相反，当生产者或者消费者从事某项经济活动给社会上的其他人带来危害，而该项经济活动的主体却没有支付危害的成本，也就是私人成本低于社会成本，这种性质的外部影响称为“外部不经济”，或者说该项经济活动具有负外部性。外部性可以分为生产的外部性和消费的外部性。

在经济学中，通常将物品分为“私益物品”和“公益物品”，“私益物品”是指一个人在消费某一种产品时，其增加的额度正好等于他人消费减少的额度；因此，可以把"私益物品"定义为在竞争性的市场中，通过交易能够有效地转让产权的所有物品的总和。"私益物品"的供给和需求可以依靠市场机制来解决，通过私益物品的交易，消费者获得了最大的效用，生产者获得最大的利润；私益物品具有消费和收益的排他性。"公益物品"是指能够同时供许多人使用的物品，并且供给它的成本与享用它的效果，并不随享用它的人数规模的变化而变化。对于"公益物品"而言，个人消费的增加并没有引致他人消费的减少；"公益物品"具有收益和消费的非排他性，如果生产者为某一消费者生产一定量的产品，它实际上为其他人也生产了同等数量的产品；一旦这些公益物品被生产出来以后，成本的承担者无法阻止那些没有分担成本的人免费享用，即"搭便车"行为。"公益物品"收益和消费的非排他性是由于外部性和信息不对称所造成的。

房地产的公益物品性可以以绿色住宅为例来说明。我们可以把绿色住宅定义为"准公共物品"，其主要原因在于绿色住宅具有消费的排他性和收益的非排他性。房屋产品的消费者购买了绿色住宅以后，消费者拥有了某一绿色住宅的产权，同时拥有了绿色住宅的他项权利，如居住权、租赁权、抵押权、典当权等；这种权利完全排斥了他人占有的权利，从这一方面分析，绿色住宅具有消费的排他性，这是"私益物品"的特性；但是，绿色住宅的收益具有非排他性，不仅绿色住宅的生产者和消费者获得了收益，绿色住宅作为节能生态住宅，在施工和居住阶段，降低了能源消耗，减少污染，保护了环境，实现了节能、节地、节材的目的。从微观角度而言，提供了优美的小区环境；从宏观层面分析，为整个社会提供了良好的环境，绿色住宅具有收益的非排他性，所以绿色住宅应属于"准公益物品"。

对于房地产开发商而言，从事房地产产品的开发、经营和消费活动，同样具有正的或者负的外部性，如绿色生态住宅、节能省地住宅具有正外部性。开发商开发绿色生态住宅，开发成本和非绿色生态住宅相比，一般要提高 20%～30%，绿色生态住宅具有环境优美、建筑节能、空气自然、生态调节、建筑材料环保、雨水的循环利用、绿色能源利用等特点，能够提供最适宜人们生活的居住环境，居住成本要明显低于一般普通住宅。对于开发商而言，开发供应绿色生态房地产，不仅提供了房地产产品，还改善了房地产项目所在区域的生态环境，居住在绿色生态住宅附近的其他居民也从中获益。因此，房地产开发商作为绿色生态住宅的供给主体，其开发经营活动给社会上的其他人带来益处，这一房地产经济活动具有正外部性。从绿色生态住宅的消费主体进行分析，绿色生态住宅的消费者，购买绿色生态住宅需要支付高于一般普通非绿色生态住宅的资金，需要较高的初始购买成本，在居住期间，因绿色生态住宅具有非常好的水环境、气环境、声环境、光环境、热环境、绿化环境，降低了居住成本，不仅消费者自己收益，居住在绿色生态住宅附近的居民同样受益，所以绿色生态住宅具有生产的正外部性和消费的正外部性。图 1 - 12 为某绿色生态房地产的实例。

由经济学原理可知，由于外部性的存在，绿色住宅的效益外溢，被社会无成本地获得。因此，绿色住宅的市场均衡供应量低于最优供应量，市场均衡供应量低于社会的需求量。具体如图 1 - 13 所示。

图 1-12　某绿色住宅工程实例

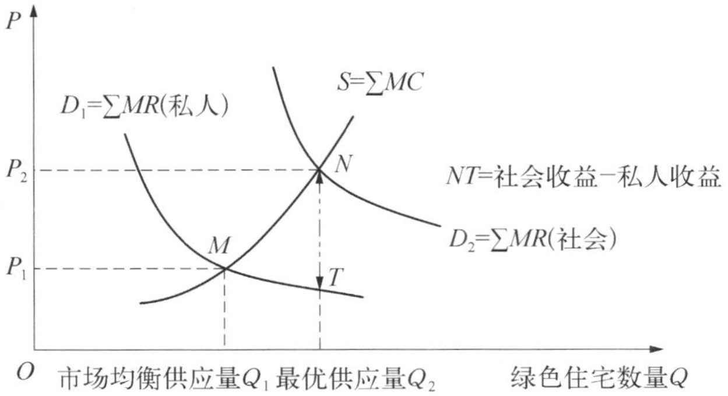

图1-13　考虑外部性时绿色住宅的市场均衡供应量和最优供应量

同样，一些特殊的公共房地产也具有正的抑或是负的外部性，环境优美的公园、快速便捷的交通、完善的教育、卫生设施等可以提高本区域内居住类物业的价值，消费者愿意就配套设施完善的住宅支付较高的价格，以上公共设施具有正外部性。而一些特定用途的房地产或者公共设施具有负外部性，影响其周围的居住类物业的价值。桑普（Saper，1978）、纳尔逊（Nelson，1978）、史密斯（Smith，1978）等人的研究结果表明，机场由于飞机的起降所产生的严重噪声会导致附近居住类物业的价值降低 20%～30%；格雷瑟（Gether，1980）研究表明，居住类物业的价值随着远离机场、重型机械工厂、化工厂而增加。

七、流动性差

流动性是指资产能够以一个合理的价格顺利变现的能力，它是一种投资的时间尺度和价格尺度之间的关系。如果在较短的时间内，在不产生损失或者损失较小的情况下，能够将资产转换成现金，称为流动性好，否则，称为流动性较差。与流动性相对应的另一个概念是流动性偏好，所谓流动性偏好是指人们愿意以货币形式或存款形式持有某一部分财富，而不愿以实物资本形式持有财富，并准备在投机市场上获得高额利润的一种心理动机。

一般而言，部分常见资产的流动性如表1-1所示。

表1-1 部分常见资产的流动性

现金	活期存款	短期国债	蓝筹股	一般股票	长期债券	城市中心房地产	城市外围房地产
1	2	3	4	5	6	7	8

表1-1中，现金的流动性最高，城市外围房地产的流动性最低。也就是，现金的流动性高于活期存款，而活期存款的流动性高于短期国债，以此类推，城市外围房地产的流动性最低。影响资产流动性的因素较多，其中，交易成本会影响资产的流动性。比如，在住宅市场上，当价格上涨幅度较快时，存在着大量的投机需求、投资需求，为了抑制投机需求、投资需求，城市政府增加营业税和投资收益所得税，也就是增加交易成本，抑制市场上的投机、投资需求。由于需求的降低，在房地产市场上，交易周期相对延长，这在一定程度上，降低了住宅市场的流动性。在我国当前的房地产税收体系下，住宅类物业不需要交纳房产税，但是其他房地产要交纳相应的房产税，所以，商业地产、办公类房地产的流动性一般低于住宅类房地产的流动性。

房地产作为一种重要的资产，随着经济的增长和人们收入水平的提高，居民在满足了居住需求以后，会增加对房地产的投资。房地产价格具有抵御通货膨胀的能力，具有保值增值的特性。房地产市场属于区域性的市场，房地产产品的完全差异化，房地产市场的垄断竞争结构、房地产市场的信息不充分，导致了房地产交易往往伴随着较高的信息搜寻成本和交易成本。在房地产市场上，特别是区域性的房地产子市场上，房地产的供给主体和需求主体相对于一般商品而言较少。房地产属于价值量高的商品，消费者或者需求主体在进行购买决策时，需要对某一区域的房地产市场或者子市场进行了解，由于市场信息的偏在，消费者需要通过房地产经纪机构的参与；房地产价格在供求和其他非经济因素的作用下，经常处于波动之中，为了给房地产交易提供交易参考依据，往往需要专业的人员对房地产价格进行评估。因此，从搜寻信息、到契约签订、交易完成，需要消费主体和供给主体、中介机构的参与。所以，房地产实物资产转换为现金，往往需要较长的周期，房地产资产流动性较差。

另一方面，房地产的差异化程度非常高，或者定义为完全差异化产品。房地产受到区位、外部性的影响明显，人们购买房地产时，不仅仅对房地产的实物状况进行选择，对房地产所处的区位也进行分析和考察，区位对房地产的需求影响往往起决定作用。一般而言，对某一区位房地产有需求的消费者，相对较少。当房地产的产权人急于出售房地产时，对该类房地产的潜在需求者往往比较少，这增加了房地产变现的难度。

八、易受限制

房地产在开发、经营、使用过程中受到多方面的限制。易受限制主要是指土地和房屋做为不动产，在利用和使用的过程中会受到国家以及其他管理机构颁布的法律、法规的影响和限制，如土地规划、城市规划的限制、房地产税收制度的影响。

为了城市的可持续发展和集约利用土地，土地的利用受到土地规划、城市规划的限制，如土地的使用用途、土地的开发强度、建筑物的高度、容积率、建筑密度等在城市的详细规划中都有明确的规定，开发商作为房地产的供给主体，在房屋的开发、经营中必须遵循城市详细性规划的要求。

房地产作为显化的资产，是企业、组织、个人等拥有的重要财富，国家为了满足财政支出的需要，调节收入差距，实行社会福利，一般对房地产征收房地产税。如在我国，房地产税包括耕地占用税、城镇土地使用税、土地增值税、房产税、契税、房地产营业税、经营所得税等。

国家或者地方政府为了公共利益的需要，在城市建设中，可以在给予房地产所有者一定补偿的基础上，强制取得企业、组织或者个人的房地产。因此，土地和房地产在使用过程中会受到一定的限制和控制。

第四节　土地市场、房地产市场结构与特征分析

一、市场结构类型

在经济学中，根据市场上厂商的数量、产品的差异化程度、厂商的市场势力和行业的进出壁垒，将市场划分为完全竞争的市场、垄断竞争的市场、寡头垄断市场和垄断市场四种类型。关于市场结构类型和特征如表 1－2 所示。

表 1－2　市场结构类型和特征

市场结构	完全竞争市场	垄断竞争市场	寡头垄断市场	垄 断 市 场
厂商数量	很多	产业集中度较低，产业市场内厂商数量较多，每个企业的市场占有率较低	市场被几家大企业所垄断，他们生产和销售的产品在市场中占有较高的比例	唯一
产品差别程度	完全无差别，产品的同一性很高，产品的替代性很高	有差别的同种产品	有差别或者无差别	唯一产品无替代性
市场势力	无	有一点	较强	很强

续 表

市场结构	完全竞争市场	垄断竞争市场	寡头垄断市场	垄 断 市 场
进出壁垒	不存在任何进入和退出壁垒	较低	进出壁垒较高，在位厂商在资金、技术、生产和销售规模、品牌知名度等方面具有绝对优势	很高，如技术壁垒、资本壁垒、制度壁垒、策略壁垒
市场信息	所有的买者和卖者都掌握与交易有关的一切信息	交易信息不充分	交易信息不充分	交易信息不充分

在完全竞争的市场上，厂商数量和消费者的数量非常多，提供的产品没有差别，产品之间具有完全的替代性，如果一个企业提高自己产品的价格，所有的消费者都会转买其他企业生产的商品。因此，在完全竞争的市场上，产品的需求价格弹性无穷大。市场上存在着众多的买者和卖者，厂商所提供的产品占市场份额较低，市场集中度较低，产品供给和需求者对市场价格没有影响力，市场交易主体是市场价格的接受者。产业市场不存在任何资金、技术、法律的进入与退出壁垒，新的企业进入和退出市场是完全自由的，也就是该产业的预期利润较高时，就会有许多企业进入；当产业利润下降到低于正常水平时，企业就不断退出。

在垄断竞争的市场上，存在着很多生产厂商，提供有差别但是具有替代性的产品，产品在质量、外观、商标和售后服务等方面存在着一定的差别。由于存在着一定的差别，使得生产厂商能够在一定程度上排斥其他同类商品，具有一定的定价权。厂商所具有的垄断势力取决于产品与其他商品的差异化程度，厂商的生产规模比较小，市场占有率较低，存在着一定的进入壁垒，进入或退出某一行业比较容易；进入和退出壁垒较低，生产厂商具有一定的市场势力，但是市场势力较弱。

寡头垄断市场是指在市场仅仅有少数几家生产厂商提供产品，每个厂商的产量在整个行业中占有较高的份额，寡头企业具有较强的市场力量，可以在高于边际成本处定价。产品基本同质或者差别较大，存在两种情形：一种是寡头垄断厂商生产的产品基本同质，没有差别；二是产品存在较大的差别，相互之间关联度比较低。产业进入和退出壁垒非常高，在位生产厂商在资金、技术、生产规模、产品知名度、销售渠道等方面具有绝对优势。当潜在的生产厂商进入该行业时，在位厂商通过战略性措施对其形成进入阻滞，或者形成压力集团影响政府的政策和影响行业标准的制定，形成战略性和制度性壁垒。因此，寡头垄断市场上，进入壁垒较高。为了获得较高的利润，寡头厂商通常采用非价格竞争的策略，往往实行价格合谋。寡头垄断市场是一种较普遍的市场结构形式，如汽车、钢铁、电力、石油、高端医疗设备行业均属于寡头垄断的市场结构。

垄断市场是指在市场上只有一家生产厂商，提供的产品没有任何相近的替代品，行业进入壁垒非常高，存在着技术壁垒、资金壁垒、法律壁垒以及策略性壁垒，潜在厂商很难进入市场；垄断厂商是价格的制定者，具有很强的市场力量，垄断厂商通过调整产量和销售价格获得垄断利润。

二、贝恩的市场结构分类

贝恩根据产业内前四位和前八位的行业集中度指标，对不同的垄断、竞争结合程度的行业的市场结构进行了分类，如表 1－3 所示。

表 1－3　贝恩的市场结构分类

集中度 / 市场结构	CR_4(%)	CR_8(%)
寡占Ⅰ型	$CR_4 \geqslant 85$	—
寡占Ⅱ型	$85 > CR_4 \geqslant 75$	$CR_8 \geqslant 85$
寡占Ⅲ型	$75 > CR_4 \geqslant 50$	$85 > CR_4 \geqslant 75$
寡占Ⅳ型	$50 > CR_4 \geqslant 35$	$75 > CR_4 \geqslant 45$
寡占Ⅴ型	$35 > CR_4 \geqslant 30$	$45 > CR_4 \geqslant 40$
竞争型	$30 > CR_4$	$40 > CR_4$

资料来源：苏东水主编《产业经济学》，高等教育出版社。

行业集中度是指行业内规模最大的前几位企业的有关指标数值 X（如企业的总产量、销售、投资总额、职工人数等）占整个市场或者行业的份额。计算公式为：

$$CR_n = \sum_{i=1}^{n} X_i / \sum_{i}^{N} X_i \qquad (1-1)$$

式中，CR_n——产业内规模最大的前 n 位企业的行业集中度，X_i——产业内第 i 位企业的总产量、销售、投资总额、职工人数，n——产业内的规模较大的企业的个数，N——产业内所有企业的个数。

n 通常取 4 或者 8，贝恩是最早利用产业集中度指标对产业的垄断和竞争程度进行研究的学者之一。

行业集中度指标综合反映了企业数量和规模这两个决定市场结构的重要方面，在一定程度上能够反映市场结构的类型，但是行业集中度指标也存在着一定的缺陷，就是该指标仅仅反映某一产业前几位主要企业的市场份额，而其他企业的情况并不能充分反映出来。因此，存在一定的偏颇。对于不同行业或者同一行业的不同特点，需要选择不同的指标和数据作为计算的基础。

三、基于赫芬达尔—赫希曼指数（Herfindahl-Hirschman Index，HHI）值为基准的市场结构分类

由于贝恩行业集中度指标的缺陷，在产业经济学中通过引入赫芬达尔—赫希曼指数，

简称 HHI 指数来对市场结构的类型进行分类。赫芬达尔—赫希曼指数是指某一产业所有企业的市场份额的平方和，具体的计算公式为：

$$HHI=\sum_{i}^{n}(X_i/X)^2=\sum_{i}^{n}S_i^2 \tag{1-2}$$

式中，X——产业市场的总规模；X_i——产业内第 i 位企业的规模；n——产业内的企业的个数；S_i——产业中第 i 位企业的市场占有率。如果市场中有 8 家企业，市场占有份额分别为：0.3、0.2、0.15、0.125、0.1、0.05、0.045、0.03，则：

$$\begin{aligned}HHI &= 0.3^2+0.2^2+0.15^2+0.125^2+0.1^2+0.05^2+0.045^2+0.03^2\\ &= 0.1836\end{aligned}$$

HHI 计算的数值越大，说明该行业中存在着占有市场份额较大的企业，表明市场集中的程度较高。若 *HHI* 等于 1，则表明市场上只有一家生产厂商，市场属于完全垄断的市场，当市场上存在着很多家企业时，每一家企业占有的市场份额非常小；若 *HHI* 趋近于零，市场属于完全竞争的。

HHI 指标和贝恩提出的行业集中度指标相比，具有一定的优势。*HHI* 包含了市场中所有企业的信息，能够较全面地反映行业市场上所有产品生产商的市场占有情况。另一方面，*HHI* 采用平方的形式。因此，*HHI* 对行业前几位生产厂商的市场占有率非常敏感，所以该指标能够真实地反映行业中不同企业的生产规模存在的差异。

1980 年，日本公正交易委员会以 *HHI* 为依据，对产业市场结构进行了分类，见表 1－4。

表 1－4　基于 *HHI* 为基准的市场结构分类

市场结构	寡　占　型				竞　争　性	
	高寡占Ⅰ型	高寡占Ⅱ型	低寡占Ⅰ型	低寡占Ⅱ型	竞争Ⅰ型	竞争Ⅱ型
HHI (1/10 000)	*HHI*⩾ 3 000	3 000> *HHI*⩾ 1 800	1800> *HHI*⩾ 1 400	1400> *HHI*⩾ 1 000	1000> *HHI*⩾ 500	500> *HHI*

资料来源：苏东水主编《产业经济学》，高等教育出版社。

四、土地市场与结构

对我国当前的土地法律进行分析可知，我国的土地实行二元所有制，即全民所有制和劳动群众集体所有制。国有土地实行使用权和所有权相分离的制度，县级以上政府通过土地征用将农村集体组织所有的土地转为城市建设用地，然后通过市场化的方式，即招标、拍卖、挂牌的方式，出让土地使用权，从而获得大量的土地出让收入——土地财政。总括而言，我国的土地市场是政府驱动型市场，目前我国城市建设用地市场在土地市场体系中占据主导地位。

土地市场是指土地及其地上建筑物和其他附着物作为商品进行交换的总和，也称地产市场。土地市场中交易的是国有土地使用权而非土地所有权，交易的土地使用权具有期限性。在我国现行的法律框架下，土地市场主要是指城镇土地使用权出让和转让市场。通常情况下，土地市场分为土地一级市场和土地二级市场。

土地一级市场也称为土地使用权出让市场，即国家通过其指定的政府部门将城镇国有土地或将农村集体土地征用为国有土地后出让给使用者的市场。出让的土地，可以是生地，也可以是经过开发达到"七通一平"的熟地。土地二级市场也称为土地使用权转让市场，即将土地使用权再转让的市场。

根据我国《土地管理法》的规定，县级以上政府具有征用土地、出让土地使用权的权利，而农村集体组织和其他组织不具有征用土地和出让土地使用权的权利。所以，我国的土地一级市场属于垄断市场，县级以上政府垄断了土地的供给。县级以上政府及其土地主管部门通过土地征用、储备城市存量土地，利用招标、挂牌和拍卖的方式出让土地使用权，获得大量的土地出让收入。我国土地市场的细分及其特征如图 1－14 所示。

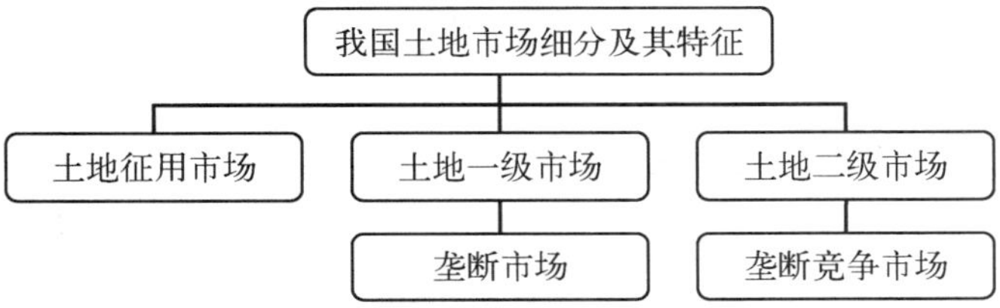

图 1－14 我国土地市场细分及其结构

五、房地产市场结构及其市场细分

1. *房地产市场结构*

为了分析房地产市场结构类型，下面分别从产品的差别、企业间的竞争、市场势力和房地产业的进入壁垒进行探讨。

房地产的区位差异、实物、配套设施以及物业管理与服务等诸多方面的不同，决定了房地产属于差异化程度非常高的产品。丹尼斯·卡尔顿认为，如果消费者认为某一行业中不同品牌的商品具有不完全替代性，生产厂商可以将其价格提高到比其他竞争对手较高的水平而不致失去所有的消费者。产品差别的程度与企业的市场力量是正相关的，产品差异化程度越高，企业的市场力量越强，如果产品的差别化程度非常高，则市场上企业的市场力量非常强。房地产产品的差异化弱化了开发商之间的竞争，提高了开发企业的市场力量。房地产的位置固定性、不可移动性等特性，决定了开发企业之间的竞争属于相邻开发项目之间的竞争，在空间位置相差较大、不同区域之间的开发项目不构成实质性的竞争关系时，房地产企业之间的竞争属于环形竞争。在区域性的房地产市场上，在特定区域内，存在着数量较少的开发项目，因此房地产企业尽管在市场重合的区域存在着一定程度的竞争，但是在更大程度上，它们都有各自的垄断区域，所以在不考虑其他因素的条件下，房地产开发项目之间的区位越远，各自垄断的区域越大、竞争越弱。房地产开发企业之间的竞争是不充分的，相邻的开发企业往往采取非价格竞争的手段，通过广告宣传、提供差异化的产品，来提高企业的利润空间。

房地产产品的差别、位置的固定，强化了开发企业的市场力量，开发企业在确定产品销售价格时，可以高于边际成本定价。所谓市场力量是指企业对自己产品价格的影响与支配能力。如果一个企业有能力影响市场价格，那么这个企业就具有市场力量。

假设：P——房地产价格，MC——边际成本，TR——总收益，MR——边际收益，L——勒纳指数，由经济学的内容可得：

房地产市场的反需求函数为：

$$P = P(q)$$

则有：

$$TR(q) = P(q) \times q$$

边际收益为：

$$MR = P\left(1 + \frac{dp}{dq} \times \frac{q}{p}\right) = P\left(1 - \frac{1}{e_d}\right)$$

其中，e_d 为商品的需求价格弹性，则：

$$e_d = \frac{dq}{dp} \times \frac{p}{q}$$

对于房地产开发商来说，为了实现利润最大化，在边际成本和边际收益相等时，确定其开发量，则：

$$MR = P\left(1 - \frac{1}{e_d}\right) = MC$$

在此，可以通过利润最大化时开发商的价格超过边际成本的程度来测定房地产开发企业的市场势力，以上测定方法最早是由经济学家阿巴·勒纳（Abba Lerner，1934）提出并使用的，称为勒纳的垄断势力度，简称勒纳指数。勒纳指数的计算见公式(1－3)。

勒纳指数：

$$L = \frac{P - MC}{P} = \frac{P - P\left(1 - \frac{1}{e_d}\right)}{P} = \frac{1}{e_d} \tag{1-3}$$

通过公式(1－3)可知，勒纳指数的数值在 0 到 1 之间变动，勒纳指数越高，表明开发企业销售价格高出边际成本的幅度越大，因而具有较强的市场力量，否则市场力量较弱。

在完全竞争的市场上，产品供给方和需求方都是市场价格的接受者。市场均衡时，价格等于边际成本和平均成本，勒纳指数为零。

在非完全竞争的市场上，产品存在着一定程度的差异，产品市场销售价格要高于边际成本，因此，勒纳指数大于零。

国内有的学者曾经结合不同地区（城市）的住宅市场，利用 1996～2002 年的统计数据，测算了相应的勒纳指数，测算结果表明，勒纳指数在 0.3～0.7 之间，这说明房地产开发商在房地产市场上具有较强的市场势力，具体如表 1-5 所示。

表 1-5　我国不同城市住宅市场的勒纳指数（1996～2002）

时　间	北　京	上　海	深　圳	天　津
1996	0.60	0.45	0.67	0.46
1997	0.69	0.34	0.63	0.46
1998	0.64	0.34	0.64	0.44
1999	0.66	0.36	0.57	0.52
2000	0.64	0.37	0.56	0.59
2001	0.64	0.41	0.54	0.56
2002	0.61	0.42	0.45	0.59

备注：数据转录于况伟大《高房价的成因及平抑对策建议》一文（载《价格理论与实践》2004 年第 10 期）。

勒纳指数反映了当市场存在支配能力时的价格与边际成本的偏离程度，在实际计算中，由于边际成本的数据难以获得，一般使用平均成本代替边际成本，因此，计算结果存在一定的偏差。

贝恩指数是产业经济学家贝恩提出的一个考察市场绩效的指标。把利润分为会计利润和经济利润两类，贝恩指数计算及其推导过程如下：

$$\pi_a = R - C - D$$

式中，π_a——会计利润，R——总收益，C——当期总成本，D——折旧。

$$\pi_e = \pi_a - iV$$

式中，π_e——经济利润，i——正常投资的收益率，V——投资总额。

则贝恩指数为：

$$B = \frac{\pi_e}{V} \tag{1-4}$$

贝恩指数代表的是行业的超额利润率，市场中如果持续存在超额利润（经济利润），则表明市场中存在垄断势力，并且超额利润率越高，垄断势力越强。

房地产市场和其他产品市场一样，也存在着信息不对称，信息不对称可以分为两类：一类是事前的信息不对称，即在合同签订以前，消费者不知道而供给主体所知道的信息，事前的信息不对称容易导致逆向选择问题。另一类是事后的信息不对称，事后的信息不对称是指在合同签订或者交易发生以后，事后信息不对称容易导致道德风险问题；在房地产市场上，供给主体、需求主体存在着信息不对称。供给主体往往掌握较为全面的市场以及产品信息，需求主体对信息的掌握是不全面的，也就是市场信息偏在。房地产产品价值量高，差异化程度大，在交易契约签订以前，需要消费者投入较高的信息搜寻成本和较长的搜寻期，消费者为了了解较全面的房地产市场或者某一子市场的信息，往往需要房地产中介机构提供市场信息；房地产抵押、交易、担保均需要不同的市场机构参与；由于市场信息不对称、交易过程的复杂、多方机构的参与，使房地产产权交易需要较高的交易成本，而我国房地产市场的制度环境、法律、法规的不健全、政府管理机构的寻租等又进一步增加了产权交易市场的交易成本。

进入壁垒是决定市场结构的重要因素。在完全竞争的市场上，进入退出均非常容易，不存在进入壁垒。在其他类型的市场中，则存在着行业进入壁垒。关于进入壁垒的内涵，不同的学派和理论所下的定义有所差异。

贝恩(1956)认为，进入壁垒是指潜在进入者或者“潜在企业”和在位企业竞争中所遇到的不利性障碍因素。也就是允许在位企业赚取超额正常利润，而不受到进入威胁的一切因素。贝恩认为进入壁垒产生的主要原因在于：绝对成本优势、产品差别优势、规模经济和资本要求。绝对成本优势是指在特定的产量水平上，现有企业比潜在的进入企业以较低的成本进行产品生产的能力，由于这种能力的存在，使得潜在的进入者在试图进入市场的过程中，或者进入市场以后与原有企业相比处于不利的境地。

规模经济是指随着产量的增加，产品的平均成本不断下降的一种状态，在位企业的规模经济效应导致其与潜在进入企业在生产和成本方面存在差异，从而对潜在进入者产生阻滞作用，形成进入壁垒。在位企业拥有优越的生产技术，通过资本积累使其生产成本降低，或者通过订立长期契约，以阻碍进入者获得重要的生产要素。在产品差别方面，在位企业通过取得产品创新的专利，获得了产品差别的优势。

产品的差异化是构成进入壁垒的重要因素。在位厂商通过长期的差异化战略，已经拥有了一定的知名度和品牌影响，并在消费者中形成了一定的忠诚度，在一定程度上影响了消费者的偏好。新进入的企业为了获得消费者的认可，往往采用低价销售的策略，或者进行广告宣传以及促销活动，这需要较高的成本投入。因此，原有产品的差异化也构成了进入壁垒。

施蒂格勒(1968)基于在位者与潜在进入者成本差异的视角对进入壁垒进行了定义。进入壁垒是一种生产成本，这种成本是在位厂商无需承担、而新进入厂商必须承担的成本。冯·魏茨萨克遵循了上述定义，并从社会的角度进行分析，认为这种成本意味着资源配置的扭曲。斯蒂格勒认为，绝对成本优势、产品差别优势、规模经济等因素并不能构成进入壁垒，而政府的行业管制、政府对经济活动的干预以及法律的限制才能形成进入壁垒。

鲍莫尔认为，沉没成本的高低决定了企业从市场中退出的难易程度，进而会影响企业的进入决策，因此沉没成本是唯一造成进入壁垒的根本原因。企业一旦进入，退出时的沉没成本越高，企业退出越困难，企业进入时就越谨慎。所谓沉没成本是指企业进入时投入的资本，在退出时不能收回的部分；如设备、厂房在退出时可以出售，但出售时可能会产生折价，或者用于技术的研发、员工的培训以及广告投入等，都不能收回投资。

萨洛普(1979)基于在位厂商的战略行动选择，区分了“无意的”进入壁垒和战略性的进入壁垒。如果在位厂商，采取一项行动，没有估计到会对潜在进入厂商产生影响，但是此项行动确实使进入无利可图，行动所产生的阻止作用，形成了“无意的”进入壁垒。如果在位厂商采取某项行动的目的就是为了有效阻止潜在进入者进入某一行业，形成进入壁垒，则为战略性壁垒。

根据以上学者对进入壁垒的界定，结合我国房地产市场的特点和房地产市场运行的制度环境、法律、法规以及土地一级市场的垄断特征，我国房地产业的进入壁垒主要是由于房地产市场制度环境和在位开发商战略性阻止行动形成的壁垒，而规模经济、资本要求、绝对成本优势并不能形成实质性的进入壁垒。

从资本投入来分析，虽然房地产行业属于资金密集型行业，房地产的开发需要投入大量的资本，一些开发项目少则几千万元，大型的开发项目需要几十个亿。但是从我国房地产企业的资金来源进行分析，房地产开发企业自有资金不到30%，项目开发资金主要来源于商业银行的抵押贷款、建筑承包商的垫付款、商品房预售收入，如表1-6所示。虽然房地产抵押贷款存在着一定的风险，在我国居民储蓄不断增加的情况下，商业金融机构汇集了巨额的存款，存在着贷款的压力。土地、房地产作为不动产，属于非常好的抵押品，房地产作为资产，随着我国经济的发展，资产价格不断上升，商业银行用于房地产的开发、消费贷款不断增加。因此从资金来源进行分析，开发商只要在土地一级市场、二级市场获得土地使用权，只需要缴纳20%～30%的土地出让金或者土地购买价格，其余部分可以以土地进行抵押，获得银行的信贷。另一方面，从开发商的开发过程进行分析，项目的开发，一般实行分期滚动开发，分期销售，一期预售收入可以作为二期的开发资金，在正常的开发过程中，开发商所需要的自有资金并不高。因此从资金方面进行分析，并没有构成房地产行业的进入壁垒。

表1-6 房地产开发企业的资金来源 单位：亿元

年份	本年实际到位资金	国内贷款	利用外资	外商直接投资	自筹资金	其他资金来源	国内贷款占比%	其他资金来源占比%
1998年	4 414.94	1 053.17	361.76	258.87	1 166.98	1 811.85	23.85	41.03
1999年	4 795.90	1 111.57	256.60	180.48	1 344.62	2 063.20	23.18	43.01
2000年	5 997.63	1 385.08	168.70	134.80	1 614.21	2 819.29	23.1	47.01
2001年	7 696.39	1 692.20	135.70	106.12	2 183.96	3 670.56	21.97	47.69
2002年	9 749.96	2 220.33	157.23	124.13	2 738.45	4 619.90	22.77	47.38
2003年	13 196.92	3 138.27	170.00	116.27	3 770.69	6 106.05	23.78	46.26
2004年	17 168.77	3 158.41	228.20	142.56	5 207.56	8 562.59	18.4	49.87
2005年	21 397.84	3 918.08	257.81	171.41	7 000.39	10 221.56	18.31	47.77

续 表

年 份	本年实际到位资金	国 内 贷 款	利 用 外 资	外商直接投资	自 筹 资 金	其他资金来 源	国内贷款占比%	其他资金来源占比%
2006 年	27 135.55	5 356.98	400.15	303.05	8 597.09	12 781.33	19.74	47.10
2007 年	37 477.96	7 015.64	641.04	485.39	11 772.53	18 048.75	18.72	48.16
2008 年	39 619.36	7 605.69	728.22	634.99	15 312.10	15 973.35	19.20	40.32
2009 年	57 799.04	11 364.51	479.39	403.32	17 949.12	28 006.01	19.66	48.45
2010 年	72 944.04	12 563.70	790.68	673.45	26 637.21	32 952.45	17.22	45.17
2011 年	85 688.73	13 056.80	785.15	689.54	35 004.57	36 842.22	15.24	43.00
2012 年	96 536.81	14 778.39	402.09	358.52	39 081.96	42 274.38	15.31	43.80
2013 年	122 122.47	19 672.66	534.17	467.12	47 424.95	54 490.70	16.11	44.62
2014 年	121 991.48	21 242.61	639.26	598.91	50 419.80	49 669.81	17.41	40.72

数据来源：根据《中国统计年鉴》(2015)数据整理。
备注：上表中其他资金主要包括：建筑承包商垫付的建筑工程承包款和房屋预售所得到的预售收入。

房地产业具有虚拟经营的特征。房地产开发经营、服务等经济活动，可以借助建筑业、中介服务业和物业管理企业来完成。房地产的开发、施工及其建设活动由建筑总承包商来完成，房地产产品可以借助于房地产经纪机构进行销售，后期的物业管理和服务通过物业管理企业来实施，因此，规模经济并不能形成房地产业的进入壁垒。

我国房地产业的规模经济效应并不明显，房地产开发企业的数量较多，大型企业投资、开发量、竣工量在市场中所占的比重并不高，《中国房地产统计年鉴》(2015)的统计数据表明，中小企业的投资总额和开发量等指标所占市场份额较大。我国房地产企业的结构状况和投资开发规模如表 1－7 所示。我国一级开发企业占房地产开发企业总数为 1.3%，实际完成投资额占总投资额的 15%，完成住宅投资额占投资总额的比例为 10.3%，三级以下的中小企业的投资额占总投资额的 59.4%，这与规模经济行业随着企业规模的增长、市场中寡头企业所占市场份额不断提高的趋势有所不同，因此从我国房地产业的企业构成以及中小企业所占市场份额来分析，规模经济并未构成实质性的市场进入壁垒。

表 1－7 我国房地产企业的结构状况及投资状况(2014)

	一 级	二 级	三 级	四 级	暂 定	其 他	总 计
开发企业总数	396	2 824	12 671	8 466	4 936	3 325	32 618
从业人数	57 266	172 875	451 352	234 291	133 017	85 208	1 134 009
总投资(万元)	31 338 892	68 721 627	98 005 128	29 024 025	71 030 976	41 416 546	339 537 249
实际完成投资(万元)	6 705 838	14 508 551	25 631 418	9 754 850	13 841 955	7 646 611	77 909 223
住宅完成投资额(万元)	4 676 409	9 994 361	17 634 365	6 336 995	8 246 208	5 389 222	52 277 560

资料来源：根据《中国房地产统计年鉴》2015 年版整理。

由于房地产产品的位置固定性、不可移动性，房地产市场属于区域性的市场，某一区域房地产市场存在供需缺口时，区域外的房地产不能流动到区域内进行竞争，因此就房地产业而言，计算整个产业的市场集中度指标就缺乏实践意义和应用价值，分析房地产市场的行业集中度指标，从区域层面上进行分析，抑或具有探讨价值。

房地产产品的差异化也不能形成进入壁垒。在位开发商为了向社会宣传其房地产产品信息，扩大企业的影响力，通过长期、大量投放广告，长期的广告宣传能够影响消费者的消费偏好，形成品牌效应，并能够提高企业的市场力量。在完全竞争的市场上，广告宣传能够对潜在的进入者形成进入壁垒。房地产产品受位置的限制而不能流动，房地产市场具有区域性特征，房地产企业的竞争是相邻开发项目之间的空间竞争，广告宣传所形成的品牌效应只能影响一定区域、一定范围的消费者，加之我国大型房地产开发企业所占市场份额较低，房地产产业的产业集中度较低，因此，房地产产品的差别和广告效应强化的产品差别不能构成房地产市场的进入壁垒。

在我国，房地产业的进入壁垒主要在于在位开发商的战略性行动和政府所制定的法律、法规和政策。在我国《土地法》的法律框架内，国家和城市政府作为国有土地的所有主体，在土地一级市场上处于垄断地位。在土地一级市场，在位开发商长期以来与城市政府形成了利益共同体，城市政府通过出让国有土地使用权获得了巨大的财政收入，在位开发商的房地产开发、经营等经济活动成为拉动城市经济增长的主要动力。土地一级市场的非市场化运作模式，土地使用权的协议出让方式，强化了在位开发商获取土地资源的能力，在位开发商通过非正常手段迎合政府的主观偏好，在土地一级市场上以低成本获得稀缺土地资源的使用权，而潜在的进入者缺乏与当地政府之间的关系，在获取土地资源方面存在着劣势，在位开发商对土地资源的先行垄断形成了我国房地产业的进入壁垒。

另一方面，在位开发商为了持续地获得行业垄断利润，在其开发、经营中采用相应的、有目的战略性的行动，改变了潜在进入者的利润预期，从而影响潜在进入者的进入决策，形成战略性进入壁垒。在房地产市场中，在位开发商为了避免进入者的竞争，在土地一级市场通常采用联合竞标、围标等策略，把外地的开发商或者潜在进入者排斥在外。

总结以上的论述，房地产市场具有如表 1－8 所示的特征与结构。

表 1－8　房地产市场的特征与结构

厂商数量	房地产市场属于区域性的市场，在特定的区域内向市场提供房地产的开发商数量较少，特别是房地产子市场，提供效用相同的房地产，开发商数量较少。
产品差别程度	房地产产品差异化程度高，表现在区位、结构、功能、装修、配套设施、物业管理及其服务等诸多方面。
市场势力	相邻开发企业之间往往采取非价格竞争，通过价格合谋，企业获取高额垄断利润；房地产产品的差异化强化了企业的市场力量。
进入壁垒	土地市场的非市场化运作模式，城市政府对土地一级市场的垄断，城市政府的寻租，形成了行业进入壁垒；在位开发商在土地一级市场的联合行动，对潜在进入厂商形成战略性进入壁垒。

续 表

交易成本	房地产的位置固定，区位差异、结构特征，决定了房地产市场信息是不充分的，房地产交易需要较高的信息搜寻成本、契约成本、中介服务代理成本、监督成本。房地产交易成本涵盖隐性成本和显性成本，隐性成本包括信息搜寻成本、附着成本等，显性成本涵盖抵押贷款费用、评估费用等。
结构特征	房地产市场属于垄断程度较高的市场，属于区域性的市场。房地产市场可以认为是区域性的寡头垄断市场。

2. 房地产市场细分

房地产市场可以分为产权交易市场、租赁市场、抵押市场，也可以分为增量房市场和存量房市场。房地产市场体系的划分如图 1－15 所示。

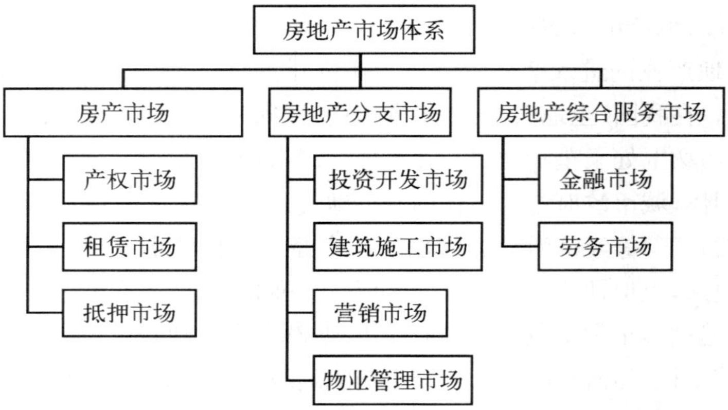

图 1－15 房地产市场体系

六、房地产估价的必要性

随着我国社会主义市场经济的逐步建立和国民经济的稳定发展，工业化、城市化的进程，土地使用制度、住房制度的改革，我国房地产业逐步得到发展，房地产业的规模不断扩大，房地产业已经成为我国国民经济的支柱产业，房地产业的增加值在国内生产总值中占有较高的份额，房地产经济活动也日益频繁。住宅产业作为房地产业的子系统，随着住房制度的货币化改革，住宅投资额、开发量、竣工量和交易量不断提高，我国城乡居民的居住状况得到明显的改善。

房地产作为价值量高、耐久性长、差异化程度高、跨期消费的商品，具有与一般商品不同的特征，房地产的交易属于产权的让渡，房地产产权在不同的主体之间的转移，房地产的产权内涵极其复杂。从交易客体进行划分，可以分为土地的所有权、使用权、收益权、租赁权、典权、地上权等以及房屋的所有权、使用权、收益权、典权等。不同的权利状况，所体现的内涵明显存在差异，在房地产经济活动中所呈现的价格含义也存在不同。因此，为了为房地产经济活动提供交易参考依据，必须对房地产价格进行评估。房地产估价的必要性主要体现在以下几个方面：

1. 产品的差异化程度高，市场交易主体缺乏对房地产价格评估的能力

房地产的区位性、结构特征、建筑设计、装修、室内外配套设施、物业与服务的不同，决定了房地产产品属于高度差异化的产品，房地产产品的定价机制非常复杂，房地产的价格不仅仅受实物状况、权益状况的影响，还受到相邻房地产的外部性以及配套设施的影响，市场交易主体对房地产的综合状况较难进行全面的把握，不能够利用已有的房地产交易数据的简单比较进行合理定价；房地产市场属于区域性的寡头垄断市场，市场交易信息不充分，产权交易往往需要较高的交易成本，包括搜寻信息的成本、协商与决策的成本、契约成本等事前交易成本和监督成本、执行成本等事后成本，复杂的定价机制和交易成本的存在，增加了房地产市场交易主体对房地产价格进行评定的难度。

2. 房地产市场的信息偏在与价格离散

信息是指在市场中存在，影响市场中供需主体经济活动的因素。在古典经济学中，信息的获得是不需要成本的，属于免费产品，因而不存在价格。市场完全信息的假设与现实的市场环境不相吻合，非对称信息是所有产品市场所共有的特征。在信息不完全的市场中，价格对供求变动的反映是不灵活的，市场价格出现离散。与一般的当期消费品不同，房地产市场的信息不对称程度更高，这主要是因为房地产产品交易的非集中性和交易的私密性。房地产的位置固定，决定了房地产交易不可能形成集中化的市场，市场交易的非集中化也导致价格分散的程度。在房地产市场中，卖方掌握较全面的产品质量和市场信息，而买方处于信息劣势的地位，房地产市场属于信息偏在的市场，这种性质使房地产市场成为信息传递效率偏低的市场，信息传递不畅加剧了价格离散的程度。

3. 房地产价格的动态波动

房地产具有生产资料、生活必需品、投资品的多重属性。房地产价格受到宏观经济因素、区域因素、社会因素以及人们的心理预期的影响，经常处于波动之中。房地产需求在外部因素的冲击作用下，在短时期内会发生变动，而供给具有滞后性，房地产供给的时滞效应，导致房地产价格的波动幅度较大。房地产价格的正常波动是由于需求和供给相互作用的结果，但是，在房地产市场上，投机需求的存在，将会加剧房地产价格的波动。影响投机需求的主要因素之一是消费者的非理性预期。

在经济理论中，预期是指从事经济活动的人，在进行经济决策和经济活动之前，对未来的经济形势极其变化，主要是市场供求关系和价格变动趋势所做出的一种估计和判断。预期分为静态预期、非理性预期、适应性预期和理性预期。

静态预期是假定经济活动的主体完全按照过去已经发生过的情况来估计和判断未来的经济形式，在传统的蛛网理论中，生产者对未来价格的预期完全按照当前市场的价格，进而决定其下期生产的产品数量，就是静态预期。

如果以 P_t 表示第 t 期的实际价格水平，P_{t-1} 表示 t 前一期的价格水平，P_t^m 表示第 $t-1$ 期所预测的 t 期的价格水平，则有：

$$P_t^m = P_{t-1}$$

非理性预期或者称为外插型预期，假定经济形式是变化莫测的，人们无法预知经济发展的前景，预期的形成缺乏可靠的基础，容易受个人情绪的支配，预期不受有关经济变量与政策变量的影响。

如果以 α 表示预期中的调整系数，P_{t-2} 表示 $t-1$ 期的前一期的实际价格水平，非理性预期的模型为：

$$P_t^m = P_{t-1} + \alpha(P_{t-1} - P_{t-2})$$

假设市场价格从 $t-2$ 期到 $t-1$ 期是上涨的，则非理性预期理论认为，乐观的人们预期价格会不断上涨，悲观的人们会预期价格上涨趋势不会持续。因为乐观与悲观两种情绪的支配，预期价格出现正好相反的结果。

适应性预期理论理论强调，经济活动主体的预期并不是独立于其他经济变量的某种心理状态，而是以他们过去的经验和客观的经济活动变化为基础的，人们可以利用过去的预期误差来修正现在的预期。适应性预期的一个特点，就是考虑前期实际价格与预期价格的差距，进行现期的价格预期，形成反馈型预期机制。如果用 α 表示适应性预期的调整系数，而且 $0 < \alpha < 1$，适应性预期模型(1-5)可以表述为：

$$P_t^m = (1-\alpha)P_{t-1} + \alpha P_{t-1}^m \tag{1-5}$$

P_t^m 表示第 $t-1$ 期所预测的 t 期的价格水平，P_{t-1}^m 表示 $t-2$ 期对 $t-1$ 期价格的预期值，P_{t-1} 表示 $t-1$ 期的实际价格水平。

理性预期理论认为，经济活动的主体可以充分有效地利用一切有关的、可以获得的市场信息，并且对可获得的信息进行理智的分析，在经济决策时不仅仅依靠过去的经验和经济的变化，同时，经济主体还会对政府的政策变化进行分析，并运用于经济决策中。

由于交易的分散、市场的非集中性与私密性，房地产市场属于信息传递效率偏低的市场，在房地产市场上，信息的搜集需要较高的实施成本，房地产市场主体不可能掌握市场的全面信息，对房地产的供给、需求及其价格的变动不可能形成“合理”的预期。

在房地产市场上，市场主体在信息不充分的情况下，往往根据市场现在或者过去的供给、需求、价格来形成未来价格的预期，当房地产市场上价格上涨时，大多数消费者会预期未来的价格会同样上涨，价格下降时会预期将来价格下降，这种预期可以称为近视价格预期，也就是经济学理论中所说的非理性预期。市场中存在非理性预期，当房地产近期价格上涨时，消费者购买房地产资产，并非考虑资产的价值是多少，而是预期将来有人会以更高的价格来购买房地产，如果市场上存在着大量的投资者，并且形成同向预期时，会导致市场需求在短期内大幅度地增加，从而导致房地产价格脱离其市场基础价值，出现房地产价格泡沫。

4. 房地产经济活动的现实需要

随着我国房地产市场的建立，房地产经济活动已经成为企业、组织、个人等主要的经济活动之一。由于房地产的特殊性、耐久性、保值增值特性和固定性，房地产经济活动非常复杂，不仅包括房地产的买卖，还包括土地使用权的出让、转让；房屋的租赁、抵押、保险、典当，房地产的课税等；在企业的经营中还存在企业的合并、兼并、破产清算、以资产入股、企业上市、改制、房地产纠纷等其他经济活动。不同的经济活动需要根据具体的要求，对房地产的价格进行评估。具体而言，主要涉及以下几个主要方面：

（1）房地产产权让渡：由于房地产的固定性，房地产的交易并非是实物的流动，而是房地产产权在不同的主体之间的转移。产权在转移时，涉及在企业之间、企业和个人之间、个人与个人之间的转移；在土地使用权的转移中，根据我国现行的《土地法》的基本内容，通过土地一级市场实现了土地使用权和所有权的分离，在土地一级市场，城市政府做为土地的所有者，出让一定期限的土地使用权，需要确定合理的出让价格；在土地二级市场，土地使用权在不同的使用主体之间转移，同样需要根据土地市场的供求状况合理确定转让价格；在产权交易市场，由于房地产的差异化程度非常高，不存在统一的价格，房地产价格经常处于波动之中，因此，需要对房地产价格进行评估。

（2）房地产拆迁补偿：随着我国经济的转轨、工业化、城市化的进程，大中城市因其强大的集聚辐射效应，吸引了大量的人口，这极大地增加了对住房的需求。住房需求的增加，引致了土地的需求，城市土地资源日益紧张，土地原有的非集约利用方式不能满足人口增加对房地产的需求。为了避免城市的无序向外蔓延、拓展和占用大量农用耕地，保护我国农用耕地，稳定粮食供应，对城市存量土地的集约利用，成为优化的替代措施。我国城市政府在经济发展过程中，加快了城市更新和城市动拆迁的进程，根据我国相关的法律、法规以及相关条例的规定，城市政府作为城市动拆迁的主体，对被拆迁的企业、个人和组织给予相应的合理补偿，对于补偿额度的确定，就需要合理的对原有的被拆迁房屋的市场价格进行评估。

（3）房地产抵押、典当：房地产作为跨期消费品，具有耐久性长、保值、增值、抵御通货膨胀的能力，房地产作为资产可以通过抵押获取商业银行的贷款，金融机构为了确定抵押房地产的贷款额度，降低贷款风险往往需要对抵押的房地产价格进行评估，这需要专业的评估机构和评估人员对价格进行合理测定。房地产的典当同样是为了其他经济活动而进行的融资。典当的融资形式和抵押有所不同。出典人将自己拥有的房地产给予其他人使用、收益，以获得资金，但是保留房地产的产权，以后有支付能力时再重新以原价收回房地产。典权人通过支付典价获得一定期限的房地产的使用和收益的权利。当典权期届满，出典人没有经济能力赎回房地产时，典权人可以获得房地产产权。在典当过程中，为了合理地确定典价，同样需要进行评估。

（4）房地产保险：虽然土地作为大自然的馈赠物是不可灭失的，但是地上的建筑物，在自然灾害和人为因素的作用下，可能会发生破坏或者损毁，当地上建筑物遭受多种不可预见因素的作用发生破坏时，产权的拥有者会蒙受不同程度的损失，为了获得损失补偿，房地产产权拥有者往往将其拥有的房地产加入商业保险，一旦投入保险的房地产遭受破坏，在确定保险赔偿额度时，需要对房地产价格进行评估。

(5) 房地产税收：房地产税收在税收体系中占有重要的地位，房地产作为一种在物质形态上显化的资产，历来是国家和政府征税的重要税源，各国涉及房地产的税种较多。如在我国，包括耕地占用税、城镇土地使用税、土地增值税、房产税、契税、营业税、个人所得税和印花税等，虽然在我国相关的房地产税，有的是实行定额税率、幅度定额税率、原价税率、累进税率等不同的形式。但是，随着我国税收制度的不断改革和完善，从价税将是我国房地产税收的发展方向，西方国家所征收的财产税、房产税等一般采用从价税，也就是按照市场价格征税。为了国家和政府征税的需要，通过政府征税调整国民收入初次分配的不公平，需要确定合理的税基，因而需要对房地产的市场价格进行测定。

(6) 企业的合并、兼并、破产清算、合资、合作以及承包等经济活动：土地和房地产作为重要的资产，在企业的经济活动中具有重要的作用。房地产租金和价格的高低影响企业的产出价格，从而决定企业的市场竞争力。在企业的合并、兼并、合资和承包经营活动中，有的企业以所拥有的房地产作为合作经营的投入，因此涉及资产的投入和占用问题，涉及合作企业在投资中所占的份额，为了明确合作企业不同参与方所占的份额，需要进行估价；另外，企业的破产、清算同样需要对企业所属的房地产进行价值评估。

【复习思考题】

1. 从历史的视角，我国房地产估价分为几个阶段？
2. 哪些因素决定房地产产品属于完全差异化的商品？
3. 住房交易成本主要包含哪些？
4. 我国城市建设用地市场有哪些特征？
5. 房地产有哪些特征？
6. 简述房地产市场的特征。
7. 我国房地产行业的主要进入壁垒是什么？
8. 勒纳指数、市场力量的含义是什么？
9. 何谓赫芬达尔—赫希曼指数？
10. 为什么一般商品在经济活动中不需要价格评估，房地产的交易、租赁、抵押、典当、保险等经济活动需要对房地产价格进行评估？
11. 何谓贝恩指数？如何计算？
12. 为什么房地产的流动性比较差？

第二章　房地产需求、供给及价格影响因素分析

房地产作为不动产，价格受到多种因素的影响，如经济因素、区域因素、消费者预期、房地产特征等，经常处于波动之中。由于房地产的供给具有滞后性，需求增加或者减少时，房地产供给不能及时调整，而房地产的需求在经济因素和其他因素的作用下，短期内可能发生比较大的变化；因此，短期内房地产价格随着需求的变化而波动，并且波动幅度较大。从长期来分析，房地产的供给是有弹性的，房地产价格受到供求的影响。房地产价格的波动又会影响房地产的供给和需求。在本章中，主要分析影响房地产价格的因素、房地产的供给、需求以及房地产市场的非均衡、房地产价格与租金的关系、房地产价格指数的编制方法等主要内容。

第一节　房地产的需求、供给与价格

一、房地产的需求

房地产具有生活必需品、生产资料、投资品的多重属性。房地产的需求可以分为消费性需求和投资性需求。消费性需求是指购买房地产用于居住、办公或者从事其他经济活动的需要，投资性需求是指购买房地产通过出租获得租金收入或者将来出售获得增值收益的需求。

我国自 1998 年实行住房制度货币化改革以来，房地产业发展较快，已经成为国民经济的支柱产业。伴随着经济的发展，我国主要城市，特别是一线城市和二线城市，城市更新速度较快，城市政府动拆迁规模较大，大量的市中心存量房屋以及厂房拆除，因此，在房地产市场上，还存在着另外一种需求——被动需求，即由于城市政府的动拆迁所引致的需求。所以，在大规模动拆迁的过程中，房地产的需求包括自住性需求（刚性需求）、投资需求、投机需求和被动需求，如图 2－1 所示。

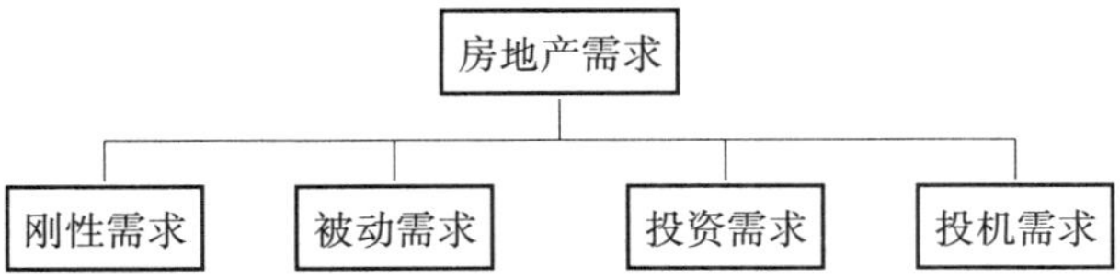

图 2－1　房地产需求

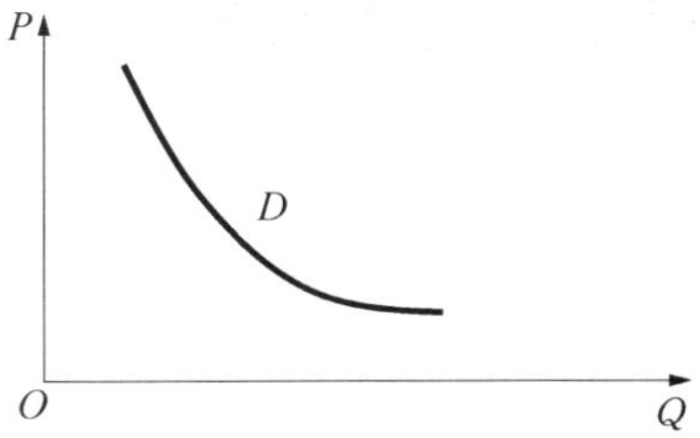

图 2-2 自住性、被动需求曲线

对于自住性需求、被动需求，需求量和价格呈负相关的关系，遵循需求法则，当房地产的价格上升时，需求量降低；当价格降低时，需求量增加，需求曲线如图 2-2 所示。

对于房地产的投资需求而言，房地产的投资主要是基于预期原理，人们当前购买房地产，以期将来通过出租获得持续、稳定的租金收入；或者是将来房地产价格上升，通过销售，带来增值收益。前已述及，房地产的价格受到多种因素的作用，经常处于波动之中，因而投资房地产存在着一定的风险，如市场风险、利率风险、流动性风险等。

在房地产市场上，还存在着一种特殊的投资形式，也就是房地产的投机，房地产投机的目的并非是为了将来出租房地产获得租金收入，主要是为了在短时期内再出售房地产获得溢价。当房地产价格在短期内上涨较快时，房地产的投机需求较高。房地产投机的风险较高，存在着市场风险、短期内变现的风险等。在房地产市场上，存在着适度的投机，有助于房地产市场的繁荣，如在房地产市场低迷时，投机者购买房地产，能够刺激房地产的需求；当房地产市场需求过度时，投机者出售房地产，从而弥补市场供需缺口。但是当房地产市场投机度较高时，投机需求的过度，会导致房地产价格在短期内大幅度上涨，房地产价格严重脱离由市场基础所确定的价值，引致房地产泡沫的产生。当房地产价格上涨时，房地产投机者在非理性预期的作用下，预期未来价格还会上涨，会增加当前的需求；当房地产价格开始下降时，投机者预期将来房地产价格会下跌，纷纷抛售房地产，由于投机者的存在，加剧了房地产价格的波动。房地产的投机需求和价格之间的关系，不再遵循需求基本法则，需求和价格之间的关系呈现为正相关的关系：价格上涨，需求增加；价格下降，需求降低。房地产的投机需求曲线见图 2-3。在此，可以把房地产的需求曲线称为异化的需求曲线。利用异化的需求曲线可以分析，在房地产市场上，当房地产市场投机度较高时，房地产的交易价格和交易量同时上升的现象，也就是我们所说的量价齐升现象，具体如图 2-4 所示。

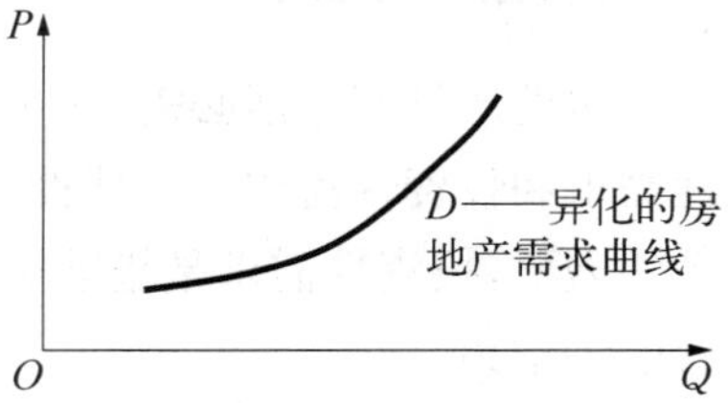

图 2-3 投机性房地产的需求曲线

从投资品的视角分析，由图 2-4 可知，投机者购买房地产主要是为了将来房地产价格上涨，获得增值收益，因此，投机需求曲线 D_1 和 D_2，需求量和价格正相关。当需求曲线由 D_1 移动到 D_2 时，需求量增加；市场均衡价格也随之提高，由 P_1 上涨到 P_2；均衡交易量由 Q_1 变为 Q_2。

二、房地产的供给

房地产的供给可以分为短期供给和长期供给。在短期内，由于房地产的开发建设需要一定的建设周期，房地产的供给主体从获取土地、小区规划、建设到竣工至少需要 2～3

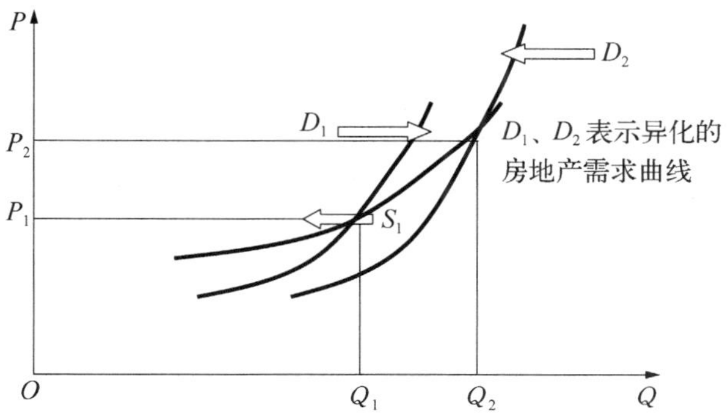

图 2-4 房地产交易价格和交易量同时增加

年的时间。因此,就短期来分析,房地产的存量是一定的,房地产的供给在短期内没有弹性。因而,房地产的短期供给曲线为一条垂直于水平轴的直线,如图 2-5 所示。

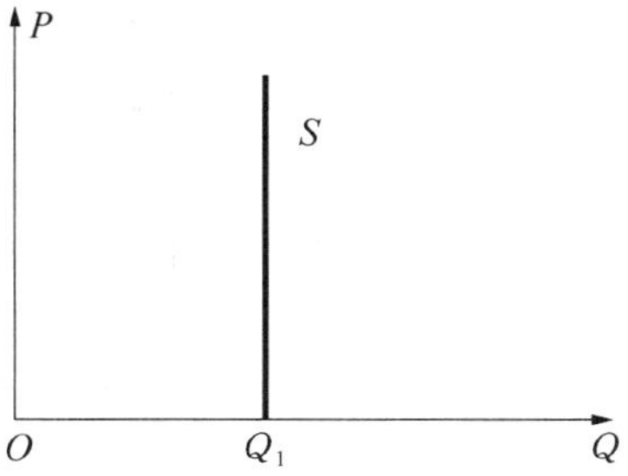

图 2-5 房地产的短期供给曲线

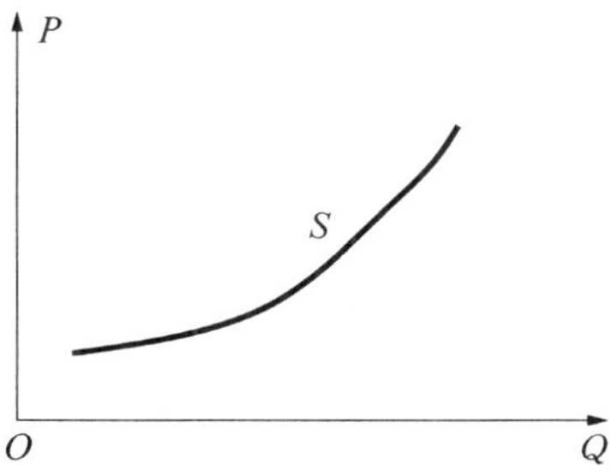

图 2-6 房地产的长期供给曲线

从长期来分析,新开发的房地产逐渐在市场上销售,同时,一定数量的存量房地产到达设计寿命,被拆除。一般情况下,新开发的房地产数量高于拆除量,在竣工量超过存量房地产的拆除量时,房地产的总供给不断增加。因此,在长期内,房地产的供给具有弹性。当房地产的价格上涨时,房地产开发商会增加房屋的开发,供给量增加;当房地产价格降低时,房地产开发商会减少房屋的供给,因此,房地产的供给曲线是一条向上的曲线,房地产的长期供给曲线如图 2-6 所示。

由于房地产固着在土地上,房地产的供给受到土地资源供给的影响。前已述及,在我国现行的法律体系下,城市政府垄断了土地一级市场,如果在某一时期,城市政府实行适度紧缺的供地政策,而房地产的需求在货币支持过度的情况下,需求旺盛,往往会刺激开发商竞买土地,从而催高土地的交易价格。房地产开发商土地取得成本提高,在成本推进的情况下,往往会导致房地产供给价格的提高。所以,房地产交易价格的高低,与城市政府所实行的土地供给政策具有一定的联系。这就要求城市政府对房地产市场的运行进行分析,当房地产市场需求旺盛、市场过热、交易价格较高时,采取相应的土地政策、货币政策以及税收政策,加强对房地产市场的调控,从而抑制房地产交易价格的较快增长。

三、房地产市场的供求均衡分析

当房地产的总供给和总需求相等时，房地产市场达到均衡，这时，所对应的价格称为均衡价格，对应的交易量，称为均衡交易量。具体如图 2－7 所示。供给曲线 S 和需求曲线 D 相较于 E 点，E 点所对应的价格 P_0 为均衡价格，所对应的数量 Q_0 为均衡交易量。

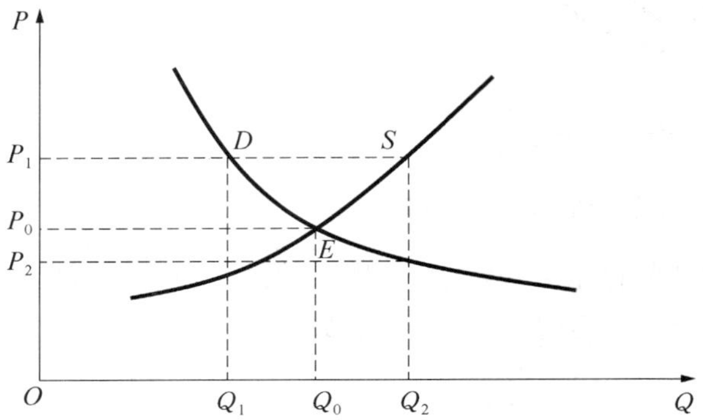

图 2－7 房地产市场的均衡

从理论来分析，如果市场完善、信息充分，获取信息不需要成本，价格具有灵活性，不存在影响价格的其他非经济因素，不存在虚假交易，也就是所有的交易都是在均衡价格下达成的，那么，市场竞争的结果，房地产市场达到均衡。在其他影响因素的作用下，当房地产价格偏离均衡值，如为 P_1时，由于 P_1高于市场均衡价格 P_0，房地产市场的需求减少，供给超过需求，存在供需不平衡，市场中的超额供给为 Q_1Q_2，存在着房地产的空置，市场处在供大于求的状态下，房地产的供给主体就会降低价格销售，通过市场机制的调节，最终又恢复到均衡点 E。当房地产市场在某一外生因素的冲击下，房地产的价格 P_2低于市场均衡价格 P_0时，市场上的需求量大于供给量，存在着供需缺口，房地产需求得不到满足，由于在此价格水平下，供给不足，房地产供给主体会提高销售价格，在价格逐步提高时，需求有所降低，市场最终又达到均衡。通过图 2－7 可知，如果在某一时刻，房地产交易价格偏离均衡值，通过市场的自动调节，市场会自动达到均衡。

四、房地产市场的非均衡

在经济学中，非均衡是相对于瓦尔拉斯均衡而言的，瓦尔拉斯均衡是假设在完善的市场和灵敏的价格体系下所达到的均衡。根据瓦尔拉斯的学说，如果市场是完善的，那么价格体系是灵敏的，市场中的每一个参与主体都能够了解市场的所有信息，对现在和将来的市场供求状况都有充分的了解，价格随着供求的变化及时调整，不存在影响价格的其他非经济因素。那么，在某一价格水平下，总需求和总供给相等，所有的交易都是在均衡价格下达成。

然而，市场处于均衡是暂时的，非均衡是常态。所谓非均衡，即非瓦尔拉斯均衡，是指在市场不完善、信息不完备和价格存在刚性的条件下，各种经济力量将根据具体情况进行调整，调整到彼此适应的位置，并在这一位置上达到均衡。

房地产市场属于垄断程度较高的市场，是区域性的寡头垄断市场，表现为：第一，在房地产市场上，信息是不充分的，供给主体和消费主体存在着信息不对称，供给主体掌握比较全面的产品及市场信息，而消费主体掌握的市场及产品信息较少；第二，获取市场信息和产品信息是需要成本的，这就导致房地产交易需要较高的交易成本；第三，在我国，由于土地一级市场的垄断以及房地产开发商的价格合谋，房地产价格不具有完全的弹性，而是表现为刚性，当房地产市场总供给和总需求不相等时，价格不能及时变化，以影响供求；第四，房地产交易并非完全是在均衡价格下达成的，其中存在着虚假交易。因此，房地产市场的均衡是暂时的，而非均衡是常态。

在我国，房地产市场的非均衡主要表现为供给和需求的非均衡、价格和居民货币支付能力的非均衡、投资结构的非均衡、市场结构的非均衡、市场体系的非均衡。

首先，我国的房地产市场存在着供给和需求的非均衡，特别是在某些细分市场和经济发展较为落后、城市居民和外来人口较少的城市，存在着一定的空置，某些城市空置现象较为严重。

关于房屋的空置，国外通常用空置率指标来衡量。由于房地产属于价值量高的商品，消费者在购买时，需要谨慎决策，通过较长时期财富的积累和通过信贷的方式满足其消费能力；其次，房地产属于完全差异化的产品，消费者在购买房地产时还要考虑区位的不同、产品的差异以及房地产周边交通、教育、文化、商业等配套设施的情况，所以在购买时考虑的因素较多，房地产隐含的信息很多，为达成交易，开发商与消费者之间有一个较长的信息沟通的过程；再次，房地产的交易成本较高，包括信息搜寻成本、搬迁成本、交易税费等。消费者必须进行多次搜寻，才能实现物业与消费的相互匹配，在搜寻过程中，往往伴随着较高的信息搜寻成本。由于房地产市场属于区域性的、信息偏在的市场，消费者在购买房屋时，需要进行较长时间的信息搜集，包括区域性房地产的供给、需求、产品特征等；和其他商品对比分析，房地产交易需要较长的过程。因此，在房地产市场上，存在着一定空置属于正常现象，这是房地产的市场特性和产品特性所决定的。以上原因所造成的空置称为摩擦性空置。与摩擦性空置相对应的另一类空置属于市场空置，主要是由于房地产的无效供给所造成的空置。所谓无效供给，是指由于房地产的品质、质量存在一定的缺陷而导致无人购买；或者销售价格偏高，超出目标群体的货币支付能力；或者是由于房地产位置偏远、交通不便等。

通过以上的分析可知，在房地产产市场上，理想的空置率并非是零空置，由于市场信息的偏在，交易时滞，房屋的供给和需求很难达到平衡，因此，房地产市场的非均衡是一种常态。一定量的房屋空置，即供大于求，有利于住房需求者选择房源，满足消费者的住房消费偏好。如果空置率过低，开发商具有较强的市场力量，恣意提高价格，从而进一步推高房价。

一般认为，商品房空置率在5％～10％之间为合理区，有利于国民经济的健康发展；空置率在10％～15％之间为空置率偏高；空置率在15％～20％之间，要采取一定措施，加大商品房销售的力度，以保证房地产市场的正常发展和国民经济的正常运行；空置率在20％以上为商品房严重积压区，城市政府应该采取相应的政策，如降低贷款利率、降低税费和降低首付款成数来刺激住房需求，并减少土地供给，降低商品房的库存压力。表2－1为不同国家或地区房屋的空置率。

表 2-1 不同国家和地区房屋空置率

国家或地区	年/月	住房空置率%	租赁房空置率%
澳大利亚	2016/02	2.3	
新加坡	2015/09	7.8	
美　国	2015/12	1.8	7.1
我国香港地区	2014/12	3.8	
德　国	2011/12	3.4	
英格兰	2014/12	2.6	
加拿大	2015/04	2.9	

备注：数据来源见参考文献[41]～[46]。

对于我国房地产市场而言，房地产业的发展历史不足40年，特别是自1998年实行住房制度货币化改革以来，住宅市场建立的时间较短。在我国房地产市场中，增量市场所占比重较高，房地产交易中增量房交易所占份额较高。相对于经济较为发达的欧美国家而言，我国的房屋空置主要是摩擦性空置。因此，我国商品房空置率高于欧美国家的空置率是合理的，这主要是由于我国房地产市场结构与西方国家不同。欧美国家房地产市场具有非常长的发展过程，在房地产市场中，存量市场占主要地位，房地产交易主要是存量房交易，房屋的空置主要是市场空置，摩擦性空置较低。

由于房地产市场属于区域性的市场，因而对于房屋的空置研究，从全国层面上进行分析，研究意义不大，需要对我国不同城市和地区分别进行研究。具体而言，自2012年以来，我国中小城市，特别是三、四线城市，商品住宅供给过多，需求不足，空置现象严重，存在着供给和需求的严重非均衡，房地产开发企业去库存周期较长，当地城市政府应该及时采取措施，减少土地资源的供给，通过货币政策，特别是利率政策，降低贷款利率，或者是住房公积金贷款利率，刺激住房需求，以缩短去库存周期。相对而言，我国一线城市，如北京、上海等，由于人口的大量流入、土地资源的稀缺、居民具有较强的住房消费支付能力，商品房的过剩问题并不严重，空置率指标并不高，并不需要采取相应的措施刺激需求。

其次，我国的房地产市场存在着投资结构和供给结构的非均衡。房地产开发商作为追求利润最大化的“经济人”，在房地产投资品种的决策和选择上，往往偏重于高端房地产、旅游房地产的开发与投资，以高收入阶层作为目标销售群体，高收入阶层具有较强的货币支付能力，由于投资结构的非均衡，造成产品供给结构不合理。如在商品住宅市场，高档住宅、别墅类项目投资比重较高，可供一般城镇居民消费的普通商品住宅、经济适用房投资比例偏低，商品住宅市场一方面存在高端住宅供给过剩、存在一定量的空置；另一方面，普通住宅供给不足、需求得不到满足，形成空置和需求无法满足并存的矛盾。

再次，我国的房地产市场存在着市场层次结构的非均衡。房地产市场分为土地市场和房屋市场，土地市场分为土地一级市场和土地二级市场。土地一级市场是指土地使用权出让市场，在我国现行土地法的框架内，土地归国家所有和农民集体组织所有，国家和城市政府作为城镇土地的所有者，垄断了土地使用权的出让市场；土地二级市场是指土地使用权的转让和再转让市场。房产市场分为产权市场、租赁市场以及抵押市场，产权市场又分为一级市场、二级市场，一级市场主要指增量房市场，包括新开发的商品住宅、商业房地产、工业房地产、旅游房地产等，二级市场也称为存量房市场。在我国，随着市场经济的逐步建立和完善，房产一级市场发展较快，投资规模、房地产的供给与需求不断扩大，市场制度环境逐步完善，商品房产权日趋明晰，市场交易量逐步提高。相对而言，存量房市场的发展较为滞后，由于制度的刚性效应，我国的存量房市场所涵盖的房地产类型比较复杂，如在住宅市场，有完全产权的商品住宅、非完全产权的已售公房和经济适用房，由于存在制度瓶颈，非完全产权的已售公房和经济适用房在二次交易时存在着制度约束，迄今为止，还不能够在市场上直接交易，只能在制度内循环。相对而言，存量商品住宅，具有产权清晰，制度约束较少，可以直接在市场上销售。但是由于信息的偏在、价格离散、住房交易成本的阻滞作用，存量商品住宅市场的发展也滞后于增量住宅市场。

最后，我国房地产市场存在着商品住宅销售价格和居民的货币支付能力的非均衡。最近几年来，我国商品住宅的销售价格不断上升，价格上涨的幅度超过居民可支配收入的增长，商品住宅的销售价格超出一般居民的货币支付能力。国外发达国家一般采用一个国家或者地区平均的房屋销售价格和每户居民的平均年收入的比值，也就是房价收入比来衡量住宅价格的高低，国际上房价收入比一般在 3∶1～6∶1。虽然该指标在衡量房屋销售价格和户均收入之间的关系时存在着一定的缺陷，但是，在一定程度上基本能够反映房价是否合理。国外发达国家房地产市场已经有较长的历史，房地产的交易主要以存量房地产交易为主，新建商品住宅所占的比重较低；而我国由于住宅市场建立的时间较短，不同类型的住宅产权特性不同，有的属于完全产权房，有的属于不完全产权房，由于不同产权属性的房屋在交易时，制度特性不同，价格内涵有所差异；在我国，由于不同层次结构的市场发展状况不同，住宅的交易主要以新建商品住宅为主，如果以房价收入比来评判在一定时期内我国房屋价格水平，存在着偏高的趋向。但是，剔除掉上述因素的影响，我国许多城市房价收入比仍然过高。因此，房屋销售价格和城镇居民的收入水平是不相匹配的，我国商品住宅市场还存在着住宅价格与居民收入的非均衡。

第二节　房地产价格与租金的关系

一、房地产价格与租金的关系分析

房地产具有双重属性，即生活必需品和投资品的属性。从投资品的视角进行分析，房地产属于跨期消费、耐久性商品，价格和租金作为房地产价值的两种表现形态，两者之间存在着一定的联系。获得房地产的服务，可以通过产权交易和租赁两种方式；流动性较强的家庭，一般通过租赁获得一定期限的住房使用权；稳定性较强、收入水平较高的家庭，一般通过购买获得住房的产权。因此，对于房地产而言，体现其价值和使用价值的分别是市场交易价格和租金，与房地产价格相比，房地产租金更多地由房地产的生活和生产资料属性决定，租金主要反映一定的经济发展水平下对房地产的真实需求和房地产的使用价值，房屋租赁需求与一国、某一区域的经济基本面是相匹配的。租金虽然会受到供求和其他因素的影响而发生波动，但是相对而言波动幅度不大。而房地产的价格在供求和其他非经济因素的冲击下，会发生波动，由于房地产的短期供给不具有弹性，房地产价格的波动幅度往往较大。在房地产市场上，不仅存在刚性需求，还存在着投资或者投机性需求，当房地产价格严重脱离其市场基础价值时，就会产生房地产泡沫。基于此，在判定房地产价格是否存在泡沫时，可以通过价格和租金的比值来进行判别，剔除通货膨胀的影响以后，如果价格和租金的比值在一定的正常范围内，表明在某一时期，房地产的价格是合理的，当价格和租金的比值严重脱离正常值时，表明房地产价格过高或者过低，过高时，存在着严重的泡沫，此时，政府应该采取相应的政策和措施，对房地产市场进行调控。

比如，2008 年美国次贷危机爆发时，全美房屋价格和租金的比值严重偏离均衡值，这表明美国房屋销售价格在 2007 年、2008 年存在严重的泡沫，具体如图 2－8 所示。从图 2－8 可见，全美房地产房价指数和租金指数的比值，自 1987 年到 2006 年的 20 年间，一直在 100～120 范围内波动。但是自 2007 年开始，两者的比值开始脱离均衡范围，快速上涨，经过 2007 年、2008 年两年的时间，到 2008 年末，两者的比值达到峰值 160。众所周知，在 2008 年底，美国次贷危机爆发，房地产泡沫破灭。

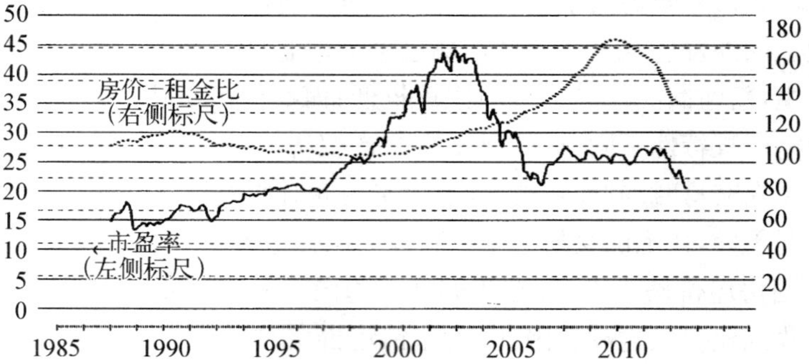

＊ 图中的市盈率来自耶鲁大学的罗伯特・希勒，他在过去十年将股价与平均收益进行比较，熨平由于经济动荡所导致的短期利润波动。房价指数援引凯斯—希勒全美房价指数，房租数据来自美国经济分析局。

图 2－8　全美房屋价格与租金的比值图示

下面从资产属性的视角，来分析租金与价格的关系。

从资产属性的视角，房地产价格由租金、利率和房地产价格的预期增长值三个主要因素决定①。

① 沈悦著：《房地产价格与宏观经济的关系研究》，中国水利水电出版社，2006 年版。

$$P=\frac{R+\Delta P}{i}=\frac{R+P_{t+1}-P_t}{i}$$

或者：
$$i=\frac{R+\Delta P}{P}=\frac{R}{P}+\frac{P_{t+1}-P_t}{P}=i^r+i^e$$

其中，P——当前房地产的价格，R——房地产的租金，ΔP——房地产价格的预期变化值，P_t——t 时期的房地产的价格，P_{t+1}——$t+1$ 时期房地产的价格，i^r——房地产的租金价格比值，i^e——房地产价格期望增值率。

基于非理性预期原理，人们对房地产价格的预期，一般会根据现在或者过去房地产价格的变动趋势来预测，当前一期或者前几期房地产价格不断上涨时，人们会预期将来房地产价格会继续上升，如果在 $t-1$ 时期，房地产的收益率满足 $i^r+i^e>i$，也就是房地产的期望收益超过银行长期利率时，人们会增加房地产的需求，导致 t 时期房地产价格 P_t 的上升。如果租金 R 保持不变，P_t 的上升导致 i^r 的下降，但是未来的上升达到一定程度使得 i^e 的上升幅度超过的 i^r 下降幅度，则 i^r+i^e 会进一步上升，进而，人们对房地产的需求继续增加，在需求增加，供给滞后的状态下，房地产价格会继续上涨。以上分析说明，在房地产市场上，当价格上升时，如果市场上存在着同向预期，在预期的正反馈作用机制下，价格与需求呈现正相关的关系。

二、住宅市场租买结构问题分析

住房作为人们生活的必需品，获取住房服务通常有两种方式：购买住房和租赁住房，也就是涉及拥有住房的产权和居住权的问题。由于住房消费存在两种方式，对住房市场进行分析时，往往涉及租买结构问题的分析。在住宅市场中，合理的租买结构究竟如何？是否住房自有化率越高越好？住宅市场较为完善的市场经济国家住房自有化率是多少？我国住房的自由化率指标数据为何？

国外相关研究表明，一个国家或地区的住房自有化率与本国、本地区的经济发展状况没有必然的联系，发达的西方经济国家，住房自有化率并不高，与此相反，亚洲发展中国家或地区，或者新兴市场经济国家，住房自有化率反而比较高。住房自有化率的高低反映了住房市场租买结构是否合理，过高的住房自有化率会引致居民住房负担加重，影响居民的日常消费，不利于住房市场的发展。为了分析我国住宅市场租买结构是否合理，下面首先探讨世界不同国家或地区的住房自有化率这一市场指标的数据，具体如表 2 - 2 所示。

表 2 - 2　世界不同国家或地区住房自有化率数据(住房自有化率按照由高向低排列)

国家或地区	最近时间	本年度自有化率(%)	上一年(%)	年最大值(%)	年最低值(%)
罗马尼亚	2014 年 12 月	96.1	95.6	97.5	95.6
新加坡	2014 年 12 月	90.3	90.5	93.1	58.8

续 表

国家或地区	最近时间	本年度自有化率(%)	上一年(%)	年最大值(%)	年最低值(%)
斯洛伐克	2014 年 12 月	90.3	90.5	90.5	82.1
中　国	2014 年 12 月	90	90	90	90
立陶宛	2014 年 12 月	89.9	92.2	93.6	88.3
克罗地亚	2014 年 12 月	89.7	88.5	90.1	88.2
匈牙利	2014 年 12 月	89.1	89.6	90.5	87.6
毛里求斯	2014 年 12 月	88.9	86.5	88.9	75.9
尼泊尔	2014 年 12 月	85.26	88.26	88.26	85.26
挪　威	2014 年 12 月	84.4	83.5	86.1	82.7
保加利亚	2014 年 12 月	84.3	85.7	87.6	84.3
波　兰	2014 年 12 月	83.5	83.8	83.8	62.5
俄罗斯	2014 年 12 月	83.5	82.9	83.5	58.2
爱沙尼亚	2014 年 12 月	81.5	81.1	88.9	81.1
拉脱维亚	2014 年 12 月	80.9	81.2	87.2	80.9
马耳他	2014 年 12 月	80	80.3	81.8	78.5
捷克共和国	2014 年 12 月	78.9	80.1	80.4	73.5
西班牙	2014 年 12 月	78.8	77.7	80.6	77.7
冰　岛	2014 年 12 月	78	77.5	86.8	77.3
斯洛文尼亚	2014 年 12 月	76.7	76.6	84.5	76.2
墨西哥	2010 年 12 月	76.4	78.7	78.7	54.1
葡萄牙	2014 年 12 月	74.9	74.2	75.5	74.2
希　腊	2014 年 12 月	74	75.8	77.2	74
巴　西	2010 年 12 月	73.49	74.98	74.98	73.49
芬　兰	2014 年 12 月	73.2	73.6	74.3	71.4
意大利	2014 年 12 月	73.2	73	74.1	71.9
塞浦路斯	2014 年 12 月	72.9	74	74.1	72.3
卢森堡	2014 年 12 月	72.5	73	74.5	68.1
比利时	2014 年 12 月	72	72.3	73.7	71.6
瑞　典	2014 年 12 月	69.3	69.6	70.8	66.6
爱尔兰	2014 年 12 月	68.6	69.9	81.8	68.6
加拿大	2013 年 12 月	67.6	65.4	67.6	63.9

续　表

国家或地区	最近时间	本年度自有化率(%)	上一年(%)	年最大值(%)	年最低值(%)
土耳其	2011 年 12 月	67.3	67.3	67.3	67.3
澳大利亚	2011 年 12 月	67	68.9	71.4	67
荷　兰	2014 年 12 月	67	67.1	68.4	63.9
法　国	2014 年 12 月	65.1	64.3	65.1	60.5
新西兰	2013 年 12 月	64.8	66.9	73.8	64.8
大不列颠联合王国	2014 年 12 月	64.8	64.6	73.3	64.6
美　国	2015 年 12 月	63.8	63.7	69.2	62.9
丹　麦	2014 年 12 月	63.3	63	67.4	63
日　本	2013 年 12 月	61.9	61.1	61.9	59.8
奥地利	2014 年 12 月	57.2	57.3	59.2	52.4
韩　国	2014 年 12 月	53.6	53.8	56.4	53.6
德　国	2014 年 12 月	52.5	52.6	53.4	52.5
中国香港地区	2014 年 12 月	51	51.2	54.3	28.7
加　纳	2010 年 12 月	47.2	47.2	47.2	47.2
瑞　士	2013 年 12 月	44	43.8	44.4	43.8

备注：表格数据来自 www.tradingeconomics.com

从表 2－2 可知，我国的住房自有化率在 2014 年 12 月已经高达 90%，在近 50 个国家或地区中，处于第四位，说明我国绝大多数城镇居民已经购买了住宅，拥有了房屋的产权。通过横向对比可知，经济上较为发达、社会保障制度健全的国家或地区，如德国、瑞士、丹麦、荷兰、法国、澳大利亚等国家住房自有化率并不高，均低于 70%，这说明我国在住宅领域，住房消费租买结构不合理，租赁比例偏低。另一方面，说明我国城市居民偏好拥有住宅的产权。深入分析我国居民偏好买房的原因，主要体现在以下几个方面：

1. 文化因素的影响

受到我国传统文化的影响，我国居民不仅把住房视为家庭最重要的财富，重要的资产，同时还把住房作为社会地位、工作能力的一种显示手段。拥有住房的产权，不仅代表着个人或者家庭具有较高的财富积累，还往往代表着个人或者家庭主要成员具有稳定的工作、较高的社会地位、较强的工作能力，把住房和社会地位的高低等同看待，受到社会文化的影响，我国城镇居民偏好于买房。

2. 公房出售制度

我国公房出售制度极大地提高了我国城镇居民的住房自有化率，公房出售优惠政策，刺激租住公房的家庭买房；在公房出售时，借鉴英国公共住房私有化的制度经验，给予原租住公房的家庭多种优惠以及优先购买权，这在很大程度上刺激城镇居民优先购买所租住的公房。

3. 住房供给市场租卖结构不合理

结合我国的土地供给制度和房地产供给制度进行分析，在我国的法律框架下，房地产供给制度不合理，房地产开发商成为增量住宅的唯一供给主体，小产权房不具有合法产权，不允许在市场上交易；合作建房的形式亦受到规划、土地供给的制约和限制。因此，在我国，房地产开发商就成为增量房的唯一供给主体，这强化了开发商的市场力量，开发商可以无视消费者的需求恣意定价；另一方面，从住房需求弹性进行分析，我国城镇居民的住房需求弹性系数较低，这也说明了在住宅市场上，当供给主体提高住宅销售价格时，房屋的消费者不能及时通过调整需求对供给主体产生压力。

从住房供给来分析，在增量房市场，房地产开发商为了及时收回住宅开发投资，降低投资风险，所供给的商品住宅主要以售为主，用于租赁的新增商品住宅较少，即住宅供给市场租卖结构不合理，租赁供给较少，这在一定程度上影响了住房消费者的租买选择；另一方面，自住房制度货币化改革以来，我国所实行的住房保障制度，保障性住房保障水平较低，与新加坡及欧洲一些国家或地区的住房保障水平存在着较大的差距，廉租房、公共租赁房保障准入门槛较高，经济适用房主要以售为主，租赁的经济适用房较少，公共住房制度的实施，也促使中低收入保障家庭购买经济适用房产权。

4. 商品住宅价格的快速上涨

自我国实行住房制度货币化改革以来，随着我国经济的不断增长，居民的收入水平不断提高，在宽松的信贷支持以及所实行的税收优惠政策的影响下，对住宅的需求旺盛，房地产价格不断提高；住宅价格增长幅度超过了城镇居民收入增长幅度；特别是我国一线城市，上海、北京、深圳等，商品住宅价格自 2003 年以来，上涨幅度明显，如图 2－9 所示。住宅价格的不断上涨，消费者形成了未来住宅价格上涨的预期，这也影响人们的消费决策，刺激居民提前购房。

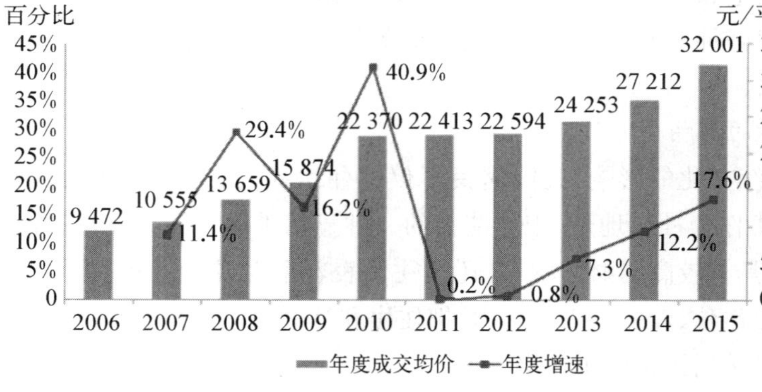

图中数据来源：上海市统计年鉴(2015)。

图 2－9　上海市商品住宅成交均价

总括而言，我国住房市场租买结构不合理，住宅二级市场发展滞后，影响了居民的租买选择。在当前我国城镇住房自有化率非常高的情况下，我国政府应该采取合理的措施，对住宅市场进行调控，侧重于利用税收、信贷政策抑制住宅需求的调控措施，并不一定能达到预期的调控目标；应该从我国的土地供给制度、房地产供给制度、公共住房制度、规划政策等方面进行审视，逐步完善我国的房地产供给制度和公共住房制度，同时利用税收、信贷政策进行调控，方能达到预期的调控目标。

三、完善我国住宅市场租买结构的措施

1. 公共住房租赁为主

住房保障政策应遵循的首要原则是公平原则。所谓公平，主要指水平公平和垂直公平，所谓水平公平，即指收入水平相同、居住条件相同的困难家庭获得的住房福利相同；所谓垂直公平，即指收入水平不同、居住条件不同的家庭获得的住房保障福利不同。住房保障的最终目的是实现“居者有其屋”。“居者有其屋”具有双重的含义：一方面是指拥有住房的产权，另一方面是指拥有居住权。在我国住房保障水平较低的情况下，住房保障应该使低收入城镇居民拥有房屋的居住权、使用权。基于此，我国的公共住房在运作中，应该改变以售为主的运作方式，实行租赁为主的运作方案。比如，我国自 2010 年以来，公共租赁房制度的实施，通过租赁的方式，解决低收入阶层的居住问题，属于公共住房制度完善的重要举措。

2. 增量商品住宅租售并举

房地产开发商基于短期利益最大化的诉求，增量商品住宅往往以售为主，导致我国商品住宅市场供给结构不合理，供给结构不合理表现在两个方面：一方面体现在产品供给结构不合理，高档商品住宅供大于求，可供中低收入居民购买的普通住宅供给不足；另一方面就是租售结构不合理，增量住房租赁供给不足，可供低收入阶层租赁的房源供给较少。地方政府应该通过土地供给、规划控制、销售管制等措施来控制房地产供给主体，对增量商品住宅实行租售并举的运作方案，扩大租赁住房的供给。

3. 培育、发展房地产经纪机构

由于房地产产品的完全差异化、信息的偏在，住房消费往往伴随着较高的住房交易成本，住房交易成本的存在，给住房市场带来了摩擦，降低了住房市场的效率。国外研究表明，房地产中介服务能够降低住房交易成本，提高住房市场的效率。培育、发展房地产中介机构，规范中介机构的服务，降低中介服务代理费用，提高中介代理机构从业人员的素质，可以为租赁住房的消费者提供较全面的市场信息，使租赁住房消费者及时获得租赁的住房资源。

4. 完善我国住房保障制度

通过表 2 - 2 可知，欧美经济发达的国家，住房自有化率较低，这说明欧美国家社会保障制度、住房保障制度比较健全，住房保障覆盖面较高，低收入家庭，可以通过保障性住房，解决住房问题。当前，我国住房自有化率非常高，也说明我国住房保障制度不健全，城

市居民获得住房保障的难度较高。因此，通过提高公共租赁房的供给，也是完善我国住房租买结构的措施之一。

总之，在我国住房自有化率非常高的情况下，我国政府不应该继续采取税收优惠、信贷支持等措施进一步鼓励城镇居民买房。相反，应该采取相应的措施，调整住房的租买结构，合理引导我国居民的住房消费，在货币支付能力不足、财富积累有限的情况下，引导居民租赁住房，获取住房服务。

第三节　房地产价格影响因素分析

影响房地产价格的因素非常多，可以划分为经济因素、社会因素、个体因素和心理预期因素等。以上因素之间是相互影响、相互作用的，为了分析某种因素对房地产价格的作用，假设其他因素保持不变。

一、经济因素

房地产业与国民经济之间相互影响，当一国经济出现增长时，就会带动和刺激房地产业的发展。随着经济的增长，企业、个人的可支配收入增加，就会增加对房地产的需求，房地产价格在需求增加、供给滞后的状态下，就会上涨；当经济萧条时，失业率上升、居民收入减少、企业破产、银行收缩信贷，就会导致房地产需求减少，用于出售的房地产增加，供需状况发生变化，从而导致房地产价格的下降。国民经济发展状况，直接对房地产业产生影响。因此，国民经济主要变量对房地产市场、房地产价格产生重要的影响。国民经济主要变量主要包括国民收入、投资水平、信贷规模、利率等；此外，一个国家的财政、税收政策、产业政策、土地供应政策、公共住房政策等也会影响房地产价格。为了分析宏观经济因素和国家公共政策对房地产市场、房地产价格的影响，在这里通过引入房地产市场的四象限模型来进行探讨。

美国学者丹尼斯·迪帕斯奎尔和威廉·C·惠顿通过建立房地产市场的四象限模型，将房地产市场划分为资产市场和使用市场，来分析当宏观经济因素和其他因素对房地产市场产生冲击时，房地产市场由不均衡向均衡的调整过程，进而分析外生冲击因素对房地产价格和租金的作用。

在房地产资产市场上，房地产资产的价格是由供给和需求相互作用而决定的；在使用权市场上，租赁需求和租赁供给决定了房地产的租金，房地产的租赁供求与买卖供求是相互联系，相互作用的。在租赁市场，当受到外部因素的冲击，租赁供求发生变化，引致租金变化时，会影响到产权交易市场的供求，进而影响房地产的资产价格。房地产市场的四象限模型见图 2－10 所示。

在图 2－10 中，第一象限代表的是资产使用市场，横坐标是资产使用权的存量，纵坐标为房地产的租金，dd 为房地产的租赁需求曲线，租金与需求呈现负相关的关系，当租金

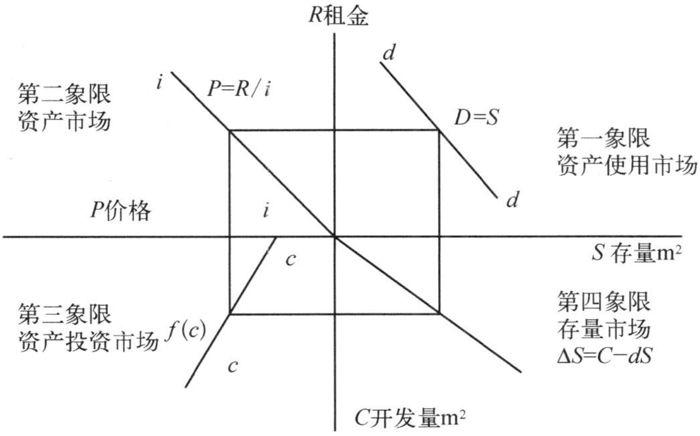

图 2－10　房地产市场四象限模型

较高时，租赁需求降低；否则，租赁需求增加。在租赁市场上，当供给和需求相等时，市场处于均衡状态，这时的租金称为均衡租金。

第二象限表示的是房地产资产市场，横坐标表示房地产的价格，斜线 ii 的斜率等于房地产的资本化率，资本化率一般受到长期利率、租金的预期增长率、出租房地产的风险、国家的宏观政策以及税收政策的影响，通过资本化率 i 可将房地产的租金转化为价格，从而将使用权市场和资产市场联系起来。

第三象限代表房地产投资市场。主要反映房地产投资市场的数量是如何决定的。$f(c)$代表的是房地产的开发成本，假设开发成本与开发量成正比，因此，是一条向下倾斜的直线，斜线与横轴的交点表示开发所需要的最少资金量。将资产的价格投影到成本 cc 曲线上，此时，价格和开发成本相等，当开发量低于资产市场的需求量时，市场价格高于均衡价格，开发商可以获得超额利润。房地产价格的高低会影响房地产的投资，当房地产价格较高时，在一定的建筑成本和土地取得成本的情况下，会提高开发商的利润空间，因此，价格升高，市场中的微观经济主体就会增加对房地产的投资。

第四象限为资产使用市场，反映了房地产流量如何转换为存量的，在一定时期，房地产存量的变化 ΔS 等于开发量减去存量中的拆迁量，即 $\Delta S = C - dS$，其中 dS 为拆迁量，第四象限的斜线，表示了流量如何转化为存量，斜线上的点表示开发量正好等于拆迁量。

房地产四象限模型可以分析房地产市场在外部因素的冲击作用下，房地产市场由不均衡达到均衡状态，当市场处于均衡时，房地产的价格、租金、存量与冲击因素作用前市场均衡状态对应的价格、租金和存量的对比。

房地产市场的四象限模型，属于静态模型，不能反映房地产市场在外生因素的冲击作用下，如何通过动态调整实现均衡的过程，因此，不适用于房地产市场的短期动态变化。

1．经济增长和居民收入的增加

当经济增长时，企业的利润增加，企业就会扩大生产规模，增加对工业类房地产的需求；当经济增长时，居民收入也会提高，这时就会首先增加对租赁住房的需求。在资产使用市场，需求曲线 dd 向右上方移动，由于供给不能及时增加，在租赁市场，租金上升。当租金上升时，由公式 $P=R/i$ 可知，在资产市场，房地产的价格也会上升；当房地产价格上升时，开发商会增加对房地产的投资，经过一定的建设周期，新开发的房地产竣工，当竣工量超过拆迁量时，存量房地产增加。通过以上的分析可知，经济增长，居民收入增加，房地产市场在以上因素的作用下，通过产权市场、使用市场、投资市场的调节，最终达到均衡时，价格、租金、房地产存量都会上升，具体如图 2－11 所示。

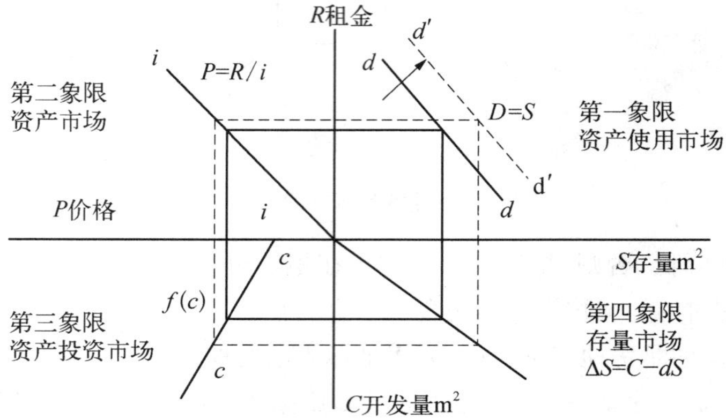

图 2－11　经济增长对房地产价格、租金的影响

2. 利率变化对房地产价格的影响

房地产价格会受到国家货币政策以及利率政策的影响，当一国实行扩张性的货币政策或者低利率政策时，由于货币供给的增加，在其他影响因素保持不变的情况下，会导致资产价格的上升。从房地产市场的微观主体进行分析，长期利率的下降，降低了消费者的融资信贷成本，在融资成本降低的情况下，增加对房地产的需求；对于房地产的供给主体，长期利率下降，同样会降低开发商的融资成本，融资成本下降，开发商会增加对房地产的投资，但是由于房地产的供给具有滞后性，在长期利率下降时，需求的增加，会导致房地产价格的上涨；当长期利率提高，其他影响因素不变时，融资成本的增加，会抑制房地产的需求，从而导致房地产价格的下降；因此，长期利率与房地产价格是负相关的。利率对房地产价格的影响，同样可以利用房地产市场的四象限模型进行分析。

当长期贷款利率下调，对于房地产的投资者而言，降低了投资风险，投资者会降低对房地产投资的预期回报，也就是房地产的资本化率降低，在相同的租金水平下，房地产价格上升；而价格上升，引起开发投资规模增大，最终导致存量房地产增加，房地产租金下降，利率的冲击作用，影响房地产的供给、需求、价格，市场达到均衡时，资产价格上升，租金下降。利率的下调，在四象限图形中，首先表现为第二象限，资本化率 ii 直线沿着逆时针转动，在第二象限价格上升，第三象限房地产投资增加，经过一定的建设周期，开发竣工量超过存量房的拆迁量，房地产的存量增加，房地产的租金降低，如图 2－12 所示。

一项基于美国住房市场的研究表明，利率对住房需求和住房交易量的影响在 1.25 到 1.5 倍左右，其中，利率以百分率为单位，住房交易量占住房存量的比重也以百分率为单

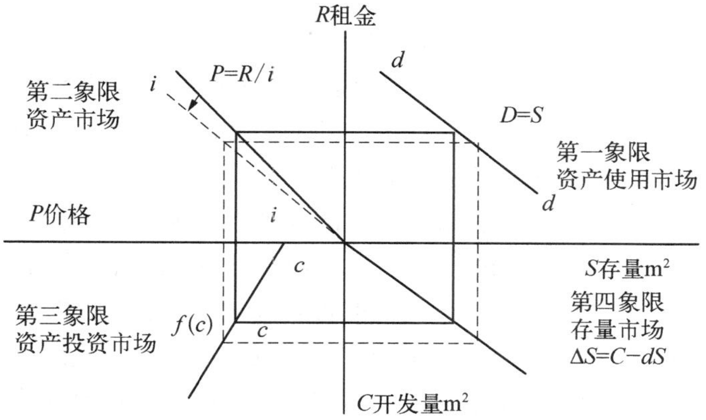

图 2－12　长期利率下降对房地产价格、租金的影响

位，如果个人住房抵押贷款利率从 8％上升到 9％，也就是上升 12.5％，那么住房年均销售量（占存量的比重）会下降 15％～19％；倘若利率从 10％下降到 9％，即下降 1％，那么住房年均销售量（占存量的比重）将上升 12.5％～15％。

实证分析表明，利率与房地产价格的负相关相当明显。2008 年美国爆发的次贷危机，引致全国性的房屋价格大幅度下降，与伯南克所实行的利率反转政策具有较强的联系。以美国本次次贷危机为例，次贷危机的根源很多，流动性泛滥、衍生品横行以及非理性的房地产泡沫等；但是国外许多经济学家认为，利率反转是本次次贷危机的根源。从 2004 年 6 月到 2006 年 6 月，美国连续 17 次加息，利率从 1％飙升至 5.25％，如此大规模的利率反转，严重抑制住房需求，在住房供给不变的情况下，导致资产价格又大幅降低。而此前以低利率购房的消费者，在利率明显提高后，难以承受高利率所产生的融资成本，从而引致大量的违约和断供，最终导致次贷危机的出现和房地产市场的萧条。

3. 税收对房地产价格的影响

税收负担会影响房地产的供给和需求，进而影响房地产的价格。房地产税包含的税种较多，有的是对供给方征税，有的是对需求方征税，税种不同，对房地产价格的影响程度和影响方向会不同。如对房地产供给方征税，增加了供给主体的税收负担，在税负不能转嫁时，会变相增加供给成本，抑制房地产的供给，一般会使房地产价格上升；对消费者增加税负，会降低消费者的货币支付能力，对房地产的需求产生抑制作用，一般会引致房地产价格降低。因此，政府刺激房地产业的发展，繁荣房地产市场时，应该对房地产的供给主体和需求主体实行减税，具体而言，就是降低营业税、所得税和契税的税率。抑制房地产市场的过热时，可以通过提高营业税、所得税和契税的税率。

以上所分析的税收政策对房地产市场的调控，没有考虑到税负的转嫁问题，税负能否转嫁以及转嫁的程度如何，与商品市场的结构、产品供给主体的市场势力以及商品的供求弹性有关系。在产品市场上，如果属于垄断程度较高的市场，处于垄断地位的一方由于具有较强的市场势力，具有较强的税负转嫁的能力。由于房地产市场属于区域性的寡头垄断市场，房地产供给主体具有较强的左右市场价格的能力，对房地产产品征税，房地产开发商能够把税负部分甚或全部转嫁给消费者。另一方面，房地产作为生活必需品，房地产的需求价格弹性较低，低于长期供给价格弹性。供给弹性高于需求弹性，说明市场供给主体对价格的敏感程度要高于需求主体；需求价格弹性较低，说明消费者应对房地产价格的上涨，不能通过减少需求给产品供给方造成压力，消费者不得不接受一个包含税收的较高的价格。因此，税负较多地由需求方来承担。在房地产市场发展过热、房地产价格出现较严重的泡沫时，利用税收政策来调控房地产市场，如征收所得税、提高营业税和契税等，是否能够达到预期的调控目标，还要分析税负能否转嫁，以及消费主体对价格变动的预期，如果市场的非理性投资者，在近视价格预期下，随着价格的上涨，预期将来房地产价格会继续上涨，预期房地产的价格变动能够抵消增加的税负，那么，税收政策对房地产市场的调控绩效将不明显。

在不考虑税负转嫁和非理性预期的影响下，税收对房地产价格的影响，也可以通过房地产市场的四象限模型进行分析。如政府提高所得税税率、提高交易环节的税率，会抑制房地产的需求，房地产在需求降低时，价格下降。以上的税收作用，会使资本化率直线沿着顺时针方向旋转，使房地产的资产价格降低。

4. 公共住房政策对房地产价格的影响

住房市场是房地产市场的子市场，由于市场信息的不完全、住房的外部性、市场竞争的不充分，住宅市场存在着“失灵”，一部分低收入居民依靠自己的收入和货币支付能力不能够在住宅市场上获取适宜的住房，住房市场存在着底线失效。为了解决低收入居民的住房困难，西方国家自 20 世纪 20 年代以来，逐步放弃了自由放任的做法，尝试并建立了住房保障制度，也就是公共住房制度，并采取税收、金融等政策对住宅市场进行间接的或者直接的干预。此后，欧美国家住房保障制度得以发展和完善，主要基于以下几个方面的原因：首先是需求的推动，二次世界大战的爆发，大量的住房遭到严重的毁坏，战后欧美各国存在着严重的住房短缺；其次是经济发展的决定性作用，战后欧美国家经济的复苏、繁荣，为执政党实行公共住房政策提供了强大的财政支持；再次，就是执政党的政治筹码，民主制国家不同党派竞选，为了获得选民的支持，一般通过提高社会福利和社会保障的措施。

横向对比分析欧洲国家所实行的住房保障政策，可以将欧洲住房政策分为自由主义社会模式下的住房市场与住房政策（以英国、爱尔兰为代表）、欧洲大陆法团社会模式下的住房市场与住房政策（以德国、法国为代表）、欧洲大陆竞争法团社会模式下的住房政策（以荷兰为代表）、地中海模式的住房政策（以意大利为代表）、北欧社会模式的住房政策（以丹麦为代表）以及转型国家住房政策①。以上不同国家住房模式与公共住房政策的特点呈现明显的差异，具体内容如表 2－3 所示。进入 20 世纪 60 年代以后，西方国家通过对生产者和消费者提供金融支持，直接参与住宅建设、税收优惠、保险和信贷计划、设立专门储蓄机构、创建二级市场以及邻里复兴计划，逐步扩张了政府在住房建设与发展中的责

① 余南平著：《欧洲社会模式——以欧洲住房政策和住房市场为视角》，华东师范大学出版社，2009 年。

任。80年代以后，英美国家为了缩减政府在公共住房领域的开支，推行了公共住房私有化改革，住房自有化率逐步提高。纵向分析西方国家在不同时期实行的公共住房政策可知，综合考虑不同时期国民的居住诉求，公共住房制度处于动态演化之中。总括而言，欧美国家住房保障制度的实施，较有效地解决了住房市场底线失效，解决了低收入群体和特定目标群体的住房问题。

表2-3 欧洲主要国家住房政策与公共住房政策对比分析①

欧洲国家住房政策类型划分	自由主义模式的住房政策	大陆法团主义住房政策	地中海国家住房政策	转型国家住房政策	北欧社会模式下住房政策
基本制度选择	以市场为导向，强调个人住房自由选择，仅对特殊居住困难家庭和族群提供公共住房，公共住房主要以政府公共部门提供为主，保持相对的财政投入。	市场机制与政府住宅市场干预并存，公共住房供给渠道多元化，非营利住宅协会、社会机构参与社会住房开发、租金管制、价格管制	市场机制、低水平的政府干预，社会机构参与公共住房建设较少，租金干预	住房市场不健全、政府对住宅市场有限干预，公共住房投资、供给不足	市场机制与高水平的政府干预，社会法团、非营利机构参与公共住房的开发与供给
住房权利的保护水平	采用补救式、救济式保障，提供给特定保障群体	普遍的住房权利保护、有限的政府投入	低水平的政府投入，公共住房供给不足	未形成定型的住房权利保护体系	完善的住房保障体系
公共住房保障水平	公共住房保障水平低，公共住房供给不足	公共住房保障水平高，社会住房供给水平较高	公共住房保障水平较低，政府投入不足	政府投入不足，公共住房保障水平较低	政府在公共住房领域投资较多，公共住房保障水平高
住房市场规制措施	自由定价、租金体系，较少的政府管制	管制租金和协议租金体系	浮动租金体系与管制并存	市场定价，公共住房租金较低	租金管制与政府指导
代表国家	英国、爱尔兰等	德国、荷兰、法国等	意大利、西班牙、希腊等	波兰、捷克、匈牙利等	丹麦、瑞典、挪威、芬兰等
金融危机以后住宅市场状况	次贷危机前几年，住宅价格泡沫严重，危机以后，住宅价格理性回归，住房抵押贷款风险上升，加剧金融系统风险	金融危机后，德国住宅市场稳定，住宅价格反而有所上升，次贷危机对住宅市场影响较小	次贷危机后，住宅市场萎缩，价格下降明显，次贷危机对以上国家金融系统、宏观经济产生明显的影响	受美国次贷危机波及效应的影响，住宅价格下降明显，银行住房抵押贷款风险加剧	近十年来，金融管制的放松和抵押贷款的快速上升，次贷危机前住宅价格泡沫严重；次贷危机后住宅价格暴跌

① 根据余南平著《欧洲社会模式——以欧洲住房政策和住房市场为视角》，华东师范大学出版社，2009年，第392页及其相关章节内容整理。

伴随着住房制度的货币化改革，我国借鉴西方国家的住房保障经验，也逐步实行并建立了住房保障制度。具体而言，就是经济适用房制度、廉租房制度和公共租赁房制度等。

经济适用房以售为主，产权实行保障家庭和城市政府共同所有，政府给予经济适用房的开发主体以土地供应、税费减免的优惠，对经济适用房销售价格实行控制；廉租房主要采用租赁的运作模式，分为实物补贴和货币补贴，所谓货币补贴就是当地城市政府对居住困难家庭发放货币，鼓励保障家庭在住房租赁市场租赁住房的一种保障形式。政府实行公共住房制度后，公共住房作为商品住宅的替代品，对商品住宅市场会产生影响。公共住房制度不同的运作模式对商品住宅市场的冲击作用，其作用的方向和作用程度存在差异，以下分别就经济适用房制度和廉租房实物补贴运作方式以及货币补贴运作方式对商品住宅市场的影响进行分析。

政府增加经济适用房、公共租赁房、廉租房的供给，扩大保障性住房的保障水平，对商品住宅市场产生挤出效应，中低收入居民通过购买、租赁保障性住房获得住房服务，在商品住宅产权市场和租赁的市场需求就会减少，商品住宅价格和租金就会降低；在商品住宅投资市场上投资规模就会缩小。政府长期实行保障水平较高的公共住房制度，就会抑制商品住宅市场的发展和住宅产业规模的扩大。例如，新加坡政府自 20 世纪 50 年代以来，一直实行高保障水平的公共住房制度，成立专门的半官方机构——住房发展局，负责公共住房的土地征用、投资、开发和分配，公共住房存量占整个住房存量的 80%以上，超过 85%以上的新加坡国民居住在公共住房中，由于长期实行高福利水平的住房保障制度，新加坡商品住宅市场的发展受到抑制。经济适用房和廉租房实物补贴制度对住宅市场的影响如图 2 - 13 所示。

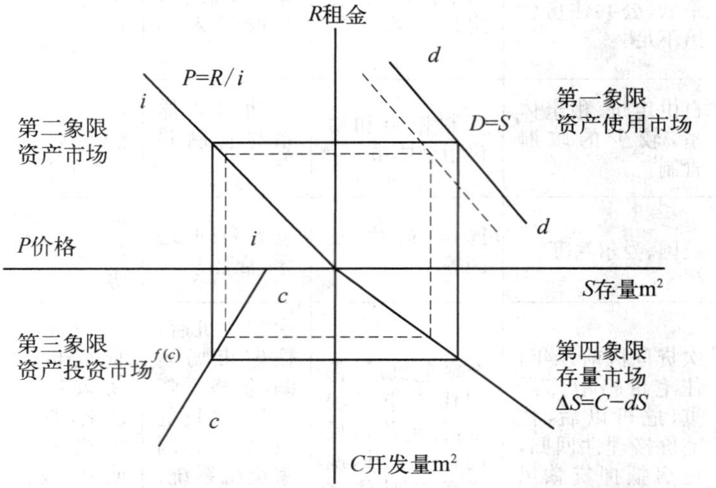

图 2 - 13 经济适用房和廉租房实物补贴制度对住宅市场的影响

另一方面，如果政府实行货币补贴的运作模式，实际上提高了居民在住宅产权市场和租赁市场的货币支付能力，扩大对产权住房和租赁住房的需求，商品住宅价格和租金在其他影响因素维持不变的情况下就会上升，价格的上升，提高了开发商的利润空间，房地产投资市场投资规模不断扩大，如图 2 - 11 所示。

5. 产业结构的演变

产业结构是指国民经济各部门之间、各部门内部、各行业以及企业间形成的相互制约的连接关系。产业结构一般划分为三次产业或者三个部门，即第一次产业、第二次产业和第三次产业。第一产业主要包括农业，是直接向大自然索取产品的产业，生产过程中大自然参与的成分较高；第二产业主要包括工业、建筑业，也就是加工或者制造业，通过人工劳动改变物质原有的形态；第三产业是指服务和流通行业，是人类为生产和生活服务，通过物质和劳务的交流来改善和提高人民的生产能力和生活水平。英国经济学家科林·克拉克通过研究提出了产业结构的演变规律，即随着经济的发展，居民收入水平的提高，劳动力首先由第一产业向第二产业转移，当人均收入进一步提高时，劳动力逐步向第三产业转移，劳动力在产业间的分布状况是，第一次产业减少，第二、第三次产业增加。经济学家西蒙·库兹涅茨提出了产业结构演变的基本法则，随着工业化和城市化的进程、经济的发展，农业部门的收入在国民收入中所占的比重下降，工业部门的收入在国民收入中所占的比重逐步上升，服务和流通部门的收入呈现上升的趋势；在工业部门的劳动力会基本不变或者略有上升，服务部门的劳动力差不多在所有国家中都呈上升趋势。

房地产业作为第三产业的重要部门，在国民经济中占有重要的地位，房地产业的增加值在国民收入中占有较高的比重。在西方发达国家，房地产的交易主要以存量房为主，但是房地产业的发展所创造的国民财富在国内生产总值中占有的比重仍然达到10%，有的高达20%，房地产业已经成为这些国家的支柱产业。在我国，房地产业主要以增量开发和增量交易为主，福利住房因为产权和制度瓶颈上市交易存在着一定的限制。但是，随着我国工业化和城市化的进程以及经济的稳定增长，用于房地产的投资规模不断扩大，房地产业已经成为我国的支柱产业，2015年房地产开发投资占GDP的比重已经达到14.2%。

从产业结构的演变规律进行分析，房地产业作为第三产业，产业规模的扩张符合产业结构的演进规律和演进方向，随着城市化的进程和经济的发展，居民收入水平的提高，会增加对生产类、居住类、办公类、旅游类房地产的需求，房地产的价格也会逐步提高。

6. 居民收入对房地产价格的影响

前已述及，居民收入的增加会引致住房需求的增加，导致房地产价格的上升，下面实证分析居民收入与住房价格的关系。根据我国统计年鉴的数据，1998～2014年的城镇居民的人均年可支配收入、商品住宅的平均价格如表2-4所示。表中时间序列数据以1998年为起始点，主要考虑从1998年开始，我国实行住房制度的货币化改革，中止福利分房制度，商品住宅价格受到居民的收入水平的影响更为明显。

表2-4　全国城镇居民收入、商品住宅销售均价

年　份	商品住宅平均价格(元/平方米)	城镇居民人均年可支配收入(元)
1998	1 853.6	5 425
1999	1 857	5 854

续　表

年　份	商品住宅平均价格(元/平方米)	城镇居民人均年可支配收入(元)
2000	1 948	6 280
2001	2 017	6 860
2002	2 092	7 703
2003	2 212	8 472
2004	2 608	9 421
2005	2 937	10 493
2006	3 199	11 760
2007	3 864	14 909
2008	3 800	15 780.76
2009	4 459	17 174.65
2010	4 725	19 109.44
2011	4 993	21 809.78
2012	5 430	24 564.72
2013	5 850	26 467.8
2014	6 324	28 843.9

数据来源:《中国统计年鉴》(1999～2015 年)。

从表 2-5 和图 2-14 以及图 2-15 可知,随着居民收入的增加,我国商品住宅的平均销售价格也呈现出不断增长的趋势,因此,住宅价格与居民的收入水平具有一定的联系。下面以商品住宅价格作为因变量,城镇居民的可支配收入作为自变量,利用 Eviews8.0 统计软件进行数据处理,得到图 2-16。

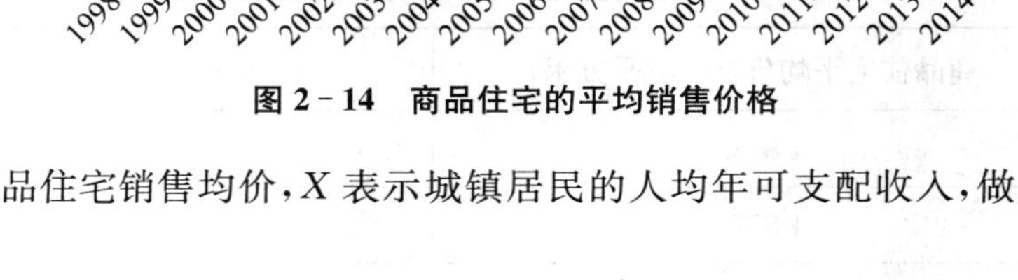

图 2-14　商品住宅的平均销售价格

Y 表示商品住宅销售均价,X 表示城镇居民的人均年可支配收入,做如下一元线性回归:

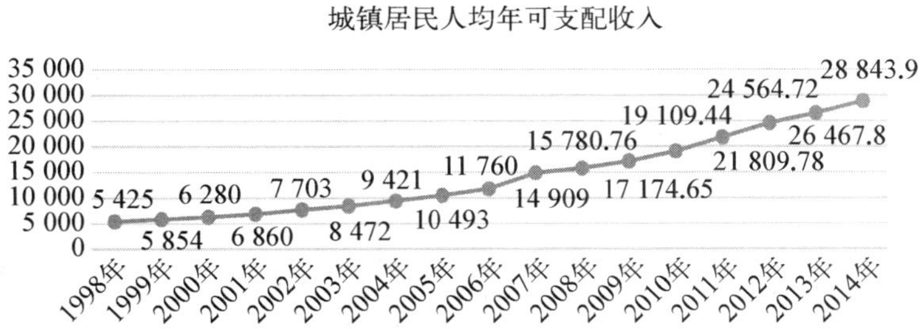

图 2－15　城镇居民人均年可支配收入的变动

Dependent Variable：Y
Method：Least Squares
Date：03/27/16　Time：12：47
Sample：1 25
Included observations：25

Variable	Coefficient	Std. Error	t-Statistic	Prob.
C	647.287 1	52.190 35	12.402 43	C.000 0
X	0.202 396	0.003 910	51.762 22	C.000 0
R-squared	0.991 489	Mean dependent var	2 801.360	
Adjusted R-squared	0.991 119	S. D. dependent var	1 671.085	
S. E. of regression	157.483 6	Akaike info criterion	13.033 14	
Sum squared resid	570 424.7	Schwarz criterion	13.130 65	
Log likelihood	−160.914 2	Hannan-Quinn criter.	13.060 18	
F-statistic	2 679.327	Durbin-Watson stat	0.935 502	
Prob(F-statistic)	0.000 000			

图 2－16　城镇居民的收入对商品住宅价格的影响分析

$$Y = \beta_0 + \beta_1 X + \mu$$

结果如下：

从回归结果看，模型拟合较好，通过了 t 检验和 F 检验，F 检验值为 2 679.327，R^2 为 0.991 489，接近 1，表明模型在整体上拟合较好。这也说明随着城镇居民收入水平的提高，住宅销售价格也不断提高。

商品住宅销售均价与城镇居民可支配收入的数量关系方程为：

$$Y = 647.287\,1 + 0.202\,396X + \mu$$

随着居民收入的提高，恩格尔系数会逐步降低，居民用于食品、衣物等生活必需品上的消费占总消费的比重会逐步降低。但是住房作为价值量高、耐久性长的商品，从消费需求结构升级的视角进行分析，在基本消费品消费占比下降的情况下，居民会增加对住宅和房地产的需求。从国外居民住房消费占居民总消费的比重来看，发达国家住房消费占居民总消费的比重一般在20%～30%，我国住房消费所占的比重，迄今为止，不足10%。因此，从住房消费所占比重进行分析，随着我国经济的稳定发展，居民收入的增加，城镇家庭消费结构的升级，城镇居民用于住房和房地产的消费会逐步增加。

二、社会因素

影响房地产价格的社会因素主要包括人口规模、消费者的心理预期与房地产投机、社会治安状况、城市化进程等。由于房地产市场属于区域性的市场，因此，区域的治安状况对房地产市场产生重要的影响。城市除了因为经济发展、文化、产业对周边地区产生集聚辐射效应外，社会秩序的和谐与稳定会加剧这种集聚作用。如果一个城市社会治安状况良好、社会安定、居民安居乐业、邻里关系和睦，会吸引更多的区域外的劳动力进入本地的劳动力市场，大量劳动力的不断进入会增加对区域内房地产的需求，从而会引起区域房地产价格的上升。关于社会因素对房地产价格的影响作用，在此，主要从城市化和心理预期以及房地产市场的投机这几个方面进行探讨。

1. 城市化对房地产价格的影响

分析西方发达国家工业化、城市化的进程可知，已经完成工业化的国家，没有哪一个国家不经历住房短缺的折磨和痛苦就完成工业化和城市化的。世界各国将发展房地产业作为解决住房短缺的重要手段，可以说，工业化、城市化的进程直接催生了房地产业的产生、发展和规模的扩大。工业化、城市化从两个层面促进房地产业的发展，一方面，工业化、城市化为农村剩余劳动力提供了大量的就业岗位，使农村剩余劳动力向城市转移成为可能，这创造了对房地产的潜在需求；另一方面，由于工业部门支付的货币工资，高于农业部门的劳动力工资，农村劳动力向城市转移以后，劳动力的货币支付能力提高，潜在的住房需求可以转化为有效需求。大量的农村人口进入城市，不仅使住宅的租赁和购买需求增长，而且随着产业规模的扩大、产业结构的升级，对工业和商业房地产的需求也大幅度增加。

我国目前正处于城市化加速发展的时期，城市人口占总人口的比例不断上升，如果以1978年的城市人口作为基础数据，在1978～1987年期间，我国城市化率增长了7.4%；平均年增长0.74%，1988～1996年，城市化率增长了6.1%，平均年增长0.61%，1997～2007年增长了11.59%；平均年增长为1.05%，自1999年以来，我国城市化率进一步加速增长，从34.78%上升到2014年的54.77%。但是，和世界发达国家的城市化水平相比，我国的城市化水平依然偏低，世界发达国家的城市化水平目前已达到80%。和日本、韩国相比，我国的城市化水平相当于日本在60年代、韩国在70年代的水平，具体如表2-5所示。主要发达国家城市化的速度比较如表2-6所示。我国城市化率的变化如表2-7所示。

当然，在我国存在着城市化滞后于工业化的现状，这主要是由于户籍制度和其他社会保障制度刚性效应作用的结果，实际上，在城市居住的人口要高于目前城市化统计的人口。

表 2－5　日本、韩国与中国城市化水平的比较

国　家	城　市　化　水　平(%)			
	1950	1970	1990	2004
日　本	37.3	71.4	77.4	79
韩　国	28	50.2	74	84
中　国	11.2	17.4	26.4	41.8

数据来源：高波等编著《现代房地产经济学导论》，南京大学出版社，2007 年。

表 2－6　主要发达国家和地区城市化速度比较

	城市化水平的起止百分点(%)	相应的起止时间(年份)	所用时间(年)	平均每年增长百分点(%)
世界发达国家和地区	26.1～52.5	1900～1950	50	0.53
德　国	36.1～54.4	1871～1900	29	0.63
美　国	30.5～60.1	1885～1950	65	0.46
日　本	32.7～63.5	1930～1960	30	1.02

数据来源：崔云等著《土地资源与城市房地产研究》，经济科学出版社，2009 年，第 162 页。

表 2－7　我国城市化水平与商品住宅价格的变化

年　份	城镇人口所占比重(%)	商品住宅平均价格(元/平方米)
1999	34.78	1 857
2000	36.22	1 948
2001	37.66	2 017
2002	39.09	2 092
2003	40.53	2 212
2004	41.76	2 608
2005	42.99	2 937
2006	43.9	3 199
2007	44.94	3 864
2008	45.68	3 800
2009	48.34	4 459
2010	49.95	4 725
2011	51.27	4 993
2012	52.57	5 430
2013	53.73	5 850
2014	54.77	6 324

数据来源：《中国统计年鉴》(2015)。

在发展经济学的研究中，城市化水平的测度方法，主要分为单一指标法和综合指标法。单一指标法分为：城市人口比重指标、非农业人口比重指标以及城市用地比重指标三种。其中，城市人口比重指标法因其简单、统计数据便于获得而成为测定城市化水平的一个主要、最基本的方法。城市人口比重指标，是用某一国家或者地区的城市人口占总人口的比重来衡量。

城市化水平的测度，主要用以反映人口在城乡之间的空间分布，计算公式为：

$$Y=\frac{U}{U+R}=\frac{U}{N}$$

其中，Y 为城市化水平，R 为农村人口，U 为城市人口，N 为国家或者区域总人口。

利用城市人口比重指标法在测定我国的城市化水平时，我国的统计口径为把流入城市的流动人口人为地划分为两部分，即滞留城市一年以上的常住人口和不足一年的非常住人口，把常住人口纳入统计的范围，这样我国在计算城市化率时，城市人口包括具有城市户籍的居民和没有城市户籍的常住农村人口。由于我国存在着农民工市民化的制度障碍，造成我国农民工在年轻、体力、精力比较充沛时在城市就业，随着年龄的增长，体力渐衰，在城市生活成本较高，又缺乏相应的保障，农民工逐步返乡务农，和其他国家相比，我国进城农民工在城市定居的比例较低，这也是我国城市化率较低的原因之一。

随着我国城市化的进程和户籍制度的改革，劳动力由农村向城市转移仍然是主要趋势，城市人口的不断集聚，将会增加对房地产的需求，从而会带动房地产价格的提高。在此，以城市化率为自变量，商品住宅的平均销售价格为因变量，利用 Eviews8.0 统计软件，通过最小二乘法进行分析，得到图 2－17。

Dependent Variable: Y
Method: Least Squares
Date: 03/27/16 Time: 13: 00
Sample: 1 16
Included observations: 16

Variable	Coefficient	Std. Error	t-Statistic	Prob.
C	29.675 67	0.798 230	37.176 83	0.000 0
X	0.004 173	0.000 203	20.519 31	0.000 0
R-squared	0.967 819	Mean dependent var		44.886 25
Adjusted R-squared	0.965 521	S. D. dependent var		6.378 452
S. E. of regression	1.184 391	Akaike info criterion		3.292 804
Sum squared resid	19.638 96	Schwarz criterion		3.389 377
Log likelihood	−24.342 43	Hannan-Quinn criter.		3.297 749
F-statistic	421.042 2	Durbin-Watson stat		0.541 973
Prob(F-statistic)	0.000 000			

图 2－17 城市化率对商品住宅销售均价的影响分析

Y 表示商品住宅价格，X 表示我国城市化率。

$$Y = \beta_0 + \beta_1 X + \mu$$

结果如下：

从回归结果看，模型拟合较好，通过了 t 检验和 F 检验，F 检验值为 421.042 2，$R^2 = 0.967\,819$，说明随着我国城市化进程的推进，劳动力在乡城之间流动，大量的农村剩余劳动力在经济因素的驱动下，迁徙到城市，从事非农产业的生产，并且随着户籍制度、社会保障制度的不断完善，农村剩余劳动力在城市的定居意愿加强，这极大地增加了对住宅和房地产的需求，从而引起住宅价格和房地产价格的上升。

商品住宅价格与我国城市化率之间的关系为：

$$Y = 29.675\,67 + 0.004\,173X + \mu$$

2. 投资者的心理预期对房地产价格的影响

自 20 世纪 70 年代美国经济学家约翰·F·穆斯首次提出理性预期的概念以来，理性预期学派逐步形成和发展，并在西方经济学界产生了较大的影响。理性预期理论假定单个经济单位在形成预期时使用了一切有关的可以获得的信息，并对这些信息进行了理智的整理。穆斯认为，由于预期是对未来事件有根据的预测。因此，这种预期属于"合理的"预期。理性预期理论认为，经济活动的主体可以充分有效地利用可以获得的市场信息，并且对可获得的信息进行理智的分析，在经济决策时不仅仅依靠过去的经验和经济的变化，同时，经济主体还会对政府的政策变化进行分析，并运用于经济决策中。理性预期理论并不排除现实经济生活中的不确定因素，也不排除不确定因素的随机变化会影响人们预期的形成，使人们的预期值偏离其预测变量的实际值，它强调一旦人们发现预期偏离实际值会做出正确的反应。

但是，理性预期学派关于市场信息是充分的，信息获取是不需要成本的假设与现实的市场状况是不相匹配的。实际上，市场中的主体没有能力及时掌握足够的有用的信息；其次，获得信息是需要成本的，这就会使人们考虑获得信息的成本和利用信息的效率，以确定购买信息的最佳数量。

房地产商品位置的固定性，产品的差异性和多样化，产权交易的非集中市场化，导致了房地产市场信息的离散，信息获取的成本较高，这给房地产市场的运行带来了摩擦，降低了房地产市场的效率。房地产商品的消费者和投资者，不能获得有关房地产市场交易的较全面的市场信息，并利用掌握的信息进行理性的预期和理性决策。在信息获取需要成本，市场信息不充分的状态下，房地产市场的消费者和投资者，往往根据市场在过去或者现在的价格运行来预期将来价格的变动趋势，也就是非理性预期或者外插型预期。

在此，假设房地产价格的预期增长率为近期增长率的平均值，则有：

$$I_t = \left(\frac{1}{n-1}\right)\frac{P_{t-1} - P_{t-n}}{P_{t-1}},\ n > 1$$

其中，I_t 为第 t 期房地产价格的预期增长率，P_{t-1} 为上一期的房地产价格，P_{t-n} 为第 t 期以前第 n 期的房地产价格。

上式表明，房地产市场的主体往往要参考最近几年价格的波动来预测将来房地产价格的波动。当房地产市场繁荣时，前期价格的不断上升，会使人们预期将来房地产价格增长率也会较高，这就会降低拥有房地产的保有成本，刺激房地产的当期需求，从而导致价格的上升；当房地产市场处于萧条时期，前期价格的下降，会使人们预期将来房地产价格也会下降，房地产市场上持有房地产的投资者会出售房地产，而市场中的需求会降低，造成市场上大量的房地产空置，从而加剧房地产价格的下降；当房地产市场行为主体形成同向预期时，在预期的正反馈机制的作用下，会加剧价格波动的程度，也就是羊群效应、从众效应加剧了房地产价格的波动。

3. *房地产市场的投机*

房地产的需求可以分为自住性需求、投资性需求和投机需求。投机者购买房地产并非是为了居住，抑或将来出租房地产获得租金收入。对于投机需求而言，主要是为了将来出售房地产，获得增值收益。投机者保有房地产的期限一般较短。

在分析投机需求对房地产市场及其价格的影响时，应当结合房地产市场的供需状况全面进行探讨。在房地产市场处于萧条阶段，市场上供给大于需求，价格下降时，投机需求有利于房地产市场的繁荣和价格的稳定。而当房地产市场供需存在缺口，供给不足，需求在扩张性的信贷政策、货币政策、税收政策的刺激下，短时期内极度增加，导致房地产价格的快速上升；房地产价格脱离由市场基础决定的市场价值，存在较严重的价格泡沫时，市场中的大量投机需求会加剧这种供给不足的程度，进一步导致房地产泡沫的膨胀，导致房地产市场的过度虚假繁荣。在此种情形下，投机需求会加剧房地产市场的波动，投机需求不利于房地产市场的发展。因此，当房地产价格在短期内大幅度地上升，市场上投机需求度较高时，政府应该采取相应的措施，来加强对房地产市场的干预或者调控，抑制房地产的过度投机，例如，通过实行差别化的信贷政策，对二套房、三套房提高首付款的成数，提高贷款利率等措施。

应对世界性的金融危机和经济危机，我国政府为了保持宏观经济的稳定增长，刺激内需，扩大就业，消弭出口严重下滑对宏观经济的影响，在 2009 年初及时实行了扩张性的货币政策和财政政策，信贷规模增加幅度明显。在扩张性的信贷政策、财政政策以及刺激房地产需求的利率政策下，房地产需求增加明显，加之，在 2009 年，由于股票市场的低迷，大量的资金进入房地产市场，我国主要城市，特别是北京、上海、杭州、深圳、广州等，房地产价格大幅度地上升，一线城市房地产价格存在着较严重的泡沫。房地产价格已经严重脱离由市场基础所决定的价值。如果不采取相应的措施，抑制房地产的投机需求，一旦房地产泡沫破灭，对房地产业、宏观经济将会产生严重的影响。20 世纪 90 年代初，日本土地泡沫、股票泡沫破灭对日本宏观经济产生的严重负面影响，导致日本经济陷入长期的萧条。经验表明，房地产泡沫破灭对一国金融部门、宏观经济产生的冲击会明显高于股票泡沫破灭对宏观经济产生的影响。

为了平抑房地产价格、抑制房地产市场的过度投机、保持房地产市场的持续发展，我国政府在 2010 年 4 月，颁布了调控房地产市场的政策。通过对中央政府调控房地产市场的政策进行解读可知，重要的举措之一就是通过收紧信贷、实行差别化的信贷政策和利率政策来抑制房地产的投机需求。调控房地产市场政策的实施，房地产的交易量明显下降，交易价格也有所降低。但是，2010 年 10 月以后，由于通货膨胀的加剧，市场预期的逆转，房地产投资、投机者又进入房地产市场，投资需求增加，中央政府前期调控房地产市场的政策作用绩效开始减弱，我国一线城市，特别是北京、上海、杭州等，房地产价格和交易量又开始快速增长，房价收入比又开始上升。基于此，中央政府又开始出台相应的政策调控房地产市场；地方政府也出台相应的调控细则，并实行了强制性的限购政策，来抑制投资和投机需求。其中，上海市和重庆市在实行限购的基础上，自 2011 年开始，征收住房保有税，也就是房产税，以此手段来提高住房保有成本，进一步抑制投机需求。2015 年以来，由于我国二三线城市房地产库存压力较大，许多城市取消限购政策，降低贷款利率、降低交易税等刺激住房需求，但是有的城市需求仍然不足，住房价格有所下降，特别是中西部城市；但是对于上海、北京、深圳等一线城市，由于土地资源稀缺，供给过剩问题并不严重，在贷款政策、税收政策的刺激下，虽然没有取消限购，但是房地产需求旺盛，上述城市在货币政策、税收政策的刺激下，房地产价格上涨明显。其中，深圳、上海以及其他主要城市新建商品住宅价格上涨幅度较大，销售量明显增加，商品价格已经超出一般居民的货币支付能力，具体如表 2－8 所示。在上海、深圳等城市的房地产市场上，投机需求旺盛。

表 2－8　我国主要城市 2015 年新建商品住宅销售面积及成交均价

城　市	成交面积（万平方米）	同比	成交均价（元/平方米）	同比	成交金额（亿元）	同比
上海	1 484	62%	32 082	19%	4 760	93%
北京	1 098	33%	27 723	8%	3 044	44%
深圳	739	69%	34 472	33%	2 548	126%
杭州	1 282	44%	15 861	3%	2 033	48%
南京	1 261	50%	15 112	12%	1 905	68%
武汉	2 151	34%	8 812	12%	1 896	51%
广州	1 226	31%	15 039	0%	1 843	31%
成都	2 438	3%	7 125	0%	1 737	3%
天津	1 426	35%	11 737	9%	1 673	47%
苏州	921	41%	13 397	8%	1 234	53%

数据来源：中国房地产统计年鉴(2016)。

三、影响房地产价格的个体因素

影响房地产价格的个体因素主要是指房地产所处的城市区位、房地产产品的质量、房地产的外部形态和结构、内部装修和设备、容积率等房地产的属性、周边的配套设施、公共设施以及物业管理的差异对房地产价格的影响，也可以认为是房地产的微观差异对价格的影响。

1. 住宅密度对住宅价格的影响

住宅作为房地产的主要类型，其价格会受到住宅密度的影响，住宅密度的变化会影响人们的支付意愿。住宅密度可以通过两种方法进行表达：一是每套住宅的占地面积，二是容积率。下面通过容积率的变化，分析住宅密度对住宅价格的影响。

总括而言，随着住宅密度的提高，消费者的支付意愿会降低，也就是住宅价格与容积率呈现负相关的关系，在此，可以定义每单位建筑面积的价格为：

$$P = \alpha - \beta f \tag{2-1}$$

式中，P 为房地产的价格；α 代表所有影响住宅价格的位置因素和住宅属性的价值总和；β 代表住宅密度增加，或者容积率提高时，住宅价格的边际降低额。

从房地产的开发主体分析，房地产开发商在进行房地产开发时，由于受到人们的意愿支付价格的影响，并非开发密度越高，获得的利润越高，房地产的开发密度，或者容积率存在着一个最优值，也就是最佳容积率，在此容积率下进行开发，开发商可以获得最高的利润。

假设住宅建筑开发成本为 C，则：

$$C = \mu + \tau F \quad \text{（假设为线性关系）} \tag{2-2}$$

其中，μ 表示一般低层和多层住宅的单位面积的建筑成本；τ 表示随着容积率的提高，建筑物高度的增加，每单位面积增加的建筑成本。

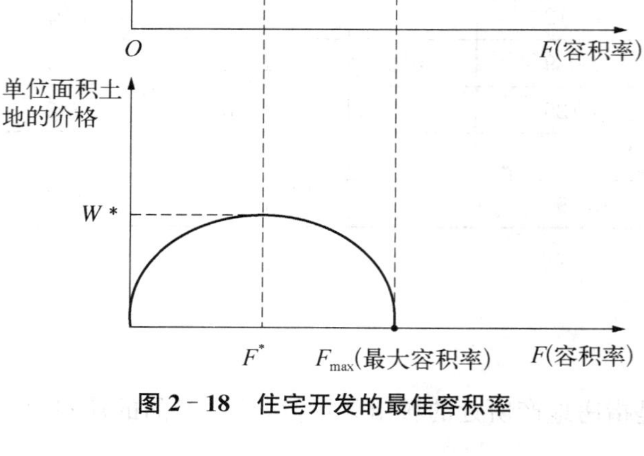

图 2-18 住宅开发的最佳容积率

高层住宅在施工时，需要较高的建筑成本，如建筑材料的垂直运输费、施工人员高空作业效率降低诱致人工成本的增加、空中通信费用、设备的垂直运输费用增加等；施工企业在进行预决算时，高层建筑、超高层建筑必须考虑增加费。因此，高层建筑的建筑成本明显地高于一般的低层住宅。

开发商每单位开发面积获得的利润为：$P-C$，也就是价格与成本曲线之间的距离，具体如图 2-18 所示。由图 2-18 可知，随着容积率的增加，每单位面积上可获得的利润降低，在交点处，消费者的意愿支付价格和开发商的开发成本相等，在两条直线的交点处，利润为零。

下面分析每单位面积上土地的开发利润，其值为单位建筑面积的利润乘以容积率 F，即为：$(P-C)F$，将(2-1)式、(2-2)式代入后可得：

$$W=(P-C)F=F(\alpha-\beta F-\upsilon-\tau F)=F(\alpha-\upsilon)-F^{2}(\beta+\tau)$$

求利润最大化时的最佳容积率：

使导数 $\frac{\partial W}{\partial F}=0$，解出 F 值应该满足的条件：

$$\frac{\partial W}{\partial F}=(\alpha-\upsilon)-2F(\beta+\tau)=0$$

$$F=\frac{\alpha-\upsilon}{2(\beta+\tau)}$$

将 F 代入公式中得：

$$W=\frac{(\alpha-\upsilon)^{2}}{4(\beta+\tau)}$$

$$F_{\max}=\frac{\alpha-\upsilon}{\beta+\tau}=2F\text{（最佳容积率）}$$

也就是，开发商按照最佳容积率进行开发，获得的开发利润最高。

2. 区位导致的房地产价格的差异

区位是指某一经济事物或者经济活动所占据的空间场所以及该场所与其周围事物之间的经济地理关系。区位具有层次性、质量等级性、稀缺性的特点。从区位层次性的视角分析，区位可以分为宏观区位和微观区位，宏观区位是指某项经济活动，从宏观上来看应该所处的位置；微观区位是指经济活动所处的具体位置，如在房地产市场中，开发商在进行项目的开发决策时，首先决定在哪个城市进行开发，也就是宏观区位选择，然后再决定项目在城市中坐落的具体位置。在此，我们所讨论的区位主要是指微观区位，也就是针对特定的城市，房地产项目坐落的具体位置。

区位的等级性是指对某一类经济活动而言，区位效益的好坏，也就是因为区位质量的高低对经济活动所带来的收益差异。区位的稀缺性是指对某一类经济活动或者不同的经济活动而言，优良区位的供给总是小于需求，因而具有稀缺性。

城市内部的土地具有明显的区位差异，由于经济、文化、历史和自然的各种因素的作用，城市内部的土地，其价值和使用价值明显不同。具体体现在城市内部的土地具有较高的价值和租金，城市边缘的土地价值和租金相对较低。由于房地产是土地和地上建筑物的联合体，如果市中心和城市边缘处房地产的密度相同，也就是单位房地产占有的土地相同时，市中心的房地产往往具有较高的价格。

土地区位的质量差异，对利用土地从事经济活动的主体产生明显的影响。对房地产供给主体开发商而言，直接影响房地产开发的经济收益。土地的微观区位特征对房地产价格的影响是非常明显的，市中心的土地因其交通的便捷、配套设施的完善、商业设施的齐全往往具有较高的经济利用价值。因而，房地产的价格一般比城市边缘处的同类房地产价格高。

土地的区位差异导致的土地租金和价格的差异，也表现在房地产的开发形态上。房地产的外部形态表现为市中心高层、超高层建筑大量聚集；随着离开市中心距离的增加，房地产的开发密度逐步降低，多层建筑逐步出现，在城市边缘处，一般开发低密度低层房地产。建筑形态的差异，可以利用经济学上的要素替代进行分析，在市中心，土地价格非常高的区位，开发房地产一般使用较少的相对稀缺的土地要素，以相对低廉的建筑资源来替代，也就是，城市中心土地昂贵的区位，房地产的开发密度非常高，在城市边缘处，土地价格相对较低，房地产开发一般使用较多的土地资源替代建筑资源，因而房地产的密度较低。

下面分析位置与住宅密度的关系，如图 2－19 所示。在市中心，由于交通的便捷、公共基础设施的完善，消费者对住宅的意愿支付价格较高，住宅价格方程曲线外移，价格曲线和成本曲线相交时，交点外移到 n，这时最大容积率增大为 $F_{1\max}$，最佳容积率扩大为 F_1^*，因此，在市中心，住宅的开发密度较高。

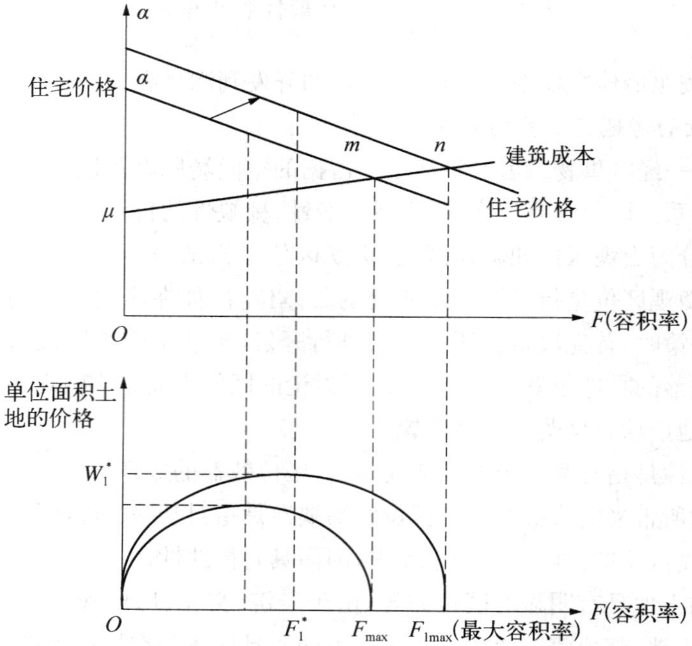

图 2－19 随着到市中心距离的减少，住宅开发容积率逐步增加的规律

3. *房地产的属性对房地产价格的影响*

房地产的属性主要是指房地产的结构、建筑设计、室内外装修、设备、物业管理与运营等个别因素对房地产价格的影响。从成本构成的视角进行分析，不同的建筑结构形式、不同的室内外装修和室外设施以及建筑设备配置的差异，房地产的供给主体，在开发房地产时投入的成本是明显不同的。如有的住宅属于成品房，房地产的建造投入成本较高，有的住宅属于非装修的毛坯房，投入的建造成本相对较低，房地产开发商作为追求利润最大化的"经济人"，在确定房地产的销售价格时，必须核算开发投入成本，同时考虑市场的供求状况，销售价格应该高于成本投入以获得正常的利润。另一方面，作为耐久性商品，房地产价格的高低还受到物业在正常使用期间，物业管理和服务质量的影响，规范的物业管理和正常的维修，会减少房地产的年度折旧额，延长房地产的经济寿命。所以，房地产的价格会受到房地产个体属性和物业管理以及服务的影响。

此外，制度的变革也会影响房地产的供给和需求，如在1978年以前，我国实行住房福利分配制度，住房完全由国家和单位投资建设，作为福利品分配给职工居住，并实行低租金制度，租金并不能反映房地产的使用价值；随着我国经济体制和政治体制的改革，住房的商品属性得以界定，特别是我国自1998年实行住房制度货币化改革以后，中止了福利分房制度。住房制度的改革，改变了居民的住房消费理念和消费习惯，住宅需求得到释放，房地产供给方式也发生了巨大变化，房地产市场逐步建立和健全，房地产价格更多地会受到市场供求的影响。

总括而言，影响房地产价格的因素是众多的，房地产价格在多种因素的冲击作用下，会经常处于波动之中。在短期内，房地产价格可能会脱离其市场基础价值，出现房地产泡沫，房地产泡沫的破灭对房地产业、金融业、一国的经济发展将会产生严重的负面影响；因此当房地产价格存在着较严重的泡沫时，政府应该采取适宜的措施，利用财政、货币、土地政策、公共住房政策对房地产市场进行调控，以保持房地产价格的稳定和房地产市场的健康发展。

第四节　我国房地产指数的主要类型、编制方法及其应用

我国房地产指数主要有房地产综合景气指数和房地产价格指数两种类型。房地产综合景气指数是根据一定的原则选取包含房地产价格在内的反映房地产市场景气或者房地产业发展状况的多种指标，通过采用一定的方法，对所选取的指标进行加权综合，得到的一种综合景气指数，据以反映房地产市场状况或者房地产业的景气状况，房地产综合景气指数是根据经济周期理论、经济景气预警理论等为基础而编制的；房地产价格指数是动态描述某一区域内各类房地产价格变动及其总体价格平均变动趋势和变动程度的相对数，房地产价格指数属于单一指标指数。

房地产价格指数虽然是利用单一指标编制的指数系统，但是能够较为准确地反映城市房地产价格的运行规律，因此，房地产价格指数能够指导市场中的微观经济主体进行投资决策；而房地产综合景气指数，则能够反映房地产市场以及房地产业的发展状况，为政

府宏观调控房地产市场、制定政策提供参考依据。

当前我国所发布的各类房地产指数中，主要以“中房指数”和“国房指数”为主，“中房指数”又称“中国房地产指数系统”，属于房地产价格指数，用来反映我国大中城市房地产价格的变动轨迹和变动趋势，中房指数属于定基指数，基期为1994年11月。“国房指数”也称国房景气指数，是“全国房地产开发业综合景气指数”的简称，根据经济周期波动理论和景气指数原理，采用合成指数的计算方法，从房地产开发必须具备的土地、资金和市场需求等基本条件，选择具有代表性的指标，选用科学合理的方法综合编制而成，所选用的指标有超前指标、同步指标以及滞后指标，以1995年3月为基期，对比计算出的综合景气指数。

一、“国房指数”的编制及其应用

国房指数是国家统计局在1997年研制并建立的一套针对房地产业发展变化趋势和变化程度的综合量化的指数体系，该指数体系是由8个分类指数合成运算出来的，是综合反映全国房地产业发展景气状况的综合指数。国房指数可以从土地、资金、开发量、市场需求等角度显示全国房地产业的基本运行状况和波动幅度，预测未来趋势，为国家宏观调控提供预警机制，为投资者选择投资机遇提供统计信息。“国房指数”的编制方法是根据经济周期波动理论和景气指数原理，采用合成指数的方法计算。其编制通常经过以下几个步骤：指标的选取以及指标的量化和去量纲化、指标权重的确定、确定基准期、建立数学模型以及计算结果的综合分析。

1. 指标的选择

“国房指数”在编制时，所选用的指标主要包括房地产开发投资、本年度资金来源、土地出让收入、土地开发面积、新开工面积、竣工面积、空置面积、商品房销售价格等8个指标，具体见表2-9。

表2-9 国房指数指标的选取及其特性

指　标	特　性	解　释
房地产开发投资	同步性	可以细分为：土地开发投资和商品房开发投资，商品房开发投资又分为商品住宅、商业地产和工业地产投资等
本年度资金来源	同步性	主要包括国家预算内资金、国内贷款、利用外资、自筹资金等资金来源方式
土地出让收入	超前性	土地出让收入主要包括土地出让金，通过土地收入可以反映土地的年度供应规模
土地开发面积	超前性	是指报告期内对土地进行开发，具备施工或者出让条件的土地，如熟地等
新开工面积	同步性	是指报告期内新开工建设的房屋建筑面积
竣工面积	滞后性	是指已经竣工和通过质检部门的验收，符合入住条件的房屋面积，竣工面积显示报告期内房屋增量市场可供销售的房屋面积

续 表

指 标	特 性	解 释
空置面积	滞后性	是指报告期内已经竣工,还没有出租或者销售的房屋建筑面积,包括以前竣工和本期竣工而空置部分的面积,空置面积表明市场供需的非均衡,供给超过需求,也可能是由于供给结构不合理而造成空置
商品房销售价格	同步性	该指标反映报告期内各类商品房的平均销售价格水平

2. 指标的量化和去量纲化

以上指标均属于定量指标,指标数据所体现的内涵和计量单位不一致,因此,在进行计算以前需要进行标准化处理,以消除量纲、季节和价格等因素对指数产生的影响。首先采用函数化处理的方法消除量纲的影响,然后利用相应的程序进行季节性因素调整,最后对房地产开发投资、到位资金用各年的建安工程价格指数进行调整,以扣除价格因素的影响①。

3. 分类指数的权重

分类指数的权重是在专家估算的基础上通过分析计算确定的。指标权重的确定非常重要,如果确定不合理,将会影响国房指数的结果,使指数不能反映房地产市场的运行状况,导致指数的失真。分类指数对应权重见表 2-10 所示。

表 2-10 分类指数对应的权重②

分类指数	权重符号	权 重	性 质
房地产开发投资指数	ω_1	20～30	同步性
资金来源指数	ω_2	小于 10	同步性
土地出让收入指数	ω_3	小于 10	超前性
土地开发面积指数	ω_4	10～20	超前性
新开工面积指数	ω_5	小于 10	同步性
竣工面积指数	ω_6	小于 10	滞后性
空置面积指数	ω_7	10～20	滞后性
商品房销售价格指数	ω_8	10～20	同步性

4. 基期确定

在确定国房指数的基期时,主要遵循以下几个方面的原则:一是选择房地产发展比较平稳的时期;二是考虑统计资料的可获得性和完整性,另外还要考虑主要指标的转折点。

① 盛承懋等编著:《海峡两岸房地产比较研究》,东南大学出版社,2004 年。
② 盛承懋等编著:《海峡两岸房地产比较研究》,东南大学出版社,2004 年。

我国房地产业是随着经济的改革而逐步发展起来的，迄今不过40年的时间，在房地产业的发展中，房地产经济和国民经济一样，也经历了周期性的波动和循环。其中，固定资产投资和政府的制度、政策对房地产经济活动影响较为明显。20世纪90年代早期，在政府实行一系列的刺激政策下，我国房地产业发展较快，房地产价格也出现大幅度波动，局部地区和城市，如海南、北海等，房地产价格存在着较严重的泡沫和大量的商品房空置，针对房地产投资过热和局部地区房地产的大量空置，政府又采取了相应的宏观调控政策，在宏观政策的影响下，1994年开始，房地产业进入调整和整合时期。1998年以来，伴随着住房制度的货币化改革和住房金融的改革，房地产业的投资规模不断扩大，房地产业已经成为国民经济的支柱产业。

结合我国房地产业的发展以及市场统计资料的可获得性和房地产经济活动的季节性波动，考虑到每年1月、2月房地产销售受到节日的影响，3月份数据代表性较好，一般是每年峰谷的转折点，基于此，选择1995年3月作为国房指数的基准对比期。

5. *分类指数和国房指数的计算*

分类指数采用环比指数的计算方法，假设分类指数用K_i表示，则：

$$K_i = \frac{TY_t}{TY_{t-1}} \tag{2-3}$$

公式(2-3)中，TY_t表示报告期房地产开发投资总额、报告期各种资金来源、报告期的土地转让收入、报告期土地开发面积、报告期新开工面积、报告期竣工面积、报告期空置面积以及商品房销售价格；而TY_{t-1}表示上一期房地产开发投资总额、各种资金来源、土地转让收入、土地开发面积、新开工面积、竣工面积、空置面积以及商品房销售价格。

国房指数的计算没有完全按照合成指数的方法，而是采用加权平均的方法，在计算各个分类指数K_i的基础上，采用固定权重的算术加权平均的方法，得到综合指数。具体计算公式为：

$$\overline{K} = \frac{\sum K_i \times \omega_i}{\sum \omega 1} (i = 1,2,3,4,5,6,7,8) \tag{2-4}$$

式中，ω_i表示分类指数的权重，则有$\sum \omega_i = 100$，将综合指数$\overline{K}$与基准期综合指数$\overline{K}_o$对比，就得到国房指数(G)，计算公式为：

$$G = \frac{\overline{K}}{\overline{K}_0} \times 100\% \tag{2-5}$$

6. *国房指数的不足之处*

国房指数作为一种反映房地产市场景气状况的综合指数，具有涵盖信息量较大，指标全面的特点，但是由于所选用的计算方法较为简单，仍存在着一些问题，主要体现在以下几个方面：国房指数是一种环比指数，指数基期以上年同期或者上月同期为100点，权重固定，因此，相邻两期的变化比较清楚。但是缺少纵向、不同城市的横向比较，因而，不同时期、不同城市或者地区的指数缺乏可比性。国房指数体系是报告期和上一期的同期数据之比所得到的结果，实际上是对房地产市场发展历史的反馈和描述，对房地产市场的未来发展趋势不能预测。此外，在计算时，采用固定加权算术平均法，超前、同步、滞后指标对指数产生的影响不能清楚的反映，需要在指数报告中加以表明。

二、"中房指数"的编制及其应用

"中房指数"是"中国房地产指数系统"的简称(China Real Estate Index System, CREIS)，是用价格指数的形式来反映全国各主要城市房地产市场发展变化的趋势和房地产价格波动状况的指标系统，"中房指数"是我国较早研究并开始使用的房地产价格指数系统。迄今为止，我国主要的大中城市拥有比较完善的价格指数调查系统和较全面的房地产信息系统，国内主要的大中城市定期发布中房指数，用于反映区域或者城市房地产市场的运行状况和价格的波动。目前，各主要城市在编制中房指数时，不仅编制综合指数，如公式 2－6 所示；还编制了相应的住宅指数，如公式 2－7 所示；以及办公楼指数，如公式 2－8 所示。

1. "中房指数"的编制

目前，中房指数在编制时，所采用的计算公式为：

$$P_c = \frac{\sum_{i=1}^{n} P_i \times A_i}{\sum_{i=1}^{n} A_i} \tag{2-6}$$

公式(2－6)中，P_c 为分物业比较价格；P_i 为各项目的均价；A_i 为各项目当期建筑面积；n 为项目的数量。在此基础上，确定各分类物业的价格指数，见(2－7)所示：

$$I_f = \frac{P_c}{P_S} \tag{2-7}$$

公式(2－7)中，I_f 为分物业指数，P_c 为计算期分物业的比较价格；P_S 为基期比较价格。

城市房地产综合指数可由公式(2－8)计算：

$$P = \sum_{j=1}^{n} P_{cj} B_j \tag{2-8}$$

公式(2－8)中，P 为城市当期比较价格；p_{cj} 为分物业当期比较价格；B_j 为分物业权重。物业权重可以根据城市基期每类物业可售面积和城市基期所有物业可售面积和的比值，那么，城市综合指数为：

$$I_c = \frac{P}{P_s} \tag{2-9}$$

式中，I_c 为当期综合指数，P 为当期综合比较价格，P_S 为城市基期比较价格。

中房价格指数的基期，北京市为 1994 年 1 月，上海市为 1995 年 2 月，为定基指数。表 2－11、2－12、2－13 为我国主要大中城市 2015 年 12 月住宅、新房、存量房价格指数。

表 2－11　我国主要城市住宅销售价格指数(2015 年 12 月)

城　市	样本均价(元/平方米)	环比涨跌(%)	同比涨跌(%)
北　京	34 981	0.16	9.17
天　津	10 999	0.66	3.98
深　圳	42 591	3.53	38.65
杭　州	16 186	0.51	0.33
武　汉	8 979	1.81	15.03
苏　州	12 574	1.94	4.55
厦　门	22 206	3.56	4.98
长　沙	6 324	−0.63	−0.6
东　莞	9 667	1.9	5.11
福　州	12 385	−1.49	−11.05
上　海	36 935	2.19	15.32
重　庆	6 986	0.71	−2.39
广　州	17 058	0.34	−2.35
南　京	14 759	0.67	6.84
成　都	7 775	0.05	−3.25
大　连	10 079	0.5	−8
西　安	6 403	−0.36	−5.08
宁　波	12 223	−0.46	−1.55
无　锡	8 202	1.44	0.44

数据来源：中方指数研究院 http：//fdc.fang.com/index/XinFangIndex.html

表 2－12　我国主要城市新房价格指数(2015 年 12 月)

城　市	城市综合指数		住 宅 指 数		写字楼指数		商 铺 指 数	
	指数	环比(%)	指数	环比(%)	指数	环比(%)	指数	环比(%)
北京	4 007	0.18	4 000	0.28	4 196	0.02	3 778	−0.32
上海	2 964	0.71	2 842	1	3 807	−0.63	2 616	1.59
天津	1 928	0.42	1 686	0.6	2 060	0.1	3 543	−0.03
重庆	1 147	−0.52	919	0.33	1 082	−0.64	2 950	−2.54

续 表

城 市	城市综合指数		住 宅 指 数		写字楼指数		商 铺 指 数	
	指数	环比(%)	指数	环比(%)	指数	环比(%)	指数	环比(%)
深圳	4 725	2.01	4 239	2.12	6 560	2.73	5 614	0.07
广州	2 501	0.28	2 337	0.13	2 068	0	4 381	1.18
杭州	1 905	0	1 812	0.33	2 295	0.04	2 022	−1.8
南京	1 676	0.66	1 437	0.7	2 551	0.63	2 155	0.61
武汉	1 364	0.89	1 269	1.2	783	0.26	2 949	0.1
成都	1 331	0.38	962	0	1 448	0.28	3 922	1.24

数据来源：中方指数研究院 http://fdc.fang.com/index/XinFangIndex.html

表 2-13 我国主要城市二手房价格指数(2015 年 12 月)

城 市	销 售 价 格 指 数			租 赁 价 格 指 数		
	指数值	环比(%)	同比(%)	指数值	环比(%)	同比(%)
北 京	6 361	1.26	8.96	2 214	1.1	3.7
上 海	7 072	2.52	18.18	1 967	0.25	7.14
天 津	3 311	1.25	7.92	1 123	1.63	−0.8
重 庆	1 400	−0.36	−1.13	1 072	1.13	−0.43
深 圳	7 442	2.28	42.95	2 544	1.8	6.04
广 州	3 674	0.66	3.82	1 898	−1.81	0.11
杭 州	3 573	0.39	0.25	1 660	−1.78	8.85
南 京	3 312	1.53	7.6	1 299	−3.06	−10.97
武 汉	1 737	0.87	8.56	1 306	−0.46	1.95

数据来源：中方指数研究院 http://fdc.fang.com/index/XinFangIndex.html

2. 中房指数的缺陷

中房指数的编制，在数据来源方面存在着样本规模小、样本区域和物业类型分布不合理以及样本数据存在着不连续性等问题。在计算公式中，没有考虑物业类型结构的变动，在公式中，所选用的权重是报告期的物业面积，因此，在指数计算中，可能会包含非价格变化的因素。具体而言就是：

(1) 样本规模较小。样本数量是否满足统计学原理，直接影响到指数的准确性和科学性。由于在我国，房地产指数的编制起步较晚，在人员、经费和经验方面比较匮乏，跟踪较多的项目，在人员、资金方面存在着制约，随着我国房地产市场规模的不断扩大，新开发的项目越来越多，如果样本数量不能够适度地增加，就会导致样本缺乏代表性，这会影响指数的准确性。

(2) 样本分布不均匀，物业类型结构不合理。目前，我国许多城市，在选择样本时，存在着样本类型结构分布不合理，区位分布不均匀的问题。往往挑选一些容易获得市场交易价格数据的楼盘，而忽视所选择的样本是否具有代表性，可能导致物业类型比例失调或者样本选取仅仅局限于某一个区位，所选取的样本不能较好地反映特定城市房地产市场的发展状况。

(3) 样本数据缺乏时效性、连续性和真实性。房地产指数的功能在于将众多的个体样本价格变动综合起来反映某一城市或者地区的房地产价格的总体变动。因此，个体样本市场交易价格的获得和准确把握显得非常重要。在当前中房指数的编制中，存在着指数数据库更新不及时的问题，由于市场数据获得存在一定的难度，有时会采用开发商的报价来替代市场交易价格，从而影响了指数的准确性。

随着各地房地产市场交易中心的建立和完善，房地产的市场交易数据将可以便捷地获得，如果指数编制机构和房屋交易登记机构在数据库方面能够共享的话，房地产市场交易价格可以被指数编制机构快捷、准确地获得，将会有助于提高指数的准确性。

总括而言，中房指数的编制，采用理论上简单、编制上粗糙的加权平均法，或者是加权平均和重复交易相结合的不规范的方法，得出的指数在理论和实践方面存在着编制方法不完善、样本数据缺乏代表性等不足之处，使指数的应用受到限制。

因此，优化指数编制方法，科学选择样本，获得及时的市场交易价格数据就显得尤为必要。借鉴国际上当前房地产价格指数的编制方法也是必需的。从价格指数编制的发展趋势而言，特征价格法因其方法的科学性和理论的完善性具有较广阔的前景。

第五节　房地产价格及其补地价的计算

房地产作为生活必需品、生产资料、投资品，其价格具有两种表现形式，所有权价格和使用权价格，即价格与租金。在不同的房地产经济活动中，所涉及的房地产价格具有不同的内涵，在此，对不同类型的价格加以介绍。

一、成交价格、市场价格、评估价格、公开市场价值

成交价格是指在房地产产权市场上，交易主体通过签订契约，完成交易活动，所形成的实际交易价格。成交价格的高低，与房地产市场的供求状况有关，还受到产权交易双方的个体因素，如消费者的货币支付能力、消费偏好、房地产市场信息的了解等因素的影响，成交价格可能是正常价格，也可能是非正常价格。正常价格是指在市场机制健全、市场信息全面、交易双方平等自愿、交易周期较长、交易双方各自追求利益最大化的条件下，所形成的价格。

市场价格是指在房地产市场上一般的、平均水平的价格，是该类房地产大量成交价格的抽象结果。

评估价格是指专业房地产估价人员遵循一定的原则、按照一定的程序、选用合适的估价方法，对房地产的客观合理价格或者价值进行的测定。评估价格是估价人员在对房地产市场信息、房地产区位和实物状况全面把握的基础上，选用适宜的估价方法所得到的价格。评估价格虽然是对房地产在特定时期的市场合理价格进行的评定，但是由于受到估价人员的经验、知识水平、对房地产市场信息的了解等方面的影响，不同的估价人员对同一宗房地产所得到的评估结果会受到评估主体个人因素的影响而有所差异。但是，对于富有估价经验的专业人员而言，估价结果不会产生较大的差异，应该具有趋同性。

在西方国家的评估文献中，往往将需要评估的房地产价格称为客观合理的价格或者公开市场价值。所谓的公开市场价值是指在一定的条件下最可能实现的价格，所对应的条件是：交易双方是在自愿的情况下完成的产权让渡；交易主体进行交易的目的是为了实现收益最大化；交易主体对房地产有较全面的了解；交易双方掌握一定的房地产市场信息；交易时间比较充分，产权受让人对交易房地产不存在特殊的偏好等。

二、楼面地价

楼面地价是指每建筑面积的房地产所分摊的土地价格，也就是土地取得成本与土地上建筑物总建筑面积的比值。楼面地价与土地取得成本和开发容积率有关，具体关系为：

$$楼面地价=\frac{土地总价}{总建筑面积}=\frac{土地单价}{容积率}$$

三、名义价格与实际价格

实际价格是指在成交日期一次付清的价格，或者将不是在成交日期一次付清的价格折现到成交日期的价格。名义价格是指在成交日期约定，但是并未在成交日期一次付清的价格。由于房地产属于价值量高的商品，产权受让人受到货币支付能力的限制，在购买房地产时可能选择分期支付的方式，这样名义价格和实际价格会有所不同。

【例 2-1】 某一写字楼，买卖双方通过谈判，签订合同时约定的价格为 1.26 亿元，支付方式为：在契约签订日买方支付4 000万元，一年后支付 6 000 万元，再过一年后支付余款。假设年利率为 6%，该写字楼的名义价格、实际价格分别是多少？

【解】 名义价格=签订契约时的价格=1.26(亿元)

$$实际价格=4\,000+\frac{6\,000}{1+6\%}+\frac{2\,600}{(1+6\%)^2}=11\,974.37(万元)=1.197\text{ 亿元}$$

四、招标价格、拍卖价格以及协议价格

招标价格、拍卖价格以及协议价格是与土地出让或者房地产交易方式有关的一组价格。随着我国土地使用制度的改革和土地市场的逐步建立和完善，在土地一级市场，土地的出让方式由协议出让，逐步转为市场化的运作模式，即采用招标、拍卖或者挂牌的方式，

与土地出让方式相对应，就出现了招标价格、拍卖价格以及协议价格。

房地产的招标价格是指采用招标方式出让房地产所对应的成交价格。

房地产的拍卖价格是指采用拍卖方式出让房地产所对应的成交价格。

房地产的协议价格是指采用协议方式出让房地产所对应的成交价格。

以土地使用权的出让为例来分析，协议出让是指政府的土地管理机构与特定的用地企业、组织，通过协商确定土地出让价格；而招标出让土地使用权往往需要对投标企业、组织，进行多方面的评审，如土地的规划建设方案、企业的信誉、开发能力、财务状况等，通过综合评审，确定中标企业；拍卖出让土地使用权一般遵循价高者得的原则。因此，对以上三种价格进行对比，一般情况下，协议出让价格较低，招标价格要高于协议价格，拍卖价格高于招标价格。

五、补地价

根据我国《土地法》和土地资源管理的相关规定，当土地的使用用途或者其他使用条件发生变化时，需要向城市政府补交土地出让金或者地价款。通常在以下四种情形下，需要补地价：

1. 改变土地使用用途

获得土地使用权的企业或者组织在房地产开发以前，改变土地的原有用途，如将住宅用地改为商业用地，或者将工业用地改为商业用地，则需要缴纳补地价款。具体计算公式为：

$$补地价 = 改变用途后的总地价 - 原用途的总地价$$

2. 改变容积率

在城市土地资源日益稀缺的条件下，开发商获取土地的使用权以后，对于一些位于城市中心或者城市内部的土地，往往通过提高容积率的方式，进行超强度开发。开发商改变容积率，按照规定，需要补交地价款。计算公式为：

(1) 不改变用途仅增加容积率：

$$补地价 = (增加后的容积率 - 原规划规定的容积率) \times 土地面积 \times 楼面地价$$

或者：

$$补地价 = \frac{\left(\begin{matrix}增加后的\\容积率\end{matrix} - \begin{matrix}原规划规定\\的容积率\end{matrix}\right) \times \begin{matrix}增加前的\\土地单价\end{matrix} \times 土地面积}{增加前的容积率}$$

(2) 改变用途并提高容积率：

$$\begin{aligned}补地价 = {} & (改变用途后的容积率 \times 改变用途后的楼面地价 - \\ & 原容积率 \times 原楼面地价) \times 土地总面积\end{aligned}$$

【例 2－2】 某城市一住宅建设用地，通过拍卖的方式出让土地使用权，出让土地的面积为 56 000 平方米，出让时规定的开发容积率为 2.2，土地拍卖单价为 5 000 元/平方米，现在容积率改为 2.6，假设容积率改变后，楼面地价保持不变，计算开发企业因容积率提高需要补交的土地价款？

【解】 补地价款的额度为：

$$补地价款数 = \frac{2.6-2.2}{2.2} \times 5\,000 \times 56\,000(元) = 5\,090.91(万元)$$

【例 2－3】 现有一块住宅用地，土地面积为 12 000 平方米，楼面地价 3 000 元/平方米，出让时规定的开发容积率为 2.0，现在准备改为商业用地，改为商业用地后，楼面地价为 3 800 元/平方米，开发容积率为 2.8，试确定开发企业需要向当地土地管理部门缴纳的补地价款的额度？

【解】 补地价款的额度为：

$$\begin{aligned} V &= 3\,800 \times 2.8 \times 12\,000 - 3\,000 \times 2.0 \times 12\,000 \\ &= 55\,680\,000(元) = 5\,568(万元) \end{aligned}$$

3. 对划拨土地使用权的房地产进行经营

在划拨的土地上承建的建筑物，进行经营、出租、抵押、转让等经济活动时，根据国家有关规定，需要补交土地出让金，补交数额通常根据当地的市场价按照一定比例收取。如我国城市政府实行经济适用房制度时，通过采用划拨土地、税费减免等措施降低开发商开发经济适用房的成本，以满足城市中低收入居民的居住需求，城市政府对经济适用房产权让渡进行了限制，经济适用房的购买家庭，购买经济适用房居住达到一定的期限后，可以在市场上出售经济适用房，但是必须将出售收入的一定比例用于补交土地出让金。

4. 土地使用权到期后的延长使用

《中华人民共和国城市房地产管理法》相关条款中规定，土地使用权出让合同约定的使用年限届满后，土地使用者的续期申请获得批准，须按照规定补交地价款。

【复习思考题】

1. 何谓摩擦性空置？何谓市场空置？
2. 我国的房地产空置率为何比市场经济较为发达的国家或地区，如欧洲、美国等国家或地区要高？
3. 影响房地产价格的经济因素主要有哪些？
4. 利用房地产市场四象限模型分析长期利率提高、增加公共住房的供给、减少土地供应对房地产市场的影响。
5. 分析容积率与住宅价格之间的关系。
6. 何谓补地价？根据有关规定，在何种情形下必须补交土地出让金？
7. 简述中房指数的编制方法。

8. 我国房地产市场非均衡的表现形态有哪些?
9. 何谓招标价格、拍卖价格、协议出让价格?
10. 何谓名义价格?何谓实际价格?
11. 分析居民收入、城市化率的变化对房地产价格的影响。
12. 某一办公类房地产,在产权交易时,合同契约中规定的成交价格为 9 800 万元,在合同中规定的付款方式分别为:
    (1) 在约定日期首付 40%,一年后支付 4 000 万元,再过一年后支付剩余款项;
    (2) 在约定日期首付 5 000 万元,一年后支付 2 000 万元,其余的在约定日第四年年后支付;假设年利率为 5.8%,试计算两种不同的支付方式下的实际价格。
13. 某宗土地面积为 5 000 平方米,原有规划用途为普通住宅,容积率为 2.8,楼面地价为 3 200 元/平方米,现改为商业用地,容积率为 3.4,楼面地价为 2 800 元/平方米,试计算补地价款的额度。

第三章　房地产估价的基本知识

第一节　房地产估价的概念及其诠释

一、房地产估价的概念

对于房地产估价的概念，不同的国家在进行描述时，表达方式存在一定的差异，但是对这些概念进行梳理可知，概念的内涵是相同的。

比如，英国皇家特许测量师协会把房地产估价称为“Property Evaluation”，对房地产估价的定义是“为特定的目的评估不动产之特定权益于特定时间之价值的艺术或科学”。上述定义强调房地产估价是在特定时间、为了特定目的对不动产权益进行的价值评估。

日本不动产鉴定协会把房地产估价称为“不动产鉴定评价”，并从估价的过程角度对其进行描述，所谓房地产估价是指：“不动产鉴定士接受申请后，决定委托的内容，依据登记簿以及实测图等，进行实地调查；然后，以本次调查为基准，实施鉴定作业，以决定其适宜公正的价格；之后，发给经不动产鉴定士签名盖章的估价报告书，其估价报告书所记载内容，不仅裨益于当事人的正确判断，亦可作为具有公正适当价格的证明文件。”上述描述，虽然侧重于估价过程的阐释，但是把估价的从业人员、估价要求、评估价格进行了介绍。

在美国，通常把房地产估价定义为“Real Estate Appraisal”。房地产估价是指“在给定估价时点，对任何形式不动产价值进行评价的科学与艺术”。上述定义强调了估价的作业时间、评估对象等内容。

在我国台湾地区，把房地产估价称为“不动产估价”，对房地产估价的定义是：“所谓不动产估价系依据影响不动产价值之各种资料，判定对象不动产之经济价值，并以货币额代表之。”

在我国大陆地区，一般称为房地产估价，或者房地产评估。我国房地产估价师协会对房地产估价的定义是：“指专业房地产估价人员根据估价目的，遵循估价原则，按照估价程序，选用适宜的估价方法，并在对影响估价对象价格的因素进行综合分析的基础上，对估价对象在估价时点的客观合理价格进行测算和判定的活动。”上述定义所作的阐释非常全面，既强调估价时点、估价目的、估价从业人员，又强调估价方法等内容。

在房地产经济活动中，虽然受到各种因素的影响，如市场信息的偏在、交易双方的议价能力、交易目的的不同，价格会有所差异；也就是同一宗房地产在买卖、补偿、抵押等各种特定估价目的下，虽然最终成交价格有高有低，但客观上有一个能为当事人或社会普遍接受的价格，这就是估价对象房地产客观合理的价格。

房地产估价就是估价人员能够用严谨而又科学的估价理论和方法，将房地产客观合理的价格揭示出来。但房地产价格的影响因素又是复杂多变的，不是套用某些数学公式或者模型就能够计算出来的，而且估价人员主观估计也可能会出现误差，甚至带有一定的主观色彩，这就要求专业房地产估价人员必须具备相当程度的房地产估价理论知识和估价实践经验，以及一定的社会道德，将估价误差控制在合理的范围之内。由此可见，房地产估价不仅是一门科学，而且是一门艺术。估价从业人员应该对房地产价格影响因素进行全面的分析和研究，科学量化它们对房地产价格的影响，从而合理准确地评估房地产在特定时间、针对特定目的价格。

二、房地产估价对象

所谓房地产估价对象是指在估价实务中，待估的房地产，这些房地产可能是土地，也可能是建筑物，抑或是土地和房屋形成的固定资产，或者不动产。

要评估的房地产究竟是土地还是建筑物，抑或是建筑物与土地合一，或是其中的某一部分，需要根据估价目的进行确定，估价目的不同，估价对象可能会有差异。例如，某一幢商业地产，如果估价目的是为产权交易提供价格参考，那么在估价时，土地和地上建筑物一块评估；如果估价的目的是为了保险的需要，由于土地在发生自然灾害时是不可灭失的，所以在此估价目的下，只需要评估地上建筑物的价值即可。除了要对估价对象的分类加以明确外，还要对估价对象的一些基本情况进行初步了解。若是土地，则需了解是生地、新开发土地，还是其上附有影响地价的附属建筑物的土地；若是单纯的建筑物估价，则要明确建筑物的含义，如为写字楼估价需了解是否包括其中配备的设备，为酒楼估价需要了解是否包括其中的家具等；如果是建筑物与土地合一的估价对象，需了解其建筑物是仍然保存，还是将被拆除等。因此，如果对估价对象进行细分的话，可以分为：生地、毛地、熟地、建筑物、房地产。估价对象如图 3－1 所示。

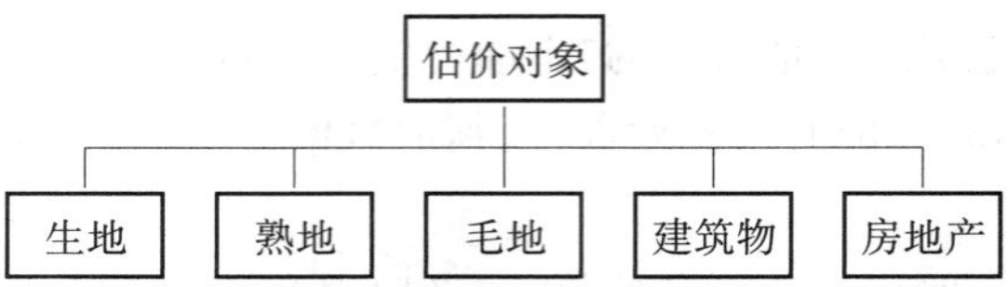

图 3－1　估价对象的划分

所谓生地，是指已经完成土地使用权批准手续，也就是土地已经征用，但是还没有对土地进行开发，不具备建设用地开发条件的土地。

毛地是指已经对土地进行基础设施开发，具备“三通一平”，或者“七通一平”的条件，但是还没有完成地上的房屋拆迁以及补偿等工作的土地。

熟地是指已经进行基础设施开发，并且完成地上建筑物的拆迁和补偿，具备建设用地开发条件的土地。

三、房地产的客观合理价格或价值

房地产的客观合理价格或价值，是指基于估价时点，在正常交易情况下，某宗房地产出于某种估价目的所能实现的价格。在现代西方房地产估价文献中，通常称为市场价值或者公开市场价值①。

客观合理价格是在以下条件下，最可能实现的价格：① 契约双方是自愿地进行交易，不存在强买或者强卖；② 交易的目的是为了实现利益最大化，不存在关联交易；③ 交易双方具有一定的专业知识，并掌握较充分的市场交易信息；④ 交易双方有比较充分的时间进行交易，不存在急于出售或者急于购买的特殊情况；⑤ 抛除买方因为其他原因，对所购买的房地产具有特殊的偏好而存在的加价行为。

首先，契约双方必须是自愿进行交易，如果存在强买或者强卖的话，契约一方当事人在违背个人意愿的条件下，形成的价格往往偏低，在此情况下，对应的价格不属于客观合理的价格。

其次，交易的目的是实现合同当事人的利益最大化，合同当事人不存在关联；如果存在关联的话，所形成的价格，也不是客观合理的价格。如家庭成员之间的交易，房屋产权在家庭成员之间进行让渡，一般情况下，让渡价格偏低。

第三，客观合理价格是指在房屋产权交易时，合同当事人对区域性的房地产市场信息具有较全面的了解，对交易的房地产的品质、微观区位有所把握，所形成的价格公平合理。

第四，假定房屋交易时间充分，不存在卖方因为特殊的原因，急于抛售房屋；或者买方因为特殊原因急于购买房屋。例如买方为了后代的教育，在教育设施比较好的学校附近买房，因为受到子女入学时间的限制，可能希望在较短的时间内达成交易，在此种情况下，所形成的价格往往偏高，因此，该交易价格不能反映房地产的合理价值。

最后，在房屋交易时，假定产权接受人，对所购买的房地产不存在特殊的偏好。如果存在特殊偏好的话，交易价格往往偏高，也不能反映房地产的客观合理价值。

总之，一宗房地产在市场上的实际成交价格，通常会随着时间的推移和房地产供求关系的变化以及交易双方的心态不同而经常变动。而房地产估价就是对估价对象房地产客观合理价格或价值的一种估算和判定，是为当事人提供公平可信价格的参考依据，它不等于房地产交易双方的实际成交价格。只要是估计就会有误差，但这种误差又不是无限度的，必须在一个合理范围内。

四、专业房地产估价人员

专业房地产估价人员是指经过房地产估价人员相应职业资格考试或认定、互认，取得相应职业资格证书并注册生效，专门从事房地产估价活动的人员。

作为合格的专业房地产估价人员，不仅要具有扎实的房地产专业知识，还要具有丰富

① 柴强著：《房地产估价》，首都经济贸易大学出版社，2005年。

的实践经验和良好的职业道德。对于房地产估价师而言，为了能够对待估的房地产进行价格测定和评定，需要具有丰富的房地产方面的知识，同时需要长期从事房地产估价实务工作，具体而言，对估价师的要求是：

1. 扎实的房地产专业知识

要进行房地产估价，应当首先对构成房地产价格的要素以及影响房地产价格因素和波动的规律有充分的认识。因此，需要扎实的专业知识才能测算出客观合理的房地产价格。这些专业知识包括：房地产估价理论和方法、房地产相关政策、法规方面的知识。与房地产估价理论和方法相关的知识包括土地经济学、房地产经济学、房地产管理学、房地产开发经营、房地产市场、建筑、金融、统计、会计、城市规划、土地资源管理等多方面的知识。

2. 丰富的实践经验

房地产估价人员必须具有丰富的实践经验。在进行房地产估价时，对估价对象房地产要有充分的认识，否则不可能进行合理估价，所以专业房地产估价人员在调查资料时应具有收集、整理和组织等能力。估价的最后确定还需要专业人员的判断确认，一般的判断难以得到正确的估价结果。因此，专业房地产估价人员还需要有依据相关理论，对资料加以分析，综合比较，并进一步归纳演绎的判断推理能力。经验不足的估价人员常有偏重专业知识而做出不切合实际情况估价的现象。

因此，对房地产进行估价，还需要长期反复实践积累的熟练经验，在具有丰富实践经验的基础上，通过运用相关的理论知识，选用正确的估价方法，评估出房地产客观合理的价格。另外，房地产估价也是一门艺术，不能以一定方法进行套用，或者采用纯数学的方法进行计算，需要有实践经验加以配合。基于此，世界上许多国家和地区规定要成为估价师，不仅须具备相当的估价理论知识，还须具备有一定年限的估价实践经验。

3. 良好的职业道德

估价人员除具备专业知识和丰富的实践经验外，更应具备良好的职业道德。房地产估价的职业道德，是从事房地产估价的估价人员和估价机构应遵守的行为准则或规范。主要包括以下六个方面：

(1) 房地产估价从业人员应该公正、公平、客观、诚实，估价人员和估价机构不应以经济利益为导向，违反公平、公正原则，做任何虚假的估价；

(2) 估价人员和估价机构应保持估价的独立性，必须回避与自己、亲属及其他有利害关系的估价业务；

(3) 估价人员和估价机构如果由于自己的专业能力所限，而难以对房地产进行估价时，则不应接受该项估价委托；

(4) 估价人员和估价机构应妥善保管委托方的文件资料，未经委托方的书面许可，不得将委托方的文件资料擅自公开或泄漏给他人；

(5) 估价人员和估价机构应执行政府规定的估价收费标准，不得以不正当的理由或名目收取额外的费用，或降低收费标准，进行不正当的竞争；

(6) 估价人员和估价机构不得将资格证书借给他人使用或允许他人使用自己的名义，不得以估价者身份在非自己估价的估价报告上签名、盖章。

在上面的要求条件中，具有扎实的房地产专业知识和丰富的实践经验，是对估价能力的要求；具有良好的职业道德，是对估价诚实程度的要求。仅有理论而缺乏经验，难以做出符合实际的估价；而仅有经验却缺乏理论，会只知其然而不知其所以然，难以对价格做出科学深入的分析，更加难以解决现实中不断出现的新的估价问题；即使兼备专业知识和实践经验的估价人员，如果缺乏良好的职业道德，评估出的价格也难以客观公正，严重的，甚至会借着“公正”的外衣扰乱市场秩序，甚至与委托人“合谋”侵害第三者的利益。

因此，上述三个要求条件缺一不可，专业房地产估价人员应具有扎实的专业知识，还必须具有丰富的评估经验，同时必须具有较高的职业道德。

第二节　房地产估价的目的

房地产估价的目的是指为何种需要而评估房地产，不同的估价目的，来源于对估价的不同需要。估价目的是指委托人将未来完成后的估价报告拿去做什么用，是为了满足何种涉及房地产的经济活动、民事行为或行政行为等的需要。估价目的不同，所采用的评估方法及具体操作过程也有所不同，导致估价结果也出现相应的差异。根据对房地产估价的需要，房地产估价目的可以体现在房地产抵押估价、房地产税收估价、房地产征收和征用估价、房地产拍卖和变卖估价、房地产分割和合并估价、房地产损害赔偿估价、房地产保险估价、房地产转让估价、房地产租赁估价、建设用地使用权出让估价、房地产投资基金物业估价、为财务报告服务的房地产估价、企业各种经济活动涉及的房地产估价、房地产纠纷估价以及其他目的的房地产估价等，具体如图 3 - 2 所示。现就不同估价目的下的估价及其要求分述如下：

一、房地产抵押估价

由于房地产属于价值量高的商品，房地产消费往往需要信贷的支持。房地产抵押是指债务人或者第三人不转移房地产的占有，将该房地产作为债权的担保，当债务人不履行到期债务或者发生当事人约定的实现抵押权的情形时，债权人有权依照法律的规定以该房地产折价或者以拍卖、变卖该房地产所得的价款优先受偿。上述债务人或者第三人为抵押人，债权人为抵押权人，提供担保的房地产为抵押房地产。

房地产属于不动产，具有长寿命周期、价值量大、保值增值的特性，是一种良好的可以用于提供担保的财产。在借贷等民事活动中，债权人为保障其债权的实现，一般会要求债务人或者第三人将其有权处分并且不属于法律法规规定不得抵押的房地产抵押给债权人，同时贷款金额低于抵押房地产的价值。因而，商业银行或者其他金融机构，一般会要

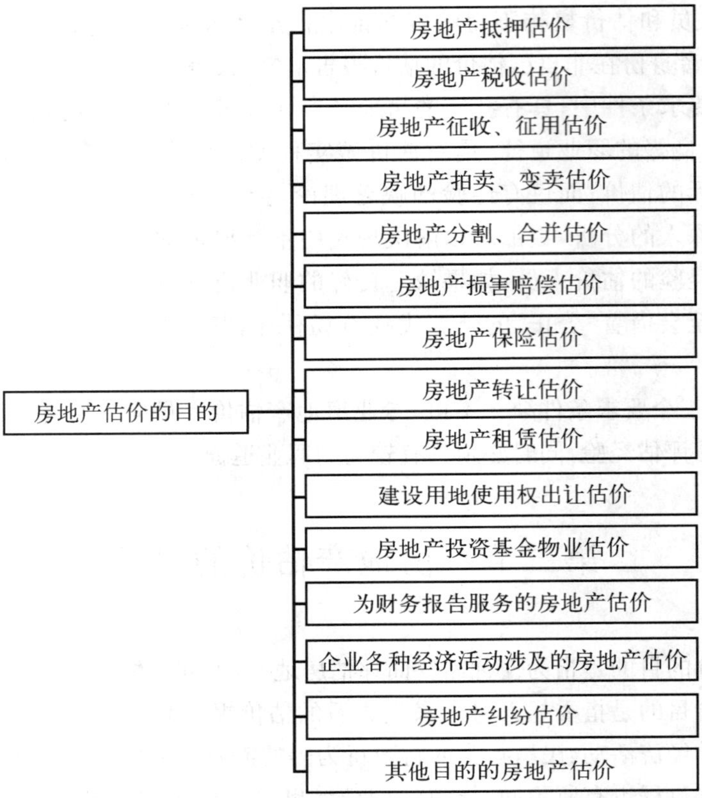

图 3-2 房地产估价的目的

求债务人委托商业银行信任的房地产估价机构进行评估，为其确定合理的房地产抵押贷款额度提供价值参考依据。

对于房地产抵押目的而从事的估价活动，主要涉及以下几个方面，见图 3-3：

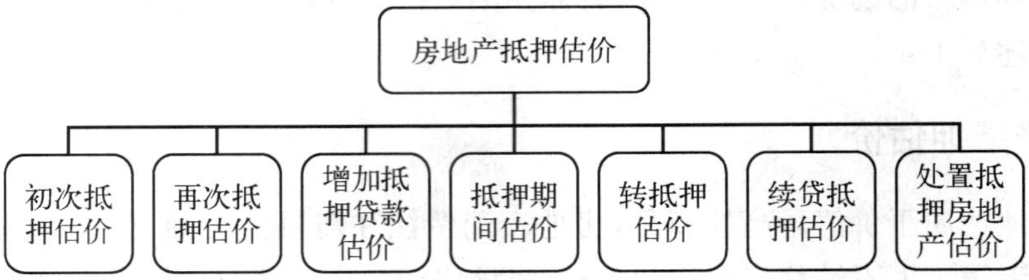

图 3-3 房地产抵押估价的情形

(1) 初次抵押估价，是将未抵押的房地产进行抵押的，对该房地产的抵押价值进行的评估。

(2) 再次抵押估价，是将已抵押的房地产再次抵押的，对该房地产的抵押价值进行的评估。

(3) 增加抵押贷款估价，是抵押人以同一抵押房地产向同一抵押权人再次抵押贷款的，对该房地产的抵押价值进行的评估。

(4) 抵押期间估价，对抵押房地产价值进行监测，及时掌握其动态变化情况，定期或者根据需要对抵押房地产价值进行的评估。

(5) 转抵押估价，是将已抵押的房地产及其所担保债权转让给买受人的，对该房地产的抵押价值进行的评估。

(6) 续贷抵押估价，是指抵押贷款到期后继续以该房地产抵押贷款的，对该房地产的抵押价值进行的评估。

(7) 处置抵押房地产估价，是指债务人不履行到期债务或者发生当事人约定的实现抵押权的情形，需要将抵押房地产折价或者拍卖、变卖的，为折价或者拍卖、变卖提供相关价值参考依据，对该房地产的市场价值等进行的评估。

在估价实务中，还应区分抵押贷款前估价和抵押贷款后重估。房地产抵押贷款前估价应该包括下列内容：

(1) 评估抵押房地产假定未设立法定优先受偿权下的价值；

(2) 调查抵押房地产法定优先受偿权设立情况及相应的法定优先受偿权；

(3) 计算抵押房地产的抵押价值或者抵押净值；

(4) 分析抵押房地产的变现能力并作出风险提示。

抵押价值和抵押净值的评估应该遵循谨慎原则，不得高估假定未设立法定优先受偿权下的价值，也不得低估法定优先受偿款及预期实现抵押权的费用和税金。

抵押贷款后重估应根据监测抵押房地产市场价格变化、掌握抵押价值或者抵押净值变化情况及有关信息披露等需要，定期或者在房地产市场价格变化较快、抵押房地产状况发生较大变化时，对抵押房地产的市场价格、抵押价值、抵押净值等进行重新评估，并为抵押人提供相关风险提示。

如果重新评估大量相似的抵押房地产在同一价值时点的市场价格或者市场价值、抵押价值、抵押净值，可以采用批量估价的方法。

二、房地产税收估价

房屋和土地属于显化的资产，自古以来就是比较好的税源，我国古代就对土地征收田赋税。欧美国家对土地、房屋一般也征收房产税或者土地税。对房屋和土地征税，不同的国家和地区所实行的征税方法有所差异，税基的选择也不同，有的国家按照土地、房屋的面积征税；有的按照价格征税，按照价格征税还存在是以市场价格征收，还是以取得价格征收之分。表 3-1 为世界上不同国家房地产税税基的选择。

表 3-1 世界上不同国家房地产税税基选择

房地产市场价格	交易价格或者评估价格	美国、日本、加拿大及欧洲多数国家等
原始价格或者租金	取得产权时的价格或者租金	中国
面　　积	房地产建筑面积或者土地面积	俄罗斯、波兰等
租　　金	净租金	法国、印度等

中国现行的房地产税有耕地占用税、城镇土地使用税、房产税、土地增值税、契税等。与房地产相关的税收有营业税、城市维护建设税、教育费附加、企业所得税、个人所得税、印花税等。其中,对于个人所拥有的非营业性的房地产实行免征。

总括而言,世界上大多数国家一般采用价格作为税基,并且采用市场价格或者评估价格。欧美国家在对房地产征税时,一般每经过三～五年,需要由政府指定的估价机构对房地产的市场价格进行评估,并以评估价格作为纳税的基数。因此,为了征税的需要,也必须对房地产进行价格评估。

房地产税收估价应该区分持有环节税收估价、房地产交易环节税收估价和房地产开发环节税收估价,并应按照相应的税种为核定其计税依据进行估价。

三、房地产征收和征用估价

城市政府为了公共利益的需要,可能对私人拥有的房地产和土地进行征收或者征用。土地是各种生产、生活等活动不可缺少的要素,又不可移动,有时为了公共利益的需要,不得不征收集体所有的土地;城市政府在城市更新、基础设施建设中,需要拆迁单位、个人的房屋及其他房地产;或者因为抢险、救灾等紧急需要,不得不征用单位、个人的房地产。其中,征收与征用的主要区别是:征收的实质是强制收买,主要是所有权的改变,不存在返还的问题;征用的实质是强制使用,只是使用权的改变,被征用的房地产使用后,应当返还被征用人,即是一种强制的临时使用房地产的行为。

尽管征收、征用是为了公共利益的需要或者因抢险、救灾等紧急需要,但都不能是无偿的,必须依法给予补偿。征用房地产不仅应当给予使用上的补偿,如果征用的房地产受到损失的,还应当按照实际损失给予补偿。而确定上述征收、征用的补偿金等,就需要房地产估价提供相关参考依据。

房地产征收估价,应该区分国有土地上房屋征收评估和集体土地征收评估。房地产征用估价,应评估被征用房地产的市场租金,为给予使用上的补偿提供参考依据,并可评估因征用造成的搬迁费用、临时安置费用、停产停用费用、停产停业损失;当房地产被征用或者征用后毁损的,还可以评估被征用房地产的价值减损额;当房地产被征用或者征用后灭失的,还可以评估被征用房地产的市场价值,为相关补偿提供参考依据。

四、房地产拍卖、变卖估价

在房地产强制拍卖、变卖等活动中,经常发生有关当事人对房地产价格、补偿金、赔偿金或者为它们提供参考依据的估价报告或估价结果有异议的情况。例如,在人民法院拍卖、变卖被查封的房地产或者将被查封的房地产抵债中,被执行人通常对拍卖价格、变卖价格、抵债价格有异议,特别是对为人民法院确定拍卖保留价、变卖价格、抵债价格提供参考依据的估价报告或估价结果有异议,从而要求对估价报告或估价结果进行复核或鉴定。

以上这些均需要权威、公正的房地产估价,为争议各方当事人和解或者有关单位调解、仲裁机构仲裁、行政机关处理、纪律检查部门查处、检察机关立案、人民法院判决,以及司法机关和公民、组织进行诉讼等提供相关参考依据。

另外，有的房地产在出售时，也可以采用拍卖的形式，产权让渡人为了合理地确定拍卖底价，也需要对房地产的价格进行评估。

房地产拍卖估价，应该注意司法拍卖估价和普通拍卖估价。而房地产变卖估价，应该评估其市场价值。

五、房地产分割、合并估价

房地产所有，可以是单独所有，也可以是共有。在共有房地产的情形下，因为其他原因，可能会出现共有房产的分割。房地产分割一般不宜采取实物分割的方法，因为许多情况下房地产在实物形态上难以分割，如果进行实物分割就会损害房地产的效用，所以通常是采取折价等方法处理。比如，婚姻关系破裂，夫妻双方共同所有的住房，不适宜采取实物分割的处置方式。一般处置方式是，由一方获得住房的所有权，拥有所有权的一方，需要根据房屋价值，支付给另一方现金或者等价的财产作为补偿。在进行补偿时，需要对共同所有的房地产进行价格评估。

对于房地产的合并估价，不应简单地将合并前的各部分房地产的价值或者价格进行相加，作为合并后的整体房地产价格或者价值，应该对合并后的整体房地产价格或者价值进行评估，并且要分析合并后价值提升或者降低的原因。

六、房地产损害赔偿估价

根据我国相关法律法规，如《中华人民共和国民法通则》第一百一十七条的规定："侵占国家、集体的财产或者他人财产的，应当返还财产，不能返还财产的，应当折价赔偿。损坏国家、集体的财产或者他人财产的，应当恢复原状或者折价赔偿，受害人因此遭受其他重大损失的，侵害人并应当赔偿损失。"房地产损害赔偿的类型比较多，如，由于商品房工程质量缺陷造成的房地产价值损失，常见的有地下室漏水、主体承重构件承载力不足出现裂缝、基础沉降不均匀墙面出现裂缝等；由于规划变更、设计变更，对房地产权利人造成损失；在自己的土地上建造建筑物妨碍了相邻建筑物的通风、采光和日照等，造成相邻房地产价值损失；施工中挖土护坡不稳定使邻近建筑物倾斜，造成邻近房地产价值损失；施工打预制桩时，造成邻近建筑物主体结构破坏等；分包商、供货商不能按照计划工期完成施工、供货任务使他人工程停缓建而造成损失；因对房地产权利行使不当限制，例如错误查封，对房地产权利人造成损失；异议登记不当，对房地产权利人造成损失；非法批准征收、使用土地，对当事人造成损失等。总括而言，以上述及的多种类型的房地产损害赔偿，都需要房地产估价为确定赔偿金额提供参考依据。

七、房地产保险估价

建筑物作为房地产的重要组成部分，在发生自然灾害或者人为灾害时，会遭受严重的破坏。比如，火灾、爆炸、雷击、暴风、暴雨、泥石流、地面突然塌陷、岩崩、突发性滑坡或空中运行物体坠落等，建筑物会遭受损毁或灭失。为了防止以上灾害发生时，房地产的产权人遭受重大损失，一般需要对建筑物进行保险。房地产估价可以为保险提供价格参考依据，具体而言，可以分为以下两种情形：

（1）投保前估价：建筑物投保前需要评估保险价值，为确定保险金额提供参考依据；

（2）风险事故发生后估价：在风险事故发生后，保险机构为确定赔偿金额，需要评估所遭受的损失或者建筑物的重置成本。

八、房地产转让估价

房地产产权让渡，包括土地使用权转让，是指房地产权利人通过买卖、互换、赠与或者其他合法方式将其房地产转移给他人的行为。其他合法方式包括以房地产出资、作价入股、偿还债务等。由于房地产属于完全差异化的商品，不同的房地产价格不同。房地产产权让渡，需要买卖双方对市场信息具有较全面的把握，对影响房地产价格的质量、功能、产权、供求作出相关判断。一般的人员，很难对交易的房地产价格作出合理的评价。因此，需要专业的房地产估价人员对待交易的房地产进行价格评估。

具体而言，涉及房地产买卖，对于买者来说，需要通过房地产估价了解拟购买的房地产的市场价值，以确定合理的出价，避免出价过高而遭受损失，出价过低而丧失购买机会，或者评判产权出让人的要价可否接受；对于产权出让人而言，需要通过房地产估价来了解拟出售的房地产的市场价值，以确定合理的出售价格，避免定价过低而遭受损失，定价过高出售困难，或者判断买者的出价可否接受。

九、房地产租赁估价

在房地产资产服务市场中，房屋的所有者可以通过出租房屋、土地获得相应的投资回报。为了合理的确定租金，往往需要对房地产的租金进行估价。

房地产的租赁估价应该区分出租人需要的估价和承租人需要的估价，并且需要根据委托人的要求，评估市场租金或者其他特定租金、承租人的权益价值等。

以营利为目的的出租划拨建设用地使用权上的房屋租赁估价，应根据国家和估价对象所在地的土地收益处理规定，给出租金中所含的土地收益。

十、建设用地使用权出让估价

前已述及，在当前的法律体系下，我国的土地实行二元所有制，即国家所有和农村集体组织所有。县级以上政府代表国家可以对农村集体组织所拥有的土地进行征用，将农用地变为建设用地，然后通过土地一级市场，出让土地使用权。建设用地使用权出让是指国家将国有土地使用权，在一定年限内出让给土地使用者，由土地使用者向国家支付土地使用权出让金的过程。目前，土地使用权出让的方式主要有招标、拍卖、挂牌和协议。其中，招标出让土地使用权是指市、县人民政府土地行政主管部门发布招标公告，邀请特定或者不特定的自然人、法人或者其他组织参加土地使用权投标，根据投标结果确定土地使用者的行为;拍卖出让土地使用权是指出让人发布拍卖公告,由竞买人在指定的时间、地点进行公开竞价,根据出价结果确定土地使用者的行为;挂牌出让土地使用权是指出让人发布挂牌公告,按公告规定的期限将拟出让宗地的交易条件在指定的土地交易场所挂牌公布,接受竞买人的报价申请并更新挂牌价格,根据挂牌期限截止时的出价结果确定土地使用者的行为。协议出让土地使用权是指出让人与特定的土地使用者通过协商方式有偿出让土地使用权的行为。

在招标出让土地使用权中,出让人需要确定土地使用权招标底价,投标人需要确定其报价。在拍卖出让土地使用权中,出让人需要确定土地使用权拍卖底价,竞买人需要确定其最高应价。在挂牌出让土地使用权中,出让人需要确定土地使用权挂牌底价,竞买人需要确定其最高报价。在协议出让土地使用权中,出让人需要确定土地使用权协议出让最低价,土地使用者需要确定其最高出价。此外,对列入招标、拍卖、挂牌出让计划内的具体地块有使用意向、提出用地预申请的单位和个人,需要承诺愿意支付的土地价格;出让人需要认定其承诺的土地价格是否可以接受。

城市政府土地资源管理部门,不论采用何种方式,出让建设用地使用权,都需要对出让的土地使用权进行估价,以合理确定招标、拍卖、挂牌底价,以及协议出让最低价,为投标人、竞买人、土地使用者确定报价、应价或出价等,提供参考依据。所以,房地产估价的目的之一,就是确定土地使用权在一定时间出让时,合理的出让价格。

十一、房地产投资基金物业估价

为了保护投资人的权益,满足上市公司信息披露的要求,房地产投资基金持有的物业应该进行估价。房地产投资基金物业估价,分为房地产投资信托基金物业评估、其他房地产投资基金物业估价两种类型。

房地产投资信托基金物业评估,根据房地产投资信托基金发行上市、运营管理、退出市场及相关信息披露的需要,可包括下列全部或者部分内容:

(1) 信托物业状况评价;

(2) 信托物业市场调研;

(3) 信托物业价值评估。

其他房地产投资基金物业估价,应根据具体情况,按照相应估价目的,进行评估。

十二、为财务报告服务的房地产估价

随着我国经济体制改革,多种企业形式并存,企业经营业务也呈现多元化的趋势。有的企业可能投资一定的房地产,通过出租房地产来获得相应的投资回报;或者通过投资房地产,持有一定的期限,在房地产价格上涨以后,进行出售,获得相应的增值收益。当企业持有投资的房地产时,为了满足财务报告的要求,企业需要对投资的房地产进行价格评估。

十三、企业各种经济活动涉及的房地产估价

随着我国经济的发展和市场经济的不断完善，企业经营活动方式发生较大变化。我国经济中，多种企业形式并存，如国有企业、外资企业、合资企业、民营企业。随着时间的推移，民营企业在国民经济中发挥重要的作用，在提高就业、促进出口、拉动投资方面的作用日益突出。企业在经营活动中，为了应对国际、国内经济形势，企业之间可能通过合作、合并、合资等形式。有的企业在合作时，可能采用以土地、房产等固定资产入股的方式。所以，企业的经济活动也涉及企业固定资产价值的评估。

十四、房地产纠纷估价

房地产作为价值量高的商品，作为重要的财产，在企业经营、居民生活中，起着重要的作用。当前，涉及房地产纠纷的情况比较多，为了较好地处置纠纷的房地产，为和解、调解、行政裁决、行政复议、诉讼等方式解决纠纷提供参考依据，需要对有争议的房地产进行评估。房地产纠纷估价包括价值评估、赔偿金额、补偿金额、交易价格、市场价格、租金、成本、费用分摊、价值分配等方面。

十五、其他目的的房地产估价

除了以上介绍的各种经济活动，需要对房地产进行估价以外，还有一些经济活动如分家析产、出境提供财产证明、为检察机关立案服务、改变土地使用条件等活动，也需要对房地产进行估价。

总之，在经济活动日益复杂的今天，为了满足各种经济活动、经济服务的需要，对房地产、土地等资产进行价值评估活动越来越多，房地产估价目的也呈现多样化的趋势。

第三节　房地产估价的基本原则

为了评估房地产在特定的估价目的下，在一定时点上的客观合理价值，房地产估价人员在分析市场供求、房地产区位状况、实务状况的基础上，还需要遵循一定的原则。房地产估价原则就是反映房地产价格形成和运动规律、指导房地产估价实务活动的法则或标准。它既是客观规律的反映，又是房地产估价实践经验的理论总结。

房地产估价原则涉及多个方面，不同国家和不同学者对房地产估价理解不同，对房地产估价原则具体阐述或多或少存在差异。如美国不动产估价协会的“十原则”，台湾林英彦先生的“十一原则”，中华人民共和国国家标准《房地产估价规范》(2015)中规定的“五原则”等。实际上，可以把房地产估价原则分为基本原则、普适性原则和特殊原则三大类。其中，“独立、客观、公正原则”是房地产估价中的基本原则，也可以说是最高行为准则，是估价师的天职；“合法原则”、“最高最佳原则”、“估价时点原则”、“替代原则”是各种估价目

的房地产估价都需要遵守的，所以可称为普适性原则；而对于某些估价目的的房地产估价而应遵守的其他原则可以称为特殊原则，例如房地产抵押估价应遵守的“谨慎原则”。本章主要对基本原则和普适性原则进行介绍，房地产估价原则如图 3-4 所示。

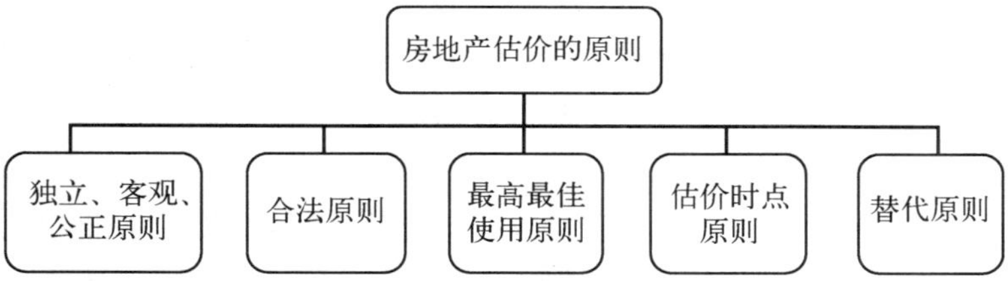

图 3-4　房地产估价的原则

一、独立、客观、公正原则

所谓独立、客观、公正原则，是指房地产估价师应该以中立的态度，评估出对各方当事人来说都是公平合理的房地产价值。具体而言，独立是指房地产估价师不应受任何组织或者个人的非法干预，完全凭借自己的专业知识、经验和应有的职业道德进行估价。客观是指房地产估价师不应带着自己的好恶、情感和偏见，完全从客观实际出发，反映事物的本来面目。公正是指房地产估价师在估价中应当公平正直，不偏袒相关当事人中的任何一方。

如果房地产评估出的价值不公平合理，必然会损害相关当事人中某一方的利益，也有损于房地产估价师、房地产估价机构以至整个房地产估价行业的社会公信力和声誉。例如，为房地产买卖而进行的估价，如果评估价值比客观合理的价值高，则卖者得利，买者受损；反之，则买者得利，卖者受损。为房地产抵押贷款而进行的估价，如果评估价值比客观合理的价值高，则借款人得利，贷款人的风险增加，甚至影响金融安全。为城市房屋拆迁补偿而进行的估价，如果评估价值比客观合理的价值高，则被拆迁人得利，拆迁人受损；反之，则拆迁人得利，被拆迁人受损，甚至影响社会稳定。为房地产课税而进行的估价，如果评估价值比客观合理的价值高，则纳税人受损；反之，则纳税人得利，税收流失，这对于其他纳税人也是不公平的。

为了评估出客观合理的价值，房地产估价师首先应本着各方当事人均是理性的、精明的假设进行估价；然后，房地产估价师应以各方当事人的角色或心态来考虑评估价值；再以专家的身份来反复、精细地权衡评估价值。在此基础上得到一个对各方当事人均为公平合理的评估价值。例如，在实际交易中，各方当事人的心态是不同的，如买者的心态是出价不能高于预期使用该房地产所能带来的收益，或者重置成本，或类似房地产的正常成交价格；卖者的心态是要价不能低于他对该房地产已投入的开发建设成本及应获得的期望利润，或类似房地产的正常成交价格。

二、合法原则

合法原则要求对房地产估价应以估价对象的合法权益为前提进行。房地产估价之所以要遵守合法原则，是因为房地产价值实质上是房地产权益的价值。两宗实物状态相同的房地产，如果权益不同，其价值会有很大的差异。例如，在我国城市住房中，有商品房和小产权房之分，小产权房因其属于在农民集体组织所有的土地上承建的房屋，所以属于不合法的住房。因此，房地产估价师在对以上产权属性不同的房屋进行估价时，要区别对待，小产权房和同区位的商品房相比，因其没有交纳土地使用权出让金，价格较低。

对于权益，委托人或房地产估价师无权随意假定，必须有法律、法规或政策等作为依据。具体而言，合法权益包括合法产权、合法使用、合法处分等三方面。

（1）合法产权：是指应该以房地产权属证书、权属档案以及其他相关合法合同或证明为依据。我国目前房地产权属证书有土地权属证书，如《国有土地使用证》、《集体土地所有证》、《集体土地使用证》、《土地他项权利证明书》；房屋权属证书，如《房屋所有权证》、《房屋共有权证》、《房屋他项权证》等。

当县级以上地方人民政府由一个部门统一负责房产管理和土地管理工作的，可能颁发统一的房地产权证书。统一的房地产权证书有《房地产权证》、《房地产共有权证》和《房地产他项权证》三种。

在此，需要注意的是，遵守合法原则不是指只有合法权利的房地产才能成为估价对象，而是指依据法律、法规和政策等的规定，估价对象的评估价值必须与其权利状况相匹配。具体地说：划拨土地使用权不能当作出让土地使用权来估价，集体土地不能当作国有土地来估价，共有的房地产不能当作单独所有的房地产来估价，部分产权的房地产不能当作完全产权的房地产来估价，临时用地不能当作正式用地来估价，临时建筑不能当作永久建筑来估价，超过批准期限的临时建筑不能当作未超过批准期限的临时建筑来估价，手续不全的房地产不能当作手续齐全的房地产来估价，不可补办相关手续的非法房地产不能当作可以补办相关手续的房地产来估价，产权不明或权属有争议的房地产不能当作产权明确或权属无争议的房地产来估价，违法占地不能当作合法占地来估价，违法、违章建筑不能当作合法建筑来估价等。

（2）合法使用：众所周知，“规划创造土地的价值”。同一块土地，规划用途不同，价值存在明显差异。一般而言，商业用地价格高于住宅用地，住宅用地价格高于工业用地的价格。为了保证城市建设用地的高效、集约利用，城市政府对规划区内的土地用途作了明确的规定。在土地招标、拍卖、挂牌和协议出让时，对土地用途、土地开发容积率、规划红线、建筑物高度均作了详细的规定。因此，在合法使用方面，应该以城市规划、土地用途管制为依据。例如，如果城市规划规定了某宗土地的用途、建筑高度、建筑密度、容积率等，或者土地用途管制规定了某宗土地的使用用途，那么对该宗土地进行估价就应当以其使用符合这些规定为前提。房地产估价时，必须根据土地的规划用途进行评估，这样评估出的价格才能反映土地的价值，才能被社会承认。

（3）合法处分：是指应该以法律、法规、政策或者合同等允许的处分方式为依据。房地产处分方式涵盖买卖、租赁、抵押、抵债、赠与等，这些处分方式依次受到法律、法规和合同的限制，也就是存在抵触的前提下，法律法规的效力高于合同，合同的效力高于无合同。

例如，法律、法规规定不得抵押的房地产，不应作为抵押估价目的的估价对象；不得作为出资的房地产，不应作为出资设立企业估价目的的估价对象；在评估土地使用权是以划拨方式取得房地产的抵押价值时，不应包含土地出让金等。

此外，还要注意的是，评估出的价值应当符合国家的价格政策。例如，新建的经济适用住房的价格，应当符合国家规定的经济适用住房价格构成和对利润率的限定；农地征收和城市房屋拆迁估价，应当符合国家有关农地征收和城市房屋拆迁补偿的法律、法规和政策。

因此，在房地产的估价实务中，要求房地产估价师，不仅对房地产的实物状况、区位状况、权益状况、市场信息有全面的把握；还需要熟悉我国的法律法规，特别是《土地法》、《城市房地产管理法》、《建筑法》以及当地土地征用、拆迁的补偿标准和相关规定。总之，在估价时，要遵循合法原则，对待估对象的产权、用途、合法的处分方式进行全面把握。

三、最高最佳使用原则

最高最佳使用原则要求房地产估价结果应在估价对象最高最佳使用下的价值。最高最佳使用是指法律上许可、技术上可能、经济上可行，经过充分合理的论证，能够使估价对象的价值达到最大化的一种最可能的使用。房地产估价之所以要遵守最高最佳使用原则，是因为在现实房地产经济活动中，每个房地产拥有者都试图充分发挥其房地产的潜力，采用最高最佳的使用方式，以取得最高的经济利益。

对于估价对象最高最佳使用的问题，需要尽可能地构思出房地产各种潜在的使用方式，然后根据下面的四个标准依次进行考虑：

(1) 法律上的许可性：对于每一种潜在的使用方式，首先判定是否被法律允许。如果法律上不允许，必须淘汰掉。

(2) 技术上的可能性：如果法律上允许，还要检查该利用方式在技术上是否能够实现，如果技术上不能达到，也需要淘汰掉。

(3) 经济上的可行性：对于法律上允许、技术上可能的使用方式，还要进行经济可行性的检验。经济可行性检验的一般做法是：针对每一种使用方式，首先预测它未来的收入和支出流量，然后将未来的收入和支出流量用现值表示，再将这两者进行比较。只有收入现值大于支出现值的使用方式才具有经济可行性；如果净收入的现值为负值，也必须淘汰掉。

(4) 价值最大化：在所有具有经济可行性的使用方式中，只有使估价对象的价值达到最大化的使用方式，才是最高最佳的使用方式。

在估价实务中，估价对象通常已做出了某种使用，那么估价人员就需要对保持现状、装饰装修改造、改变用途、重新开发等估价前提做出选择和判断，并应在估价报告中予以说明。或者以其中几种情况组合作为前提。

保持现状的条件是：

$$\text{新建房地产价值}-\text{拆除现有建筑物费用}-\text{建造新建筑物费用}<\text{现状房地产价值}$$

装修改造的条件是：

装修改造后房地产价值－装修改造前房地产价值＞装修改造费用

改变用途的条件是：

改变用途后房地产价值－改变用途前房地产价值＞改变用途费用

重新开发的条件是：

新建房地产价值－拆除现有建筑物费用－建造新建筑物费用＞现状房地产价值

应该注意的是，在实际估价中，除保持现状估价前提外，不能以其中某一种估价前提的可行，就判断该种估价前提为最高最佳使用，而应当将它与其他几种可行的估价前提进行比较之后，才能作出最高最佳使用的判断与选择。

四、估价时点原则

由于房地产价格受到多种因素的影响，经常处于变动之中。特别是当一国的货币政策、税收政策、土地政策、公共住房政策发生变化时，容易引致房地产需求的变化；而房地产的短期供给不具有弹性，所以，房地产价格往往随着需求的变化而发生较大的波动。因此，对房地产价格进行评估必须考虑估价时点问题，也就是说，评估的价格是对应哪一时点的价格。

估价时点原则要求房地产估价结果，是在由估价目的决定的某个特定时间的客观合理价格或价值。由于影响房地产价格的因素是不断变化的，房地产市场是不断变化的，货币的购买力是不断变化的，从而房地产价格也是不断变化的。实际上，随着时间的流逝，房地产本身也可能发生变化，如建筑物的新旧程度。因此，房地产价值具有很强的时间性，每一个价值都对应一个时间。反过来，就不可能离开时间来评估房地产价值。但是，估价既不可能也无必要评估估价对象在所有时间上的价值，通常只是评估其在某个特定时间的价值，这个特定时间既不是委托人也不是房地产估价师可以随意假定的，必须根据估价目的来确定。这个由估价目的决定的特定时间就被称为估价时点，并一般用公历年、月、日表示。

估价时点除了说明评估价值对应的时间，还说明了选择评估对象适用法律、法规、政策或者评估标准的依据，同时还是比较法中选取估价对象可比实例价值的参考。

在估价实务中，通常是评估房地产现在的价值，所以一般将估价人员实地查看估价对象期间或者估价作业日期内的某个日期作为估价时点。但是，估价时点并非总是在此期间，也可因特殊需要，将过去或者未来的某个时间确定为估价时点。在具体的一个房地产估价项目中，估价时点究竟是现在、过去或者未来，是由估价目的决定的，并且不同估价时点所对应的估价对象状况和房地产市场状况也会有所不同。因此，在估价中要特别注意估价目的、估价时点、估价对象状况和房地产市场状况四者的匹配关系。

不论是何种估价目的，评估估价对象价值所依据的市场状况始终是估价时点时的状况，但估价对象状况不一定是估价时点的状况。不同估价目的的房地产估价，其估价时点与所对应的估价对象状况和房地产市场状况的匹配关系如表 3－2 所示。

表 3－2　估价时点、估价对象状况及房地产市场状况

<table>
<tr><th>估 价 时 点</th><th>估价对象状况</th><th>房地产市场状况</th></tr>
<tr><td>过去（回顾性估价）</td><td>过　去</td><td>过　去</td></tr>
<tr><td rowspan="3">现　在</td><td>过　去</td><td rowspan="3">现　在</td></tr>
<tr><td>现　在</td></tr>
<tr><td>未　来</td></tr>
<tr><td>未来（预测性估价）</td><td>未　来</td><td>未　来</td></tr>
</table>

在表 3－2 中，将估价时点、估价对象状况、房地产市场状况划分为五种类型，每种类型适用的情形见表 3－3 所示。

表 3－3　不同类型适用的情形

（1）估价时点为过去、估价对象状况和房地产市场状况也为过去的情形，大多出现在房地产纠纷案件中，特别是对估价结果有异议而引起的复核估价或估价鉴定中。
（2）估价时点为现在，房地产市场状况为现在而估价对象状况为过去下的情形，大多出现在房地产损害赔偿和保险理赔案件中。
（3）估价时点为现在，估价对象和房地产市场均为现时状况下的情形，是估价中最常见、最大量的业务，例如在建工程估价，存量房地产估价等。
（4）估价时点为现在，房地产市场状况为现在，而估价对象为未来状况下的情形，多出现在房地产预售或预购价格的评估中。
（5）估价时点为未来、估价对象状况和房地产市场状况也为未来的情形，多出现在房地产市场预测、为房地产投资分析提供价值依据时的情况下。

五、替代原则

替代原则要求房地产估价结果不应存在不合理地偏离类似房地产在同等条件下正常价格的情况。类似房地产是指在实物、权益、区位等三方面均与估价对象相同或相当的房地产，即与估价对象在同一供求范围内，并在用途、规模、档次、建筑结构、权利性质等方面相同或相当的房地产。同一供求范围指与估价对象具有一定的替代关系、价格会相互影响的房地产所处区域的范围。

根据经济学原理，同一种商品在同一市场上具有相同的市场价格。房地产价格也不例外，只是由于房地产的完全差别性，使得完全相同的房地产几乎没有，但在同一个市场上具有效用相近的房地产，其价格应是接近的。在现实房地产交易中，任何理性的买者和卖者，都会将其拟买或拟卖的房地产与类似房地产进行比较，从而任何明智的买者都不会接受比市场上类似房地产的正常价格过高的价格，任何理性的卖者都不会接受比市场上类似房地产的正常价格过低的价格。买者和卖者最终博弈的结果是在同一个市场上的类似房地产，价格相互牵制，相互接近。

在房地产估价中，遵循替代原则要注意以下两个方面：

(1) 由于估价人员很难找到完全相同的房地产作为参考，通常情况下，可以在估价对象附近区域寻找若干效用相近并已知其价格的房地产作为参照物，根据它们与估价对象之间的差异对其价格做适当的修正，从而推算出估价对象的价格。

(2) 不能孤立地思考估价对象的价值，要考虑到效用相近的房地产价格的牵制作用。特别是作为同一个估价机构，在同一个城市、同一个时期，按照同一种估价目的，对不同区位、档次的房地产的估价结果应有一个合理的价差，尤其是好的房地产的评估价值不能低于差的房地产的评估价值。

在此，应该注意的是，替代原则是针对估价结果而言的，不论采用何种估价方法进行估价，最后都要求估价结果与房地产状况相匹配，只有当估价结果没有偏离类似房地产在同等条件下的正常价格时，估价结果才是客观合理的。当把替代原则的思想用于某个参数的测算时，替代原则就转化为替代原理。替代原理在比较法、成本法、收益法、假设开发法等估价方法中都会用到。比较法是以替代原理为基础的，成本法中客观成本、收益法中客观收益、假设开发法中未来开发成本和税费等也均是遵循替代原理来求取的。

因此，为了满足估价实务的要求，房地产估价人员应该遵循替代原则，并利用这一原则选择可比实例，通过采用相应的估价方法，来完成估价任务。

第四节　我国当代房地产估价行业发展简介

我国房地产估价活动历史悠久、源远流长，几千年前就产生了有关房地产价值及其评估思想的萌芽。伴随着土地、房屋买卖、课税、租赁等活动的出现，房地产估价活动应运而生。

新中国成立以后，逐步取消了住房私有制度，把住房视为福利品，住房不再作为商品看待，在这样的制度背景下，房地产买卖、租赁等活动被禁止，房地产估价行业作为重要的中介服务部门被取消，房地产估价活动随之消失。20 世纪 80 年代初，在改革开放的背景下，房地产的属性重新被界定，房地产不再仅仅视为福利品，房地产也是重要的商品。同时，随着土地使用制度的改革，我国房地产业逐步得到发展，房地产交易、租赁、抵押等活动日益广泛，为了满足房地产经济活动的需要，房地产估价行业重新出现。同时，房地产估价制度建设也受到政府管理部门的高度重视，房地产估价行业得到快速发展，主要表现在以下几个方面：

一、以法律形式确定了房地产估价行业的地位

为了满足房地产业快速发展的需要，为房地产经济活动提供服务，我国政府有关管理

部门在颁布的相关法律、法规中，明确提出实行房地产估价制度。如1994年颁布的《中华人民共和国城市房地产管理法》，其中第三十三条和第五十八条分别规定："国家实行房地产价格评估制度"，以及"国家实行房地产价格评估人员资格认证制度"。此后，《城市房地产管理法》于2007年作了修订。在新的房地产法中，明确提出要完善房地产估价制度，推行房地产估价从业人员资格认证制度。以上法律法规的颁布，从法律层面为房地产估价制度和专业估价人员资格认证制度的建立奠定了基础。

二、实行房地产估价师资格认证和培训制度

为了规范房地产估价从业人员的从业行为，提高估价人员的业务素质和从业水平，我国自20世纪90年代初开始实行房地产估价师执业资格认证、培训和考试制度。执业资格制度是对关系公共利益和人民生命财产安全的关键领域和岗位，实行准入控制的一项制度，属于以公民作为颁发对象的资格制度。1993年，人事部、原建设部共同建立了房地产估价师执业资格制度，经严格考核，认定了首批140名房地产估价师。这是中国最早建立的执业资格制度之一。1994年，认定了第二批206名房地产估价师。自1995年3月22日开始，原建设部、人事部联合印发了《房地产估价师执业资格制度暂行规定》和《房地产估价师执业资格考试实施办法》(建房[1995]147号)。从1995年开始，房地产估价师执业资格实行全国统一考试制度。2002年之前，原则上每两年举行一次；在2002年以后，每年实行一次。从2001年起，获准在中华人民共和国境内就业的外籍专业人员和港澳台专业人员，可以按照建房[1995]147号规定，报名参加全国房地产估价师执业资格考试。随着房地产估价师培训、考试、认证制度的推行，我国大量的专业人员获得房地产估价师执业资格，通过相应的房地产估价实践活动，业务水平不断提高，为我国多种房地产经济活动提供服务。

三、建立了房地产估价师资格和房地产估价机构资质行政许可项目

行政许可是指行政机关根据公民、法人或者其他组织的申请，经依法审查，准予其从事特定活动的行为。"房地产估价师执业资格注册"是《中华人民共和国城市房地产管理法》设定并依法继续实施的行政许可项目，"房地产估价机构资质核准"是国务院决定予以保留并设定行政许可的项目之一。此外，"房地产估价师执业资格审批"作为"政府管理范围的专业技术职业资格审批"行政许可项目中的一项，也是一种行政许可。

行政许可的资格、资质可以说是对"市场准入"的规定。《中华人民共和国行政许可法》第八十一条规定："公民、法人或者其他组织未经行政许可，擅自从事依法应当取得行政许可的活动的，行政机关应当依法采取措施予以制止，并依法给予行政处罚；构成犯罪的，依法追究刑事责任。"因此，不论是何种估价目的、何种类型的房地产估价活动，包括公司上市、资产处置、企业清算等，只有注册房地产估价师和房地产估价机构才能够从事。不是房地产估价机构出具和注册房地产估价师签名的关于房地产价值的评估报告，不具有法律效力。

四、发布了房地产估价的部门规章和规范性文件

为了规范房地产估价机构行为，维护房地产估价市场秩序，保障房地产估价活动当事人的合法权益，1997 年 1 月，原建设部颁布了《关于房地产价格评估机构资格等级管理的若干规定》（建房[1997]12 号）。在对该规定进行修改、补充、完善的基础上，2005 年 10 月，原建设部又发行了《房地产估价机构管理办法》（建设部令第 142 号）。为了进一步规范房地产估价机构资质许可行为，加强对房地产估价机构的日常监管，2006 年 12 月 7 日，原建设部发出了《关于加强房地产估价机构监管有关问题的通知》（建住房[2005]294 号）。

在房地产估价师管理方面，为了加强对房地产估价师的管理，完善房地产估价制度和房地产估价人员资格认证制度，规范注册房地产估价师行为，维护公共利益和房地产估价市场秩序。1998 年 8 月，原建设部发布了《房地产估价师注册管理办法》（建设部令第 64 号）。在对该办法再次进行修改、补充、完善的基础上，2006 年 12 月 25 日，原建设部发布了《注册房地产估价师管理办法》（建设部令第 151 号）。

另外，2002 年 8 月 20 日，原建设部还发出了《关于建立房地产企业及执（从）业人员信用档案系统的通知》（建住房函[2002]192 号），决定建立包括房地产估价机构和房地产估价师在内的房地产企业及执（从）业人员信用档案系统。房地产企业及执（从）业人员信用档案的内容包括基本情况、业绩及良好行为、不良行为等，以便为各级政府部门和社会公众监督房地产企业市场行为提供依据，为社会公众查询企业和个人信用信息提供服务，为社会公众投诉房地产评估领域违法违纪行为提供途径。

上述部门规章和规范性文件的颁布与实施，对房地产估价活动的市场准入、行为规范、市场监管等方面作了明确规定，推动了房地产估价行业的规范、健康发展。

五、制定并颁布房地产估价国家规范

为了规范房地产估价行为，统一房地产估价程序和方法，使房地产估价结果客观、公正、合理，1999 年 2 月 12 日，原建设部会同原国家质量技术监督局联合发布了国家标准《房地产估价规范》（GB/T 50291—1999）。其内容包括：总则、术语、估价原则、估价程序、估价方法、不同估价目的下的估价、估价结果、估价报告、职业道德等内容和要求。

为了满足房地产经济活动的需要，进一步规范房地产估价行为，住房和城乡建设部、国家质量监督检验检疫总局，在 2015 年 4 月 8 日，又重新颁布了新的《房地产估价规范》（GB/T 50291—2015），新的《房地产估价规范》在 2015 年 12 月 1 日已经实施。

六、成立了房地产估价行业组织

1994 年 8 月 15 日，经民政部批准，成立了“中国房地产估价师学会”这一全国性的房地产估价行业组织。2004 年 7 月 12 日，更名为“中国房地产估价师与房地产经纪人学会”（China Institute of Real Estate Appraisers and Agents，CIREA）。目前，北京、上海、

天津、重庆、广东、内蒙古、海南、江苏、浙江等省、自治区、直辖市以及深圳、广州、大连、武汉、成都、郑州等城市，先后成立了地方性的房地产估价行业组织。中国房地产估价师与房地产经纪人学会现已成为国际测量师联合会(FIG)正式会员。2004 年，内地房地产估价师与香港测量师(产业组)实现资格互认，111 名内地房地产估价师获得香港测量师资格，97 名香港测量师获得内地房地产估价师资格，成为在 CEPA 框架下专业人员资格互认中最早实现的专业。此外，中国房地产估价师与房地产经纪人学会还与美国估价学会、英国皇家特许测量师学会以及我国香港测量师学会等房地产估价行业组织建立了紧密的联系，合作开展了多项活动。

房地产估价行业组织在宣传行业、维护行业合法权益、加强行业自律管理、促进行业健康发展等方面，发挥了重要的作用。

七、形成完善的房地产估价理论和方法体系

房地产估价理论和方法的研究也受到高度重视，建立了一批教育科研和人才培养基地。特别是高等院校、科研院所的一大批高水平研究人员，积极参与房地产估价理论和方法的研究，借鉴美国、英国、德国、日本等发达国家以及我国台湾和香港地区房地产估价的最新成果，结合我国内地的实际，丰富和发展了中国内地的房地产估价理论和方法，房地产估价的相关理念、观念与国际上的基本一致，形成了既与国际接轨又适应中国内地现行房地产制度及市场条件的房地产估价理论和方法体系。

八、形成了公平竞争的房地产估价市场

2000 年以前，由于特殊的历史原因，绝大多数房地产估价机构为事业单位或者是隶属于政府某一部门的经济实体。这些房地产估价机构本质上是政府部门的延伸，垄断了房地产估价业务，不利于房地产估价市场的发育。2000 年 5 月，国务院清理整顿经济鉴证类社会中介机构领导小组要求房地产估价机构在内的中介机构必须与挂靠的政府部门及其下属单位在人员、财务(包括资金、实物、财产权利等)、业务、名称等方面彻底脱钩。房地产估价机构改制成为主要由注册房地产估价师个人出资设立的有限责任公司或合伙企业。脱钩改制打破了行业垄断和地区市场分割的局面，营造了公平竞争的市场环境，形成了统一开放、竞争有序的房地产估价市场。

随着我国土地市场、房地产市场的不断完善和健全，相关法律法规的颁布、实施，我国房地产估价市场也不段发展，依靠垄断、行政管制获取估价任务的情况明显减少。大量的估价机构通过提高估价水平、完善估价服务，在估价市场中获得估价任务。

九、拓宽了房地产估价服务的范围

房地产估价起初主要服务于房地产交易管理，以防止交易当事人不实申报成交价格而偷漏有关税费。随着社会经济发展，为满足社会需要，从估价对象和估价目的两方面对房地产估价的内容进行了深化，提供越来越精细化的估价服务，包括土地、房屋、构筑物、

在建工程、以房地产为主的整体资产、整体资产中的房地产等各类房地产价值评估以及因转让、抵押、房屋拆迁、损害赔偿、司法鉴定、课税、公司上市、企业改制、资产重组、企业清算、资产处置等需要进行的房地产价值评估。

此外,房地产估价以房地产价值评估为中心,还提供房地产市场调研、房地产投资项目可行性研究、房地产开发项目策划等相关房地产专业服务。今后,房地产估价的内容还会越来越深化,服务领域还将越来越广,作用也会越来越大。

十、房地产估价行业发展的特点和难点

与市场经济发达国家和地区相比,中国内地目前的房地产制度、房地产管理体制和房地产市场有许多特色和不完善之处,这也导致中国内地目前的房地产估价不仅有许多特点,而且估价对象较为复杂,估价所依赖的前提条件有时也很不确定,从而估价的难度较大,主要表现在以下几个方面:

土地所有制在城乡之间不同,城市市区的土地属于国家所有,农村和城市郊区的土地除由法律规定属于国家所有的以外,属于农民集体所有。国家所有的土地和农民集体所有的土地适用的政策不同。

行政管理不到位,例如房地产登记发证不及时,从而造成估价对象的性质、权属、面积等不清;或者要么变更登记不及时,要么违法违规占地、建筑得不到及时纠正、处理,从而出现权属证书与实际情况不符。

房地产市场还不够发达,市场运行缺乏规则或者运行规则不能得到严格执行,市场参与者不够理性、成熟,市场成交价格难以真实反映交易对象的实际状况,房地产交易信息不够公开、透明。

第五节　房地产估价方法简介

在房地产估价中,应该根据房地产的特点、估价目的选用合适的估价方法,房地产估价方法可以反映人们对房地产价格形成的认识。目前,世界上影响比较广泛的方法体系主要有两种,即美国体系和英国体系。美国体系涵盖成本法、比较法、收益法三种;英国体系涵盖比较法、投资法、剩余法、利润法、承包商法五种。具体如图 3-5 所示。

英国的比较法与美国的比较法相同,英国又把投资法和利润法归为收益法,剩余法和承包商法归为成本法。因此,英国的估价方法与美国的估价方法本质上是相同的,由此形成了房地产估价的三种基本方法。

比较法基于近期市场上类似房地产是以多高价格进行交易的——理性的买者出价不会高于其他买者最近购买类似房地产的价格,即基于类似房地产的成交价格来衡量其价值。成本法基于如果重新开发建设一宗类似房地产需要多少费用——理性的买者出价不会高于重新开发建设类似房地产所必要的代价,即基于房地产的重新开发建设成本来衡

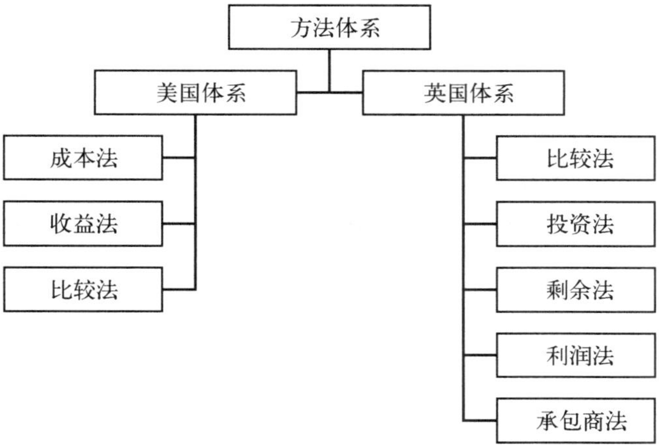

图 3-5　美国、英国方法体系

量其价值。收益法基于如果将该宗房地产出租或营业预计可以获得多少收益——理性的买者出价不会高于该宗房地产的未来收益的现值之和，即基于该宗房地产的未来收益来衡量其价值。

以上这三种基本方法都有科学的理论依据，但也有其适用对象和条件，在实际应用中存在一定的局限法。因此，以基本方法为基础衍生出一些其他估价方法，如假设开发法、长期趋势法、路线价法、基准地价修正法等。同时还有一些修正性方法，如比较法中采用模糊数学或灰色聚类方法计算调整系数；利用神经网络用于地价预测；以及回归分析和时间序列平滑方法在房地产估价中的应用等。

在以上多种估价方法中，选择哪种估价方法以及如何运用，直接关系到房地产价值评估结果的有效性。每种估价方法都有其适用的估价对象和估价应具备的条件，有时可以同时运用，以相互验证，有时是相又补充的，但不应相互替代。房地产估价师应当熟知、理解各种估价方法及其综合运用，正确运用估价方法进行估价。根据估价规范的要求，在评估一宗房地产的价值时，一般要求同时采用两种以上估价方法，并且在理论上可以同时采用多种估价方法进行估价的，应当同时采用多种估价方法进行估价，不得随意排除可以采用的估价方法。在相应条件具备时，比较法应作为主要的估价方法，以收益法、成本法和假设开发法作为参照；在比较法、收益法、假设开发法不宜使用时，才可以将成本法作为主要的方法使用。如果确实由于客观条件上的原因不能采用某种方法的，必须在估价报告中充分说明不采用的理由。

总之，在房地产评估中，应该根据土地、房地产、建筑物、在建工程的特点，根据估价目的、相应的法律法规选择合适的评估方法。

【复习思考题】

1. 何谓房地产估价？
2. 房地产估价的目的有哪些？

3. 房地产估价应遵循哪些原则？
4. 房地产估价时所采用的方法有哪些？
5. 房地产估价的合法性准则包括哪些方面？
6. 房地产估价的原则中，最高最佳原则的使用标准是什么？
7. 何谓估价时点？如何确定估价时点？
8. 一幢房地产，如果进行产权让渡估价，估价对象的选择和保险估价相同吗？

第四章　比较法

第一节　比较法概述

一、比较法的含义

比较法，或者称市场比较法，有时也称市价比较法、交易实例比较法、市场资料比较法、交易案例比较法、直接交易案例比较法等。

所谓比较法，是选取一定数量近期发生过交易且符合一定条件的与估价对象类似的房地产，然后将他们与估价对象进行比较，并对它们的成交价格进行适当的处理来求取估价对象价值的方法。通常把比较法求得的估价对象的价格称为比较价值。

比较法的本质是利用已被市场验证的类似房地产的实际成交价格来求取估价对象的价值。类似房地产通常称为可比实例，是指交易实例中交易类型与估价目的相吻合、成交日期与估价时点接近、成交价格为正常市场价格或能够修正为正常市场价格的类似房地产。其中，价格处理的方法包括交易情况修正、交易日期修正、区域因素修正和个别因素修正等。

由于比较法是以被市场验证的实际价格为估价基准，所以比较法是一种直接、具有较强说服力且被广泛采用的重要估价方法。

随着我国房地产市场的逐步建立和健全，房地产产权交易，特别是住宅类房地产的交易情况较多，在利用比较法进行房地产估价时，专业房地产估价人员比较容易获得与估价对象相同的房地产的交易数据，所以比较法在房地产估价实务中，被得到广泛应用。

二、比较法的理论依据

比较法的理论依据是房地产价格形成的替代原理。

一般来说，任何经济主体在市场经济中进行交易时，都想以最小的费用或代价取得最大的利润或效用，因而在选择商品时，一般都会进行多方面的比较，包括性能、质量、价格等，通过比较，选择效用高而价格低的商品。价格相近而效用较小或者效用近似但价格较高的商品一般都会被摒弃，因此在市场供求和竞争机制的作用下，效用相近的商品具有相近的价格。

在房地产的交易中也存在替代原则，只是由于房地产的独一无二性，使得很难找出完全相同的两宗房地产，但在同一市场上，效用相近的房地产，其价格必然相互牵引、相互接近。这一规律使得房地产估价结果不可能非理性地偏离房地产在同等条件下的正常价格。

三、比较法适用的对象和条件

任何一种估价方法，都有其使用条件和限制，比较法亦是如此。

1. 比较法的适用对象

比较法的适用对象是数量较多、经常发生产权让渡或者交易，且具有一定可比性的房地产。比如常见的有：① 住宅类房地产，涵盖普通住宅、高档公寓、别墅等，特别是存量成套住宅，由于数量较多、可比性较好，最适用于比较法估价；② 写字楼、商场；③ 商铺；④ 标准厂房；⑤ 用于城市房屋开发的土地等。

对于不经常发生交易或者同一供求圈内数量较少的房地产则不能使用比较法估价。例如：数量很少的房地产，包括特殊厂房、机场、码头、博物馆、教堂、寺庙、古建筑等；如有的大型房地产，在建筑设计造型、结构设计、功能等方面均具有特殊性，很难在房地产市场上找到可比实例，也不宜采用比较法。还有一些房地产，很少发生交易，如公立学校、政府投资的医院、政府和事业单位的办公楼等；其次，有一些在建工程，由于施工完的部分有差异，在进行估价时，也不宜采用比较法。

比较法的比较分析原理和方法，也可用于收益法、成本法、假设开发法中市场租金、经营收入、运营费用、空置率、入住率、报酬率、重置成本、房地产价格各个构成部分（如土地取得成本、建设成本、管理费用、销售费用、销售税费、开发利润等）、开发完成后的房地产价值、开发经营期等的求取。

2. 比较法的适用条件

比较法估价需要在估价时点的近期有较多类似房地产的交易。这需要估价对象所在的区域或者城市，房地产市场发达，供给、需求旺盛，产权交易情况经常发生。如果某些区域或者城市，房地产市场发展滞后，或者类似房地产交易资料少，就难以使用比较法。再如一个国家或者地区，实行福利分房制度，城市居民不需要在房地产市场上购买产权住房，在这样的国家或者地区就无法采用比较法。因此，应用比较法进行房地产评估时，其基本条件就是需要有一个健全的房地产市场以及一个可以提供丰富、便利的市场交易资料源。

值得注意的是，以下情况不能成为不采用比较法进行估价的理由：在估价对象所在地实际上存在较多的类似房地产交易，但由于估价机构和估价师没有尽力去搜集交易实例，造成不能采用比较法估价。

另外，运用比较法需要消除以下三个方面的不同所造成的可比实例的成交价格与估价对象房地产客观合理价格的差异：① 特殊交易情况与正常交易情况不同，如急于购买或者销售；② 成交日期与估价时点不同；③ 可比实例房地产状况与估价对象房地产状况不同。我们把这些对可比实例成交价格进行的修正和调整，分别称为交易情况修正、市场状况修正和房地产状况修正。在实际的估价中，房地产价格影响因素多且复杂，因此，在进行修正和调整时，应尽量分解各房地产价格影响因素，并尽量采用定量分析来量化这些因素对房地产价格的影响程度。

四、比较法的操作步骤

运用比较法进行估价时，一般经过以下几个步骤，即通过市场调查、搜集交易实例，然后通过对交易实例的分析，选择可比实例；然后通过对可比实例进行交易情况修正、市场状况调整、区位等因素修正，最后求取比较价值。具体如图 4－1 所示。

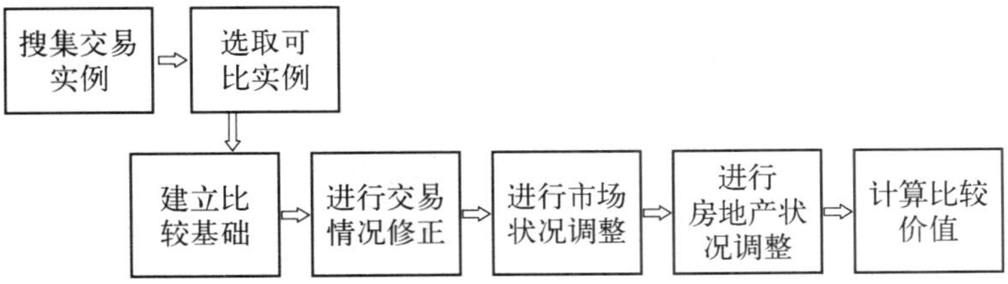

图 4－1　比较法的实施步骤

(1) 搜集交易实例。利用比较法进行房地产估价时，需要专业房地产估价人员从房地产市场中搜集一定数量的房地产交易数据和资料，也就是交易实例信息，一般应该包括下列内容：交易对象基本情况；交易双方基本情况、交易方式、成交日期、成交价格、付款方式、融资条件、交易税费负担情况、交易目的等。以上数据和资料是比较法实施的基础资料。

(2) 选取可比实例。根据类似性和可比性的要求，在搜集到的大量交易实例中，选取估价时点近期发生的与估价对象在用途、区域、房地产状况等方面相同或相近的交易实例作为可比实例。可比实例的选取应符合相应的规定。

(3) 建立比较基础。由于房地产在产权让渡时，具体情况不同，价格的表现形式有所差异，有的是以建筑面积表示的单价；有的是以总价表示；有的是以套内建筑面积表示的单价；还有的是交易的货币形式不同，如以美元交易等；因此在房地产估价时，还需要将价格的内涵界定清楚，采用统一的价格表现形式，如全部以单位建筑面积的单价表示，以上统一价格内涵的计算工作称为建立比较基础，也就是对可比实例的成交价格进行标准化处理。

(4) 进行交易情况修正。在进行房地产估价时，搜集到的交易实例的价格数据，可能是在市场供求均衡下对应的价格，也可能是卖方市场情况下对应的价格，或者是买方市场情况下的交易价格。另外，产权承受人可能对购买的房地产存在特殊的偏好，或者急于购买的情况，往往导致交易价格偏离市场均衡值。一般情况下，如果交易价格偏高或者偏低，是不宜作为可比实例的，但是如果能够分析出价格偏高或者偏低的影响因素及其影响程度，对价格偏差进行修正的话，这些交易实例也可以作为可比实例，对以上价格偏差所作的修正工作，称为交易情况修正。

(5) 进行市场状况调整。房地产市场受到货币政策、税收政策、土地供给政策、住房公积金政策的影响，房地产的供给和需求处于动态变化中，房地产价格也经常处于变化之中。另外，房地产市场上还存在大量的投资、投机者；由于房地产的供给具有滞后性，所以房地产的价格在需求发生变化时，波动幅度较大。在利用搜集的数据进行房地产估价时，估价日期往往滞后于可比实例的交易日期，如果在这一时期内，房地产市场供求发生变化，往往引致价格的波动，所以，需要将可比实例的价格转化为估价时点对应的价格，以消除成交日期的市场状况与价值时点的市场状况不同造成的价格差异。

（6）房地产状况调整。房地产状况调整应消除可比实例状况与估价对象不同造成的价格差异。具体而言包括区位状况调整、实物状况调整和权益状况调整。在估价实务中，待估对象房地产与可比实例房地产，在以上某个方面或者以上几个方面存在差异，如果存在差异时，需要进行房地产状况调整。

（7）计算比较价值。对经过修正后的各个可比实例价格，应该根据他们之间的差异程度、可比实例房地产与估价对象房地产的相似程度、可比实例资料的可靠程度等情况，选用简单算术平均、加权平均法计算出比较价值。

第二节　交易实例资料的调查和搜集

运用比较法评估房地产价格时，需要搜集估价对象所在区域的大量房地产交易实例资料，这是估价实施工作的前提条件和基础。只有拥有大量真实、可靠的交易实例，才能正确把握估价对象所在区域的正常的房地产市场价格，才能从大量交易实例中选择与估价对象相匹配或者相似的可比实例，才能合理地进行价格评估。需要注意的一个方面是，交易实例资料的搜集，房地产市场状况的调查，需要专业房地产估价人员注意平时的市场调研和数据的搜集，而不应等到估价实务工作开始时，才着手进行。

一、交易实例数据和资料搜集的途径和方法

随着我国房地产市场的不断完善和健全，特别是住宅市场的逐步完善和健全，房地产交易情况增多，城市居民和大量常住居民在增量房市场和存量房市场购买商品住宅，满足居民的居住需求或者改善居住环境和居住条件。所以专业房地产估价人员，在房地产市场或者住宅市场上，可以获得大量的有关房地产产权让渡的价格信息和资料。具体而言，可以通过以下几种方式或者途径获得与估价有关的房地产市场资料：

（1）各城市及其所属区域的房地产登记交易中心网站。在我国一线城市、二线城市和三四线城市，房地局网站、各区房地产交易中心网站均有详细的房地产交易价格数据及其相关资料，包括新房、存量房以及土地拍卖的交易信息及其价格信息，如上海市、北京市房地局网站或者公共资源管理中心网站等。专业房地产估价人员，可以从以上网站上查取所需要的估价信息和资料。

（2）在我国大中城市，有很多房地产中介机构及其房地产市场分析机构，如链家、金丰易居、太平洋房产等，这些中介机构在存量房交易市场发挥了一定的作用，协助产权出

让人和承受人达成交易，降低交易成本，减少市场摩擦。以上中介服务机构拥有大量的房屋产权交易数据资料。这些交易资料可信度高，数据翔实，房地产估价人员，可以通过大量的房地产中介经纪机构获得需要的资料和数据。

(3) 数据、信息共享。为了规范专业房地产估价人员的估价行为，加强行业自律，借鉴国外的运作模式，国内各城市和地区形成了各类房地产估价协会。估价师协会的成立，搭建了估价师进行交流的平台。在此基础上，估价师协会也建立了相应的网站，在这些网站上提供了大量的房地产交易信息，包括各城市、各地区的分类住宅的价格指数等。房地产估价人员可以通过以上网站达到数据共享的目的，从而获得相应的估价数据。

(4) 通过增量住房的供给主体获得相应的资料。众所周知，我国房地产市场建立的时间不长，迄今为止，我国大中城市的住宅市场，增量房市场占据较高的份额，对房地产市场的供给主体，在向房地产市场供给增量房地产时，房地产开发商的销售部门拥有大量的增量商品住宅的销售价格数据，这些数据对于房地产估价人员而言，是非常重要的。因此，房地产估价机构可以和房地产开发商进行交流、沟通，甚至合作，获得大量的新房交易情况和交易价格数据。

当然，随着计算机技术的发展，各种信息传播的途径发生了重大变化，信息共享、信息挖掘日益成为人们获取信息的手段。对于房地产估价人员亦是如此，所以房地产估价人员可以通过多种途径和手段获得房地产市场的数据和资料。

二、有关交易实例资料搜集的内容

在房地产估价实务中，搜集交易实例资料时，专业估价人员总是希望搜集的资料和数据越详尽越好，然而由于多种条件的限制和制约，不可能把详尽的数据全部搜集到。所以在搜集市场交易资料时，专业估价人员还应该做到目的明确、把握重点，有针对性地着重搜集以下几方面的资料和数据：

(1) 交易实例房地产基本状况的资料。在搜集交易实例房地产状况资料时，应该侧重三个方面：实物状况方面、权益状况方面、区位状况方面。具体而言，首先要对房地产的建成年限、成新状况、建筑物的结构形式、建筑面积、用途、土地的形状、内外装修状况、地下车库、抗震设防进行了解并搜集相关资料；对于土地而言，还要了解土地的开发程度、土地是否征用等。其次，对交易实例房地产所处区位的交通状况、周围配套设施、教育设施、环境绿化、景观等进行了解；除此之外，还要对交易实例房地产权属状况、土池使用权剩余年限等情况进行了解。

(2) 产权让渡方和产权承受方的基本情况及交易目的。房地产交易的实质是产权在让渡方和承受方之间的转移。交易价格的高低与交易双方的情况有关，包括交易双方对房地产市场信息的把握、了解，以及谈判能力等。所以在收集资料时，还要对交易双方的具体情况进行搜集，包括交易双方的名称、性质、住址、企业法人、自然人、交易双方的国籍等。此外，还要对房地产交易的目的进行了解和调查，包括房地产的转让、抵押、拍卖、法院拍卖、企业以房地产入股等。

(3) 价格数据及资料。价格包括总价、建筑面积单价、套内面积单价等;如果是土地价格评估,包括土地单价、土地总价等。此外,还要记录清楚所对应的价格是拍卖价格、协议价格还是抵押价格等类型。在搜集价格资料时,如果是境外人士购买,应当搞清楚交易货币选择问题。

(4) 付款类型。付款方式不同,价格含义有所不同。所以,在搜集价格资料时,还要区别付款方式,比如房屋在交易时,有的是一次付清,有的是分期付款,还有的是抵押贷款。

(5) 交易情况。房地产在交易时,交易情况会存在明显的差异。如有的房地产购买者,对所购买的房地产具有特殊的偏好,或者是因为房屋消费者偏爱某房地产的建筑形态、建筑造型;或者是对房地产所处的区位特别重视,或者是对历史建筑的珍视,以上原因往往导致交易价格偏高。而有的房地产交易,属于关联人交易,如亲属之间,在此情况下,往往导致交易价格偏低,因而专业房地产估价人员在搜集价格数据时,还要对房地产的交易情况进行调查和分析。

为了保证搜集内容的统一性和规范化,估价人员应对不同类型的房地产如居住房地产、商业房地产、工业房地产进行分类,并根据不同类型房地产的特点,编制交易实例调查表,具体如表 4-1 所示。

表 4-1 交易实例资料搜集表

<table>
<tr><td rowspan="5">房地产
基本状况</td><td>名称</td><td colspan="3"></td></tr>
<tr><td>坐落</td><td colspan="3"></td></tr>
<tr><td>四至</td><td colspan="3"></td></tr>
<tr><td>权属</td><td colspan="3"></td></tr>
<tr><td>用途</td><td colspan="3"></td></tr>
<tr><td rowspan="5">交易基本
状况</td><td>产权让渡方</td><td colspan="3"></td></tr>
<tr><td>产权承受方</td><td colspan="3"></td></tr>
<tr><td>成交日期</td><td colspan="3"></td></tr>
<tr><td>成交价格</td><td></td><td>货币类型</td><td></td></tr>
<tr><td>付款方式</td><td colspan="3"></td></tr>
<tr><td colspan="5">交易情况说明</td></tr>
<tr><td rowspan="5">房地产
状况说明</td><td rowspan="5">区位状况
说明</td><td>商业繁华度</td><td colspan="2"></td></tr>
<tr><td>配套设施</td><td colspan="2"></td></tr>
<tr><td>交通条件</td><td colspan="2"></td></tr>
<tr><td>环境景观</td><td colspan="2"></td></tr>
<tr><td>……</td><td colspan="2"></td></tr>
<tr><td colspan="5">交易情况说明</td></tr>
</table>

续 表

<table>
<tr><td rowspan="8">房地产状况说明</td><td rowspan="6">实物状况说明</td><td>土地面积</td><td colspan="3"></td></tr>
<tr><td>土地形状</td><td colspan="3"></td></tr>
<tr><td>建筑类型</td><td colspan="3"></td></tr>
<tr><td>房屋结构</td><td colspan="3"></td></tr>
<tr><td>房屋成新</td><td colspan="3"></td></tr>
<tr><td>临街情况</td><td colspan="3"></td></tr>
<tr><td rowspan="2">权益状况说明</td><td>产权情况</td><td colspan="3"></td></tr>
<tr><td>……</td><td colspan="3"></td></tr>
<tr><td colspan="3">坐落位置图</td><td colspan="3">建筑平面图</td></tr>
<tr><td>资料来源</td><td></td><td>调查日期</td><td></td><td>调查人</td><td></td></tr>
</table>

搜集交易实例的数据是否准确，对估价工作具有明显的影响。这就要求估价人员通过多种手段和渠道进行数据的搜集，同时注意数据的时效性，如果房地产市场中，在供给滞后的情况下，短期内房地产的需求在货币政策、税收政策、土地供给政策的作用下增加或者下降明显，导致房地产价格短期内波动较大，专业房地产估价人员在搜集价格数据时，必须搜集近期交易的数据。

第三节 可比实例的选取

专业房地产估价人员通过多种途径获得大量的有关房地产交易的数据和资料以后，并非所有的市场交易数据都能在估价实务中运用。还需要将待估房地产的区位状况、实物状况、交易时点以及交易时点对应的房地产市场状况进行全面的分析，从大量的交易实例中，选择符合估价目的、估价要求的一些实例，在比较法中采用。因此，正确使用比较法，交易实例的选取非常重要。筛选交易实例的过程，称为可比实例的选取。

可比实例的选取应该符合下列规定：① 可比实例应从交易实例中选取且不得少于三个；② 可比实例的交易方式应适合估价目的；③ 可比实例房地产与估价对象房地产相似；④ 可比实例的成交日期应该接近估价时点，与估价时点相差不宜超过一年，且不得超过两年；⑤ 可比实例的成交价格应为正常价格或者可以修正为正常价格；⑥ 在同等条件下，应将位置与估价对象较近、成交日期与估价时点较近的交易实例选为可比实例。

下列特殊交易情况的交易实例，不宜选为可比实例：① 利害关系人之间的交易；② 对交易对象或者市场行情缺乏了解的交易；③ 被迫出售或者被迫购买的交易；④ 人为哄抬价格的交易；⑤ 对交易对象有特殊偏好的交易；⑥ 相邻房地产合并交易；⑦ 受迷信影响的交易。

下面详细分析可比实例的选取过程。

一、可比实例的数量

从理论上讲，估价人员只需对可比实例的实际成交价格进行“适当”的处理，即可得出估价对象的价值。但由于房地产的独一无二性，可比实例与估价对象之间总是存在个体差异，但在实际估价中，因信息不完全又造成这种差异在价格处理时不可能完全得到修正。因此，依据大数法则，为了减小估价的误差，必须选取多个可比实例。但是受到交易实例数量的限制，同时也为了减少后续处理的工作量，一般选取三个以上（含 3 个）、十个以下（含 10 个）的可比实例。

二、可比实例选取的特征要求

为了提高估价的准确性，在选择可比实例时，还要注意以下几个方面的要求。即：时间要求、交易目的要求、价格特征、房地产的规划用途等。具体而言，就是可比实例房地产应该是与估价对象类似的房地产；可比实例的交易目的应与待估对象的估价目相吻合；可比实例的成交日期应尽量接近估价时点；可比实例的成交价格应尽量为正常市场价格。

1. 可比实例房地产与估价对象类似

只有类似的房地产其价格才具有趋同性。类似房地产是指与估价对象处在同一供求范围内，并在规划用途、建筑规模、结构类型、内外装修、权属等方面与估价对象相同或相似的房地产；具体要求是两者供求范围相同、规划用途相同、规模大小相近、建筑结构类型相同、室内外装修相当、权利属性相同等。

（1）区位相同。可比实例与估价对象应处于同一地区或同一供求范围内的类似地区。这里所说的区位，是指微观区位。前已述及，比较法的理论依据是替代原理，由于房地产的价格受区位影响非常大，即使结构类型相同、功能相同的房地产，因为所处的区位不同，价格差别极大。所以用来比较的交易实例房地产必须与估价对象处于同一区域，以消除区位因素导致的价格差异，使可比实例与估价对象具有替代关系。

（2）规划功能、用途相同。在土地规划中，经常提及，规划创造土地和建筑物的价值。同一块土地，在土地规划时，居住用途、商业用途、办公用途其价值差别较大。房地产和土地的用途，可以分为大类用途和小类用途。大类用途一般分为居住、商业、办公、旅馆、工业、农业等。小类用途是在每一大类房地产中再根据功能进行细分，例如：住宅可细分为普通住宅、高档公寓、别墅等。

（3）规模、面积差别不大，土地形状相似。如果在估价时，估价对象属于土地，既要求土地规模、面积相近，同时要求土地形状相似。主要因为相同面积的土地，形状不同，价格也会存在差异。在估价房地产时，要求地上建筑物的规模差别不大，一般而言，可比实例的规模和估价对象的规模 0.5～2 倍范围内较为适宜。

$$0.5 \leqslant \frac{\text{可比实例规模}}{\text{估价对象规模}} \leqslant 2$$

(4) 结构类型相同。建筑物的结构类型分为：钢结构、钢筋混凝土结构、砖混结构、砖木结构等。其中，钢筋混凝土结构又分为：框架结构、钢筋混凝土框架剪力墙结构等。此外，有的高层建筑可能采用钢板混凝土剪力墙结构等。钢结构又细分为网架结构、悬索结构等。在房地产估价时，如果有的房地产规模较大，结构类型复杂，选择估价实例，最好选择结构类型相同的可比实例。

(5) 建筑物的室内外装修差别不大、档次相同。对于商业类房地产、宾馆、酒店类房地产，其内外装修状况对价格影响较大。以上房地产的等级不同，租金、价格也存在明显差异。如甲级写字楼、乙级写字楼价格存在差异；五星级酒店和三星级酒店价格不同。所以，在选取可比实例时，还要注意地上建筑物的级别和等级。

(6) 权利属性相同。在我国的法律框架和制度背景下，土地分为国有土地和集体组织所有土地；住宅类房地产分为商品住宅、经济适用房、公共租赁住房、小产权房；其中小产权房属于在农村集体组织的土地上承建的住宅，不具有合法性。而公共住房土地属于划拨。房地产的权利属性不同，价格也会有明显的差异。如同一区位的商品住宅和小产权房价格差异较大。所以在进行房地产估价时，必须对待估对象的权利状况有所把握，以保证可比实例的权属与估价对象相同。

2. 可比实例的交易类型应与估价目的相匹配

房地产估价目的包括买卖、拍卖、抵押、补交土地出让金等。估价目的不同，价格也有差异。所以在选择可比实例时，应该根据估价目的进行选择。以保证可比实例的交易类型与估价目的相匹配。

3. 可比实例的成交日期应尽量接近估价时点

所谓接近的含义是相对的，如果房地产市场相对稳定，较早之前的交易用于现在的比较，仍然有效；但如果房地产市场变化较快，则此期限应当缩短。一般认为，交易实例的成交日期距离估价时点超过一年以上的不宜采用，因为在进行市场状况调整时会出现较大偏差。如果在较短的时期内，房地产价格波动幅度较大，应该选择近期交易实例作为可比实例。

4. 可比实例成交价格应尽量为正常市场价格

正常价格是指在公开的房地产市场上，交易双方均充分了解市场信息，以平等自愿的方式达成的交易实例价格。这类交易实例应当首选为可比实例。如果市场上正常交易实例较少，则可以选取交易情况明了且可以进行修正的实例作为可比实例。

三、可比实例选取举例

现在举例说明如何选取合适的可比实例。

【例 4－1】 有一套建筑面积为 100 平方米的住宅，现要求采用比较法评估其出售价格，请从表 4－2 所给资料中选取合适的可比实例。

表 4－2 交易实例表

交易实例	建筑面积/平方米	用途	估价时间、目的	区 位	正常情况	市场价格
A	120	旅馆	近期/出售	不同供需圈	正常交易	17 000 元/平方米
B	230	居住	近期/出售	同一供需圈	正常交易	12 000 元/平方米
C	105	居住	3 年前/出售	同一供需圈	正常交易	11 100 元/平方米
D	130	居住	近期/抵押	同一供需圈	正常交易	抵押价格 11 000 元/平方米
E	115	居住	近期/出售	同一供需圈	正常交易	12 500 元/平方米

【解】 分析交易实例，确定可比实例如下：

实例 A，不适合做可比实例。因为其用途是旅馆，与待估房地产的功能用途不同，并且其供求范围与待估房地产不属于同一供需圈。

实例 B，不适合做可比实例。因为其建筑面积超过待估房地产建筑面积 0.5～2 倍的范围。

实例 C，不适合做可比实例。因为其出售时间是在 3 年前，距今相差太大。

实例 D，不适合做可比实例。因为其评估的目的是为了抵押而不是出售，抵押价值不能作为买卖价格评估的比较依据。

实例 E，可以做可比实例。其各种条件和建筑面积、功能用途、估价时间、目的以及供求范围等均与待估房地产的条件基本相符，是较为理想的可比实例。

结论：通过分析比较各实例情况，最后选取实例 E 作为待估房地产的可比实例之一。

【例 4－2】 为了评估某市某一区位一幢写字楼在 2016 年 6 月 1 日的正常单价，专业房地产估价人员搜集了如表 4－3 所示的交易实例，试选择可比实例。

表 4－3 交易实例表

交易实例	A	B	C	D	E	F
成交单价元/平方米	36 800	35 600	39 900	36 900	41 000	40 800
成交日期	2014.12.12	2015.12.31	2016.3.1	2013.12.31	2016.4.30	2015.12.31
交易情况	正常	偏低、卖方急于出售、低于正常价格 10%	正常	偏高 8%	交易价格正常	交易价格正常

【解】 通过对表 4－3 的数据和内容进行分析可知：交易实例 A、D 的交易时间与估价时点超过 1 年以上，不宜做为可比实例；而 B 交易价格偏低，也不宜选为可比实例；而 C、E、F 交易时间与估价时点间隔不到 1 年，并且交易价格正常，可以做为可比实例。

【例 4-3】 有一幢钢筋混凝土框架剪力墙结构的16层写字楼，现在正常使用，产权拥有主体准备在2016年7月1日整体出售，房地产估价机构欲评估该幢写字楼的价格，该机构搜集了一些交易实例，试从表4-4中选择可比实例。

表 4-4 交易实例表

写字楼的状况	是否空置	交易时间	交易类型	结构形式	交易单价（元/平方米）
A	正常使用空置率15%	2015.3.31	整体出售	钢板混凝土剪力墙框架结构	41 500
B	正常使用空置率25%	2016.4.30	抵押贷款	钢筋混凝土框架剪力墙结构	39 800
C	正常使用	2016.5.31	整体出售	钢筋混凝土框架剪力墙结构	42 000
D	正常使用空置率5%	2015.12.31	保险评估	钢结构	31 000

【解】 从表4-4中可知，A的交易时间与估价时点超过1年，不符合要求，结构类型不符合要求；B价格属于抵押贷款价格评估数据，D价格属于写字楼购买保险进行的价格评估数据，估价目的和待估对象的评估目的不同，结构类型为钢结构，所以C可以做可比实例。

第四节 可比实例价格调整

可比实例价格修正主要涉及建立比较基础、交易情况修正、市场状况调整、实物状况修正等几个方面。

一、建立比较基础

选取了可比实例以后，应对这些可比实例的成交价格进行换算处理，使它们之间的口径一致、相互可比，并统一到需要求取的估价对象的价格单位上，为后续的可比实例成交价格比较修正建立一个共同的可比基础。所谓建立比较基础是指对可比实例的成交价格进行标准化处理，标准化处理应包括统一财产范围、统一付款方式、统一融资条件、统一税费负担和统一计价单位，并应符合相应的规定。

1. 统一财产范围

统一财产范围应对可比实例与估价对象的财产范围进行对比，并应消除因财产范围不同造成的价格差异。

2. 统一付款方式

由于房地产价值量高，房地产交易时，款项往往采用分期付款方式支付或者采用金融机构贷款、住房公积金贷款的方式进行支付。在资金时间价值的作用下，付款期限长短、付款次数、每次付款金额大小的不同，导致产权让渡方的收益有所不同。在房地产估价实务中，为了便于比较，价格通常以一次付清所需要支付的金额为准。因此，需要将分期付款的可比实例成交价格换算为在其成交日期一次付清的价格。具体的方法是通过折现计算。

【例 4－4】 某套商品住宅，建筑面积 220 平方米，买卖双方通过对本地房地产市场信息的了解，通过谈判形成的交易价格为 860 万元。双方约定，首付款 30%，余款于 12 个月后一次付清。假设月利率为 0.5%，请计算该房地产在成交日期一次性付清的价格。

【解】 该房地产在成交日期一次性付清的价格为：

$$V = 860 \times 30\% + \frac{860 \times (1 - 30\%)}{(1 + 0.5\%)^{12}} = 825.03(\text{万元})$$

【例 4－5】 某可比实例的成交价格为 1 200 万元，双方约定，首付 380 万元，余款在半年和一年后分两次平均支付，假设年利率为 5.1%，请计算该房地产的实际成交价格。

【解】 该房地产的实际成交价格为：

$$V = 380 + \frac{410}{(1 + 5.1\%)^{0.5}} + \frac{410}{(1 + 5.1\%)} = 1\,170.03(\text{万元})$$

3. 统一价格表示单位

统一价格表示单位可以是总价，也可以是单价，但一般采用单价。在统一采用单价时，通常是单位面积的价格。例如，房地及建筑物通常采用单位建筑面积或者单位套内建筑面积、单位使用面积的价格；土地通常采用单位土地面积的价格或单位建筑面积的价格，即楼面地价。根据估价对象的具体情况，还可以有其他的比较单位，仓库通常以单位体积为比较单位；停车场以车位数量为比较单位；旅馆以床位数或房间数为比较单位；电影院以座位数为比较单位；医院以床位数为比较单位；保龄球馆以球道数目为比较单位等。在具体估价时，可以根据估价对象的特点，选择合适的表示单位。

4. 统一货币类型和货币单位

在我国大陆，房地产交易一般不涉及交易币种的选择问题。其主要原因在于我国中央银行和外汇管理局，为了规避外汇风险，实行外汇管制。大陆居民每年使用外汇的额度不超过 5 万美元的等额外汇。所以，在我国大陆地区，房地产的交易一般采用人民币。但是，在我国香港地区或者世界其他国家和城市，房地产交易时，可能涉及交易币种的选择问题。

在统一币种方面，根据估价需要，将某一币种的价格换算为另一币种的价格，应采用该价格所对应日期的汇率，一般为成交日期的市场汇率，汇率的取值一般采用国家外汇管理部门公布的外汇牌价的卖出、买入中间价。但如果先按原币种进行市场状况调整，则对进行了市场状况调整后的价格，应采用估价时点时的市场汇率。

在统一货币单位方面，按照使用习惯，人民币、美元、港币等通常采用“元”。

5. 统一面积内涵

在现实的房地产交易中，所涉及的计量单位比较多，即使对于同一类房地产，有的按建筑面积计价、有的按套内建筑面积计价，也有的按使用面积计价。因此，在进行比算价格的计算时，必须首先统一价格面积内涵。它们之间的换算公式如下：

$$建筑面积下的单价 = 套内建筑面积下的单价 \times \frac{套内建筑面积}{建筑面积}$$

$$建筑面积下的单价 = 使用面积下的单价 \times \frac{使用面积}{建筑面积}$$

$$套内建筑面积下的单价 = 使用面积下的单价 \times \frac{使用面积}{套内建筑面积}$$

【例 4－6】 某套住宅的套内建筑面积为 186 平方米，应分摊的公共部分建筑面积为 36 平方米，按套内建筑面积计算的价格为 26 000 元/平方米，求该套住宅按建筑面积计算的价格。

【解】 该套住宅按建筑面积计算的价格为：

$$26\,000 \times \frac{186}{186 + 36} = 21\,783.78(元 / 平方米)$$

6. 统一面积单位

在面积单位方面，我国内地通常采用平方米（土地面积单位除了平方米外，有时还采用公顷、亩），而我国香港地区和美国、英国等习惯采用平方英尺，我国台湾地区和日本、韩国一般采用坪。它们之间的换算关系为：

$$1\ 公顷 = 10\,000\ 平方米 = 15\ 亩$$
$$1\ 亩 = 666.67\ 平方米$$
$$1\ 英尺 = 0.304\,8\ 米$$
$$1\ 平方英尺 = 0.092\,903\,04\ 平方米$$
$$1\ 坪 = 3.305\,79\ 平方米$$

将公顷、亩、平方英尺、坪下的价格换算为平方米下的价格为：

$$平方米下的价格 = 公顷下的价格 \div 10\,000$$
$$平方米下的价格 = 亩下的价格 \div 666.67$$
$$平方米下的价格 = 平方英尺下的价格 \times 10.764$$
$$平方米下的价格 = 坪下的价格 \times 0.303$$

【例 4－7】 为评估某房地产的价格，现选取 A、B 两个可比实例，它们的相关数据如下：

A 实例：建筑面积为 3 000 平方英尺，成交总价为 60 万美元，分四次付款，首付 10 万美元，半年后支付 20 万美元，一年后支付 15 万美元，余款于一年半后付清。假设美元的年利率为 2.1%，市场汇率为 1 美元=6.14 元人民币。

B 实例：建筑面积为 100 平方米，套内建筑面积为 95 平方米，使用面积系数为 0.8，每平方米使用面积下的价格为 15 000 元/平方米。

请将可比实例价格统一为以人民币表示的每平方米建筑面积单价。

【解】 A 实例：

① 该可比实例房地产的实际总价为：

$$10+\frac{20}{(1+2.1\%)^{0.5}}+\frac{15}{1+2.1\%}+\frac{15}{(1+2.1\%)^{1.5}}=59.02(\text{万美元})$$

② 该可比实例房地产的实际单价为：

$$\frac{59.02\times6.14\times10\,000}{3\,000\times0.092\,9}=13\,002.61(\text{元 / 平方米})$$

B 实例：该可比实例房地产的单价为

$$15\,000\times\frac{100\times0.8}{100}=12\,000(\text{元 / 平方米})$$

【例 4-8】 现有甲、乙两宗交易实例，甲交易实例的建筑面积 150 平方米，成交价格 400 万元人民币，分三期付款，首期付 200 万元人民币，第二期于半年后付 100 万元人民币，余款 100 万元人民币于一年后付清。乙交易实例的使用面积 1 200 平方英尺，成交总价 60 万美元，于成交时一次付清，假设当时人民币年利率为 4.8%，乙交易实例成交时人民币与美元的市场汇率为 1 美元等于 6.40 元人民币，1 平方英尺建筑面积=0.75 平方英尺使用面积。如果选取这两宗交易实例为可比实例，请在进行有关的修正之前，对这两宗可比实例价格建立价格比较基础。

【解】 ① 统一付款方式。如果以在成交日期时一次付清为基准，则：

$$\text{甲总价}=200+\frac{100}{(1+4.8\%)^{0.5}}+\frac{100}{1+4.8\%}=393.10(\text{万元})$$

$$\text{乙总价}=60(\text{万美元})$$

② 统一价格表示单位。统一采用单价：

$$\text{甲单价}=\frac{3\,931\,000}{150}=26\,206.67(\text{元 / 平方米})(\text{建筑面积})$$

$$\text{乙单价}=\frac{600\,000}{1\,200}=500(\text{美元 / 平方英尺})(\text{使用面积})$$

③ 统一币种和货币单位：

$$\text{甲单价}=26\,206.67(\text{元 / 平方米})(\text{建筑面积})$$

$$\text{乙单价}=500\times6.40=3\,200(\text{元 / 平方英尺})(\text{使用面积})$$

④ 统一面积内涵。以建筑面积为基准，则：

甲单价 = 26 206.67(元／平方米)(建筑面积)

乙单价 = 3 200 × 0.75 = 2 400(元／平方英尺)(建筑面积)

⑤ 统一面积单位。如果以平方米为基准，由于1平方米＝10.764(平方英尺)，则：

甲单价 = 26 206.67(元／平方米)(建筑面积)

乙单价 = 2 400 × 10.764 = 25 833.60(元／平方米)(建筑面积)

二、交易情况修正

可比实例的成交价格是房地产交易过程中产生的价格，成交价格受到多种因素的影响，可能是正常价格，也可能是不正常价格。由于要求评估的估价对象价格是合理的正常价格，所以如果可比实例的成交价格是不正常的，则应该分析价格非正常的原因，判定价格偏高或者偏低时的偏差程度，并根据偏差程度将其修正为正常的价格，这种修正称之为交易情况修正。非正常价格根据其产生原因的不同，其修正方法和修正准确度都将有不同。

1. 非正常价格产生的原因分析

非正常价格产生的原因较多，或者是由于交易双方的非理性交易行为；或者是因为相邻房地产的合并交易；或者是由于交易税费的非正常负担，抑或是由于交易双方对房地产市场信息掌握不全等，具体原因简要分析如下：

(1) 交易双方的非理性行为及其市场信息了解不全。

① 被迫出售或被迫购买。包括强迫出售或强迫购买、急于出售或急于购买的交易。比如归还债务被迫出售、工作地点发生变化、出国定居急于出售房地产。一般而言，强迫出售的成交价格通常低于正常的市场价格，强迫购买的价格通常高于正常的市场价格。急于出售的成交价格通常偏低，急于购买的成交价格通常偏高。在搜集交易实例时，特别注意交易情况对房地产价格的影响。

② 利益相关者之间的交易。一般而言，房地产的买卖双方在交易房地产时，均追求利益最大化，产权出让人希望通过出售房地产获得最高的收入；产权承受人希望以最低的购买价获得最高的效用。但是，在房地产市场中，还存在一类特殊的交易情况，也就是利益相关者之间的交易，这类买卖，交易双方可能存在非利益最大化的情况。例如，兄弟之间、亲友之间、公司与其职工之间的房地产交易，成交价格不能完全反映市场供求，通常低于正常的市场价格。

③ 信息不全或者信息偏在。由于房地产市场属于区域性的市场，房地产产品属于完全差异化的商品，房地产价格受到货币政策、税收政策、土地等政策的影响，经常处于动态变化之中。在房地产市场中，买卖双方获取市场信息成本较高，时间较长。同时，在房地产市场上还存在大量的投机、投资需求者，在短期内买卖双方获得较全面的区域性房地产市场的信息难度较大。由于交易双方掌握的市场信息不全，或者一方掌握较全面的信息，

另一方获得的信息较少，也就是信息偏在，往往导致交易价格不能反映房地产的价值，或者偏高，或者偏低。

④ 特殊偏好及其特别动机。购买房地产的原因是多方面的。有的购买者，可能对购买的房地产具有特殊的偏好，如城市保护性、具有悠久历史的房地产、名人居住过的房地产、建筑设计特殊的房地产、区位特别的房地产等。该类房地产，如果购买者具有特殊偏好，而出售方对购买者的购买动机有所了解的话，往往标价较高，成交价格会明显高于市场价格。

⑤ 拍卖、招标、哄抬或抛售等特殊交易方式。拍卖、招标等方式的交易受到现场气氛、竞买人心理因素、广告宣传效应的影响而产生价格偏离；但在现行的建设用地使用权出让中，拍卖、招标、挂牌交易价格较协议方式更能反映市场行情，可视为正常价格。

（2）相邻房地产的合并交易。

房地产价格的影响因素包括土地形状、面积以及建筑规模等。形状不规则或面积、规模过小的土地，价值通常较低。但是如果相邻不规则、面积较小的土地合并后进行开发的话，会带来规模开发的效果。与相邻土地合并开发，往往能提升自身的价值，从而会产生附加价值或“合并价值”。所以，相邻土地合并交易的成交价格往往高于其单独存在或与其不相邻者交易时的正常市场价格。

例如图 4-2 中，有一、二两宗相邻的土地，市场价格分别为1 000 万元和 800 万元。如果将该两宗土地合并为一宗土地，由于面积增大或者形状规则利于开发，合并后地块三的市场价格为2 300 万元。可见，土地合并将会产生增值 500 万元的结果。因此，相邻土地的交易，出售者往往具有较强的市场力量，在谈判中处于优势，因此，出售价格往往偏高。

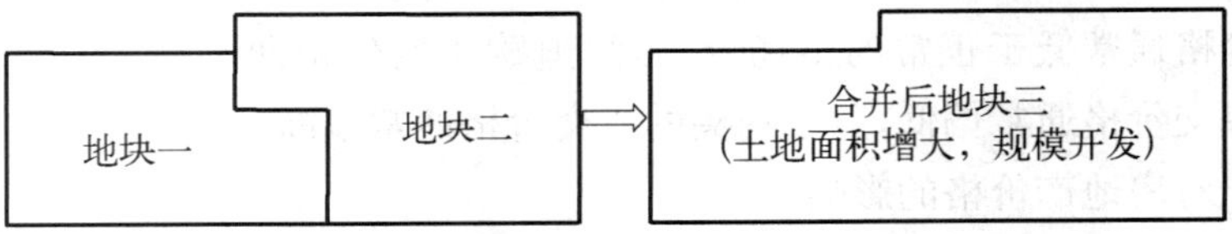

图 4-2 相邻宗地的合并交易

（3）交易税费的非正常负担。

房地产交易中往往需要交纳一些税费。有的税费应由卖方缴纳，例如，营业税、城市维护建设税、教育费附加、所得税、土地增值税；有的税费应由买方缴纳，如契税；有的税费应由买卖双方共同承担，如印花税、补交手续费等。正常成交价格是指在买卖双方各自缴纳自己应承担的税费时的价格。但在实际的房地产交易中，往往出现本应由卖方缴纳的税费，买卖双方协议由买方缴纳；或者本应由买方缴纳的税费却协议由卖方承担；或者本应由双方共同缴纳的部分转而由某一方全部承担。某些地区，房地产价格之外还有所谓“代收代付费用”，这些“代收代付费用”也可能存在类似的转嫁问题。税费究竟由哪方承担，主要受市场供求状况的影响，如果房地产产权让渡时，属于卖方市场，产权出让方往往具有市场力量，将其应承担的税费转嫁给产权承受方；如果是买方市场，则卖方税费难以转嫁给买方。

2. 交易情况修正的方法

不论何种原因，交易实例的价格非正常时，估价师需要进行详细的分析和判断。第一、二类非正常价格的偏离因素较为复杂，修正结果缺乏客观依据，只能根据估价师的主观经验判断，一般不适宜选为可比实例，但是当可供选择的交易实例较少而不得不选用时，则应对其进行交易情况修正，对于这两类非正常价格的修正习惯上称为不确定性修正。第三类非正常价格的修正则只需要将税费非正常承担转化为正常承担的情况，修正结果的判别具有客观依据，因此可以称为确定性修正。

不确定性修正的方法主要有：① 总价法和单价法；② 百分率法和差额法。

总价法是基于总价进行交易情况修正，单价法是基于单价进行交易情况修正。

采用百分率法进行交易情况修正的一般公式为：

$$\begin{aligned}\text{修正后的正常价格} &= \text{可比实例成交价格} \times \text{交易情况修正系数} \\ &= \text{可比实例成交价格} \times \frac{\text{正常情况分值}}{\text{可比实例情况分值}} \\ &= \text{可比实例成交价格} \times \frac{100}{(\quad)}\end{aligned}$$

公式中分子为100，表示是以正常交易情况为基准。如果可比实例交易时的价格高于正常情况下的价格，则分母大于100，交易情况修正系数小于1，修正方向为向下修正；如果可比实例交易时的价格低于正常情况下的价格，则分母小于100，交易情况修正系数大于1，修正方向为向上修正。

【例4-9】 现有某可比实例的成交价格为15 000元/平方米，又知该可比实例存在非正常交易情况，成交价格比正常价格高3%，试将其修正为正常市场价格。

【解】 该可比实例正常市场价格修正如下：

$$\text{交易情况修正系数} = \frac{\text{正常价格}}{\text{实际成交价格}} = \frac{\text{正常价格}}{\text{正常价格} \times (1+3\%)} = 0.97$$

$$\begin{aligned}\text{可比实例正常市场价格} &= \text{可比实例成交价格} \times \text{交易情况修正系数} \\ &= 15\,000 \times 0.97 = 14\,550(\text{元} / \text{平方米})\end{aligned}$$

【例4-10】 某可比实例实际成交价格为48 000元/平方米，以正常交易情况为100，则可比实例交易情况分值为102，即交易价格偏高2%，试将其修正为正常市场价格。

【解】 修正后的正常市场价格为：

$$48\,000 \times \frac{100}{102} = 47\,058.82(\text{元} / \text{平方米})$$

采用差额法进行交易情况修正的一般公式为：

$$修正后的正常价格 = 可比实例成交价格 \pm 交易情况修正金额$$

确定性修正的方法：

所谓交易税负的确定性修正，是指根据房地产交易税的相关负税人和税率的规定，将税负非正常情况下对应的价格修正为正常情况下价格的过程。因为房地产流转的负税主体和税负额度均有明确的规定，所以修正的数额是确定的。在房地产估价中，将买卖双方各自承担应付税费情况下，买方支付给卖方的价格规定为正常价格；而将买方缴纳应付税费后的价格称之为买方付出，买方付出既包括买方支付给卖方的价格也包括买方支付的各项交易税费。卖方在接受买方支付的正常价格后，根据相关税法规定，还需要缴纳自身应付税费，在此，把卖方获得买方的支付，扣除卖方应缴纳的税负以后，获得的净收入，称为卖方净得。正常价格、买方付出、卖方净得之间的关系，可以用以下公式表示：

$$买方付出 = 正常价格 + 买方税费 = 正常价格 + 正常价格 \times 买方税费率$$
$$卖方净得 = 正常价格 - 卖方税费 = 正常价格 - 正常价格 \times 卖方税费率$$

将买方付出和卖方净得修正为正常价格的公式为：

$$正常价格 = 买方付出 \times \frac{1}{1 + 买方税费率}$$

$$正常价格 = 卖方净得 \times \frac{1}{1 - 卖方税费率}$$

【例 4-11】 某套住宅，在交易时的正常成交价格为 35 000 元/平方米，根据相关房地产交易税的规定，卖方应缴纳的税费为正常成交价格的 4%，买方应缴纳的税费为正常成交价格的 5.1%。该套住宅的建筑面积为 220 平方米，试计算卖方实际得到的价格和买方实际付出的价格。

【解】 卖方实际得到的价格计算如下：

$$\begin{aligned} 卖方净得 &= 正常价格 - 卖方税费 = 35\,000 - 35\,000 \times 4\% \\ &= 33\,600(元/平方米) \end{aligned}$$

卖方净得总价为：$33\,600 \times 220 = 7\,392\,000$ 元 $= 739.20$ 万元

买方实际付出的价格如下：

$$\begin{aligned} 买方付出 &= 正常价格 + 买方税费 = 35\,000 + 35\,000 \times 5.1\% \\ &= 36\,785(元/平方米) \end{aligned}$$

买方付出的总额：$36\,785 \times 220 = 8\,092\,700$ 元 $= 809.27$ 万元

【例 4-12】 在某宗房地产交易中，买方支付给卖方 324 万元，房地产在交易时，属于买方市场，买卖中涉及的税费均由卖方承担。已知当地该类房地产交易中卖方和买方应缴纳的税费分别为正常价格的 4%和 5.1%。求该宗房地产交易的正常成交价格。

【解】 由于房地产交易时，买卖中涉及的税费均由卖方支付，所以正常价格为：

$$正常价格 = 324 - 正常价格 \times 买方应缴纳的税费$$

$$正常价格 = 324 \times \frac{1}{1+买方应缴纳的税费} = 324 \times \frac{1}{1+5.1\%} = 308.28(万元)$$

【例 4－13】 某地区房地产买卖中，应由卖方缴纳的税费为正常成交价格的 7%，应由买方缴纳的税费为正常成交价格的 5%。在某宗房地产交易中，买卖双方约定买方付给卖方 9 000 元/平方米，买卖中涉及的税费都由买方承担。但之后双方又重新约定买卖中涉及的全部税费改由卖方支付，并在原价格基础上相应调整买方付给卖方的价格，则调整后买方应付给卖方的单价是多少？

【解】 该宗房地产的正常成交价格为：

$$正常价格 = 卖方净得 \times \frac{1}{1-卖方税费率} = 9\,000 \times \frac{1}{1-7\%} = 9\,677.42(元/平方米)$$

现在买卖中涉及的税费均由卖方支付，则：买方应付给卖方的单价 = 正常价格 ×(1＋买方税费率)。

$$买方付给卖方单价 = 9\,677.42 \times (1+5\%) = 10\,161.29(万元)$$

三、进行市场状况调整

可比实例的成交日期与估价时点往往有一段时间差，这段时间差内，房地产市场价格会随着市场波动而出现变动，即使是同一房地产在这两个不同时间的价格也会有所不同。因此应将可比实例在成交日期的价格调整到在估价时点的价格，以便利用可比实例对估价对象进行价格评定。这种对可比实例成交价格进行的调整，称为市场状况调整。经过市场状况调整之后，就将可比实例在其成交日期时的价格变成了在估价时点时的价格。

在可比实例的成交日期至估价时点期间，随着时间的推移，房地产价格可能发生的变化有平稳、上涨和下跌三种情况。当房地产市场价格平稳时，可不进行市场状况调整；当房地产市场价格上涨或下跌时，则必须进行市场状况调整。

1. 市场状况调整的基本思路

市场状况调整的基本思路是通过对房地产价格总体变动情况的估计，将交易日期可比实例的成交价格转化为这一价格在估价时点的可能值。市场状况调整主要采用百分率法，其基本公式为：

$$\begin{aligned}\text{可比实例估价时点的价格} &= 可比实例成交日期的价格 \times 市场状况调整系数 \\ &= 可比实例成交日期价格 \times \frac{估价时点分值}{交易日期分值}\end{aligned}$$

$$= \text{可比实例成交日期价格} \times \frac{(\quad)}{100}$$

公式中，分母为100，表示是以可比实例在其成交日期时的价格为基准。如果估价时点房地产市场状况相比可比实例交易时点价格上涨，则分子大于100，市场状况调整系数大于1，调整方向是向上调整；如果估价时点房地产市场状况相比可比实例交易时点价格下降，则分子小于100，市场状况调整系数小于1，调整方向是向下调整。

在实际房地产估价中，市场状况调整通常采用价格指数修正法和价格变动率修正法。

2. 价格指数修正法

价格指数有定基价格指数和环比价格指数。在价格指数编制中，需要选择某个时期作为基期，如果是以某个固定时期作为基期的，称为定基价格指数；如果是以上一时期作为基期的，称为环比价格指数。定基价格指数和环比价格指数的编制原理见表4-5。

表4-5 价格指数的编制原理

时 间	价 格	定基价格指数	环比价格指数
1	P_1	$P_1/P_1=1$	P_1/P_0
2	P_2	P_2/P_1	P_2/P_1
⋮	⋮	⋮	⋮
$n-1$	P_{n-1}	P_{n-1}/P_1	P_{n-1}/P_{n-2}
n	P_n	P_n/P_1	P_n/P_{n-1}

采用定基价格指数市场状况调整的公式为：

$$\text{可比实例估价时点价格} = \text{可比实例成交日期价格} \times \frac{\text{估价时点价格指数}}{\text{成交日期价格指数}}$$

【例4-14】 为评估×××核心区某类房地产于2016年10月底的价格，在选取的可比实例中有一套可比实例成交于2016年5月底，价格为52 000元/平方米。已知2016年5月至2016年10月的该类房地产定基价格指数分别为118.2，119.6，121.5，122.8，124.1，125.1（均以2016年1月为100）。试对该可比实例进行市场状况调整。

【解】 该可比实例市场状况调整如下：

$$\text{2016年10月价格} = \text{可比实例成交价格} \times \frac{\text{2016年10月的价格指数}}{\text{2016年5月的价格指数}}$$

$$= 52\,000 \times \frac{125.1}{118.2} = 55\,035.53(\text{元}/\text{平方米})$$

采用环比价格指数进行市场状况调整的公式为：

$$\text{估价时点价格} = \text{可比实例成交价格} \times \text{成交日期下一时期的价格指数} \times \text{再下一时期的价格指数} \times \cdots \times \text{估价时点时的价格指数}$$

【例 4－15】 某地区住宅类房地产 2016 年 5 月到 10 月的价格指数分别为 101.1，100.6，100.1，100.4，100.7，100.4（均以上个月为基数 100），其中有一住宅在 2016 年 4 月的价格为 46 000 元/平方米，把可比实例交易日期对应的价格调整到 2016 年 10 月的价格是多少？

【解】 该住宅类房地产 2016 年 10 月的价格为：

$$46\,000 \times \frac{101.1}{100} \times \frac{100.6}{100} \times \frac{100.1}{100} \times \frac{100.4}{100} \times \frac{100.7}{100} \times \frac{100.4}{100}$$
$$= 47\,537.66(\text{万元 / 平方米})$$

3. 价格变动率修正法

房地产价格变动率有逐期递增或递减的价格变动率以及期内平均上升或下降的价格变动率两种情形，在房地产估价实务中，采用逐期递增或者递减的情况多一些。

采用逐期递增、递减的价格变动率进行市场状况调整的公式为：

$$\begin{matrix}\text{可比实例估价}\\\text{时点的价格}\end{matrix} = \begin{matrix}\text{可比实例成交}\\\text{日期的价格}\end{matrix} \times (1 \pm \text{价格变动率})^{\text{期数}}$$

采用期内平均上升或下降的价格变动率进行交易日期修正的公式为：

$$\begin{matrix}\text{可比实例估价}\\\text{时点的价格}\end{matrix} = \begin{matrix}\text{可比实例}\\\text{成交价格}\end{matrix} \times (1 \pm \text{价格变动率} \times \text{期数})$$

【例 4－16】 为了评估某市一套住宅在 2016 年 6 月底的价格，利用比较法进行估价时，选取的可比实例成交日期为 2016 年 1 月底，成交价格为 52 000 元/平方米，该套住宅建筑面积 189 平方米，该类住宅房地产自 2016 年 1 月末到 2016 年 6 月末平均每月比上月递增 2%，对该可比实例房地产进行市场状况调整，修正到 2016 年 6 月底的价格是多少？

【解】 该住宅价格修正到 2016 年 6 月底的单价为：

$$52\,000 \times (1 + 2\%)^5 = 57\,412.20(\text{元 / 平方米})$$

该可比实例在 2016 年 6 月底的修正总价为：

$$57\,412.20 \times 189 = 10\,850\,905.80\ \text{元} = 1\,085.09(\text{万元})$$

【例 4－17】 为评估某宗房地产于 2016 年 8 月 1 日的价格，在采用比较法的估价中，选取的可比实例成交价格为 42 500 元/平方米，成交日期 2016 年 2 月 1 日。该类房地产的价格从 2016 年 1 月至 2015 年 8 月间平均每月上涨 0.6%，试对该可比实例进行市场状况调整。

【解】 本题应该利用期内平均变动率的计算公式，可比实例在 2016 年 8 月 1 日的修正价格为：

$$42\,500 \times (1 + 0.6\% \times 6) = 44\,030(\text{元 / 平方米})$$

【例 4-18】 某可比实例成交价格为 100 万美元，成交时的汇率为 1 美元＝6.50 元人民币，至估价时点按人民币计的类似房地产价格上涨 5%，且汇率为 1 美元＝6.30 元人民币，试对该可比实例进行市场状况调整。

【解】 该可比实例经市场状况调整后的价格为：

$$100 \times 6.50 \times (1+5\%) = 682.5(\text{万元人民币})$$

【例 4-19】 为评估某地某一房地产 2016 年 8 月 1 日的市场价格，选取的可比实例资料是：成交日期为 2016 年 2 月 1 日，成交单价为 48 000 元/平方米，自 2016 年 1 月 1 日至 8 月 1 日，当地该类房地产价格平均每月比上月上涨 0.3%。该可比实例经调整后的比较单价是多少？

【解】 该可比实例经调整后的单价为：

$$48\,000 \times (1+0.3\%)^6 = 48\,870.51(\text{元 / 平方米})$$

由于房地产的不可移动性，房地产市场属于区域性的市场，不同区域房地产供给、需求、价格差异非常大。同时，在同一城市，不同产品属性的房地产市场，市场特性也不同。习惯上，将房地产市场细分为：住宅类、商业类、办公类市场。而住宅类市场，又分为增量房市场和存量房市场。所以，房地产价格指数或变动率可以细分为全国房地产价格指数或变动率、某地区房地产价格指数或变动率、全国某类房地产价格指数或变动率、某地区某类房地产价格指数或变动率。不同指数或变动率的编制方法可能有所不同，估价时要根据其内涵、数据基础来选择。同时，由于不同地区、不同用途或不同类型的房地产，其价格变动的方向和程度都不相同，所以，针对具体的可比实例对其价格进行市场状况调整，应当采用可比实例所在地区的同类房地产的价格指数或变动率。

四、房地产状况调整

房地产价格受到房地产区位、实物状态、权益状况的影响，同时还受到市场供给、需求等诸多因素的影响。由于房地产属于完全差异化商品，不同房地产的区位、实物状态、权益状况存在差异。虽然，在选取可比实例时，专业估价人员尽量选择区位相同、权益相同、实物状态差别不大的房地产，但是在房地产市场上，找到完全相同的房地产还是比较困难的。因此，运用比较法还需要将可比实例房地产与估价对象房地产之间的实物状况进行全面比较，然后针对它们之间的差别对可比实例的价格进行房地产状况调整。由于构成房地产状况的因素多而复杂，房地产状况调整是比较法中的一个难点和关键。但是，如果可比实例房地产状况与估价对象房地产状况有许多相同之处，则需要进行调整的内容相对就少些，房地产状况调整就相应的简单些。因此，在实际估价中应尽量选择与估价对象房地产具有较多相同之处的房地产作为可比实例。

1. 房地产状况调整的方法

房地产状况调整可以分为区位状况调整、实物状况调整和权益状况调整。在调整的过程中，因为房地产状况的影响因素多样复杂，因此，应当将这三种状况再细分为若干因素，从而较为全面准确地对可比实例和估价对象房地产状况的差别做出判断和修正。

(1) 区位状况调整的内容。区位状况对房地产价格的影响是非常明显的。众所周知，同一城市，核心区域的房地产因为交通便利、配套设施全面、具有优质的教育资源，价格明显高于城市边缘区位的房地产。区位主要包括：位置(包括所处方位、距离、朝向、楼层等)、交通(出入的方便程度)、周围环境和景观(包括自然环境、人文环境和景观等)、外部配套设施(包括基础设施和公共服务设施)等影响房地产价格因素。

(2) 实物状况调整的内容。实物状况主要是指房地产的形态、成新、内外装修、建筑品质、建筑结构、屋面防水、公共部分的维护、物业管理等方面。这一方面往往通过感官就能够辨析。具体而言，对于土地来说主要包括：面积大小、形状、基础设施完备程度(属于估价对象之内部分)、是七通一平还是三通一平、土地平整程度、地势、地质水文状况等；对于建筑物来说主要包括：新旧程度、建筑规模、建筑结构、设备、装修、平面布置、工程质量、建筑平面组合等影响房地产价格的因素。

(3) 权益状况调整的内容。进行权益状况调整时，应该将可比实例在自身权益状况下的价格调整为在估价对象权益状况时的价格，调整的内容应该包括规划条件、土地使用权期限、共有情况、用益物权设立情况、担保物权设立情况、租赁或者占用情况、拖欠税费情况、查封等形式限制权利情况、权属清晰情况等。

总之，进行区位、实物和权益状况调整时，应该将可比实例与估价对象的区位、实物和权益状况因素逐项进行比较，找出他们之间的差异，量化状况差异造成的价格差异，对可比实例的价格进行调整。调整的具体内容和比较因素，应该根据估价对象的用途等情况确定。

还要注意的是，进行交易情况修正、市场状况调整、区位状况调整、实物状况调整、权益状况调整时，应该符合下列规定：① 分别对可比实例成交价格的修正或者调整幅度不宜超过20%，共同对可比实例成交价格的修正和调整幅度不宜超过30%；② 经过修整和调整后的各个可比实例价格中，最高价格与最低价格的比值不宜大于1.2；③ 当幅度或者比值超出本条规定时，宜更换可比实例；④ 当因估价对象或者市场状况特殊，无更合适的可比实例替换时，应该在估价报告中说明并陈述理由。

2. 房地产状况修正的步骤与方法

进行房地产状况修正，往往以估价对象房地产状况为基准，将可比实例房地产状况与估价对象房地产状况进行直接比较；或者设定一种“标准房地产”，以该标准房地产状况为基准，将可比实例房地产状况与估价对象房地产状况进行间接比较。如果可比实例房地产状况优于估价对象房地产状况，则应对可比实例房地产状况进行减价调整，反之则加价调整。当然，在比较时，往往划分为多个比较项目，可比实例房地产在某些项目上可能比待估对象优，而在另外一些比较项目上，可比实例房地产可能比待估对象差。

对房地产状况修正的一般步骤为：

(1) 应根据估价对象房地产的使用性质，寻找并确定对其价格有影响的各类房地产自身因素，并分析判断这些因素对房价具有正面影响还是负面影响。例如，居住房地产追求安静、环境优美、舒适、周边配套的教育设施便利、居住密度合理；商业地产注重商业集聚、繁华程度、交通便利、出行方便等；而工业房地产强调产业集聚、物流方便、对外交通运输和基础设施条件、产业优惠政策等。在进行估价比较时，需要对各类房地产的状况进行全面分析。

(2) 针对不同类型的房地产，详细分析可比实例与估价对象在区位、实物等方面的差异，列出各方面的差别及其对价格的影响程度；以住宅房地产为例，平面组合、楼层、朝向、内部装修、单元电梯数量、公共部位的装修、附近公交线路数量、公交站点的距离，地铁便捷度等因素，一般都需要比较。

(3) 在对上述因素进行详细分析和比较以后，还需要进行量化，具体而言，就是各因素对价格产生了多大的影响，权重如何，这需要专业估价师在估价实践的基础上准确的把握。最后，根据价格差异程度对可比实例的成交价格进行调整。也就是在确定各因素所占权重的基础上，通过估计上调或者下调的百分比，进行最终的计算。

3. *房地产状况修正计算*

房地产状况调整的计算方法有：① 直接比较法和间接比较法；② 总价法和单价法；③ 数额法和比率法；④ 乘法和加法。

(1) 直接比较法和间接比较法：

直接比较法是以估价对象的房地产状况为基准，将可比实例房地产的各项因素与估价对象房地产的因素进行比较，逐项打分，见表 4-6。如果将基准分值设定为 100，则当可比实例的某项因素优于估价对象时，得分高于 100；当可比实例的某项因素劣于估价对象时，得分低于 100。

表 4-6 利用直接比较法求取房地产状况修正系数

房地产状况	权　重	估价对象	可比实例 A	可比实例 B	可比实例 C
因素 1	f_1	100	x_1		
因素 2	f_2	100	x_2		
⋮	⋮	⋮	⋮		
因素 n	f_n	100	x_n		
综合	1	100	$\sum_{i=1}^{n} f_i x_i$		

采用直接比较法进行房地产状况修正的表达式为：

$$\text{可比实例在估价对象房地产状况下的价格} = \text{可比实例在自身状况下的价格} \times \frac{100}{\sum_{i=1}^{n} f_i x_i}$$

【例 4-20】 某可比实例实际成交价格为 28 000 元/平方米，以估价对象为 100，可比实例交易情况分值为 95，房地产状况因素分值为 105，求经过修正后的可比实例价格。

【解】 经过修正后的可比实例价格为：

$$28\,000\times\frac{100}{95}\times\frac{100}{105}=28\,070.18(\text{元}/\text{平方米})$$

【例 4-21】 利用比较法进行估价时，可比实例的成交价格为 53 000 元/平方米，该可比实例的房地产状况优于估价对象，经分析，可比实例在繁华程度、交通条件、基础设施、规划条件、文体设施等方面综合起来比估价对象好 6%，求经过修正后的可比实例的价格。

【解】 经修正后的可比实例的价格为：

$$53\,000\times\frac{100}{106}=50\,000(\text{元}/\text{平方米})$$

以上两个例题，介绍了直接比较法的计算。对于间接比较法而言，间接比较法设计了一个“标准房地产”作为对估价对象和可比实例房地产状况打分的依据，即标准房地产各项因素的分值均为 100。当估价对象与可比实例的某项因素优于该项标准时，得分高于 100；反之，得分低于 100。具体方法见表4-7。

表 4-7 利用间接比较法求取房地产状况修正系数

房地产状况	权 重	标准状况	估价对象	可比实例 A	可比实例 B	可比实例 C
因素 1	f_1	100	x_1	y_1		
因素 2	f_2	100	x_2	y_2		
⋮	⋮	⋮	⋮	⋮		
因素 n	f_n	100	x_n	y_n		
综合	1	100	$\sum_{i=1}^{n} f_i x_i$	$\sum_{i=1}^{n} f_i y_i$		

采用间接比较法进行房地产状况修正的公式为：

$$\begin{array}{c}\text{可比实例在估价对象}\\\text{房地产状况下的价格}\end{array}=\begin{array}{c}\text{可比实例在自身}\\\text{状况下的价格}\end{array}\times\frac{\sum_{i=1}^{n} f_i x_i}{\sum_{i=1}^{n} f_i y_i}$$

【例 4-22】 比较法中，采用间接比较对可比实例价格进行个别因素修正，其中可比实例的个别因素优于标准个别因素，得 103 分，估价对象的个别因素劣于标准个别因素得 95 分，求个别因素修正系数。

【解】 个别因素修正系数为：

$$\frac{95}{103}=0.922$$

【例 4-23】 根据间接比较法进行评判，某可比实例的房地产状况劣于标准房地产状况，价格低 2%；而估价对象房地产状况优于标准房地产状况，价格高 5%。如果采用直接比较法，可比实例房地产价格调整系数是多少？

【解】 直接比较法是将估价对象与可比实例房地产状况进行直接比较：

$$\text{可比实例房地产状况直接调整系数}=\frac{\text{可比实例在估价对象房地产状况下价格}}{\text{可比实例在自身状况下价格}}=\frac{\text{标准房地产状况}\times(1+5\%)}{\text{标准房地产状况}\times(1-2\%)}=\frac{(1+5\%)}{(1-2\%)}=1.071$$

(2) 总价法和单价法：

总价法是基于总价进行的房地产状况调整，单价法是基于单价进行的房地产状况调整。

(3) 数额法和比率法

采用数额法进行房地产状况调整的一般公式为：

$$\text{可比实例在估价对象状况下的价格}=\text{可比实例在自身状况下的价格}\pm\text{房地产状况调整金额}$$

采用比率法进行房地产状况调整的一般公式为：

$$\text{可比实例在估价对象状况下的价格}=\text{可比实例在自身状况下的价格}\times\text{房地产状况调整金额}$$

五、特殊因素修正

特殊因素修正主要包括土地使用年期修正和容积率修正两种情况。

1. 土地使用年期修正

对于不同类型的建设用地，其土地使用权的法定出让期限也是不同的。例如：住宅用地为 70 年，商业、娱乐、旅游用地为 40 年，其余各类用地为 50 年。此外，土地出让和转让方式的不同更是造成了建设用地由于存续年期的差别，这也使得土地使用年限成为影响房地产价格的重要方面，在使用比较法时必须对其进行修正。值得要注意的是，划拨用地也可以采用比较法估价，但其可比实例必须同样是划拨用地，要根据划拨协议进行各项修正。土地使用年期修正是将各比较实例的不同使用年期修正到待估宗地使用年限期，以消除因土地使用年期不同而对价格带来的影响。

土地使用年期修正系数的计算公式为：

$$K_{\text{年}}=\frac{1-\dfrac{1}{(1+r)^m}}{1-\dfrac{1}{(1+r)^n}}$$

式中，$K_{年}$ 为土地使用权年期修正系数；r 为土地还原利率；m 为待估宗地的土地使用年期；n 为可比实例的使用年期。

【例 4-24】 某城市有一宗城市建设用地，在土地二级市场进行土地使用权转让时，转让价格为 5.8 亿元人民币，对应的土地使用年期为 48 年，该市土地的报酬率为 5.6%，以该块宗地作为可比实例对待估对象进行价格评估，待估宗地的土地使用年期为 50 年，求可比实例宗地进行年期修正后的价格？

【解】 经过年期修正后的可比实例价格为：

$$5.8\times\frac{1-\dfrac{1}{(1+5.6\%)^{50}}}{1-\dfrac{1}{(1+5.6\%)^{48}}}=5.85(\text{亿元})$$

2. 容积率修正

土地规划容积率对于房地产价格影响很大。对于房地产开发企业而言，通过竞拍在土地一级市场上获得土地使用权，在土地取得成本一定的情况下，开发容积率越高，开发商越能集约利用土地，开发的住宅面积越多，销售收入越高。所以，容积率指标对开发商而言是非常重要的。首先，容积率大小决定了宗地的利用程度，土地取得成本一定，容积率越高，楼面地价越低；容积率越低，楼面地价越高。在我国大中城市核心区，由于土地取得成本较高，开发商只能以建筑资源替代土地资源，开发高密度住宅；而在县级以下城市，由于土地资源取得成本较低，开发商往往以土地资源替代建筑资源，开发低密度住宅。其次，容积率大小也在一定程度反映了一宗房地产的景观绿化比例、宜居环境优劣乃至开发档次高低。

容积率修正系数的计算公式为：

$$K_{容}=\frac{K_1}{K_2}$$

式中，$K_{容}$ 为容积率修正系数；K_1 为待估宗地容积率对应的地价水平系数；K_2 为可比实例宗地容积率对应的地价水平系数。

根据《房地产估价规范》(2015)进行交易情况修正、市场状况调整、区位状况调整、实物状况调整、权益状况调整时，应符合下列规定：

(1) 分别对可比实例成交价格的修正或者调整幅度不宜超过 20%，共同对可比实例成交价格的修正和调整幅度不宜超过 30%；

(2) 经修正和调整后的各个可比实例价格中，最高价与最低价的比值不宜大于 1.2；

(3) 当幅度或者比值超出本条规定时，宜更换可比实例；

(4) 当因估价对象或者市场状况特殊，无更合适的可比实例替换时，应在估价报告中说明并陈述理由。

第五节　计算比较价值

一、综合修正公式

运用比较法比较进行估价时，往往需要进行交易情况修正、市场状况调整、房地产状况的调整，有的还需要进行容积率、土地使用年期的修正。经过修正以后，即把可比实例房地产的交易价格修正为估计对象房地产在估价时点的客观合理价格。如果把交易情况修正、市场状况调整、房地产状况的调整综合起来考虑，计算公式为：

$$\text{可比实例修正后的价格}=\text{可比实例价格}\times\text{交易情况修正系数}\times\text{市场状况调整系数}\times\text{房地产状况调整系数}$$

由于房地产状况修正有直接比较法和间接比较法之分，所以较具体化的综合修正公式分为直接比较修正公式和间接比较修正公式。

1. 直接比较修正公式

$$\text{可比实例修正价格}=\text{可比实例价格}\times\overset{\text{交易情况修正}}{\frac{100}{(\qquad)}}\times\overset{\text{市场状况调整}}{\frac{(\qquad)}{100}}\times\overset{\text{房地产状况调整}}{\frac{100}{(\qquad)}}$$

$$=\text{可比实例价格}\times\frac{\text{正常市场价格}}{\text{实际成交价格}}\times\frac{\text{价格时点价格}}{\text{成交日期价格}}\times\frac{\text{对象状况价格}}{\text{实例状况价格}}$$

式中，交易情况修正以正常价格为基准，市场状况调整以成交日期时的价格为基准，房地产状况调整以待估价对象的房地产状况为基准。

2. 间接比较修正公式

$$\text{可比实例修正价格}=\text{可比实例价格}\times\frac{100}{(\qquad)}\times\frac{(\qquad)}{100}\times\frac{100}{(\qquad)}\times\frac{(\qquad)}{100}$$

$$=\text{可比实例价格}\times\frac{\text{正常市场价格}}{\text{实际成交价格}}\times\frac{\text{价格时点价格}}{\text{成交日期价格}}\times\frac{\text{标准状况价格}}{\text{实例状况价格}}\times\frac{\text{对象状况价格}}{\text{实例状况价格}}$$

式中，标准化修正分子为100，表示以标准房地产状况为基准，分母是可比实例房地产相对于标准房地产所得的分数；房地产状况修正的分母为100，表示以标准房地产的状况为基准，分子是估价对象房地产相对于标准房地产所得的分数。

二、计算比较价值

采用比较法时，可比实例一般多于三个、少于十个，对每个可比实例均进行房地产状况、交易情况、实物状况调整后，得到多个可比实例的比较价值。如何将多个比较价值进行综合计算，作为待估房地产的评估价格，通常有几种方法，专业房地产估价人员，采用以下几种方法中的一种即可。

1. 算数平均数法

平均数法又分为简单算术平均法和加权算术平均法。简单算术平均法是以多个修正价格的算术平均值为综合结果，作为比较价值。采用这种方法一般要求各可比实例与估价对象之间的相似程度较为接近。具体计算公式为：

$$V = \frac{1}{n}\sum_{i=1}^{n} V_i$$

式中，V_i 为各可比实例的修正价格；n 为可比实例数目；V 为待估房地产的评估价格。

加权算术平均数是在将修正出的各个价格综合成一个价格时，由于各个可比实例与估价对象的相似程度存在一定的差异，所以先赋予每个可比实例的价格不同的权重，然后求出综合价格。通常对于与估价对象房地产最类似的可比实例房地产所修正出的价格，赋予较大的权重，反之，赋予最小的权重。具体计算公式为：

$$V = \sum_{i=1}^{n} V_i \times \omega_i$$

式中，ω_i 为各可比实例修正价的权重，$\sum_{i=1}^{n} \omega_i = 1$。

2. 中位数法

所谓中位数法，是指对多个可比实例进行修正后的价格，按大小顺序排列，当可比实例数为奇数时，位于正中间位置的那个价格为综合价格，即作为待估对象的评估价格；当可比实例数为偶数时，位于正中间位置的那两个价格的简单算术平均数为综合价格，作为待估对象的评估价格。

3. 众数法

众数法是指将各总体单位按某一标志排序后，整理成为分布数列，如果其中有某一标志值出现的次数最多，即为众数值。在房地产估价中，需要选择 10 个以上的可比实例，才可能用这个方法确定综合结果，目前采用较少。

4. 其他方法

除了以上介绍的几种方法，还可以采用其他方法进行计算，例如，去掉一个最高比较价值和一个最低比较价值，求余下价格的简单算术平均数，或者加权平均数等。

【例 4-25】 在某宗房地产估价中，6 个可比实例经各项修正后得到的比较价值分别是 38 500 元/平方米、39 000 元/平方米、39 600 元/平方米、38 990 元/平方米、39 200 元/平方米、39 180 元/平方米。试采用平均数法求取比较价值。

【解】 ① 采用简单算术平均法：

$$V=\frac{38\,500+39\,000+39\,600+38\,990+39\,200+39\,180}{6}$$
$$=39\,078(\text{元}/\text{平方米})$$

② 采用加权算术平均法：

采用加权算术平均法时需要先赋予每个比较价值不同的权重，然后进行综合计算。假设赋予上述6个价格的权重分别为0.3、0.2、0.2、0.1、0.1、0.1，则估价对象的比较价值为：

$$V=38\,500\times0.3+39\,000\times0.2+39\,600\times0.2+$$
$$38\,990\times0.1+39\,200\times0.1+39\,180\times0.1$$
$$=39\,007(\text{元}/\text{平方米})$$

第六节　比较法应用举例

为了熟练掌握比较法的实施步骤和评估过程，本节中，选择了几个代表性的例题，进行分析计算。

【例4-26】 为评估某宗房地产的市场价值，选取了甲、乙、丙三个可比实例：甲可比实例的成交价格为48 000元/平方米，比正常价格低2%；乙可比实例的卖方净得为47 800元/平方米，交易税费全部由买方负担，当地房地产交易中买方和卖方应缴纳的税费分别为正常交易价格的3%和6%；丙可比实例的成交价格为48 300元/平方米，其装修标准比估价对象的装修标准高3%。假设不考虑其他因素影响，三个可比实例比较价值的权重依次为0.4、0.2、0.4，试求该宗房地产的比较价值。

【解】 该宗房地产比较价值的计算过程如下：

$$\text{甲可比实例修正后的价格}=48\,000\times\frac{100}{100-2}=48\,979.59(\text{元}/\text{平方米})$$

$$\text{乙可比实例修正后的价格}=47\,800\times\frac{1}{1-6\%}=50\,851.06(\text{元}/\text{平方米})$$

$$\text{丙可比实例修正后的价格}=48\,300\times\frac{1}{1+3\%}=46\,893.20(\text{元}/\text{平方米})$$

$$\text{待估房地产的比较价值}=48\,979.59\times0.4+50\,851.06\times0.2+46\,893.20\times0.4$$
$$=48\,519.33(\text{元}/\text{平方米})$$

【例4-27】 为评估某套住宅2016年7月1日的正常市场价格，估价人员在该住宅附近地区调查选取了A、B、C、D、E五个已经成交的交易实例，交易价格和交易时间等数据见表4-8所示，该套住宅的建筑面积为326平方米。

表 4－8 交易实例资料

交易实例	A	B	C	D	E
成交价格	39 780 元/平方米	6 760 美元/平方米	39 800 元/平方米	41 000 元/平方米	39 980 元/平方米
成交日期	2016.1.1	2016.3.1	2015.1.1	2016.5.1	2016.2.1
交易情况	－2％	0	－1％	＋23％	＋3％
房地产状况	－3％	＋5％	－2％	＋4％	－6％

在表 4－8 的交易情况中，正(负)值表示可比实例成交价格高(低)于正常价格的幅度；房地产状况中，正(负)值表示可比实例状况优(劣)于估价对象状况导致的价格差异幅度；人民币汇率中间价，2016 年 3 月 1 日，1 美元＝6.38 元人民币；该类住宅以人民币为基准的市场价格 2016 年 1 月 1 日至 2016 年 8 月 1 日平均每月比上月递增 1.5％。试利用上述资料，根据估价相关要求选取合适的交易实例作为可比实例，并估算该住宅楼 2016 年 7 月 1 日的正常价格，用简单算术平均数计算价格。

【解】 ① 选取可比实例。根据房地产估价规范的要求，可比实例选择时交易时间和待估对象的估价时点不宜超过 1 年，交易情况尽量正常。

由于实例 C 成交时间与估价时点相隔一年以上，实例 D 偏差较大，故实例 C 和实例 D 不宜作为可比实例。选取 A、B、E 作为可比实例。

② 计算公式：估价对象价格＝可比实例价格×交易情况修正系数×房地产市场状况调整系数×房地产状况修正系数。

③ 交易情况修正系数：

可比实例 A＝100/(100－2)＝100/98
可比实例 B＝100/100＝1
可比实例 E＝100/(100＋3)＝100/103

④ 房地产市场状况调整系数：

可比实例 A＝$(1+1.5\%)^6$
可比实例 B＝$(1+1.5\%)^4$
可比实例 E＝$(1+1.5\%)^5$

⑤ 房地产状况修正系数：

可比实例 A＝100/(100－3)＝100/97
可比实例 B＝100/(100＋5)＝100/105
可比实例 E＝100/(100－6)＝100/94

⑥ 计算比较价值：

$$\frac{比较价值 A}{比较价值} = 39\,780 \times (100/98) \times (1+1.5\%)^6 \times (100/97)$$
$$= 45\,757.60(元/平方米)$$

$$\frac{比较价值 B}{比较价值} = 6\,760 \times 6.38 \times (1+1.5\%)^4 \times (100/105)$$
$$= 43\,595.56(元/平方米)$$

$$\frac{比较价值 E}{比较价值} = 39\,980 \times (100/103) \times (1+1.5\%)^5 \times (100/94)$$
$$= 44\,484.42(元/平方米)$$

通过以上的计算可知，分别对可比实例成交价格的修正或者调整幅度没有超过20%，共同对可比实例成交价格的修正和调整幅度没有超过30%；经过修整和调整后的各个可比实例价格中，最高价格A与最低价格B的比值没有大于1.2，所以符合要求。

⑦ 将上述三个比较价值的简单算术平均数作为比较法的测算结果。则有：

$$估价对象单价 = (45\,757.60 + 43\,595.42 + 44\,484.42)/3$$
$$= 44\,612.48(元/平方米)$$
$$该套住宅的总价 = 44\,612.48 \times 326 = 14\,543\,668.48(元)$$
$$= 1\,454.37(万元)$$

【例4-28】 为了评估某写字楼在2016年7月20日的正常市场价格，房地产估价人员在该写字楼附近选取了三个与其相似的写字楼的交易实例作为可比实例，相关交易数据如下：

(1) 可比实例成交价格及成交日期，见表4-9。

表4-9 可比实例成交价格及成交日期

可比实例	A	B	C
成交价格(元/平方米)	34 100	34 300	33 900
成交日期	2016年1月20日	2016年4月20日	2016年5月20日
交易情况	+3%	0	−1%

表4-9中交易情况的分析判断是以正常价格为基准，正值表示可比实例的成交价格高于其正常价格的幅度，负值表示低于其正常价格的幅度。

(2) 该类写字楼2016年1月至7月的价格指数，见表4-10。

表4-10 同类房地产价格变动情况

月 份	1	2	3	4	5	6	7
价格指数	111.5	111.1	110.9	110.9	111	111.2	111.6

表4-10中的价格指数为定基价格指数。

(3) 房地产状况的比较判断结果,见表 4-11。

表 4-11 房地产状况比较判断结果

房地产状况	权 重	估价对象	可比实例 A	可比实例 B	可比实例 C
实物状况	0.3	100	100	110	95
权益状况	0.2	100	115	120	100
区位状况	0.5	100	90	100	110

请利用上述资料测算该写字楼 2016 年 7 月 20 日的正常市场价格,该写字楼的建筑面积为 10 659 平方米。

【解】 计算过程如下:

① 计算公式:估价对象价格=可比实例价格×交易情况修正系数×房地产市场状况调整系数×房地产状况修正系数。

② 交易情况修正系数:

可比实例 A=100/(100+3)=100/103

可比实例 B=100/100=1

可比实例 C=100/(100-1)=100/99

③ 房地产市场状况调整系数:

可比实例 A=111.6/111.5

可比实例 B=111.6/110.9

可比实例 C=111.6/111

④ 房地产状况修正系数:

可比实例 A =100/(100×0.3+115×0.2+90×0.5)=100/98

可比实例 B =100/(110×0.3+120×0.2+100×0.5)=100/107

可比实例 C =100/(95×0.3+100×0.2+110×0.5)=100/103.5

⑤ 计算比较价值:

可比实例 A 比较价值=34 100×(100/103)×(111.6/111.5)×(100/98)

=33 812.74(元/平方米)

可比实例 B 比较价值=34 300×1×(111.6/110.9)×(100/107)

=32 258.41(元/平方米)

可比实例 C 比较价值=33 900×(100/99)×(111.6/111)×(100/103.5)

=33 263.30(元/平方米)

通过以上的计算可知,分别对可比实例成交价格的修正或者调整幅度没有超过 20%,共同对可比实例成交价格的修正和调整幅度没有超过 30%;经过修整和调整后的各个可比实例价格中，最高价格A与最低价格B的比值没有大于1.2，所以符合要求。

⑥ 将上述三个比较价值的简单算术平均数作为比较法的测算结果。则有：

估价对象单价＝(33 812.74＋32 258.41＋33 263.30)/3＝33 111.48(元/平方米)

该写字楼评估总价＝33 111.48×10 659＝352 935 265.3(元)≈3.53(亿元)

【例4-29】 现有某写字楼项目，建筑面积52 000平方米，需要评估其2016年5月1日的市场价值，该写字楼所在的区域，房地产市场活跃，近期交易情况多，采用比较法时，可以搜集到相应的写字楼的成交数据及其资料。

【解】 搜集的数据及其计算过程见下面内容：

① 选取近期同一供求圈内邻近地区的三个写字楼项目A、B、C作为交易实例，如表4-12所示。通过将待估对象的状况与A、B、C三个交易实例进行对比，得到的比较结果列于表4-12中。

表4-12 交易实例情况

可比实例		估价对象	A	B	C
交易情况		正常	正常	正常	正常
交易日期		2016.5	2016.4	2016.4	2016.4
单位售价(元/平方米)		待估	45 200	43 500	46 200
区域因素	交通便捷度	一般	一般	一般	一般
	繁华程度	好	好	好	好
	环境质量优劣度	一般	一般	一般	一般
	基础设施完善度	较好	较好	较好	较好
	公用设施完备度	好	好	好	好
	城市规划符合度	符合	符合	符合	符合
个别因素	临街状况	较好	较好	较好	较好
	建筑结构	钢板剪力墙框架结构	钢板剪力墙框架结构	钢板剪力墙框架结构	钢板剪力墙框架结构
	平面布置	合理	合理	合理	合理
	土地级别	1	3	1	2
	土地使用年限	48	48	46	48
	工程质量	优	优	优	优
	物业管理	好	好	好	好
	设备及装修	较好	较好	较好	好
	配套服务设施	方便	方便	方便	方便
	物业知名度	即将引入的物业	知名	知名	较知名

② 可比实例修正：

将可比实例与估价对象进行比较，从土地用途、土地级别、交易情况、交易时间、区域因素和个别因素等方面进行系数修正，得到估价对象的比较价值，如表 4-13 和表 4-14 所示。

表 4-13 比较因素条件指数表

可比实例		估价对象	A	B	C
交易情况		100	100	100	100
交易日期		100	100	100	100
区域因素	交通便捷度	100	100	100	100
	繁华程度	100	98	100	100
	环境质量优劣度	100	100	100	100
	基础设施完善度	100	100	100	100
	公用设施完备度	100	100	100	100
	城市规划符合度	100	100	100	100
个别因素	临街状况	100	100	100	100
	建筑结构	100	100	100	100
	平面布置	100	100	100	100
	土地级别	100	96	100	98
	土地使用年限	100	100	96	100
	工程质量	100	100	100	100
	物业管理	100	100	100	100
	设备及装修	100	100	100	98
	配套服务设施	100	100	100	99
	物业知名度	98	100	100	99

表 4-14 因素比较修正系数表

可比实例		A	B	C
交易情况		100	100	100
交易日期		100	100	100
交易价格(元/平方米)		45 200	43 500	46 200
区域因素	交通便捷度	100/100	100/100	100/100
	繁华程度	100/98	100/100	100/100
	环境质量优劣度	100/100	100/100	100/100

续 表

可比实例		A	B	C
区域因素	基础设施完善度	100/100	100/100	100/100
	公用设施完备度	100/100	100/100	100/100
	城市规划符合度	100/100	100/100	100/100
个别因素	临街状况	100/100	100/100	100/100
	建筑结构	100/100	100/100	100/100
	平面布置	100/100	100/100	100/100
	土地级别	100/96	100/100	100/98
	土地使用年限	100/100	100/96	100/100
	工程质量	100/100	100/100	100/100
	物业管理	100/100	100/100	100/100
	设备及装修	100/100	100/100	100/98
	配套服务设施	100/100	100/100	100/99
	物业知名度	98/100	98/100	98/99
比较价值		47 083.6	44 406.25	48 100.05

通过分析可比实例A、B、C的比较价值可知，分别对可比实例成交价格的修正或者调整幅度没有超过20%，共同对可比实例成交价格的修正和调整幅度没有超过30%；经过修整和调整后的各个可比实例价格中，最高价格C与最低价格B的比值没有大于1.2，所以符合要求。

③ 求取估价对象价值：

可比实例A、B、C的权重分别为0.35、0.4、0.25

$$\text{则待估对象的单位面积价值} = 47\,083.6 \times 0.35 + 44\,406.25 \times 0.4 + 48\,100.05 \times 0.25$$

$$= 46\,266.77(\text{元}/\text{平方米})$$

$$\text{物业总值} = 46\,266.77 \times 52\,000 = 24.06(\text{亿元})$$

【复习思考题】

1. 比较法适用于对哪些类型的房地产进行估价？
2. 何谓正常价格？何谓卖方净得？何谓买方付出？
3. 何谓比较价值？
4. 为什么要进行交易情况修正？为什么要对房地产市场状况进行调整？为什么要对房地产状况进行调整？

5. 某一写字楼，在交易时，买卖双方约定的合同价格为 5.46 亿元人民币，双方约定，签订契约时，买方支付 30%，余款分两次等额支付，一年后支付余款第一笔款项，两年后支付余额的第二笔款项，年利率为 5.1%，则该交易的实际价格是多少？
6. 有甲、乙两宗交易实例，甲的建筑面积为 90 平方米，成交总价 535 万元，双方约定，首付款 30%，余款于 6 个月后一次付清，年利率为 6%；乙的使用面积为 800 平方英尺，成交总价为 81 万美元，成交当时汇率为 1 美元=6.20 元人民币，使用面积率为 80%，试建立价格比较基础。
7. 某宗房地产在某年 1 月 1 日的成交价格为 3 500 美元/平方米，同年 1 月 1 日至 6 月 1 日该类房地产以人民币为基准的价格平均每月比上月增加 80 元/平方米，6 月 1 日至 9 月 1 日，该类房地产的价格平均每月下降 0.5%，则该年 9 月 1 日该房地产的正常价格为多少？（假设该年 1 月 1 日的汇率为 1 美元=6.7 元人民币，9 月 1 日的汇率为 1 美元=6.4 元人民币）
8. 某宗房地产的成交价格比正常价格低 8%，买卖双方约定所有交易税费均由买方负担。当地该类房地产交易中卖方和买方应缴纳的税费分别为正常价格的 5%和 3%。现将该房地产交易实例选作为可比实例，其相应的修正系数为多少？
9. 某宗房地产交易，买卖双方约定：买方付给卖方 48 000 元/平方米，买卖中涉及的税费均由卖方负担。据悉，该地区房地产买卖中，应由卖方缴纳的税费为正常价格的 5%，应由买方缴纳的税费为正常价格的 6%。若买卖双方又重新约定买卖中涉及的税费改由买方负担，并在原价格基础上相应调整买方付给卖方的价格，则调整后买方应付给卖方的单价是多少？
10. 某类房地产 2016 年 4 月的市场价格为 43 500 元/平方米，该类房地产 2016 年 3 月至 8 月的环比价格指数分别为 100.1，101.3，100.1，100.6，100.1，100.4。该类房地产 2016 年 8 月的价格是多少？
11. 为了评估某写字楼 2016 年 10 月 1 日的正常市场价格，在附近地区选择了 A、B、C 三幢类似的近期交易的写字楼作为可比实例，有关调查数据如表 4－15 所示。假设人民币与美元汇率 2016 年 3 月 1 日 6.22，2016 年 10 月 1 日 6.19，当地该类写字楼市场状况为：2016 年 1 月 1 日至 2016 年 2 月 1 日保持不变，2016 年 2 月 1 日至 10 月 1 日平均每月比上月上涨 1%，该写字楼总建筑面积 21 000 平方米，试估价该写字楼 2016 年 10 月 1 日的正常市场价格。

表 4－15　可比实例数据资料

	可比实例 A	可比实例 B	可比实例 C
成交价格	52 500 元/平方米	8 500 美元/平方米	53 800 元/平方米
成交日期	2016 年 1 月 1 日	2016 年 3 月 1 日	2016 年 7 月 1 日
交易情况	+2%	5%	−3%
房地产状况	−4%	−5%	+3%

第五章　收益法

第一节　收益法概述

根据《房地产估价规范》的要求，在进行房地产评估时，最好采用两种以上的方法进行估价，并进行相互验证。在上一章中，介绍了比较法，本章介绍房地产估价中经常采用的另外一种计算方法，即收益法。

一、收益法的基本思想

收益法的基本思想来源于古典经济学中的商品价值理论。自朴素的经济学思想萌芽以来，人们对商品价值或价格的形成原因，主要演化为两种观点：一种认为价值渊源于生产商品的劳动，另一种则认为价值来源于商品所具有的效用。收益法是后一种观点的体现，早在 17 世纪后期，威廉·配第在探讨土地价格问题时，就提出了利用未来收益来估算土地价值的方法。他在 1762 年出版的《赋税论》的序中关于土地价格是这样描述的："在爱尔兰，土地的价值只相当于六年至七年的年租，而在海峡彼岸，土地价值就值二十年的地租。"[①]由此产生了以一定年限的地租来反映土地价格的方法，但是合理的土地价格究竟应该等于多少年的地租呢，威廉·配第认为应该按"直系亲属中三代人同时生存的年数来计算"，在当时，这个年数大约是 21 年。

这就是后来在土地价格评估采用的购买年法，如果用公式表示则为：

$$土地价格 = 土地年租金 \times 购买年$$

购买年法将土地价格与其收益能力联系起来，为其后的土地市场交易奠定了深厚的基础。

在现代经济中，如果将购买房地产看作是一种投资行为，还原利率就是投资的回报率，在资产收益理论中，就是收益率。以储蓄作为代表性投资方式，收益率可以作如下理解：假如一笔 1 000 万元的储蓄，存款年利息率为 3.25%的情况下，每年可以得到 32.5 万元的利息收入。这里的储蓄额 1 000 万元是资产价值，利息率 3.25%是资产在一年中的收益率，利息收入 32.5 万元就是每年的资产净收益，三者之间有着固定的关系，即：

$$净收益 = 资产价值 \times 收益率$$

---

① 威廉·配第著：《赋税论》，陈冬野、马清槐译，商务印书馆，1981 年，第13 页。

或者：
$$资产价值=\frac{净收益}{收益率}$$

房地产属于重要的资产，也具有与上述储蓄过程相同的特性。随着经济的发展，社会的进步，投资理念的变化，许多居民积累了一定财富以后，在金融机构的信贷支持下，投资房地产，通过出租获得相应的投资回报。

假设有一位房地产投资者，通过出租其拥有的商业房地产，年净租金为50万元，对于该房地产投资者而言，商业房地产的价格与任何一笔能够带来50万元收益的资产，价值是相等的。例如，他有一笔资金，存入银行作为本金，在一定的利息率的情况下，可以获得相应的利息收入，如果利息收入也是50万元的话，我们可以认为房地产的价格等于它存入银行的本金。

$$本金=\frac{利息}{利息率}$$

所以，房地产价格可以这样来计算：

$$房地产价格=\frac{年净收益}{银行存款年利息率}$$

一般而言，房地产投资与银行存款相比，有更高的风险，比如变现期长的风险、房地产市场萧条风险等，同时出租房地产、经营房地产往往需要投入一定的管理时间和管理费用。所以，房地产投资的收益率并不能简单地以银行利息率来代替，而是由多种因素决定，最终是房地产的收益率，即：

$$房地产价格=\frac{年净收益}{房地产收益率}$$

由此可见，如果能够得到某宗房地产的收益和收益率资料，就可以比较准确地评估其价值，这种方法就是收益法。

二、收益法的概念

收益法也称为收益资本化法或收益还原法，它是通过预测估价对象在未来的正常年收益，并采用适当的资本化率，将收益转换为价值，来评估房地产价格的方法。

如果以资金的时间价值理论来理解，那么房地产的年净收益相当于年金，由于这个年金是未来年份中持续得到的，要计算的房地产价格是当前价格，可以使用普通年金现值的计算公式，即：

$$P=A(P/A,\ i,\ n)$$

前面的例子是一种简化了的情形，与现实情况有一定差距。在实际的估价中，公式中的主要指标取值需要重新考虑。首先，现实中的房地产年收益不是固定不变的，需要合理地估计；其次，还原利率的大小与许多经济因素有关，而不能简单地以银行利息率代替；最后，房地产的收益并不能像银行存款一样永续产生，多种原因决定了房地产收益是有年限限制的。这些都是本章中需要讨论的问题，通过这些问题的解决，能够使运用收益法的评估结果更加接近于现实的市场状况。

收益法评估结果的准确性不仅取决于对净收益的预测是否准确，还取决于所选择资本化率是否合适。该方法最主要的优势在于它可以估计典型投资者的想法，其劣势在于有时需要建立一套复杂的相关关系。

三、收益法的理论依据

收益法的理论依据是预期原理。人们投资房地产，主要是为了通过出租获得租金收入，或者持有一定期限后通过出售，获得溢价。所以，未来的收入影响房地产的价值，而过去的收益高低，不能决定房地产的价值。

由于拥有房地产相当于拥有了在未来若干年中持续地获取收益的权利，从这个层面来分析，购买房地产的本质是购买其未来产生的收益，由于这个未来的收益是尚未实现的，需要通过预期来确定的，所以未来的收益决定房地产的价值，而不是过去的收益。

四、收益法的应用条件

收益法的适用条件是未来能够带来收益的房地产，也就是未来收入和回报率都能够量化的房地产。

1. 估价对象是收益性房地产

收益性房地产是指能直接产生租赁收益或者其他经济收益的房地产，包括住宅、写字楼、旅馆、商店、餐馆、游乐场、影剧院、停车场、加油站、标准工业厂房、仓库、房地产开发用地等。这个收益并不一定是实际产生的，只要估价对象所属房地产类型具有产生收益的能力，都属于收益性房地产。因此自用房地产、自己经营的写字楼或公寓中空置的房地产，虽然没有实际收益，但是具有收益能力，都属于收益性房地产。

2. 收益和风险都能够量化

收益法是将房地产的未来收益转化为价格的方法，如果收益不能量化，就无法得出房地产价格。对未来收益的预期要以广泛和深入的市场调研为基础，并结合过去的经验和现实的具体情况做出判断。而风险的量化则是确定房地产还原利率的前提，相同收益的房地产，如果得到收益的风险不同，价格就会不同。在收益法中，风险的量化以回报率来反映，对于投资者来说，风险越大，要求的回报率越高，即还原利率越大。

采用收益法估价，要求估价人员对未来收益准确预期和对风险进行合理判断。

五、收益法的实施步骤

采用收益法评估房地产价格，首先是根据估价对象的基本情况，测算其合理的净收益，同时根据同类房地产的投资风险等因素选取适当的资本化率，然后采用适当的公式计算房地产价格。

运用收益法进行房地产估价时，实施步骤为：① 选择具体估价方法；② 测算收益期和持有期；③ 测算未来收益；④ 确定报酬率或者资本化率、收益乘数；⑤ 计算收益价值。

其中，未来收益包括潜在毛收入、有效毛收入和净收益等。

第二节 净收益、还原利率、收益年限的计算

在收益法中，房地产的价格由净收益、还原利率、收益年限三个参数共同决定。所以在采用收益法时，首先要确定净收益、还原利率、收益年限，下面分别介绍这三个基本参数的计算。

一、净收益

净收益是指投资型房地产、经营型房地产所带来的净收入。利用收益法评估房地产的价值，通常认为，房地产未来获得的收益越高，房地产价格越高，即净收益与房地产价格成正相关关系。

在收益法中，净收益是指由于房地产的贡献而直接产生的收益。根据获取收益的方式，收益性房地产可分为出租型房地产和直接经营型房地产。因此，净收益的测算有两种途径，具体如图5－1所示。

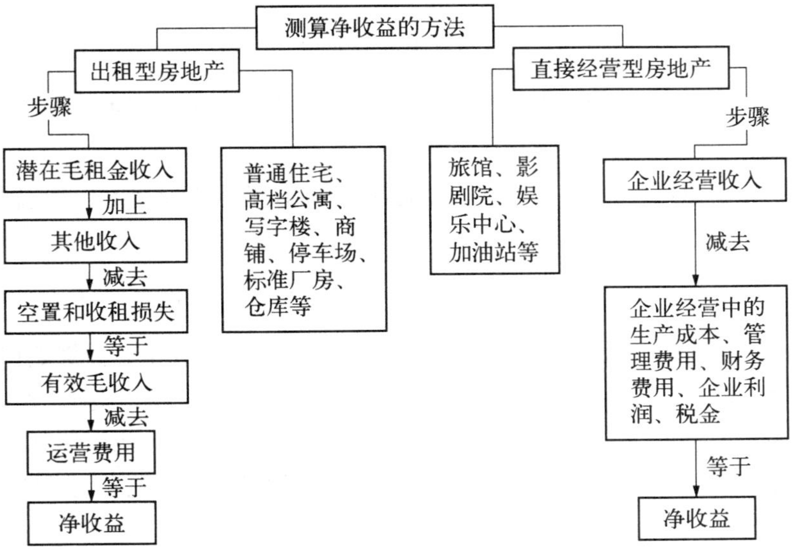

图5－1 测算净收益的两种思路

对于自用或者尚未使用的房地产，可以比照有收益的类似房地产的有关资料按照相应方式测算净收益，通过比较调整后得到净收益。

1. 出租型房地产净收益

出租型房地产是收益法估价的典型对象，比如出租经营的普通住宅、高档公寓、写字楼、商铺、停车场、标准厂房、仓库等，其净收益可以通过调查租赁资料来直接测算。租赁资料中最常见的就是租赁合同，可以是口头约定，也可以是书面合同。关于租金的约定有直线型租金、递增型租金、百分率租金等几种形式，如图 5-2 所示。直线型租金是在租约期以内，租金水平保持不变；递增型租金是约定在租赁期间的不同阶段租金数额按一定幅度不断提高；而百分比租金通常约定以租户经营毛利润收入的一定百分率支付租金，商业房地产经常会采用百分比租金的形式。

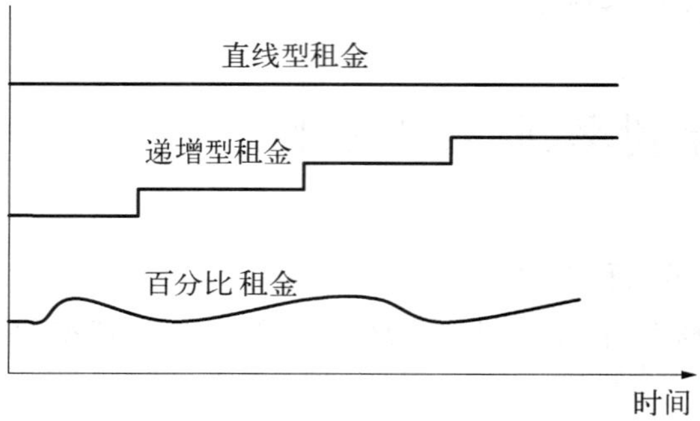

图 5-2 租金的约定形式

在搜集租赁资料时应当注意了解租金的形式，以便对未来租金预测时得到更准确的结果，从而更客观地估计房地产价值。

(1) 房地产收益的类型及其分析：

根据收益的内涵不同，房地产的收益可以分为潜在毛收益、有效毛收益、净收益三种类型。

潜在毛收益反映房地产的最大收益能力，等于潜在毛租金收入加上其他收入。即：

$$潜在毛收益 = 潜在毛租金收入 + 其他收入$$

其中，潜在毛租金收入是房地产在充分利用、无空置情况下所能获得的归属于房地产的总租金收入，其他收入一般指押金或保证金的利息收入。

有效毛收益是使用房地产中能够实现的毛收益，在数值上是潜在毛收益扣除空置和拖欠租金损失以后得到的收入。即：

$$有效毛收益 = 潜在毛收益 - 空置和收租损失$$

通常房地产很难一直保证全部出租，因此如果按照单位面积租金计算毛租金收入，就需要考虑空置面积是无租金收入的。而收租损失则是指出租的面积因拖欠租金所造成的收入损失，空置损失和收租损失通常按照潜在毛租金收入的一定比例来估算。

净收益是从有效毛收益中扣除运营费用以后得到的归属于房地产的纯收益。计算净收益的基本公式为：

$$净收益 = 有效毛收益 - 运营费用 \tag{5-1}$$

(2) 运营费用：

运营费用是维持房地产正常使用或经营的必要费用，包括房地产税、房屋保险费、物业服务费、管理费用、维修费、水电费等维持房地产正常使用或者营业的必要支出，根据合同的内涵取舍，其中由承租人承担的不应计入。也就是：

运营费用 = 房地产税 + 房屋保险费 + 物业服务费 + 管理费用 + 维修费 + 水电费

其中，管理费用是指对出租房屋进行必要管理所需的费用，包括出租经营过程中消耗品的支出和管理人员工资支出，通常以年租金的2%～5%计算；维修费是指为保证房屋正常使用所需支付的维护费，通常可按建筑物重置价的1.5%～2%计算；房屋保险费是指房产所有人为使自己的房产避免意外损失而向保险公司支付的费用，可按房屋重置价或现值乘以保险费率计算，我国的房屋保险费率一般是0.15%～0.2%；房地产税指房产所有人按有关规定向税务机关缴纳的房产税和营业税，税收标准各地规定有所不同，房产税按年缴纳，营业税按租金收入的5%缴纳，城市建设附加和教育费附加分别是租金收入的0.35%和0.05%。

这里的运营费是从估价的角度出发的，与会计中的成本费用不同，房地产估价中的运营费不包含房地产偿还抵押贷款的金额、房地产折旧、房地产改扩建费用。

实际求取净收益时，如果按以上项目累计测算运营费，通常应在分析租赁契约的基础上，决定应当扣除的费用项目。如果双方约定以上应包含的项目全部由出租人支付，则应当全部从毛租金收入中扣除，如果这些项目中只有部分由出租人支付，则只在毛租金基础上扣除由出租人支付的部分。而如果约定出租人为承租人无偿提供水、电、燃气等费用，则这些费用也应当从毛租金收入中扣除。对于出租人为承租人提供家具、设备等情况，如果评估价值中不包含这些物品，则应当将其折旧计入运营费用，如果评估价值中包含这些物品，则其折旧不计入运营费用。

【例5-1】 某写字楼可出租面积为2 000平方米，全部用于出租经营，已知当地同类写字楼的市场租金水平按出租面积为每月150元/平方米，平均空置率为10%，通常出租经营中可向承租人收取等于一个月租金额的押金。出租期间每年缴纳的房产税按租金的12%计算。该写字楼的建筑物重置成本为3 000元/平方米，房屋维修费按建筑物重置成本的1.5%计算，保险费按建筑物重置成本的0.2%计算，物业管理费按可出租面积每年150元/平方米。若当地一年期存款利息率为3%，求该写字楼的年净收益。

【解】 本例题介绍出租经营的房地产运营费的计算，题目中给出了各项运营费，在计算时需要注意的是押金的利息收入也应当计入有效毛收益。

根据公式(5-1)，房地产净收益=有效毛收益-运营费

房地产的年有效毛收益=年租金收入+押金的利息收入

=2 000×150×(1-10%)×12+2 000×150×3%

=3 249 000=324.90(万元)

房产税=324.90×12%=38.99(万元)

维修费=3 000×2 000×1.5%=9(万元)

保险费=3 000×2 000×0.2%=1.2(万元)

物业管理费＝150×2 000＝30(万元)

年运营费总计＝房产税＋维修费＋物业管理费＋保险费

＝38.99＋9＋1.2＋30＝79.19(万元)

所以，该写字楼的年净收益＝年有效毛收益－年运营费＝324.90－79.19

＝245.71(万元)

运营费测算的另一种方法是以有效毛收益乘以运营费率，运营费率是房地产运营费与有效毛收益之间的比率。有些类型的房地产，其运营费率有一个相对固定的范围，因此可以找出市场上同类房地产的运营费率，作为具体估价对象运营费率测算的参考。计算公式为：

$$房地产运营费 = 有效毛收益 \times 运营费率$$

这时，房地产净收益的计算公式为：

$$房地产净收益 = 有效毛收益 \times (1 - 运营费率) \quad (5-2)$$

【例 5-2】 某宗房地产在正常情况下，每年可获得有效毛收益 269 万元，运营费用为有效毛收益的 30%。请求取该房地产的净收益。

【解】 根据公式(5-2)，房地产的净收益＝有效毛收益×(1－运营费率)

由题目条件可知：有效毛收益＝269 万元，运营费率＝30%

所以，该房地产的净收益＝269×(1－30%)＝188.30(万元)

2. 直接经营型房地产净收益

如果收益性房地产不是以租赁方式获得收益，而是由房地产权利人直接使用或者经营，这时房地产租金与经营者的利润没有直接分开，比如旅馆、商店、加油站等。这些房地产净收益的测算通常是从经营者的总收益中扣除归属于其他要素的贡献，得到房地产的贡献。具体分述如下：

(1) 商服经营型房地产，应根据经营资料测算净收益，且净收益应为经营收入减去经营成本、经营费用、经营税金及附加、管理费用、财务费用及应归属于商服经营者的利润。

(2) 生产型房地产，应根据产品市场价格和原材料、人工费用等资料测算净收益，且净收益应为产品销售收入减去生产成本、销售费用、销售税金、管理费用、财务费用及应归属于生产者的利润。

3. 自用或尚未使用的房地产净收益

住宅、写字楼或其他房地产中往往有一部分是业主自用或者尚未使用，以上房地产，虽然实际中没有产生收益，也是属于收益性的，应当在考虑空置的基础上，与其他部分同样合理计算其净收益。但是各类房地产的大堂和管理用房则不计算收益，因为这些部位的价值是通过其他用房的收益体现的，比如有大堂的宾馆与没有大堂的相比档次高，收费也高，而管理用房则是房地产维持正常运营所必需的，所以大堂和管理用房是实现房地产净收益必要的基础，而其本身却不能单独产生收益。

4. 混合收益型房地产净收益

有时估价对象是综合用途的房地产，如许多写字楼裙房部分是餐厅、商场等商业经营场所，主体部分为写字楼和酒店的客房，而大多数星级宾馆既有客房、餐厅，还有会议室、商务中心、娱乐中心等，这类房地产净收益的求取方法有三种：

第一种是费用分解法，即先将费用区分为固定费用和变动费用，固定费用包括工作人员工资、固定资产折旧、房地产税和保险费等，无论餐厅、商场营业状况如何、客房是否有客人入住，都要发生的费用；变动费用是随业务量增加、减少而变化的费用，比如当餐厅、商场顾客增加、客房入住率提高时，水电费、维修费等也会随之增加。采用费用分解法，首先分别测算每种用途楼层的收入和变动费用，得出各用途的净收益，然后将所有用途的净收益相加，减去固定费用，即得到房地产的净收益；

第二种是总收入减总费用法，首先测算各种类型的收入，然后测算各种类型的费用，再以总收入减去总费用，即得到净收益；

第三种是简单组合法，采用这种方法时，把混合收益的房地产看作各种单一收益类型房地产的简单组合，分别根据各自的收入和费用求取各自的净收益，然后将所有用途的净收益相加得到总的净收益。在房地产估价实务中，一般采用第二种、第三种方法。

【例 5-3】 某企业经营一幢 16 层的办公大厦，每层建筑面积 500 平方米。目前的经营使用状况如下：1～2 层出租给另一家公司，作为商场经营其品牌产品的旗舰店，可出租面积为建筑面积的 75%；3～16 层为办公用房，每层共 20 间，每间 25 平方米，其中3～14 层已经投入使用，15 层正在招租，16 层的一半为物业管理用房，另一半为企业办公自用。已知当地同类商店的正常租金为 300 元/平方米・月，运营费率为 40%，同类同档次办公用房出租率为 90%，租金水平为 6 元/平方米・天，运营费率为 20%，请测算该房地产的正常年净收益。

【解】 本例题是计算混合用途房地产的净收益。根据题目所给条件，选用上面第三种方法，对其中的商店和办公楼分别测算净收益。

根据题意，该房地产净收益＝商场的净收益＋办公用房净收益

① 测算 1～2 层商店用房的净收益 a_1：

$$a_1 = 300 \times 2 \times 75\% \times 500 \times (1 - 40\%) \times 12 = 1\,620\,000(\text{元}) = 162(\text{万元})$$

② 测算 3～14 层办公用房净收益 a_2，根据上文对尚未使用房地产和自用房地产收益测算的解释，正在招租的 15 层和 16 层中企业自用办公用房与其他办公用房按同样标准测算收益，物业管理用房不计收益，所以应计算收益的办公用房共：

$$20 \times 13.5 = 270(\text{间})$$

$$a_2 = 6 \times 270 \times 25 \times 90\% \times (1 - 20\%) \times 365 = 1\,064.34(\text{万元})$$

③ 房地产的年净收益

$$a = a_1 + a_2 = 162 + 1\,064.34 = 1\,226.34(\text{万元})$$

所以，该房地产的年净收益为 1 226.34 万元。

5. 根据收益流模式推算未来净收益

与财务中的现金流类似，房地产每年的净收益也可以称为净收益流。由于房地产的寿命期很长，要对其整个收益年限中每年的净收益加以估算是十分困难甚至是无法做到的。特别是随着房地产市场的波动，存量房市场的供求会发生变化，租金也会经常处于波动之中。因此，可以根据估价对象过去几年的净收益推算未来净收益，或者通过预测最近年份的净收益，来推算其他年份的净收益。通常房地产净收益流的模式有几种类型：净收益每年固定不变、净收益按固定数额递增或递减、净收益按固定比率递增或递减等。如果，房地产市场波动不大，特别是租赁市场供求因素变化不大时，可以采用以下几种方法来测算未来净收益。

(1) 过去数据简单算术平均法。采用过去数据简单算术平均法，需要通过市场调查，得到估价对象在过去若干年的净收益，然后将其简单算术平均值作为估价公式中的净收益。采用这种方法时，要求估价对象所在区域的房地产市场稳定，租金收益变化不大的情形，如我国中西部中小城市，外来流动人口较少的三、四线小城市。我国东部沿海城市，因为外来流动人口较多，特别是四大一线城市，房地产租赁市场需求旺盛，租金变化较大时，不宜采用这种方法。

(2) 未来数据简单算术平均法。采用未来数据简单算术平均法，需要通过调查得到收益性房地产的净租金或者净收益的相应时间序列数据，并根据调查的时间序列数据进行预测，预测估价对象未来部分年份的净收益，并将其简单算术平均值作为估价公式中的净收益。

(3) 未来数据资本化公式法。采用未来数据资本化公式法，需要通过调查和分析，预测估价对象未来 t 年的净收益 a_1、a_2、$\cdots a_t$，并通过下面的公式，计算出估价对象的年度净收益①：

$$\frac{a}{r}\left[1-\frac{1}{(1+r)^t}\right]=\sum_{i=1}^{t}\frac{a_i}{(1+r)^i}$$

以上公式可以理解如下：以 t 年中每年的净收益 a_1、a_2、$\cdots$ a_t 测算出的估价对象 t 年收益价格(即公式右边)，应当与 t 年中固定不变的净收益 a 测算出的估价对象 t 年收益价格(即公式左边)相等。以上公式加以变换，就是

$$a=\frac{r(1+r)^t}{[(1+r)^t-1]}\sum_{i=1}^{t}\frac{a_i}{(1+r)^i} \tag{5-3}$$

由于收益法采用估价对象的未来净收益来估算价格，而不是过去净收益或当前净收益，因此，相对而言，以上三种方法中第三种最合理，其次是第二种，而第一种则是最简捷的方法。采用第一种方法计算净收益时，存在一定的偏差。

---

① 这个公式的来源将在本章第 3 节“收益法的基本公式”中学到。

【例 5-4】 某宗房地产的剩余收益期限为 46 年,通过预测得知其未来 4 年的净收益分别为 60 万元、66 万元、68 万元和 70 万元。假定该房地产未来每年的净收益基本固定不变,取报酬率为 8%。请分别用未来数据简单算术平均法和未来数据资本化公式法测算该房地产的净收益。

【解】 简单算术平均法:

$$a=\frac{a_1+a_2+a_3+a_4}{4}=\frac{60+66+68+70}{4}=66(\text{万元})$$

采用未来数据资本化公式法,运用公式(5-3),得到该宗房地产的净收益:

$$\begin{aligned}a&=\frac{r(1+r)^t}{[(1+r)^t-1]}\sum_{i=1}^{t}\frac{a_i}{(1+r)^i}\\&=\left[\frac{8\%(1+8\%)^4}{(1+8\%)^4-1}\right]\left[\frac{60}{1+8\%}+\frac{66}{(1+8\%)^2}+\frac{68}{(1+8\%)^3}+\frac{70}{(1+8\%)^4}\right]\\&=0.302\times 217.57=65.71(\text{万元})\end{aligned}$$

6. 实际收益与客观收益

租赁合同中约定的租金是具体的一宗房地产在实际经营中产生的收益,也称为实际收益,实际收益是房地产在现实状况下实际取得的收益。有些房地产采取了特殊的营销手段、对于租期较长的客户给予租金优惠,或者能够满足客户的某种特殊需要而约定了高于正常情况的租金,还有许多情况都可能导致实际租金偏离客观租金。如我国大中城市,教育资源配置不均衡,优质教育资源稀缺,因此在优质教育资源的附近区位,住宅类房地产的销售价格和租金明显高于其他区位,也就是学区房的住宅租金往往高于非学区房的住宅租金。因此,在采用收益法评估房地产价格时,如果以租赁合同中约定的租金作为毛收益,显然不符合房地产估价中客观性原则的要求。

直接经营型房地产的经营资料中用来测算净收益的经营利润、生产成本等数据,与经营者的经营项目、管理水平等多种因素有关,这也不符合估价原则中的最高最佳使用原则。所以无论是基于租赁收入还是基于经营收入的净收益测算,都应当注意区分实际净收益和客观净收益。例如,经营型的房地产,在测算净收益时,如果经营管理人员管理水平、经营水平较高,其经营收入会高于平均的经营收益,这主要是由于企业管理绩效的结果。所以,在测算净收益时,还要考虑多种因素的影响,区分实际收益和客观收益。

客观收益是排除了实际收益中属于特殊的、偶然的因素后得到的一般情况下的正常收益,它应该满足以下几个方面的要求:

(1) 客观收益是房地产在最佳利用状态下所产生的收益。估价时应该将估价对象设定在允许的最佳利用状态下,求取收益。

(2) 客观收益是能够持续产生的收益。如按年交付的地租和按月交付的房租就是最有规则而稳定的收益。规则的年收益,往往需要根据多年的收益情况来综合判定,供参考的收益年期越多,对客观地判断收益越有利。一次性处理土地所获得的收益、优惠的租金、满足某个具体租户特殊要求而抬高租金的情况都是暂时的，不能持续，这样的收益就不能作为客观收益。不规则的收益，如果确属客观的，必须换算为规则的收益才能作为客观收益，但不持续的收益、不客观的收益，以及特殊的房地产或超过经济寿命的房地产所产生的收益，都不宜作为客观收益。如我国许多城市，有的农村集体组织，利用农村集体组织所有的土地，在土地没有征用的情况下，开发建设了住宅，出租经营或者出售，习惯上称为“小产权房”，“小产权房”属于违法的房地产，其价格和收益在测定时，需要和一般的商品住宅区分对待。

(3) 客观收益是可实现的收益。采用客观收益作为估价的依据，符合房地产估价中的客观原则和最高最佳使用原则。估价中采用的收益应当是当前经济技术发展阶段中能够实现的收益，并且要考虑收益的安全性，如果未来的收益有风险，就应当扣除相应的风险影响。对于利用估价对象租赁资料或经营资料直接推算出的收益和费用，应当与类似房地产在正常情况下的收入、费用相比较，并进行适当的修正，确定其客观收益和费用，才能用于收益法进行估价。

【例 5-5】 某一企业经营一家宾馆，在 6 年前开始经营，该企业的经营资料如下：该宾馆共有 280 个标准间，每个标准间每天的标价是 300 元，宾馆平均每月的维持费是 60 万元，由于地段和价格优势，年平均空房率仅为 5%；而附近同档次宾馆的一般价格为每间标房每天 380 元，年平均空房率为 10%，正常营业情况下的运营费用占总收入的 25%。目前该企业因战略性调整，欲将该宾馆出售，请问在估价时该宾馆的净收益是多少？

【解】 本题中，有两组经营收入和经营费用的数据，根据收益法中关于净收益测算的规则，应当以客观净收益而不是实际净收益为估算房地产价格的基础。

客观净收益根据当地同档次宾馆的一般价格、空房率和运营费用来计算，即：

$$
\begin{aligned}
a &= 380 \times (1-10\%) \times 280 \times (1-25\%) \times 365 \\
&= 26\,214\,300(\text{元}) = 2\,621.43(\text{万元})
\end{aligned}
$$

在收益法测算中，应当采用的是房地产的客观净收益，但是在一些特定情况下，也需要采用实际净收益作为价格测算的依据。比如在我国现行《房地产估价规范》(GB/T50291—2015)中规定：① 除有租约限制且评估出租人权益价值或者承租人权益价值的租金收入以外，都应该采用正常客观的数据。② 有租约限制且评估出租人权益价值的，已经出租部分在租赁期间应该按照合同约定租金确定租金收入，未出租部分和已经出租部分在租赁期间届满后应该按照市场租金确定租金收入。③ 评估出租人权益价值或者承租人权益价值时，合同租金明显高于或者低于市场租金的，应该调查合同的真实性，分析解除租赁合同的可能性及其对收益价值的影响。

【例 5-6】 某房地产开发公司于 2011 年 5 月 1 日得到一块土地 40 年的出让使用权，并于 2014 年建成一幢总建筑面积 2 000 平方米的写字楼。自 2014 年 5 月 1 日起，该写字楼整幢出租给一家证券公司，租期 10 年，约定租金为每年 500 万元，每年收取押金 30 万元，由房地产公司负责物业管理、房屋维修等日常维持费用，平均每月总费用 8 万元。

现房地产公司因战略性调整，计划于2016年5月出售该写字楼。已知附近同类写字楼的月租金为每平方米建筑面积每天10元，平均费用率为40%。银行一年期存款利率为3%，同类写字楼报酬率为8%。请问该写字楼在2016年5月1日带租约出售时的净收益应该怎样测算？

【解】 根据题意可知，该房地产属于带租约情形下的出租人权益价值评估。根据《房地产估价规范》(GB/T50291—2015)的规定，应该将租约期内和租约期外的净收益分别测算。

租约期内的年净收益为租金收入和押金的利息，扣除经营费用，即：

$$a_1 = 500 + 30 \times 3\% - 8 \times 12 = 404.90(\text{万元})$$

租约期外的年净收益为：

$$a_2 = 10 \times 365 \times 2\,000 \times (1 - 40\%) = 4\,380\,000\ \text{元} = 438(\text{万元})$$

二、还原利率的测定及其计算

1. 还原利率的概念及其解释

由于收益法中的净收益是对未来收益的预期，因而预期中包含的风险性也是影响房地产价格的主要因素。获得收益的风险越大，将净收益转换为房地产价值的比率就越高，还原利率就是将房地产净收益转换为价值的比率，它与房地产价格成负相关关系。

收益法的理论依据为资产收益理论，如果将购买房地产看作一种投资行为，那么房地产的价格就是投资额，房地产的收益就是投资收益，而还原利率则是投资收益率。由此可见，还原利率的本质是投资收益率。

还原利率并不是统一的或固定的，估价中采用的还原利率也不是某宗具体房地产的个别还原利率，而是同类型房地产的合理还原利率。不同地区、不同时期、不同用途、不同类型的房地产，或者同一类型房地产的不同权益、不同收益类型，还原利率都会有所差异。

在同一市场中，投资的收益能力总是与其风险程度相关，要获取高收益，就要承担较高的风险。同样，对于风险较大的项目，投资者必然期望获得较高的收益。由此可见，投资的收益率与该类投资的风险存在正相关关系。如果有甲、乙两宗房地产净收益相等，其中甲产生这笔净收益的风险较高，则甲的投资者只愿意支付较低的价格，而要求较高的还原利率；乙产生同样数额净收益的风险较小，则投资者就愿意支付较高的价格，并接受较低的还原利率。

还原利率的微小变化会导致房地产价格的较大变化，所以即使净收益测算准确，如果还原利率选取不当，估价结果仍然会出现较高的误差，所以还原利率的准确选择也是保证收益法估价结果准确性的关键因素之一。

收益法中可以作为还原利率的指标有资本化率(R)和报酬率(r)两种，这两个指标都是将房地产的未来收益转换为价值的比率，都反映房地产价值与净收益之间的关系，但是它们的含义既有区别又有联系，下面分别加以分析。

2. 报酬率和资本化率的区别与联系

(1) 资本化率和报酬率两者的区别。报酬率是通过逐年折现的方式将房地产的预期收益转换为价格时采用的比率;而资本化率是将房地产某一年(通常取未来第一年)的预期收益直接转换为价格的比率。报酬率通过收益流的形式反映预期收益实现的方式,能够将不同房地产在收益流模式方面的差异体现在房地产价格中,考虑了预期收益实现的风险性。而资本化率则仅仅表示收益和价格之间的关系,并不明确地表示获利能力,对于预期的收益是否实现、何时实现都没有反映。因此,资本化率不区分房地产的收益流模式,在所有情况下都是以未来第一年的净收益除以资本化率求取房地产价格,更多地反映收益与价格的静态的关系。

(2) 资本化率和报酬率两者的联系。虽然资本化率和报酬率的含义不同,但是同样作为以收益评估房地产价格的基础参数,两者之间也存在一定的内在联系,具体表现为:当房地产未来净收益不变且收益期限为无限年数时,资本化率与报酬率相等,即:

$$R = r$$

当房地产未来净收益不变,但是收益期限为有限年数 n 时,资本化率和报酬率之间的关系可以用下列公式表达:

$$R = \frac{r}{1 - \frac{1}{(1+r)^n}} \tag{5-4}$$

上述公式的推导过程如下:以直接资本化法评估得到的房地产价格为 $V = \frac{a}{R}$,以报酬资本化评估得到房地产价格为[①]:

$$V = \frac{a}{r} \times \left[1 - \frac{1}{(1+r)^n}\right],$$

对于同一宗房地产来说,两种方法得出的价格应当相等,所以 $\frac{a}{R} = \frac{a}{r} \times \left[1 - \frac{1}{(1+r)^n}\right]$,以上公式通过变换即得到:

$$R = \frac{r}{1 - \left(\frac{1}{1+r}\right)^n}$$

公式(5-4)只适合于净收益稳定不变的情况,资本化率与报酬率之间的换算,如果净收益无规则变动,则报酬率和资本化率之间就不能存在确定的数学关系。

---

① 这个公式的来源将在第三节"收益法的基本公式"中学习。

3. 确定还原利率的方法

房地产估价中确定还原利率的基本方法有三种，即投资收益率排序插入法、累加法和市场提取法。其中投资收益率排序插入法和累加法主要考虑投资的风险因素，适合于报酬率的求取，市场提取法主要依据市场上同类房地产的收益与价格之间的关系，适合于资本化率的求取。

（1）投资收益率排序插入法：由于收益率的大小与投资风险相关，即具有同等风险的各种投资，其收益率应当是相似的。因此，可以通过与估价对象同等风险的其他投资的收益率来求取估价对象的还原利率。具体步骤如下：

第一步，调查、搜集估价对象所在地区的房地产投资、相关投资及其收益率和风险程度的资料，如各种类型的银行存款利率、政府债券利率、公司债券利率、股票收益率等；

第二步，以风险程度为横轴，收益率为纵轴，将所搜集到的各类型投资的收益率按从低到高的顺序排列，作出投资风险和收益率的关系曲线，如图 5－3 所示：

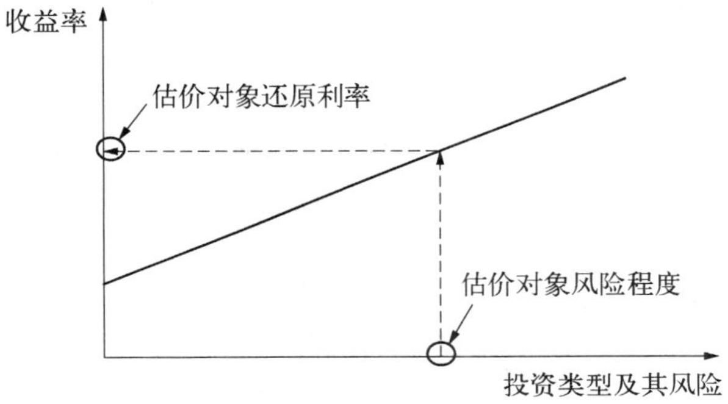

图 5－3　投资收益率排序插入法

第三步，将估价对象的投资风险程度与这些投资进行比较分析，从管理难度、投资的流动性以及作为资产的安全性等角度，判断估价对象的投资风险程度在这些投资类型中的相对位置；

第四步，根据估价对象的投资风险程度在横轴上的位置，找出其在纵轴上对应的位置，从而求取估价对象的收益率，即为还原利率。

（2）累加法：排序插入法虽然综合考虑了多种投资的风险程度和收益率，能够比较准确地反映房地产的投资风险，符合还原利率的本质，但是这种方法需要搜集的资料比较多，工作量大。累加法是一种将问题简化的方法，这种方法首先认为还原利率由无风险收益率和风险收益率两部分构成，然后分别求出每一部分，并累加得到估价对象的还原利率。即：

$$\text{还原利率} = \text{无风险收益率} + \text{风险报酬率}$$

无风险收益率也可以称为安全利率，是无风险投资的收益率，在同一市场中对于所有投资都相同。由于现实中不存在完全无风险的投资，所以通常选取同一时期相对无风险的投资，比如以同一时期的国债利率或银行存款利率，作为无风险收益率。

风险收益率是指承担额外风险所要求的补偿，是对估价对象投资类型及其所在区域、所处市场环境等所存在风险的补偿，通常包括投资风险补偿、管理负担补偿、缺乏流动性补偿。其中，投资风险补偿是指当投资者投资收益不确定、具有一定风险性的项目时，必然会要求对所承担的额外风险有所补偿，否则就不会冒险投资；管理负担补偿是指一项投资所要求的管理成本越高，其投资者期望的收益率越高，从而投资者会要求对所承担的额外管理有所补偿，房地产项目要求的管理成本一般高于存款和债券；缺乏流动性补偿是指投资者投入房地产项目的资金通常投资周期长、变现能力较弱；投资者出售房地产时，由于信息的不对称，交易成本的存在，往往需要较长的时期，因而缺乏流动性，所以投资者往往要求额外的补偿。

投资房地产除了承担风险外，也可能获得某些额外的好处，比如更容易获得抵押贷款、可以享受所得税抵扣等。例如，在房地产市场萧条、需求不足时，中央政府和城市政府往往采取相应的货币政策、税收政策刺激需求，这些优惠使投资者相应降低所要求的收益率，这称为投资带来的优惠率。

基于以上分析，可以得到累加法的计算公式，具体为：

$$\begin{aligned}\text{还原利率} = {} & \text{无风险收益率} + \text{投资风险补偿} + \text{管理负担补偿} + \\ & \text{缺乏流动性补偿率} - \text{投资带来的优惠率}\end{aligned} \tag{5-5}$$

【例 5-7】 假设某一时期我国人民银行规定的一年期存款利率为 2.75%，某一城市的商业房地产项目投资的投资风险补偿为 1.08%，管理负担补偿为 1.46%，缺乏流动性补偿为 1.56%，所得税抵扣得道的优惠为 0.78%，求当地现阶段商业房地产的还原利率。

【解】 根据题意，采用累加法求取还原利率，直接采用公式(5-5)，可得：

$$\begin{aligned} r = {} & \text{一年期存款利率} + \text{投资风险补偿} + \text{管理负担补偿} + \\ & \text{缺乏流动性补偿} - \text{所得税抵扣} \\ = {} & 2.75\% + 1.08\% + 1.46\% + 1.56\% - 0.78\% \\ = {} & 6.07\% \end{aligned}$$

因此，当地现阶段商业房地产的还原利率为 6.07%。

也可以以无风险收益率的一定比例测算风险收益率，这样能够使问题进一步简化。

【例 5-8】 某地一般投资的无风险报酬率为 2.75%，现阶段住宅房地产投资在当地属于中等风险投资，若对应的风险收益率为无风险收益率的 80%，求当地住宅房地产的还原利率。

【解】 根据题意，风险收益率为无风险收益率的 80%，即：

$$2.75\% \times 80\% = 2.20\%$$

由此得到该房地产的还原利率为：

$$r = 2.75\% + 2.20\% = 4.95\%$$

因此，当地住宅房地产的还原利率为 4.95%。

(3) 市场提取法：投资收益率排序插入法和累加法虽然有充分的理论依据，但是无论是排序插入法中对各类投资风险大小的判断，还是累加法中对无风险报酬率和风险补偿的量化，都不可避免地受到估价人员主观判断的影响，从而使其结果与实际情况出现偏差。市场提取法可以克服这方面的不足，这种方法是利用与估价对象房地产具有类似收益特征的若干可比实例房地产的价格、净收益等资料，将公式 $V=\frac{a}{r}$，转化为 $r=\frac{a}{V}$，分别求出这些可比实例的还原利率，并取其平均值作为估价对象房地产的还原利率，在两种类型的还原利率中，市场提取法更适合于资本化率的求取。

【例 5－9】 为评估某商业房地产的价格，估价人员收集到当地五宗同类商业房地产的价格与年净收益数据如表所示：

交易实例	一	二	三	四	五
建筑面积(平方米)	2 300	1 800	2 000	2 600	1 600
年租金收益(万元)	157	137	154	170	123
房地产单价(元/平方米)	5 543	5 611	5 450	6 042	6 412

另据调查，当地同类商业房地产的平均运营费率为 32%，请求取该商业房地产的合理资本化率。

【解】 首先根据搜集到的资料整理出年净收益和房地产总价格的数据，计算方法为：

$$年净收益 = 年租金收益 \times (1-运营费率)$$
$$房地产总价格 = 房地产单价 \times 建筑面积$$

计算结果如下：

交易实例	一	二	三	四	五
年净收益(万元)	106.76	93.16	104.72	115.6	83.64
总价格(万元)	1 275	1 010	1 090	1 571	1 026

根据可比实例价格及其年净收益资料，采用公式 $r=\frac{a}{V}$，得到五个可比实例的资本化率，结果如下：

交易实例	一	二	三	四	五
报酬率(%)	8.37	9.22	9.61	7.36	8.15

最后求取五个可比实例资本化率的简单算术平均值，结果如下：

$$\frac{8.37\%+9.22\%+9.61\%+7.36\%+8.15\%}{5}=8.54\%$$

所以，该商业房地产的合理资本化率应当为8.54%。

以上介绍了投资收益率排序插入法、累加法和市场提取法。利用累加法进行计算时，计算结果一般高于5%。但是，我国房地产市场结构和其他国家的房地产市场结构不同，在我国，房地产资产市场，也就是买卖市场活跃、市场交易量较高，相对而言，租赁市场发展滞后。特别是一线城市，住宅价格上涨较快，而住宅的租金上涨相对较慢，住宅的售租比价过高。所以，在上海、北京以及深圳等城市，利用收益法进行估价时，还原利率取值较低，上海市核心区住宅，在进行估价时，如果采用收益法估价，还原利率一般在2%～3%之间较为合理。因此，利用累加法计算还原利率，计算结果偏高。在估价实务中，可以采用市场提取法来计算还原利率。

三、收益期限的确定

1. 房地产收益期限

房地产的收益期限是收益法估价需要考虑的又一个重要指标，在净收益和还原利率不变的情况下，收益期限越长，房地产的价格越高。

收益法中房地产的价格是未来收益的资本化，所以收益期限是从估价时点开始，到房地产的合法经济寿命结束的时间，这里的合法经济寿命由建筑物的剩余经济寿命和土地使用权出让的剩余期限共同决定。

建筑物的寿命有自然寿命和经济寿命，自然寿命是建筑物能够正常使用的期限，但是随着建筑物的存续，其收益能力逐渐下降，而维护、维修成本会逐渐上升；建筑物的经济寿命就是指建筑物使用收益大于使用成本的寿命期。建筑物的剩余经济寿命是从估价时点开始到建筑物经济寿命结束的时间段。

土地使用权出让的剩余期限是从估价时点开始到土地使用权出让期满。前已述及，我国城镇土地实行土地所有权和土地使用权相分离的制度，亦即土地有偿使用制度，按照现行法律规定，出让土地使用权期满后，"除居住用地自动续期外，其他用途的土地都需要办理续期手续并缴纳相应费用才能继续使用"①。对于房地产所有人来讲，某宗房地产所使用的土地使用权期满也就意味着房地产的收益年限结束。

2. 房地产收益期限的确定

根据建筑物的使用期限和土地使用权的年限，在确定房地产的收益年限时，可能出现以下三种情形：

(1) 建筑物经济寿命和土地使用权出让期限同时结束，这时建筑物剩余经济寿命或

---

① 《中华人民共和国物权法》第149条规定："住宅建设用地使用权期间届满的，自动续期。非住宅建设用地使用权期间届满后的续期，依照法律规定办理。"《中华人民共和国城市房地产管理法》第22条规定："土地使用权出让合同约定的使用年限届满，……经批准准予续期的，应当重新签订土地使用权出让合同，依照规定支付土地使用权出让金。土地使用者未申请续期或者虽申请续期但依照前款规定未获批准的，土地使用权由国家无偿收回。"

土地使用权出让剩余年限就是房地产的剩余收益年限。

(2) 建筑物经济寿命早于土地使用权出让期限结束，房地产收益年限为估价时点到建筑物经济寿命结束的时间段，如图 5-4(a)，从估价时点开始到建筑物经济寿命结束共 55 年，即房地产的未来收益期限为 55 年。这时房地产的总价格等于房地产的收益价格加上建筑物经济寿命结束时的土地使用权价格折现到估价时点的价格，这部分土地使用权价格的估算不再考虑建筑物的存在，而是另外估算。

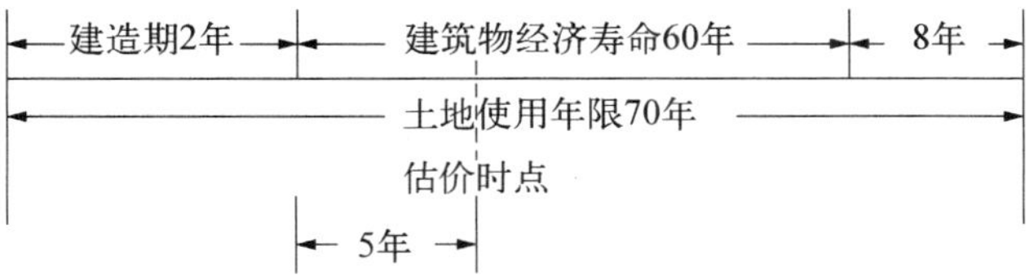

(a) 建筑物经济寿命早于土地使用权期限结束

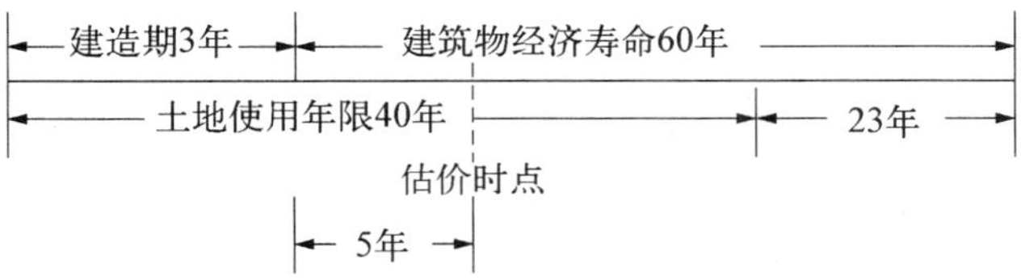

(b) 建筑物经济寿命晚于土地使用权期限结束

图 5-4 房地产收益期限的确定

(3) 建筑物经济寿命晚于土地使用权期限结束，房地产收益年限为估价时点到土地使用权期限结束的时间段，如图 5-4(b)，从估价时点到土地使用权期限结束共 32 年，即房地产的未来收益期限为 32 年。这时房地产的总价格计算有两种情形：如果土地使用权出让合同中没有约定不可续期，则房地产总价格等于房地产的收益价格加上土地使用权到期时的建筑物残余价格折现到估价时点的价格；如果土地使用权出让合同中已经约定不可续期，且约定土地使用权到期后，土地使用权及地上建筑物一并由国家无偿收回，则房地产总价格就等于土地剩余使用年限中的收益价格①。

第三节 收益法的基本计算公式及其应用举例

通过上一节的介绍，待估房地产的净收益、还原利率和收益年限等基本计算数据确定以后，就可以选择适当的计算公式求取其收益价值。在估价时有两种不同的思路，即直接资本化法和报酬资本化法。

① 《中华人民共和国物权法》第一百四十九条规定："非住宅建设用地使用权期间届满后……，该土地上的房屋及其他不动产的归属，有约定的，按照约定；没有约定或者约定不明确的，依照法律、行政法规的规定办理。"《中华人民共和国城镇国有土地出让和转让暂行条例》第四十条规定："土地使用权期满，土地使用权及其地上建筑物、其他附着物所有权由国家无偿取得。"

直接资本化法是预测待估房地产未来某一年的收益，然后将其除以适当的资本化率，以此来求取其价格。其中“未来某一年”通常是指未来第一年。

报酬资本化法是一种现金流量折现法，即房地产的价值等于其未来各期净收益的现值之和。如果房地产未来数年的收益现金流能够预测，并可以折算成现值，则运用报酬资本化法，利用适当的报酬率将其折算到估价时点后相加，作为待估房地产的价格。

一、直接资本化法的公式

直接资本化法是根据待估房地产未来某一年的年净收益除以资本化率，得到待估房地产的价格。即：

$$V = \frac{\text{房地产未来某一年的净收益}}{\text{资本化率}} \tag{5-6}$$

二、报酬资本化法的基本公式

报酬资本化法是以未来收益为基础计算房地产价格的，对于当前的潜在购买者而言，就是要考虑未来收益的现值，将未来价值转换为现值的计算方法是折现。

1. 关于折现的基础知识

折现以资金的时间价值思想为出发点，即等额的资金在不同时间点有不同的价值。同样的 100 元钱，现在立即得到与一年之后得到，对于资金的拥有者来说，价值是不同的。同量资金在两个不同时间点的价值之差，就是资金的时间价值，其绝对量就是利息，而相对量就是利息率。

计算利息的方式有单利和复利。单利是每期都按原始本金计算利息，在单利计息的情况下，每期的利息是一个固定不变的数额。而复利是每期都以上一期的利息加本金之和为基数计算当期利息，现实中通常都是以复利计算。

如果以 P 表示资金的现值，i 表示利息率，n 表示计息周期，F 表示计息期末的未来值，那么，资金时间价值之间的换算公式如下：

将现值转换为未来值的公式为 $F = P(1+i)^n$。

将未来值转换为现值的公式为：

$$P = \frac{F}{(1+i)^n} \tag{5-7}$$

公式(5－7)是折现的基本公式，其中，$\frac{1}{(1+i)^n}$ 称为“折现系数”，通用的表示符号是 $P = F(P/F,\ i,\ n)$。

报酬资本化法是以未来收益的现值之和计算房地产价格的，上面的折现方法及折现系数是报酬资本化法中各种计算公式的基础。

2. 报酬资本化法的一般公式

假设某宗房地产在未来 n 期中分别得到净收益 a_1、a_2、a_3、…、a_n，各期收益都在期末实现，对应的报酬率分别为 r_1、r_2、r_3、…、r_n。则各期净收益对应的现值分别为：

$$V_1=\frac{a_1}{1+r_1};\ V_2=\frac{a_2}{(1+r_1)(1+r_2)};$$

$$V_3=\frac{a_3}{(1+r_1)(1+r_2)(1+r_3)};\ \cdots;$$

$$V_n=\frac{a_n}{(1+r_1)(1+r_2)\cdots(1+r_n)}$$

因此，该房地产的价格为：

$$\begin{aligned}V&=V_1+V_2+V_3+L+V_n\\&=\frac{a_1}{1+r_1}+\frac{a_2}{(1+r_1)(1+r_2)}+\frac{a_3}{(1+r_1)(1+r_2)(1+r_3)}+\\&\quad\cdots+\frac{a_n}{(1+r_1)(1+r_2)\cdots(1+r_n)}\end{aligned}\tag{5-8}$$

在这里，所有的净收益都以年末发生的数据计算，图 5-5 直观地表示了报酬资本化法的思路：

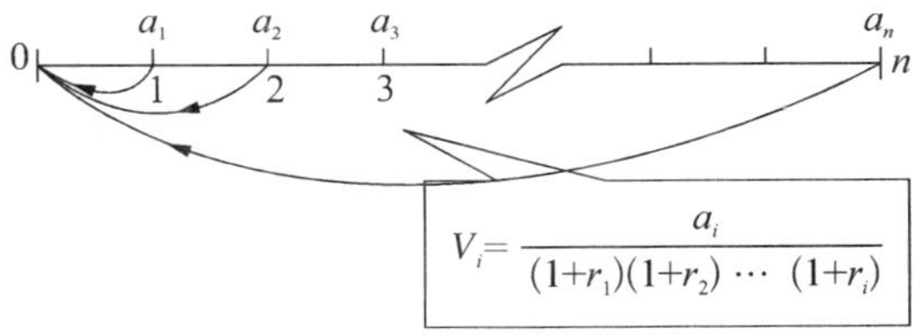

图 5-5 报酬资本化法的思路

公式(5-8)是将问题一般化以后的公式，其中假定房地产的净收益和报酬率都是每年各不相同。这一假定虽然符合现实，但是对于估价工作来说，缺乏可操作性，实际的估价中不可能做到对未来每一年的净收益和报酬率都分别测算，所以一般都会将问题简化。

首先假定报酬率每年不变，都等于 r，则基本公式变换为

$$V=\frac{a_1}{1+r}+\frac{a_2}{(1+r)^2}+\frac{a_3}{(1+r)^3}+\cdots+\frac{a_n}{(1+r)^n}\tag{5-9}$$

然后根据净收益可能出现的不同情形，公式会有不同的变换形式，接下来分析这些情形所对应的公式。

三、报酬资本化法公式的变化形式

1. 净收益每年不变的情形

(1) 若 $r=0$，则

$$V=a\times n\tag{5-10}$$

这相当于不考虑资金的时间价值，现时购买房地产的资金 V，将在未来 n 年中以每年等于 a 的数额收回。

(2) 若 $r>0$，收益年期为无限，则

$$V=\frac{a}{r} \tag{5-11}$$

这就是我们前面分析的以50万的年租金出租房地产的问题，如果买房者的资金是银行存款，则其收益应当是没有年期限制的。

(3) 若 $r>0$，收益年限为 n，则

$$V=\frac{a}{1+r}+\frac{a}{(1+r)^2}+\frac{a}{(1+r)^3}+\cdots+\frac{a}{(1+r)^n}$$

这是一个等比数列的和，首项为 $\frac{a}{1+r}$，公比为 $\frac{1}{1+r}$。

根据相应的等比数列求和的数学公式①，则得到

$$V=\frac{\frac{a}{1+r}\left[1-\left(\frac{1}{1+r}\right)^n\right]}{1-\frac{1}{1+r}}=\frac{\frac{a}{1+r}\left[1-\frac{1}{(1+r)^n}\right]}{\frac{1+r-1}{1+r}}$$

$$=\frac{a}{1+r}\left[1-\frac{1}{(1+r)^n}\right]\times\frac{1+r}{r}$$

即：

$$V=\frac{a}{r}\left[1-\frac{1}{(1+r)^n}\right] \tag{5-12}$$

在财务分析中，这个公式就是普通年金现值（也称为等额序列支付现值）的计算公式，在财务分析中通用的符号是 $P=A(P/A,\ i,\ n)$。

这个公式是收益法中最常用的公式，它可以用于房地产价格的直接测算、不同收益年限房地产价格的换算和比较、比较法中的土地使用年限修正等多种情形。

【例5-10】 某一商业房地产的未来剩余收益年限为45年，通过搜集过去房地产收益的资料数据，并进行测定可知，未来每年的净收益为36万元，若该类房地产的报酬率为6%，求该宗房地产的收益价格。

【解】 根据题意，得到：

$a=36$ 万元，$r=6\%$，$n=45$ 年，直接运用公式(5-12)

$$V=\frac{a}{r}\left[1-\frac{1}{(1+r)^n}\right]=\frac{36}{6\%}\times\left[1-\frac{1}{(1+6\%)^{45}}\right]=556.41(\text{万元})$$

---

① 等比数列求和的数学公式是：$S_n=\frac{b_1(1-q^n)}{1-q}$ 或 $S_n=\frac{(b_1-b_nq)}{1-q}$，其中 b_1、b_n 分别代表等比数列的首项和末项，q 代表公比。

所以，该房地产的收益价格为 556.41 万元。

【例 5－11】 已知某宗收益性房地产的未来剩余收益年限为 50 年，价格为 48 000 元/平方米，设同类房地产的报酬率为 4.5%，若该房地产剩余收益年限缩短 10 年，则其价格会变成多少？

【解】 这道例题是利用收益法的基本公式对不同收益年限的房地产价格加以换算。

第一步，根据题目中已知的房地产价格、收益年限、报酬率，运用公式求出房地产的年净收益，即 $V_1 = 48\,000$ 元 / 平方米，$n_1 = 50$ 年，$r = 4.5\%$，

由公式(5－12)转换形式，得到

$$a = \frac{V_1 \times r}{\left[1 - \frac{1}{(1+r)^{n_1}}\right]} = \frac{48\,000 \times 4.5\%}{\left[1 - \frac{1}{(1+4.5\%)^{50}}\right]} = 2\,428.90(\text{元} / \text{平方米})$$

第二步，以第一步中求出的房地产年净收益和新的收益年限，再次运用公式(5－12)，求出房地产的价格，即：$n_2 = n_1 - 10 = 40$ 年

其他条件不变，得到：

$$V_2 = \frac{a}{r}\left[1 - \frac{1}{(1+r)^{n_2}}\right] = \frac{2\,428.90}{4.5\%} \times \left[1 - \frac{1}{(1+4.5\%)^{40}}\right]$$
$$= 44\,695.61(\text{元} / \text{平方米})$$

所以，若该房地产的收益年限缩短 10 年，则其价格变为44 695.61 元/平方米。

【例 5－12】 某宗收益性房地产的剩余收益年限为 48 年，采用收益法估价，在计算时错将报酬率 4%写成了为 6%，将收益年限 48 年误算为 46 年，结果计算出的房地产价格为 56 000 元/平方米，问这宗房地产价格的正确计算结果应该是多少？

【解】 本题第一步与例 5－11 相同，根据题意，$V_1 = 56\,000$ 元 / 平方米，$n_1 = 46$ 年，$r_1 = 6\%$，得到：

$$a = \frac{V_1 \times r}{\left[1 - \frac{1}{(1+r_1)^{n_1}}\right]} = \frac{56\,000 \times 6\%}{\left[1 - \frac{1}{(1+6\%)^{46}}\right]} = 3\,607.23(\text{元} / \text{平方米})$$

第二步，根据题意，用第一步中求出的房地产年净收益，以及新的收益年限和报酬率，再次运用公式(5－12)，求出新条件下的房地产价格，即：

$$V_2 = \frac{a}{r_2}\left[1 - \frac{1}{(1+r_2)^{n_2}}\right] = \frac{3\,607.23}{4\%} \times \left[1 - \frac{1}{(1+4\%)^{48}}\right]$$
$$= 76\,455.71(\text{元} / \text{平方米})$$

所以，这宗房地产价格正确的计算结果应该是 76 455.71 元/平方米。

例 5－11 和例 5－12 都是对于同一宗房地产在不同收益年限情况下的价格进行换算，根据例题的推导过程可知，无论收益年限怎样变化，同一宗房地产的收益是不变的，而

房地产收益为：

$$a=\frac{V\times r}{\left[1-\frac{1}{(1+r)^{n}}\right]}$$

当收益年限从 n_1 变为 n_2，且报酬率从 r_1 变为 r_2 时，房地产的价格变为：

$$V_2=a\times\frac{1}{r_2}\times\left[1-\frac{1}{(1+r_2)^{n_2}}\right]=\frac{V_1\times r_1}{\left[1-\frac{1}{(1+r_1)^{n_1}}\right]}\times\frac{1}{r_2}\times\left[1-\frac{1}{(1+r_2)^{n_2}}\right]$$

所以，当报酬率相同，即 $r_1=r_2=r$ 时，同一宗房地产在不同年限情况下的价格换算公式为：

$$V_2=V_1\left[\frac{1-\frac{1}{(1+r)^{n_2}}}{1-\frac{1}{(1+r)^{n_1}}}\right] \tag{5-13}$$

当报酬率不同，即 $r_1\neq r_2$ 时，换算公式为：

$$V_2=V_1\times\frac{r_1}{r_2}\left[\frac{1-\frac{1}{(1+r_2)^{n_2}}}{1-\frac{1}{(1+r_1)^{n_1}}}\right] \tag{5-14}$$

【例 5－13】 有甲、乙两宗房地产，已知甲的剩余收益年限为 50 年，单价 48 000 元/平方米，乙的剩余收益年限为 42 年，单价为 46 000 元/平方米。两宗房地产所对应土地的使用权出让合同均约定土地使用权不可续期，且到期后建筑物和土地使用权一并无偿收回。假设两者的报酬率均为 4.5%，请比较两宗房地产的价格高低。

【解】 本例题是运用收益法的基本公式比较不同收益年限房地产的价格。解题的思路是将它们的价格转换为相同使用年限情况下的价格，与例 5－11 相似。

方法一：将甲的价格转换为与乙相同的收益年限情况下，根据公式(5－13)，得：

$$V_{甲}^{42}=V_{甲}^{50}\times\left[\frac{1-\frac{1}{(1+r)^{42}}}{1-\frac{1}{(1+r)^{50}}}\right]=48\,000\times\left[\frac{1-\frac{1}{(1+4.5\%)^{42}}}{1-\frac{1}{(1+4.5\%)^{50}}}\right]$$

$$=45\,477.69(元/平方米)$$

因为甲在 42 年收益年限情况下的价格低于乙在 42 年收益年限情况下的价格，所以甲的价格较低。

方法二：将乙的价格转换为与甲相同的收益年限情况下，同样根据公式(5－13)，得：

$$V_{乙}^{50}=V_{乙}^{42}\times\left[\frac{1-\frac{1}{(1+r)^{50}}}{1-\frac{1}{(1+r)^{42}}}\right]=46\,000\times\left[\frac{1-\frac{1}{(1+4.5\%)^{50}}}{1-\frac{1}{(1+4.5\%)^{42}}}\right]$$

$$=48\,552.94(元/平方米)$$

因为乙在50年收益年限情况下的价格高于甲在50年收益年限情况下的价格，所以乙的价格较高。

方法三：分别计算两者在无限年期情况下的价格，将公式(5-12)转换形式，得：

$$V^{\infty}=\frac{a}{r}=\frac{V}{1-\frac{1}{(1+r)^{n}}}$$

所以：

$$V_{甲}^{\infty}=\frac{V_{甲}}{1-\frac{1}{(1+r)^{n}}}=\frac{48\,000}{1-\frac{1}{(1+4.5\%)^{50}}}=53\,975.62(元/平方米)$$

$$V_{乙}^{\infty}=\frac{V_{乙}}{1-\frac{1}{(1+r)^{n}}}=\frac{46\,000}{1-\frac{1}{(1+4.5\%)^{42}}}=54\,595.54(元/平方米)$$

因为在使用年期无限时，乙的价格高于甲，所以乙的价格较高。

【例5-14】 在例5-13中，如果甲、乙的报酬率分别为4.5%和4.2%，结果会怎样？

【解】 这道题与例5-13的区别在于除了收益年限不同外，两宗房地产的报酬率也不同，这时上面的前两种方法就不再适用，而只能采用第三种方法。

分别计算两者在无限年期下的价格：

$$V_{甲}^{\infty}=\frac{V_{甲}}{1-\frac{1}{(1+r_1)^{n}}}=\frac{48\,000}{1-\frac{1}{(1+4.5\%)^{50}}}=53\,975.62(元/平方米)$$

$$V_{乙}^{\infty}=\frac{V_{乙}}{1-\frac{1}{(1+r_2)^{n}}}=\frac{46\,000}{1-\frac{1}{(1+4.2\%)^{42}}}=55\,936.99(元/平方米)$$

因为无限年期情况下，甲的价格低于乙，所以，甲的价格较低。

2. 净收益在前 t 年各不相同，从 $t+1$ 年开始保持不变的情形

假定前 t 年中的年净收益分别为 a_1、a_2、…、a_t，从 $t+1$ 年到 n 年的年净收益等于 a，则：

$$V=\sum_{i=1}^{t}\frac{a_i}{(1+r)^{i}}+\left[\frac{a}{(1+r)^{t+1}}+\frac{a}{(1+r)^{t+2}}+\cdots+\frac{a}{(1+r)^{n}}\right]$$

$$= \sum_{i=1}^{t} \frac{a_i}{(1+r)^i} + \frac{1}{(1+r)^t} \times \left[\frac{a}{(1+r)^1} + \frac{a}{(1+r)^2} + \cdots + \frac{a}{(1+r)^{n-t}} \right]$$

其中，方括号内是一个 $n-t$ 项的等比数列之和，同样应用数学方法，即可得到：

$$V = \sum_{i=1}^{t} \frac{a_i}{(1+r)^i} + \frac{a}{r}\left[1 - \frac{1}{(1+r)^{n-t}}\right] \times \frac{1}{(1+r)^t} \tag{5-15}$$

这种情况也可以理解为：房地产价格由两部分构成，第一部分由前 t 年的净收益还原得到，即：

$$V_1 = \sum_{i=1}^{t} \frac{a_i}{(1+r)^i}$$

第二部分由第 $t+1$ 年的价格折现得到，根据 $t+1$ 年到 n 年的年净收益等于 a，得到第 $t+1$ 年初的房地产价格：

$$V_{t+1} = \frac{a}{r}\left[1 - \frac{1}{(1+r)^{n-t}}\right]$$

由于第 $t+1$ 初就是第 t 年末，将第 $t+1$ 年初的房地产价格折现到当前时间，即：

$$V_2 = \frac{V_{t+1}}{(1+r)^t} = \frac{a}{r}\left[1 - \frac{1}{(1+r)^{n-t}}\right] \times \frac{1}{(1+r)^t}$$

则：

$$V = V_1 + V_2 = \sum_{i=1}^{t} \frac{a_i}{(1+r)^i} + \frac{a}{r}\left[1 - \frac{1}{(1+r)^{n-t}}\right] \times \frac{1}{(1+r)^t}$$

【例 5-15】 某企业新建写字楼准备整体转让给另一家企业，委托某估价机构对其市场价格进行评估，估价人员对其收益进行了预测，认为该写字楼将有 47 年的持续收益期，并预测其在未来 3 年内的净收益分别为 200 万元、220 万元、230 万元，从第 4 年到第 47 年的净收益将会稳定在 240 万元，已知该区域办公类房地产的报酬率为 4.5%，请估算该写字楼的价格。

【解】 根据题意，知：

$n = 47$，$t = 3$，$r = 4.5\%$，$a_1 = 200$ 万元，$a_2 = 220$ 万元，$a_3 = 230$ 万元，$a = 240$ 万元直接应用公式(5-15)，得：

$$V = \sum_{i=1}^{t} \frac{a_i}{(1+r)^i} + \frac{a}{r}\left[1 - \frac{1}{(1+r)^{n-t}}\right] \times \frac{1}{(1+r)^t}$$

$$= \frac{a_1}{1+r} + \frac{a_2}{(1+r)^2} + \frac{a_3}{(1+r)^3} + \frac{a}{r}\left[1 - \frac{1}{(1+r)^{47-3}}\right] \times \frac{1}{(1+r)^3}$$

$$= \frac{200}{1+4.5\%} + \frac{220}{(1+4.5\%)^2} + \frac{230}{(1+4.5\%)^3} +$$

$$\frac{240}{4.5\%}\left[1-\frac{1}{(1+4.5\%)^{47-3}}\right]\times\frac{1}{(1+4.5\%)^{3}}$$
$$=4\ 594.18(\text{万元})$$

3. 未来某时点价格可预知的情形

假定前 t 年中每年净收益为 a，并可预测第 t 年的房地产价格为 V_t，则：

$$V=\frac{a}{r}\left[1-\frac{1}{(1+r)^t}\right]+\frac{V_t}{(1+r)^t} \tag{5-16}$$

在公式 5－15 中，如果第 $t+1$ 年初即第 t 年末的价格不是根据净收益还原，而是可以直接预测为 V_t，那么将其折现，就得到公式(5－16)中的第二部分。

【例 5－16】 某一商场建筑面积 5 000 平方米，现出租经营，平均每年净收益为 900 万元，预计未来 3 年内仍然维持该水平，根据城市总体规划，该商业广场所在区域将在 3 年后建成城市副中心，参照所在城市另一副中心同档次商业广场的价格，3 年后该写字楼的价格将可达到 35 000 元/平方米。取报酬率为 4.5%，估计该商业广场的当前价格。

【解】 根据题意可知：

$$t=3,\ r=4.6\%,\ a=900\ \text{万元}$$
$$V_t=35\ 000\times 5\ 000=175\ 000\ 000\ \text{元}=17\ 500\ \text{万元}$$

直接应用公式(5－16)，得到：

$$\begin{aligned}V&=\frac{a}{r}\left[1-\frac{1}{(1+r)^t}\right]+\frac{V_t}{(1+r)^t}\\&=\frac{900}{4.5\%}\left[1-\frac{1}{(1+4.5\%)^3}\right]+\frac{17\ 500}{(1+4.5\%)^3}\\&=17\ 809.26(\text{万元})\\&=1.78(\text{亿元})\end{aligned}$$

房地产作为投资品，房地产的供给主体在确定销售价格时，往往会考虑区位因素的影响，特别是通勤因素和周边配套设施的影响。在房地产项目开发过程中，如果房地产开发商获知项目所在区位即将开通轨道交通设施或者道路，往往在产品定价时，提高销售价格。

4. 净收益按一定数额递增或递减的情形

假定第一年净收益为 a，之后每年递增或递减 b。

(1) 收益年期有限(等于 n)的公式为：

$$V=\left(\frac{a}{r}\pm\frac{b}{r^2}\right)\left[1-\frac{1}{(1+r)^n}\right]-\frac{b}{r}\times\frac{n}{(1+r)^n} \tag{5-17}$$

以递增情形为例，公式的推导过程如下：

$$
\begin{aligned}
V &= \frac{a}{1+r}+\frac{a+b}{(1+r)^2}+\frac{a+2b}{(1+r)^3}+\cdots+\frac{a+(n-1)b}{(1+r)^n} \\
&= \left[\frac{a}{1+r}+\frac{a}{(1+r)^2}+\cdots+\frac{a}{(1+r)^n}\right]+ \\
&\quad \left[\frac{b}{(1+r)^2}+\frac{2b}{(1+r)^3}+\cdots+\frac{(n-1)b}{(1+r)^n}\right] \\
&= \frac{a}{r}\left[1-\frac{1}{(1+r)^n}\right]+\frac{1}{1+r}\left[\frac{b}{1+r}+\frac{b}{(1+r)^2}+\cdots+\frac{b}{(1+r)^{n-1}}\right] \\
&\quad +\frac{1}{(1+r)^2}\left[\frac{b}{1+r}+\frac{b}{(1+r)^2}+\cdots+\frac{b}{(1+r)^{n-2}}\right] \\
&\quad +\frac{1}{(1+r)^3}\left[\frac{b}{1+r}+\frac{b}{(1+r)^2}+\cdots+\frac{b}{(1+r)^{n-3}}\right]+\cdots+\frac{1}{(1+r)^{n-1}}\frac{b}{(1+r)} \\
&= \frac{a}{r}\left[1-\frac{1}{(1+r)^n}\right]+\frac{1}{(1+r)}\frac{b}{r}\left[1-\frac{1}{(1+r)^{n-1}}\right]+ \\
&\quad \frac{1}{(1+r)^2}\frac{b}{r}\left[1-\frac{1}{(1+r)^{n-2}}\right]+\cdots+\frac{1}{(1+r)^{n-1}}\frac{b}{r}\left[1-\frac{1}{(1+r)^{n-(n-1)}}\right] \\
&= \frac{a}{r}\left[1-\frac{1}{(1+r)^n}\right]+\left[\frac{1}{(1+r)}\frac{b}{r}+\frac{1}{(1+r)^2}\frac{b}{r}+\cdots+\right. \\
&\quad \left.\frac{1}{(1+r)^{n-2}}\frac{b}{r}+\frac{1}{(1+r)^{n-1}}\frac{b}{r}+\frac{1}{(1+r)^n}\frac{b}{r}-\frac{1}{(1+r)^n}\frac{b}{r}\right] \\
&\quad -\frac{b}{r}\left[\frac{1}{(1+r)}\frac{1}{(1+r)^{n-1}}+\frac{1}{(1+r)^2}\frac{1}{(1+r)^{n-2}}+\cdots+\right. \\
&\quad \left.\frac{1}{(1+r)^{n-1}}\frac{1}{(1+r)^{n-(n-1)}}\right] \\
&= \frac{a}{r}\left[1-\frac{1}{(1+r)^n}\right]+\frac{1}{r}\times\frac{b}{r}\left[1-\frac{1}{(1+r)^n}\right]- \\
&\quad \frac{1}{(1+r)^n}\frac{b}{r}-\frac{b}{r}\times(n-1)\frac{1}{(1+r)^n} \\
&= \left(\frac{a}{r}+\frac{b}{r^2}\right)\left[1-\frac{1}{(1+r)^n}\right]-\frac{b}{r}\times\frac{1+(n-1)}{(1+r)^n} \\
&= \left(\frac{a}{r}+\frac{b}{r^2}\right)\left[1-\frac{1}{(1+r)^n}\right]-\frac{nb}{r(1+r)^n}
\end{aligned}
$$

(2) 在上面的公式中对 n 求极限，则得到收益年期无限的公式为：

$$V=\frac{a}{r}\pm\frac{b}{r^2} \tag{5-18}$$

【例 5 - 17】 某宗房地产未来第一年的净收益为 86 万元，此后每年的净收益会在上一年的基础上增加 2 万元，已知该房地产的剩余使用年限是 40 年，同类房地产的报酬率为 4.6%，请估算该房地产的收益价格。

【解】 根据题意，可知 $n=40$，$r=4.6\%$，$a=86$ 万元，$b=2$ 万元

直接应用公式(5-17)，得到：

$$V=\left(\frac{a}{r}+\frac{b}{r^2}\right)\left[1-\frac{1}{(1+r)^n}\right]-\frac{b}{r}\times\frac{n}{(1+r)^n}$$
$$=\left(\frac{86}{4.6\%}+\frac{2}{4.6\%^2}\right)\left[1-\frac{1}{(1+4.6\%)^{40}}\right]-\frac{2}{4.6\%}\times\frac{40}{(1+4.6\%)^{40}}$$
$$=2\,061.19(\text{万元})$$

5. 净收益按一定比率递增或递减的情形

假定第一年净收益为 a，之后每年按比率 g 递增或递减。

(1) 收益年期有限(等于 n)：

$$r>g>0,\text{则 }V=\frac{a}{r\mp g}\left[1-\left(\frac{1\pm g}{1+r}\right)^n\right]\tag{5-19}$$

以递增情形为例，公式的推导如下：

$$V=\frac{a}{1+r}+\frac{a\times(1+g)}{(1+r)^2}+\frac{a\times(1+g)^2}{(1+r)^3}+\frac{a\times(1+g)^3}{(1+r)^4}+\cdots+\frac{a\times(1+g)^{n-1}}{(1+r)^n}$$

以上又是一个等比数列求和的形式，首项为 $\frac{a}{1+r}$，公比为 $\frac{1+g}{1+r}$，运用等比数列求和的数学公式，上式可转换为：

$$V=\frac{a}{1+r}+\frac{a\times(1+g)}{(1+r)^2}+\frac{a\times(1+g)^2}{(1+r)^3}+\frac{a\times(1+g)^3}{(1+r)^4}+\cdots+\frac{a\times(1+g)^{n-1}}{(1+r)^n}$$
$$=\frac{\frac{a}{1+r}\times\left[1-\left(\frac{1+g}{1+r}\right)^n\right]}{1-\frac{1+g}{1+r}}=\frac{\frac{a}{1+r}\times\left[1-\left(\frac{1+g}{1+r}\right)^n\right]}{\frac{(1+r)-(1+g)}{1+r}}$$
$$=\frac{a}{r-g}\times\left[1-\left(\frac{1+g}{1+r}\right)^n\right]$$

(2) 上面公式对 n 求极限，则得收益年期无限的情况为：

$$r>g,\text{则 }V=\frac{a}{r\mp g}\tag{5-20}$$

【例 5-18】 某宗房地产未来第一年的净收益为 128 万元，此后每年的净收益会在上一年基础上增加 2%，已知该房地产的尚可使用 42 年，同类房地产的报酬率为 4.9%，请估算该房地产的价格。

【解】 根据题意，可知：$n=42$，$r=4.9\%$，$a=128$ 万元，$g=2\%$

直接应用公式(5-19)，得到：

$$V=\frac{a}{r-g}\left[1-\left(\frac{1+g}{1+r}\right)^n\right]=\frac{128}{4.9\%-2\%}\left[1-\left(\frac{1+2\%}{1+4.9\%}\right)^{42}\right]$$
$$=3\ 054.08(\text{万元})$$

6. 有效毛收益与运营费用变化不同的情形

前已述及，净收益等于有效毛收入扣除运营费用。在上面的计算公式中，都是直接分析净收益的变化，其中隐含的假设是毛收益和运营费用在变化状况和变化幅度上都保持一致，如果两者的变化不一致，就需要重新分析。

设第 i 期的有效毛收益为 A_i，运营费为 C_i，那么第 i 期的净收益就是：

$$a_i=A_i-C_i$$

所以房地产价格为：

$$V=\sum_{i=1}^{n}\frac{a_i}{(1+r)^i}=\sum_{i=1}^{n}\frac{A_i-C_i}{(1+r)^i}$$

即：
$$V=\sum_{i=1}^{n}\frac{A_i}{(1+r)^i}-\sum_{i=1}^{n}\frac{C_i}{(1+r)^i}\tag{5-21}$$

不难理解，公式(5-21)的两个部分都是净现值的计算公式，第一部分是毛收益的净现值，即将未来每期的毛收益折现到估价时点并求和所得，第二部分是运营费用的净现值，即将未来每期的运营费用折现到估价时点并求和所得，而毛收益的净现值减去运营费用的净现值就是估价对象房地产的价格。

公式(5-21)可以理解为毛收益和运营费变化情况下的通用公式，无论两个指标如何变化，都适用这个公式。

如果未来第一年的毛收益和运营费分别为 A 和 C，并从第二年开始分别以 g_A 和 g_C 的比率递增，报酬率为 r，收益年限为 n，那么结合公式(5-19)和(5-21)，可得：

$$V=\sum_{i=1}^{n}\frac{A_i}{(1+r)^i}-\sum_{i=1}^{n}\frac{C_i}{(1+r)^i}$$
$$=\frac{A}{r-g_A}\left[1-\left(\frac{1+g_A}{1+r}\right)^n\right]-\frac{C}{r-g_C}\left[1-\left(\frac{1+g_C}{1+r}\right)^n\right]$$

如果未来第一年的毛收益和运营费分别为 A 和 C，并从第二年开始分别以 b 和 d 的数额递增，报酬率为 r，收益年限为 n，那么结合公式(5-17)和(5-21)，可得：

$$V=\sum_{i=1}^{n}\frac{A_i}{(1+r)^i}-\sum_{i=1}^{n}\frac{C_i}{(1+r)^i}$$
$$=\left\{\left(\frac{A}{r}+\frac{b}{r^2}\right)\left[1-\frac{1}{(1+r)^n}\right]-\frac{b}{r}\times\frac{n}{(1+r)^n}\right\}-$$

$$\left\{\left(\frac{C}{r}+\frac{d}{r^2}\right)\left[1-\frac{1}{(1+r)^n}\right]-\frac{d}{r}\times\frac{n}{(1+r)^n}\right\}$$

$$=\left[\frac{(A-C)}{r}+\frac{(b-d)}{r^2}\right]\left[1-\frac{1}{(1+r)^n}\right]-\frac{(b-d)}{r}\times\frac{n}{(1+r)^n}$$

【例 5-19】 某甲级写字楼于 2010 年 8 月 1 日投入使用，剩余收益年限为 38 年，预计前三年的净收入分别为 800 万元、900 万元和 1 100 万元，从第 4 年至第 20 年，经营收入将以每年 200 万元的数额递增，之后维持不变；第 1 年的经营费用预计为 300 万元，第 2 年到第 5 年，经营费用将以 5%的比率递增，第 6 年开始经营费用将一直维持在第 5 年的水平不变。已知当地同类写字楼的报酬率 9%，请估算该写字楼的价格。

【解】 这道例题看起来条件比较复杂，如果先求取净收益，再估算价格，难度很大，但是只要将毛收益和运营分开，分别求其净现值，问题便可迎刃而解。

根据题目所给资料，毛收益和运营费用的变化如图 5-6、图 5-7 所示：

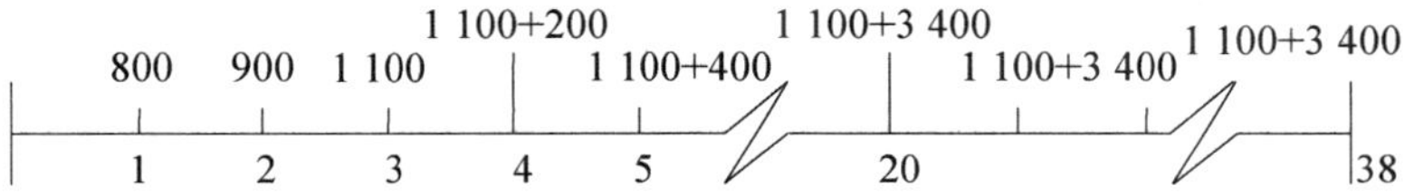

图 5-6　毛收益变化情况

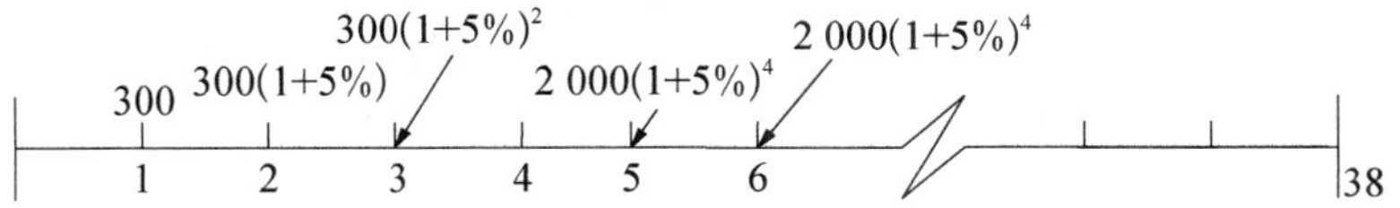

图 5-7　运营费变化情况

首先求毛收益净现值，已知：

$A_1=800$ 万元，$A_2=900$ 万元，$A_3=1\,100$ 万元，$A_4=1\,100+200=1\,300$ 万元，$A_5=1\,100+400=1\,500$ 万元，$\cdots$，$A_{20}=A_{21}=\cdots=A_{38}=1\,100+3\,400=4\,500$ 万元，则：$n=38$，$t_1=3$，$t_2=20$，$r=9\%$，$b=200$ 万元

$$\sum_{i=1}^{n}\frac{A_i}{(1+r)^i}=\sum_{i=1}^{t}\frac{A_i}{(1+r)^i}+\left\{\left(\frac{A_4}{r}+\frac{b}{r^2}\right)\left[1-\frac{1}{(1+r)^{t_2-t_1}}\right]-\frac{b}{r}\times\frac{t_2-t_1}{(1+r)^{t_2-t_1}}\right\}\times$$

$$\frac{1}{(1+r)^{t_1}}+\frac{A_{21}}{r}\left[1-\frac{1}{(1+r)^{n-t_2}}\right]\times\frac{1}{(1+r)^{t_2}}$$

$$=\frac{800}{1+9\%}+\frac{900}{(1+9\%)^2}+\frac{1\,100}{(1+9\%)^3}+\left\{\left(\frac{1\,300}{9\%}+\frac{200}{9\%^2}\right)\right.$$

$$\left.\left[1-\frac{1}{(1+9\%)^{20-3}}\right]-\frac{200}{9\%}\times\frac{20-3}{(1+9\%)^{20-3}}\right\}\times\frac{1}{(1+9\%)^3}$$

$$+\frac{1\,100+3\,400}{9\%}\left[1-\frac{1}{(1+9\%)^{38-20}}\right]\times\frac{1}{(1+r)^{20}}$$

$$= 25\,867.35(\text{万元})$$

然后求运营费净现值，已知：$C_1 = 300$ 万元，$g_C = 5\%$，$C_2 = 300(1+5\%)$，…，$C_5 = 300(1+5\%)^4$，$C_6 = C_7 = L = C_{38} = 300(1+5\%)^4$，$t = 5$，$n = 38$，$r = 9\%$

则：

$$\sum_{i=1}^{n}\frac{C_i}{(1+r)^i} = \frac{C_1}{r-g_C}\left[1-\left(\frac{1+g_C}{1+r}\right)^t\right]+\frac{C_6}{r}\times\left[1-\frac{1}{(1+r)^{n-t}}\right]\times\frac{1}{(1+r)^t}$$
$$= \frac{300}{9\%-5\%}\left[1-\left(\frac{1+5\%}{1+9\%}\right)^5\right]+\frac{300(1+5\%)^4}{9\%}\times$$
$$\left[1-\frac{1}{(1+9\%)^{38-5}}\right]\times\frac{1}{(1+9\%)^5}$$
$$= 3\,758.84(\text{万元})$$

最后，求该写字楼的价格：

$$V = \sum_{i=1}^{n}\frac{A_i}{(1+r)^i}-\sum_{i=1}^{n}\frac{C_i}{(1+r)^i} = 25\,867.35-3\,758.84$$
$$= 22\,108.51(\text{万元})$$

7. 带租约的房地产在出售时价格的求取方法

在房地产估价实务中，会遇到以下情形，即房地产在出售时仍有未到期的租约。按照相关的法律规定，购买租期未满的房地产时，现存租约中约定的租金无论高于市场租金还是低于市场租金，都受到法律的保护。如果原产权人没有与承租人解除租约，产权承受人必须继续履行租约直到期满，租约中约定的租金会影响买受人愿意支付的房地产价格，而即使原产权人与承租人解除租约，也要向承租人支付补偿，租约中的租金是补偿金额计算的主要依据。由此可见，原有租约中的租金高低及剩余租期的长短会影响房地产的价值。对于这类有租约的房地产，带租约出售时，租约期内的租金应采用租约约定的租金，即实际收益；而租约期以外的收益应当采用正常客观的租金，即客观收益。相应的，求取房地产价格的公式可参照公式(5-15)得到，即：

$$V = \frac{a_1}{r}\left[1-\frac{1}{(1+r)^{n_1}}\right]+\frac{a_2}{r}\left[1-\frac{1}{(1+r)^{n_2}}\right]\times\frac{1}{(1+r)^{n_1}} \qquad (5-22)$$

其中，a_1、a_2分别表示租期内和租期外的年净收益；n_1、n_2分别表示租期内和租期外的收益年限。

【例 5-20】 5 年前，某市居民甲将一套建筑面积 150 平方米的住宅出租给居民乙，双方签订了租赁合同，约定租赁期为 8 年，租金固定不变为每月 8 500 元，租期内各项运营费均由乙承担，但双方并未约定终止合同的责任事项。目前甲打算将该房屋出售，并且买方也同意购买后继续履行原租赁合同至期满。经鉴定该房屋的剩余经济寿命是 42 年，已知目前市场上同地段同类住宅的租金通常为 90 元/平方米·月，运营费率为 20%，取报酬率为 5.1%，请评估该房屋的合理价格。

【解】 这是一个带租约出售的例子，净收益的计算如下：

租期内年净收益 $a_1 = 8\,500 \times 12 = 102\,000$（元）

租期外年净收益 $a_2 = 90 \times 150 \times 12 \times (1 - 20\%) = 129\,600$（元）

租期内剩余年限 $n_1 = 8 - 5 = 3$ 年

租期外剩余年限 $n_2 = 42 - 3 = 39$ 年

运用公式(5-22)可得：

$$V = \frac{a_1}{r}\left[1 - \frac{1}{(1+r)^{n_1}}\right] + \frac{a_2}{r}\left[1 - \frac{1}{(1+r)^{n_2}}\right] \times \frac{1}{(1+r)^{n_1}}$$

$$= \frac{102\,000}{5.1\%}\left[1 - \frac{1}{(1+5.1\%)^3}\right] + \frac{129\,600}{5.1\%}\left[1 - \frac{1}{(1+5.1\%)^{39}}\right] \times \frac{1}{(1+5.1\%)^3}$$

$$= 2\,151\,582.94(\text{元}) = 215.16(\text{万元})$$

8. 承租人权益价值的求取方法

有时，房地产出租期间，出租人可能会提出中止租约，提前收回房屋的使用权，按照法律规定，出租人应该给承租人补偿，补偿金额可以在租约中约定，但如果租约中没有约定违约金，就需要采用房地产估价方法评定合理的补偿额度，这个补偿费用相当于承租人所拥有的权益的价值，所以也称为承租人权益价值。

承租人权益价值的评定是根据承租人的净收益、收益年限和房地产报酬率估算的。承租人虽然没有实际的净收益，但是他所支付的租金低于市场平均水平，就相当于得到了净收益，因此，这里承租人的净收益就是市场同类房地产的租金水平与租约约定的租金水平之差额，收益年限是租约期内的剩余年限，报酬率是同类房地产的报酬率。

【例 5-21】 在例 5-20 中，如果房屋的买方不同意继续履行租赁合同，而是要求甲先解除租赁合同，请评估甲应当补偿给乙的合理金额。

【解】 这道例题就是评估承租人的权益价值。

已知承租人乙当前支付的月租金是

$$a_1 = \frac{8\,500}{150} = 56.67(\text{元}/\text{平方米})$$

而市场上同类房地产的月租金是

$$a_2 = 90 \times (1 - 20\%) = 72(\text{元}/\text{平方米})$$

相当于承租人乙目前由于租赁价格低于市场价格而获得的年净收益为：

$$a = (a_2 - a_1) \times 12 \times 150 = (72 - 56.67) \times 12 \times 150 = 27\,594(\text{元})$$

$$n = 8 - 5 = 3,\ r = 5.1\%$$

所以承租人的权益价值为：

$$V=\frac{a}{r}\left[1-\frac{1}{(1+r)^n}\right]=\frac{27\ 594}{5.1\%}\left[1-\frac{1}{(1+5.1\%)^3}\right]$$
$$=75\ 005(\text{元})=7.50(\text{万元})$$

所以，甲应当补偿给乙7.5万元。

四、直接资本化法和报酬资本化法的比较

在本章中，我们学习了两种形式的收益法，即报酬资本化法和直接资本化法，这两种方法都是以收益为基础来求取房地产的价格，根据估价时掌握的资料状况不同，而选取不同的收益种类和资本化率，两者在技术难度和估价结果方面各有特点。

1. 直接资本化法的特点

(1) 技术简单。直接资本化的公式形式简单，易于掌握，通常不会产生疑义。直接资本化法可以以租金收入、潜在毛收益、有效毛收益或净收益中的任何一种来测算房地产价格，而不必限定为净收益，即使以净收益测算，也只需要测算某一年的净收益，而不必预测许多年。

(2) 估价结果接近现实。直接资本化法中的资本化率或收益乘数通常采用市场提取法，能较好地反映市场实际情况，使估价结果有更强的实际意义。

(3) 对可比实例的依赖性较强。在采用市场提取法确定资本化率和收益乘数时，需要较多与估价对象收益流模式相似的房地产作为可比实例，在市场资料少的情况下，这种方法的准确率不能保证。

(4) 要求房地产的收益比较稳定。直接资本化法利用的是某一年的收益，估价对象房地产的收益越稳定，这种方法评估的结果越可靠，当房地产收益有变化时，其准确性就会下降。

2. 报酬资本化法的特点

(1) 理论基础严密。报酬资本化法根据“房地产价格等于其未来各期收益的现值之和”这一原理评估房地产价格，既体现了预期原理，又考虑了资金的时间价值，理论性强，容易理解，能反映房地产价格的实质。

(2) 不依赖可比实例。房地产的报酬率是反映投资风险的投资收益率，不需要通过可比实例来确定，而是以其他同等风险的投资收益率为参考，在市场交易资料比较缺乏的情况下依然可以得到准确的估价结果。

(3) 收益流的预测难度较大。严格来讲，报酬资本化法需要预测未来每一期的净收益，预测过程中难免受到估价师主观判断的影响，而如果为了计算过程的简化，又需要对收益流和报酬率加以简化处理，这些简化同样会使评估结果偏离实际情况。

总之，当市场上存在大量的可比交易实例时，常用直接资本化法，而当市场资料缺乏时，则常用报酬资本化法。

第四节 剩余技术在房地产估价实务中的应用

从房地产的实物构成进行分析，房地产是由土地和房屋两部分构成的。因此，房地产的收益包括来自于土地的贡献和来自建筑物的贡献，房地产的总收益就可以分为土地收益和建筑物收益；如果从投资来源构成上看，房地产的收益来自自有资金的贡献和来自借贷资金的贡献等，因而房地产的总收益又可以分为自有资金收益、借贷资金收益等。由于风险的差异，土地的报酬率和建筑物的报酬率、自有资金的报酬率和借贷资金的报酬率，应当也是不同的。基于此，如果能够将房地产的收益按物质构成或资金来源构成加以分离，并且分别采用不同的报酬率，就能够对房地产中的土地价值与建筑物价值或者自有资金权益价值与抵押贷款权益价值分别测算。

剩余技术就提供了实现以上目标的方法，这种方法是先将房地产的收益按照某种方式划分，再选用相应的报酬率，分别测算各组成部分的价值，从而得到房地产的总价值。这是收益法的一种常用的扩展方法，这样的扩展使收益法的运用更加广泛和灵活。

如果把房地产整体的报酬率称为综合报酬率，而将其各组成部分的报酬率称为局部报酬率，那么只有当房地产的各物质组成部分或各投资来源组成部分分别要求不同的报酬率时，才需要使用剩余技术，所以我们首先学习局部报酬率和综合报酬率的关系，然后分别学习几种具体的剩余技术。

一、投资组合与综合报酬率

投资组合的本意来自证券投资理论，指的是若干种证券组成的投资组合，其收益是这些证券收益的加权平均数。引申到房地产估价中，投资组合有两种含义：一是指土地和建筑物的组合，二是指投资者的资金来源组合。

1. 土地和建筑物的组合

从理论上来讲，土地和建筑物的投资风险不同，收益能力也不同，所以报酬率也应当有所不同，因此就有了土地报酬率、建筑物报酬率和综合报酬率三种不同的报酬率。土地报酬率（r_L）是将土地净收益转换为土地价格时采用的报酬率；建筑物报酬率（r_B）是将建筑物净收益转换为建筑物价格时采用的报酬率；综合报酬率（r_0）是将房地产净收益转换为房地产价格时采用的报酬率。三者之间虽然有区别，但是也存在密切的联系，相互之间的关系反映在以下公式中：

$$r_0 = \frac{r_L \times V_L + r_B \times V_B}{V_L + V_B} = r_L \times L + r_B \times B \tag{5-23}$$

其中，V_L 表示土地价格，V_B 表示建筑物价格，L 表示土地价值占房地产价值的比率，B 表示建筑物价值占房地产价值的比率。

【例 5-22】 已知某一商业房地产，占用土地的价值为 8 500 万元，地上建筑物的价值为 4 500 万元，当地同类土地和建筑物的报酬率分别为 5.6%和 4.2%，求该房地产的综合报酬率。

【解】 直接运用公式(5-23)，得：

$$L=\frac{8\,500}{8\,500+4\,500}=65.4\%,$$

$$B=\frac{4\,500}{8\,500+4\,500}=34.6\%$$

$$r_0=r_L\times L+r_B\times B=5.6\%\times 65.4\%+4.2\%\times 34.6\%=5.12\%$$

2. 借贷资金和自有资金的组合

由于报酬率是投资的收益水平和风险程度的综合反映，不同的投资主体期望的报酬率往往有所不同，从这个意义上来讲，房地产的报酬率必须同时满足每个投资者对投资报酬的需要，投资人的自有资金投资要得到投资人期望的与其投资风险相应的报酬，借贷资金部分要得到贷款人期望的与其贷款风险相应的报酬。因此，同一宗房地产，投资者的资金来源不同，其价值就不同，在房地产交易中形成的价格也会不同。

现实中，房地产的投资主要由自有资金和抵押贷款资金两部分构成，其中抵押贷款通常是分期偿还的，这时的综合报酬率就通过自有资金报酬率和抵押贷款常数来计算。公式为：

$$R_0=M\times R_M+(1-M)\times R_E \tag{5-24}$$

式中，R_0 表示综合报酬率，M 表示总投资中抵押贷款所占比例，$1-M$ 表示总投资中自有资金所占比例，R_M 表示抵押贷款常数，R_E 表示自有资金报酬率。

抵押贷款常数 R_M 是每期的贷款偿还额与抵押贷款总金额的比率。在分期等额偿还本息的情况下，每期还款额为：

$$A_M=\frac{P_M\times i_M}{\left[1-\frac{1}{(1+i_M)^n}\right]}$$

式中，A_M 表示每期还款额，P_M 表示抵押贷款总额，i_M 表示抵押贷款利息率，n 表示贷款期数。

则抵押贷款常数的计算公式为：

$$R_M=\frac{A_M}{P_M}=\frac{i_M}{\left[1-\frac{1}{(1+i_M)^n}\right]}=\frac{i_M\times(1+i_M)^n}{(1+i_M)^n-1}=\frac{i_M\times[1+(1+i_M)^n-1]}{(1+i_M)^n-1}$$

即：

$$R_M=i_M+\frac{i_M}{(1+i_M)^n-1} \tag{5-25}$$

在房地产估价中，收益通常以年收益计，所以抵押贷款常数也应当以年抵押贷款常数计算，如果抵押贷款是按月偿还的，就需要以月还款额计算出年还款额，再计算出年抵押贷款常数。

自有资金的报酬率是税前现金流与自有资金投资额的比率，税前现金流是税前利润扣除当期抵押贷款还本付息额后的余额，可通过市场上的可比实例房地产资料得到。

【例 5－23】 为了降低商业金融机构的贷款风险，抑制房地产的过度投机，我国人民银行和相关机构，通常要求房地产抵押贷款的最高成数是 7 成，已知某投资者购买某宗房地产时得到了最高成数的期限 15 年、年利率 6%、按月等额本息偿还的抵押贷款。如果该投资者要求的自有资金报酬率为 5%，求该房地产的综合报酬率。

【解】 由于还款方式为按月等额偿还本息，首先需要计算贷款月利息率：

$$i_M=\frac{6\%}{12}=0.5\%$$

然后计算抵押贷款常数：

$$R_M=\left[i_M+\frac{i_M}{(1+i_M)^n-1}\right]\times 12=\left[0.5\%+\frac{0.5\%}{(1+0.5\%)^{15\times 12}-1}\right]\times 12$$
$$=10.13\%$$

最后计算综合报酬率：

$$R_0=M\times R_M+(1-M)\times R_E=70\%\times 10.13\%+30\%\times 5\%=8.59\%$$

二、土地剩余技术和建筑物剩余技术

从物质构成来讲，房地产的收益中包括土地的收益和建筑物的收益，而且土地的报酬率和建筑物的报酬率也是有区别的。因此，如果能够将土地净收益和建筑物净收益分开，就能将房地产价格中的建筑物价格和土地价格分割，这就是剩余技术。在房地产估价实物中，如补交土地使用权出让金、收回土地使用权、划拨土地上的建筑物拆迁等情况下，都需要使用剩余技术分割土地和建筑价格。

其中，已知房地产净收益和建筑物价格测算土地价格的方法称为土地剩余技术；而已知房地产净收益和土地价格测算建筑物价格的方法称为建筑物剩余技术。

1. 土地剩余技术

如果房地产的净收益、土地和建筑物的报酬率都是已知的，并且建筑物的价格能够通过成本法或比较法等收益法以外的方法得到，就可以利用收益法的公式，根据建筑物价格和建筑物报酬率求出建筑物的净收益，然后从房地产净收益中减去建筑物的净收益，得到归属于土地的净收益，再利用收益法的公式以土地净收益和土地报酬率求出土地的价格。以报酬资本化法为基础的土地剩余技术可以见图 5－8 所示：

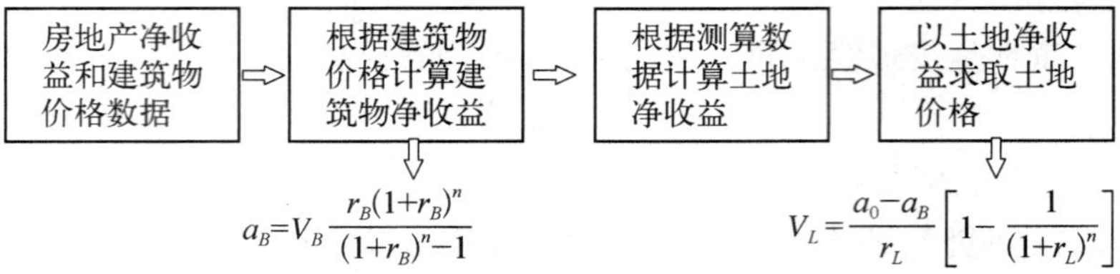

图 5-8 土地剩余技术的计算过程

【例 5-24】 某城市一幢新建综合类房地产,总建筑面积5 000 平方米,预计经济寿命46 年,附近同类商业大厦的租金按建筑面积计算每年为 1 600 元/平方米,平均运营费用按建筑面积计算为每年 340 元/平方米。已知当地同类建筑物的重置成本为每建筑平方米 5 180 元,若建筑物的报酬率为 5.3%,土地报酬率为 5.6%,求该商业大厦所占土地的价格。

【解】 根据图 5-8 所示,求解如下:

第一步,计算房地产净收益和建筑物当前价格,房地产净收益为:

$$a=(1\,600-340)\times 5\,000=6\,300\,000\text{元}=630(\text{万元})$$

由于是新建房地产,所以建筑物现值为:

$$V_B=5\,180\times 5\,000=25\,900\,000(\text{元})=2\,590(\text{万元})$$

第二步,计算建筑物净收益:

$$a_B=V_B\frac{r_B(1+r_B)^n}{(1+r_B)^n-1}=2\,590\times\frac{5.3\%(1+5.3\%)^{46}}{(1+5.3\%)^{46}-1}=151.34(\text{万元})$$

第三步,计算土地净收益:

$$a_L=a-a_B=630-151.34=478.66(\text{万元})$$

第四步,计算土地价格:

$$V_L=\frac{a_L}{r_L}\left[1-\frac{1}{(1+r_L)^n}\right]=\frac{478.66}{5.6\%}\left[1-\frac{1}{(1+5.6\%)^{46}}\right]=7\,850.39(\text{万元})$$

以上的剩余技术是以报酬资本化法基础的,剩余技术也可以以直接资本化法为基础,只要以资本化率代替报酬资本化法中的报酬率,并且采用直接资本化法的公式即可,关于资本化率和报酬率的区别在上一节中已经学过。

以直接资本化法为基础的土地剩余技术的公式为:

$$V_L=\frac{a_0-V_B\times R_B}{R_L} \tag{5-26}$$

式中,V_L 表示土地价格;a_0 表示房地产的年纯收益;V_B 表示建筑物价格;R_B 表示建筑物资本化率;R_L 表示土地资本化率。

2. 建筑物剩余技术

如果房地产的净收益、土地和建筑物的报酬率都是已知的，并且土地的价格能够通过成本法或比较法等收益法以外的方法得到，就可以利用收益法的公式以土地价格和土地报酬率求出土地的净收益，然后从房地产净收益中减去土地的净收益，得到归属于建筑物的净收益，再利用收益法的公式以建筑物净收益和建筑物报酬率求出建筑物的价格。以报酬资本化法为基础的建筑物剩余技术如图 5－9 所示。

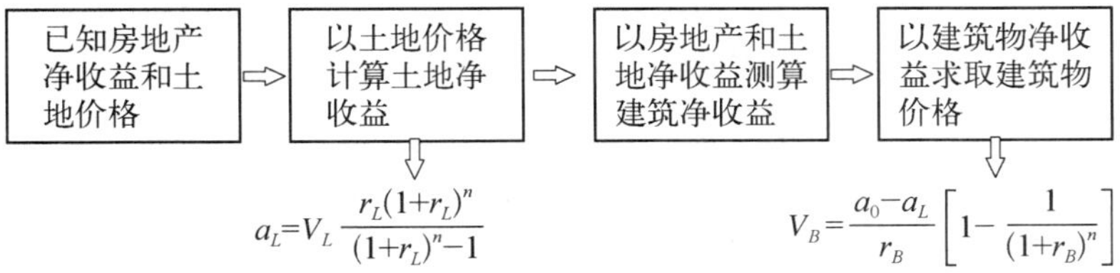

图 5－9 建筑物剩余技术计算过程

【例 5－25】 某一城市，在城市更新过程中，需要拆迁一幢建筑面积为 6 000 平方米的办公楼，该建筑物尚可正常使用 36 年，由于该办公楼所占用土地为划拨土地，拆迁中只需要对建筑物价值进行补偿。根据估价机构的市场调研，已知当地出租经营的类似办公楼每建筑平方米每年可得到 1 300 元的净收益，附近地段新近出让的土地楼面价格为 4 860 元/平方米，已知当地同类建筑物的报酬率为 5.2%，土地报酬率为 5.3%，求该办公楼拆迁时建筑物的合理补偿价格。

【解】 根据图 5－9 所示，求解过程如下：

第一步，计算房地产净收益和土地价格，房地产净收益为：

$$a = 1\,300 \times 6\,000 = 7\,800\,000(\text{元}) = 780(\text{万元})$$

$$\text{土地价格 } V_L = 4\,860 \times 6\,000 = 29\,160\,000(\text{元}) = 2\,916(\text{万元})$$

第二步，计算土地净收益：

$$a_L = V_L\frac{r_L(1+r_L)^n}{(1+r_L)^n-1} = 2\,916 \times \frac{5.3\%(1+5.3\%)^{36}}{(1+5.3\%)^{36}-1} = 183.07(\text{万元})$$

第三步，计算建筑物净收益：

$$a_B = a - a_L = 780 - 183.07 = 596.93(\text{万元})$$

第四步，计算建筑物价格：

$$V_B = \frac{a_B}{r_B}\left[1-\frac{1}{(1+r_B)^{36}}\right] = \frac{596.93}{5.2\%}\left[1-\frac{1}{(1+5.2\%)^{36}}\right] = 9\,628.65(\text{万元})$$

所以，该办公楼的建筑物补偿价格为 9 628.65 万元。

与土地剩余技术类似，建筑物剩余技术也有以直接资本化法为基础的形式，其公式为

$$V_B = \frac{a_0 - V_L \times R_L}{R_B} \tag{5-27}$$

其中，V_B 表示建筑物价格，a_0 表示房地产的年纯收益，V_L 表示土地价格，R_B 表示建筑物资本化率，R_L 表示土地资本化率。

三、自有资金剩余技术和抵押贷款剩余技术

除了根据物质构成分为土地价值和建筑物价值外，房地产的价值还可以根据资金来源构成来划分，通常购买房地产的资金来源由自有资金和抵押贷款两部分构成，房地产的收益也分为自有资金的贡献和抵押贷款的贡献。相应的，房地产的价值就分为自有资金权益价值和抵押贷款权益价值。如果已知自有资金权益价值和抵押贷款权益价值中的任何一个，就可以计算另一个。其中已知房地产收益和抵押贷款权益价值计算自有资金权益价值的方法是自有资金剩余技术，而已知房地产收益和自有资金权益价值计算抵押贷款权益价值的方法是抵押贷款剩余技术。

1. 自有资金剩余技术

自有资金剩余技术是在已知房地产净收益和抵押贷款金额的情况下，求取自有资金权益价值的方法。首先根据房地产的抵押贷款资料，得到贷款金额、利息率、贷款期限等条件，计算出每年的还本付息金额，从房地产净收益中扣除这部分金额，即得到归属于自有资金贡献的净收益，再以这个净收益和自有资金报酬率计算自有资金权益价值。

以直接资本化法为基础的自有资金剩余技术的公式为：

$$V_E = \frac{a_0 - M \times R_M}{R_E} \tag{5-28}$$

式中，V_E 表示自有资金权益价值；a_0 表示房地产纯收益；M 表示抵押贷款金额；R_M 表示抵押贷款常数；R_E 表示自有资金资本化率。

2. 抵押贷款剩余技术

抵押贷款剩余技术是在已知自有资金数量的情况下，求取抵押贷款价值的技术。首先根据自有资金数量和自有资金资本化率计算得到房地产净收益中归属于自有资金的贡献，作为自有资金净收益，然后从房地产净收益中减去自有资金净收益，得到可归属于抵押贷款的净收益，再以抵押贷款净收益和抵押贷款常数计算出抵押贷款权益价值。

以直接资本化法为基础的抵押贷款剩余技术公式为：

$$V_M = \frac{a_0 - E \times R_E}{R_M} \tag{5-29}$$

式中，V_M 表示抵押贷款权益价值；a_0 表示房地产纯收益；E 表示自有资金数量；R_M 表示抵押贷款常数；R_E 表示自有资金资本化率。

公式(5-29)说明，如果投资者的自有资金比例和自有资金的资本化率都是已知的，那么可获得的抵押贷款金额就取决于可作为抵押贷款偿还额的剩余现金流量和抵押贷款

常数。但是，抵押贷款剩余技术不适用于对已设立其他抵押的房地产进行估价，因为这时可作为抵押贷款偿还额的剩余现金流量还必须偿还其他抵押债务。

房地产的抵押贷款权益价值是银行发放抵押贷款的参考依据，其目的在于控制贷款风险。在理论上，对于特定的房地产而言，抵押贷款权益价值是银行能够接收的最高抵押贷款额度。尽管目前银行实际上并不按照抵押贷款权益价值来决定贷款比例，而是以一个更低的比例作为最高贷款比例，但这并不能否定抵押贷款剩余技术的理论价值。

【例 5－26】 某业主为购买一所住宅需要向银行申请抵押贷款，以拟购买的住宅为抵押物，根据当地住宅出租的市场行情，该住宅未来的正常租金可达 3 000 元/月，由业主承担的各项租赁费用为租金的 30%。现该业主有自有资金 10 万元，拟选择期限为 15 年每年等额偿还本息的贷款种类。已知当期银行一年期存款利息率为 2.7%，贷款利息率为 5.4%，如果该业主希望的自有资金资本化率为 3.6%，求该房地产的抵押贷款权益价值。

【解】 已知 $E=10$ 万元，$R_E=3.6\%$，$i_M=5.4\%$，$n=15$

先根据公式(5－25)计算抵押贷款常数：

$$R_M=i_M+\frac{i_M}{(1+i_M)^n-1}=5.4\%+\frac{5.4\%}{(1+5.4\%)^{15}-1}=9.90\%$$

再根据公式(5－29)计算该房地产的抵押贷款权益价值：

$$a_0=3\,000\times(1-30\%)\times12=25\,200(\text{元})=2.52(\text{万元})$$

$$V_M=\frac{a_0-E\times R_E}{R_M}=\frac{2.52-10\times3.6\%}{9.9\%}=21.82(\text{万元})$$

自有资金权益价值和抵押贷款权益价值的区分只在贷款期内有意义，所以以上两种剩余技术只与贷款期限有关，而与房地产收益期限无关。以上两个公式，形式上是以直接资本化法为基础的，实际上由于在抵押贷款常数的计算中，已经包含了贷款期限的因素，并且默认的贷款偿还方式是按月等额本息偿还，这意味着与此相关的收益是稳定的，因此可以理解为报酬资本化法和直接资本化法的公式没有区别。

第五节 收益法的综合应用及其举例

通过本章前几节的介绍可知，收益法是一种理论基础严密，计算过程严谨，变化形式较多的估价方法，其估价结果能够反映房地产的客观价值，因而在房地产估价实务中得到广泛应用。

收益法以房地产的收益作为其价值评估的基础，它更适合于房地产的市场价格能够真实地反映其使用价值，房地产租售比处在合理范围内的情形。在市场上存在较严重的投机现象，致使价格严重偏离使用价值，租售比明显低于正常情形时，采用收益法得出的估价结果就会低于采用比较法得到的结果，也会与人们所观察到的现象相背离。

关于收益法的各种应用情形，前几节每部分主要内容中都穿插了相应的例题，在这一节中，有三个综合性的例题，例 5－27 和例 5－28 是两道比较灵活的题目，可以帮助拓展思路，例 5－29 是从一个实际的房地产估价案例改编而来，能够帮助读者加深对收益法实践运用的理解。

【例 5－27】 某新近建成的星级宾馆共有 380 间客房及 2 间会议室和 1 个餐厅，所占土地面积 10 000 平方米，建筑容积率为 2.0，土地以出让方式取得，使用期限 40 年，不可续期，建设期为 2 年。预计投入使用后客房的平均价格为每间每天 480 元，第 1～4 年的入住率分别为 50%、60%、70%和 80%，此后入住率稳定在 80%，会议室和餐厅的收入第 1 年为 600 万元，以后每年递增 5%，从第 4 年起达到稳定。该宾馆的运营费用在第 1 年为当年收入的 35%，此后各年的运营费用在上一年的基础上增加，增加额为当年收入超过上一年收入部分的 25%。取报酬率为 6.2%，运用收益法测算该宾馆在建成可投入使用时的市场价值。

【解】 根据题意可知，$n=40-2=38$，$t=3$，$r=6.2\%$ $a=a_4$

第 1 年有效毛收入 $=480\times380\times365\times50\%+6\,000\,000$

$=39\,288\,000$(元) $=3\,928.80$(万元)

第 2 年有效毛收入 $=480\times380\times365\times60\%+6\,000\,000\times(1+5\%)$

$=46\,245\,600$(元) $=4\,624.56$(万元)

第 3 年有效毛收入 $=480\times380\times365\times70\%+6\,000\,000\times(1+5\%)^2$

$=53\,218\,200$(元) $=5\,321.82$(万元)

第 4 年有效毛收入 $=480\times380\times365\times80\%+6\,000\,000\times(1+5\%)^3$

$=60\,206\,550$(元) $=6\,020.66$(万元)

第 1 年运营费 $=3\,928.80\times35\%=1\,375.08$(万元)

第 2 年运营费 $=1\,375.08+(4\,624.56-3\,928.80)\times25\%=1\,549.02$(万元)

第 3 年运营费 $=1\,549.02+(5\,321.82-4\,624.56)\times25\%=1\,723.34$(万元)

第 4 年运营费 $=1\,723.34+(6\,020.66-5\,321.82)\times25\%=1\,898.05$(万元)

第 1 年净收益 $a_1=3\,928.80-1\,375.08=2\,553.72$(万元)

第 2 年净收益 $a_2=4\,624.56-1\,549.02=3\,075.54$(万元)

第 3 年净收益 $a_3=5\,321.82-1\,723.34=3\,598.48$(万元)

第 4 年净收益 $a_4=6\,020.66-1\,898.05=4\,122.61$(万元)

直接运用公式(5－15)，可得：

$$V=\sum_{i=1}^{3}\frac{a_i}{(1+r)^i}+\frac{a}{r}\left[1+\frac{1}{(1+r)^{n-t}}\right]\frac{1}{(1+r)^t}$$

$$=\frac{2\,553.72}{1+6.2\%}+\frac{3\,075.54}{(1+6.2\%)^2}+\frac{3\,598.48}{(1+6.2\%)^3}+$$

$$\frac{4\,122.61}{6.2\%}\left[1-\frac{1}{(1+6.2\%)^{38-3}}\right]\times\frac{1}{(1+6.2\%)^3}$$

$$= 2\,404.63 + 2\,726.92 + 3\,004.32 + 48\,752.98$$
$$= 56\,888.85(\text{万元}) = 5.7(\text{亿元})$$

【例 5-28】 某商场的建筑面积为 3 600 平方米，所占用的土地使用期限为 40 年，从 2010 年 12 月 1 日起计。2012 年 3 月 1 日某公司与该商场所有权人签订了租赁合同，租期为 20 年，约定租金为每建筑平方米 160 元/月，租金支付方式为每两年支付一次，支付时间在第 2 年年末。已知目前市场上类似房地产的正常租金为每建筑平方米 190 元/月，支付方式为每年年末一次性支付，正常租赁的运营费为租金收入的 30%，为年内均匀发生。预计类似商场的正常月租金每年递增 2%，取房地产报酬率为 6.3%，银行一年期存款利息率为 4%。求该房地产在 2016 年 3 月 1 日的承租人权益价值。

【解】 这道例题有三个需要注意的地方：

首先，需要注意的是收益和费用的发生时间与其他题目不同，通常没有特别说明的话，认为收益和费用在年末发生，而本题明确提出毛收益在年末结算，而费用在年内均匀支付，这样就需要用到现金流分析的方法将收益和费用都折算到每年年末。

其次，需要注意的是实际收益和客观收益的差别。

最后，需要注意的是承租人权益价值的求取。在例 5-21 中对于承租人权益价值的计算采取的方法是以市场租金减去承租人实际支付的租金之差额作为承租人净收益，本例题介绍另一种求取承租人权益价值的方法，即以客观净收益为基础求取房地产在未设定租赁情况下的价格，然后以出租人的实际净收益为基础求取出租人权益价值，两者之差值即为承租人权益价值。这种方法适合各种情况的承租人权益价值估算。

① 求房地产在租期内的市场价格，该商场客观年末有效毛收益为：

$$a = 190 \times 3\,600 \times 12 = 8\,208\,000(\text{元}) = 820.80(\text{万元})$$

客观运营费在年内均匀支付，相当于年中一次支付，折算到年末为：

$$c_0 = 820.80 \times 30\% \times (1 + 4\%)^{0.5} = 251.12(\text{万元})$$

该商场的年末净收益为：

$$a = a - c_0 = 820.80 - 251.12 = 569.68(\text{万元})$$

商场的剩余租赁年限为 $n = 20 - 4 = 16$ 年，报酬率为 $r = 6.3\%$，净收益的年递增率为 $g = 2\%$，所以该商场完全产权下 20 年的市场价格为：

$$V = \frac{a}{r-g}\left[1 - \left(\frac{1+g}{1+r}\right)^{16}\right] = \frac{569.68}{6.3\% - 2\%}\left[1 - \left(\frac{1+2\%}{1+6.3\%}\right)^{16}\right]$$
$$= 6\,405.58(\text{万元})$$

② 求出租人的权益价值，因租金是每两年年末支付，所以可将租约中的剩余年限 16 年，分为 8 个两年，则出租人每两年末的有效毛收益为：

$$a' = 160 \times 3\,600 \times 12 \times 2 = 13\,824\,000(\text{元}) = 1\,382.40(\text{万元})$$

出租人每两年末支付的运营费为：

$$c_0' = 1\,382.40 \times 30\% \times (1+4\%)^1 = 431.31(\text{万元})$$

出租人每两年末的净收益为：

$$a' = a' - c_0' = 1\,382.40 - 431.31 = 951.09(\text{万元})$$

又 $n' = 8$，$r_2 = (1+6.3\%)^2 - 1 = 13\%$，所以出租人的权益价值为：

$$V' = \frac{a'}{r}\left[1 - \frac{1}{(1+r)^{n'}}\right] = \frac{951.09}{13\%}\left[1 - \frac{1}{(1+13\%)^8}\right] = 4\,564.06(\text{万元})$$

所以该商场承租人的权益价值为：

$$V - V' = 6\,405.58 - 4\,564.06 = 1\,841.52(\text{万元})$$

【例 5－29】 用收益法评估××市××商业房地产价格。

(1) 估价对象描述及地价影响因素分析：① 个别因素分析：估价对象占地面积 690 平方米，使用期限 40 年，自 2009 年起算，建筑物建成于 2011 年，为钢筋混凝土结构，估价对象所在楼共 13 层，估价对象位于其中的一层，建筑面积 1 569.76 平方米。② 区域因素分析：估价对象位于××市××区中心商业区，功能定位于"现代都市文化休闲区"，是商业和文化聚集之地，拥有众多老店名店，综合购物、办公、餐饮、娱乐等功能，目前，发展休闲经济为主体已经成为该区新的发展方向。③ 市场背景分析：估价对象所在区域被规划为城市功能核心区，核心区内商业发展以现有设施功能的完善、配套、提升为主，限制新建大型商业设施和小商品市场，这为该区域已有商业市场的发展提供充足空间。

(2) 最高最佳用途分析：待估标的物的现状用途为商业用房，与其所处区域及所在环境相符，从其所在城市内部经济地理位置及城市建设、土地资源优化配置的长远发展来看，估价人员认为保持现状用途最为有利。

(3) 估价方法选用：因估价对象为经营性物业，故采用收益法进行评估。

(4) 估价时点：根据委托要求，估价时点为 2016 年 5 月 1 日。

(5) 市场租金定价分析：根据市场租金报价及租约调查分析，确定估价对象同类项目市场租金水平，以 2016 年 5 月 1 日为起点，预测估价对象在完全产权状态下，在正常使用条件下，剩余使用年限内各年租金、出租率及相关运营费用等，确定各年租金净收益及年净现金流。

年净收益＝年房地产有效毛收益－年总费用

年房地产有效毛收益＝月租金×12×建筑面积×出租率＋租赁保证金利息收入

年总费用＝管理费＋房产税＋营业税及附加＋城镇土地使用税＋印花税＋保险费＋维修费＋租赁佣金

租赁保证金利息收入＝月租金×计租面积×2 个月×一年期存款利率(税后)

根据对××市近年商业房地产市场指标调查及未来商业房地产市场的分析预测，结合对目前商业房地产市场状况及未来发展情况的预测分析，预测估价对象预测期第1年、第2年租金为90元/平方米·月(具体测算过程略)，第3～10年年租金水平较为稳定，每两年有2元/平方米·月的小幅上涨；第1～3年出租率为85%，第4～6年出租率为90%，此后各年续租率和出租率较为稳定，至第10年以后，考虑到估价对象由于功能折旧及原客户对房地产品质的要求，续租率略有下降，但出于对市场需求的良好预期，预测新租面积将有所增加，故总体来看第四年至第10年估价对象出租率将有所上升，保持在90%～92%，据此，第7～9年出租率预测为91%。自第10年起，出租率将保持在92%，租金水平将稳定在103元/平方米·月。根据估价人员对该市商业房地产市场的调查，承租人缴纳的租赁保证金一般按合同约定月租金的两倍记取，银行存款利息率取2.8%。

相关费用预测：管理费按年房地产有效毛收益的3%确定；房产税按年房地产有效毛收益的12%征收；营业税为年房地产有效毛收益的5%；城市维护建设税按营业税的7%计，教育费按营业税的3%计，总计为年房地产有效毛收益的5.5%；估价对象所在区域城镇土地使用税为8元/平方米·年；印花税：租赁房屋印花税的征收标准为租赁合同额的1%；保险费按建筑物重置成本的0.2%计取，经估价人员估算，估价对象在考虑成新后建筑物重置单价为2 008元/平方米，则重置总价为315.21万元；维修费按建筑物重置成本的1%计取；租赁佣金为有效毛收益的1%，银行存款利息率取2.8%。

第1年至第3年净现金流收支项目如下：

估价对象第1年至第3年净现金流收支表

序号	收支项目名称	第1年	第2年	第3年
一	年房地产租金收益(元)	2 753 987	2 753 987	2 834 045
1	月租金单价(元/平方米)	90	90	92
2	出租率(%)	85	85	85
3	建筑面积(平方米)	1 569.76	1 569.76	1 569.76
二	租赁保证金利息收入(元)	7 912	7 912	8 087
	租赁保证金(元)	282 557	282 557	288 836
三	年有效毛收益	1 448 951	1 448 951	1 481 150
四	年总费用(元)	354 581	354 581	361 498
1	管理费(元)	43 231	43 231	44 192
3	房产税(元)	172 925	172 925	176 768
4	营业税及附加(元)	79 257	79 257	81 018
5	城镇土地使用税(元)	5 520	5 520	5 520
6	印花税(元)	2 700	2 700	2 778
7	保险费(元)	6 304	6 304	6 304
8	维修费(元)	31 521	31 521	31 521

续 表

序号	收支项目名称	第 1 年	第 2 年	第 3 年
9	租赁佣金(元)	27 540	27 540	28 340
五	年净收益(元)	1 094 370	1 094 370	1 119 653

第 4 年及以后各年净现金流如下表：

年　份	第 4 年	第 5 年	第 6 年	第 7 年	第 8 年	第 9 年	第 10 年	第 11 年至剩余使用年限终止
净现金流(元)	1 187 673	1 254 577	1 254 577	1 295 977	1 295 977	1 323 034	1 337 969	1 365 322

(6) 确定报酬率：报酬率采用投资报酬率排序插入法确定。估价人员掌握的估价对象周边商业房地产市场报酬率一般为 4%～6%，根据其风险程度所落的位置，确定估价对象的报酬率为 4.5%。

(7) 采用报酬资本化法测算估价对象于估价时点的正常市场价值：

① 报酬资本化法公式：

$$V=\sum_{i=1}^{10}\frac{a_i}{(1+r)^i}+\frac{a'}{r(1+r)^{10}}\left(1-\frac{1}{(1+r)^{(t-10)}}\right)$$

其中，a_i 为第 1～10 年各年净现金流；r 为报酬率 4.5%；a' 为第 11 年至估价对象剩余年限终止日期各年净现金流；t 为估价对象时点剩余使用年限，根据题意，$t=33$ 年。

② 根据报酬率将估价对象于估价时点各年净现金流还原至估价时点累加，即为估价对象房地产价值。

报酬资本化法计算表

年　份	年净现金流(元)	折算至估价时点的价值(元)
第 1 年	1 094 370	1 047 244
第 2 年	1 094 370	1 002 147
第 3 年	1 119 653	981 148
第 4 年	1 187 673	995 937
第 5 年	1 254 577	1 006 736
第 6 年	1 254 577	963 384
第 7 年	1 295 977	952 321
第 8 年	1 295 977	911 312
第 9 年	1 323 034	890 276

续 表

年 份	年净现金流(元)	折算至估价时点的价值(元)
第 10 年	1 337 969	861 555
第 11 年至剩余使用年限终止	1 365 322	12 438 279
合 计	22 050 339	
估价对象总建筑面积(平方米)	1 596.76	
房地产单价(元/平方米)	14 046.95	

所以,估价对象的价格为 14 047 元/平方米。

从例 5-29 可以看出,实践中的收益法也需要与比较法或成本法相结合,比如在确定房地产的未来租金时,需要以同类房地产作为可比实例,根据可比实例的市场租金资料,通过待估房地产与可比实例的因素比较,预测待估房地产的未来租金。而房地产的保险费、维修费等运营费,则是以建筑物价格的一定比例计算,所以需要先采用成本法计算建筑物的价格,才能得出这些运营费。由此可见,这些估价方法并不是孤立的,而是需要相互结合,才能完成估价工作。

【复习思考题】

1. 何谓收益法?
2. 哪些类型的房地产可以用收益法进行估价?
3. 如何确定房地产的净收益?
4. 确定还原利率的方法有哪些?
5. 投资房地产的风险有哪些? 房地产投资风险与房地产的报酬率有何联系?
6. 何谓承租人的权益价值?
7. 何谓房地产的实际收益? 何谓房地产的客观收益? 在房地产估价实务中,是采用实际收益还是客观收益?
8. 某综合类房地产于 2015 年 9 月 1 日建成并投入使用,已知其所占用的土地是 2013 年 3 月 1 日通过拍卖方式获得土地使用权,土地使用权的使用期限是 50 年,从 2013 年 3 月 1 日开始。通过对当地同类房地产的市场调查得知,该房地产正常经营状况下,每年可获得净收益 860 万元,已知当地同类房地产的报酬率为 5.8%,试评估该房地产在 2016 年 3 月 1 日的价格。
9. 假设某一时期一年期国债的利率为 3.9%,某商业地产投资风险补偿为 2.08%,投资者的管理负担补偿为 0.78%,缺乏流动性补偿为 0.36%,投资商业房地产没有相应的贷款、税收优惠,试确定还原利率。
10. 已知某工厂所占用的土地是 10 年前经过划拨方式获得的,因工厂改制需要办理使用年期为 50 年的土地出让手续,已知附近同类土地的 45 年剩余使用期限的价格为

5 000 元/平方米，当地土地报酬率为 6.2%，请估算该工厂应付土地使用权出让金的合理单价。

11. 某一房地产的投资者，准备购买一商业地产项目进行投资，该投资者准备购买以后，持有 6 年，然后进行出售。持有期间房地产每年的净收益为 320 万元。根据当地该类房地产的市场状况，专业房地产估价人员的预测，6 年后，该商业地产出售时，出售价格可以达到 6 500 万元，假设当地该类房地产项目的报酬率为 6.3%，试根据以上资料数据，确定该投资者当前合理的购买价格。

12. 某酒店连锁企业因扩大业务需要，拟购买一幢房地产作为经济型宾馆经营，现有甲、乙两宗符合公司决策者意向的房地产，但甲的挂牌价是 32 000 元/平方米，乙的挂牌价是 29 000 元/平方米，经调查得知甲、乙两宗房地产的剩余土地使用权期限分别是 45 年和 40 年，且建筑物经济寿命在土地使用权到期时结束，两者所在地段的经济型宾馆报酬率分别是 7.6%和 6.8%，请问从经济的角度看，该房地产经营公司应该购买哪幢房地产？

13. 位于某市近郊区的一个新建住宅项目目前的销售价格为8 000 元/平方米，附近类似住宅的平均租金标准是 300 元/平方米·年，现获知有新近规划的一条轨道交通将通往该住宅所在地段，并将于 5 年后建成通车，当前该市已有轨道交通的近郊区住宅价格为 12 000 元/平方米。已知当地同类住宅的报酬率为 6.2%，求轨道交通规划消息公布后，该住宅项目的销售单价将会上升多少？

14. 某出租经营的写字楼总建筑面积 5 000 平方米，尚可使用 40 年，过去 5 年的租金平均为每建筑平方米 6 元/天，运营费为每月 30 万元，预计从下一年开始，租金将以每年 3%的比率上升，而运营费则以每年 1%的比率下降，这种状况将持续 10 年，之后租金和运营费将维持不变，如果同类房地产的报酬率为 6.5%，请评估该房地产的当前价格。

15. 某商场的土地使用权年限为 40 年，从 2011 年 5 月 1 日起计，该商场共 6 层，每层建筑面积各为 500 平方米，每层可出租面积占总建筑面积的 80%，于 2014 年 5 月 1 日起出租，其中一层出租给一家大型超市，租期 5 年，约定为每建筑平方米月租金 300 元；二至五层按柜台分割后分别出租给一些服装经销商，租约是每年一签；六层暂时空置。已知附近同类商场可出租面积的正常月租金是 320 元/平方米，平均运营费率为 30%，取报酬率为 5.8%，若该商场拟于 2016 年 5 月 1 日带租约出售，请评估其合理的出售价格。

16. 某房地产的剩余收益年限为 40 年，据预测未来第一年的有效毛收益为 300 万元，运营费为 180 万元，此后每年的有效毛收益会在上一年基础上增长 5%，运营费每年在上一年基础上增长 3%，假设收入在年终结算，运营费为年内均匀投入，取房地产报酬率为 6.2%，银行一年期存款利息率为 4%，求该房地产的当前价格。

17. 某宗房地产的土地使用年限为 50 年，至今已使用 8 年，预计该宗房地产年有效毛收益为 80 万元，运营费率为 40%，假定安全利率为 6%，风险补偿率为安全利率的

40%,请估算该房地产的收益价格。

18. 某宗房地产的年净收益为500万元,建筑物现值2 000万元,已知该房地产的剩余收益年限为50年,建筑物报酬率为6.2%,土地报酬率为6.8%,求该房地产的价格。

19. 某房地产于2011年1月1日建成并投入使用,共有48年的使用期,已知2012年到2015年的净收益分别为300万元、350万元、320万元和360万元,预计2016年到2018年度的净收益分别可达到380万元、400万元和420万元,从2019年度起每年可获得的净收益将稳定在400万元,以上所有净收益均在年末获得。若同类房地产的报酬率为7.5%,求该房地产在2016年1月1日的价格。

20. 某一房地产投资者,在某一城市投资了一套住宅,建筑面积220平方米,在三年前出租给一承租人,签订了租赁合同,租期为6年,合同约定的净月租金为13 200元。市场上相同区位,户型面积相同、品质相同的住宅租金为15 600元。今年初,房地产价格上涨比较快,该房地产投资者准备把住宅出售,假设该类房地产的报酬率为5.8%,试计算承租人的权益价值。

21. 某写字楼可出租面积6 800平方米,全部用于出租经营,已知当地同类写字楼的市场租金水平按出租面积为每月150元/平方米,平均空置率为10%,管理费为年租金的2%,通常出租经营中可向承租人收取等于一个月租金额的押金。出租期间每年缴纳的房产税按租金收入的12%计算。该写字楼的建筑物重置成本为1 850万元,房屋维修费按建筑物重置成本的1.5%计算,保险费按建筑物重置成本的0.2%计算,物业管理费按出租面积每年150元/平方米。若当地一年期存款利息率为3%,求该写字楼的年净收益。

第六章　成本法

第一节　成 本 法 概 述

一、成本法的含义

在房地产估价中，把比较法、收益法和成本法称为三大基本估价方法。成本法是从成本构成的视角来测算房地产价格的。成本法又称原价法，或者成本逼近法，是指通过求取估价对象在估价时点的重置成本或重建成本，扣除折旧，以此来估算估价对象的客观合理价格或价值的方法。

房屋重置成本是指在当前的建筑技术、工艺水平、建材价格、运输费用和人工费用情况下，重新购建与原有房屋结构、式样、质量、功能基本相同的房屋所需的费用；重置成本是指假设在估价时点重新取得全新状况的估价对象的必要支出，或者重新开发建设全新状况的估价对象的必要支出和应得利润，而不是估价对象建造时期的投入；建筑物折旧是指由于物质因素、功能因素或者经济因素等原因造成的建筑物价值的损失，其数额为建筑物在估价时点的市场价值与其重置成本之差。

因此，成本法实质上是以房地产价格各构成部分的成本累加来估算房地产价格的方法。而成本法里的“成本”也不仅仅指通常意义上的成本，而且涵盖成本以外的利润、税金、投资利息等部分。采用成本法估价时，可以明确房地产的各部分构成。

二、成本法的理论依据

成本法的理论依据是生产费用价值论，即商品的价格是依据其生产所必要的费用而决定。成本法的理论依据可以从买卖双方两个角度进行分析。

从卖方的视角来分析，房地产价格是基于其过去的“生产费用”，重在过去的投入，即卖方愿意接受的最低价格不能低于房地产开发过程中所投入的成本，这些成本包括获得土地使用权交纳的土地出让金、土地、房屋开发成本、开发利润以及税金等；如果销售价格低于开发投入的费用，开发商无利润或者利润非常低，开发商就不会继续进入房地产行业进行开发。

另一方面，从买方的视角而言，根据替代原理，买方购买房地产时，愿意支付的最高价格不能高于其预计重新开发建设该房地产的必要支出。根据竞争原理，如果购买价格偏高，超出合理的水平，房屋消费者最优的决策是自己进行开发。从房地产的供给方式来分析，在增量房市场，房地产开发商、住房需求者、城市公共住房投资主体都可以向房地产市场供给各类房屋，如果开发商销售时，定价偏高，住房需求者可以申请公共住房或者在法律许可的情况下，采取联合建房的方式，满足住房需求。

所以，买卖双方可以接受的共同点是包含了开发建设必要支出、利润和税费的正常成本价格。因此，房地产价格就可以根据开发或建造估价对象所需要的各项必要费用之和，加上利润、税费来评估房地产的价格。由于土地使用权的取得成本、建筑材料价格、人工费用、机械台班费用，随着时间的推移，经常处于变化之中，特别是我国大型城市，城市建设用地资源稀缺，土地使用权取得成本较高，并且土地使用权价格增长幅度较大，所以房地产的建造成本，也会发生变化。因此，在利用成本法进行估价时，必须确定估价时点，也就是测定房地产在估价时点的价格。

三、成本法的适用范围和适用条件

1. 成本法的适用范围

每一种估价方法都有相应的适用范围和使用条件，成本法亦是如此。适合采用成本法进行估价的房地产有：

(1) 某一类房地产交易情况较少，如果采用比较法时，难以找到合适的可比实例，如城市的标志性建筑、建筑设计造型特殊的建筑、历史保护性建筑、大型的机场、码头等。

(2) 有一些房地产因为性质特殊，往往不能出租或者获得其他收益，不能采用收益法，采用成本法比较合适，如公立的学校、利用财政资金投资的医院、图书馆、公园以及政府办公类房地产等。

(3) 化工厂、钢铁厂、发电厂、油田、码头、机场之类有独特设计或者只针对个别使用者的特殊需要而开发建设的房地产，以及单独的建筑物或者其装饰装修部分。

(4) 特殊目的的房地产估价，如房地产保险估价，或者其他损害补偿中，往往根据损害情况的重置成本进行评估。

(5) 成本法一般适用于建成时间不长，成新率比较高的房地产估价。

2. 成本法的适用条件

在利用成本法进行估价时，还需要注意的是，投入的成本和房地产价格存在一定的联系，一般的规律是，投入的成本高，房地产价格往往也较高。但是在房地产市场上，也会存在一些房地产，投入的成本高，销售价格并不一定高，如有一些住宅因为平面组合不合理、功能分区欠佳，或者受到负外部性的影响，周围濒临化工厂、危险设施等。另外。房地产价格，往往受到一国货币政策、税收政策、公共住房政策的影响，也就是市场中，供求因素的变化，会导致价格发生变化。所以，在利用成本法进行估价时，在对房地产的性质进行全面把握的情况下，还需要对房地产所在区域的市场状况进行全面的分析。比如，利用成本法进行测算以后，如果该类房地产所在区域的房地产市场，供不应求，需求旺盛，往往需要根据房地产市场状况，对成本法的估价结果进行向上调整；相反，利用成本法估价后，如果当地房地产市场萧条，供大于求，需求不足，则需要对成本法估价结果进行下调。此外，利用成本法估价还要注意以下几个方面的问题：

首先，要注意将房地产成本区分为实际成本和客观成本，成本法估价中应采用客观成本而不是实际成本。其中，实际成本也称为个别成本，是指某个具体的房地产开发商的实际花费；客观成本也称为正常成本，是指假设重新开发建设时大多数房地产开发商的一般花费。

其次，在客观成本的基础上结合市场供求分析进行调整。当房地产市场供大于求时，应在客观成本的基础上调低评估价值；供小于求时，应在客观成本的基础上调高评估价值。

最后，还要在客观成本的基础上结合项目的选址、区域性规划、小区的详细规划、室外景观设计、物业管理状况进行调整。比如，有的项目位于城市繁华区域、人流量大，交通便捷，配套设施完善，这些因素都会提高房地产的价值；而有的房地产，特别是商场类，如果人流量较少，交通便捷度较差，即使商场投入的建造成本较高，房地产的价格因其他因素的影响，价格往往较低。

四、成本法基本计算公式及其实施步骤

根据前面的叙述可知，利用成本法进行估价时，所采用的计算公式为：

$$\text{房地产价格} = \text{重置成本} - \text{建筑物折旧} \tag{6-1}$$

由于利用成本法进行估价时，估价对象可以是土地、新建房地产、存量房地产，而土地又有生地、毛地、熟地之分，所以具体的计算公式还存在一定的差异。

成本法估价的实施步骤为：

首先，根据待估对象的情况，确定价格构成部分；然后，观察房地产的实物状况、区位状况，搜集有关成本、税收、贷款利息、开发利润等资料，为测算价格提供数据支撑。第三，根据估价时点，测算待估房地产的价格。在此基础上，根据房地产的实物状况，耐久年限、使用年限的资料，计算折旧，最后评估房地产价格，具体如图 6－1 所示。

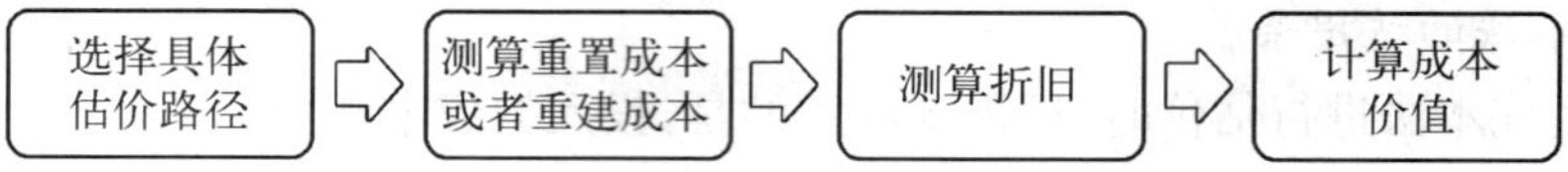

图 6－1　成本法估价的实施步骤

成本法估价时，对包含土地和建筑物的估价对象，应该选择具体估价路径，并应该符合相应的规定。具体的规定为：

（1）应该根据估价对象状况和土地市场状况，选择房地合估路径或者房地分估路径，并应优先选择房地合估路径；

（2）当选择房地合估路径时，应该把土地当作原材料，模拟房地产开发建设过程，测算房地产重置成本或者重建成本；

（3）当选择房地分估路径时，应把土地和建筑物当作各自独立的物，分别测算土地重置成本、建筑物重置成本或者重建成本。

五、房地产成本的基本构成

估价对象不同,成本构成会有所差异。如熟地的估价和新建房地产的估价,成本构成存在差异;在建工程和存量房地产成本构成也不相同;此外,房地产开发企业在房地产开发过程中,融资方式不同,融资成本也会不同。所以,利用成本法进行估价时,应该明确房地产的成本构成。

下面以房地产开发企业,通过获取土地的使用权,进行房地产开发,将项目开发完毕,进行销售为例,介绍房地产的成本构成。房地产价格一般可以分为以下几部分:土地取得成本、开发成本、管理费用、投资利息、销售费用、销售税费、开发利润。

1. 土地取得成本

土地取得成本是指房地产开发企业获得开发用地所必需的费用支出。在我国的法律框架下,土地取得成本的构成因取得房地产开发用地的途径不同而有所差异。取得房地产开发用地的途径可归纳为以下四种情况:① 通过土地一级市场获得土地使用权,即通过土地出让市场获得土地的使用权;② 通过土地二级市场,也就是土地使用权转让市场获得土地的使用权;③ 通过征收集体土地取得;④ 通过城市房屋拆迁取得。

在估价实务中,应根据估价对象的实际情况、土地的取得方式,选用合适的方法来求取土地取得成本。

(1) 通过土地一级市场或者二级市场,采用购买的方式获得城市建设用地使用权。

在土地市场较为发达的城市或者地区,开发商通过土地一级市场和土地二级市场获得土地的使用权,土地取得成本一般是由购买土地的价款以及由买方缴纳的税费构成。目前主要是购买政府招标、拍卖、挂牌出让的已完成征收或拆迁补偿安置的土地使用权,或者购买房地产开发商转让的已完成征收或拆迁补偿安置的土地使用权。这两种情况下的土地取得成本主要由土地使用权购买价格和买方应缴纳的税费两部分组成:

土地使用权的购买价格,可以采用前面所学过的比较法、收益法,以及后面章节将要介绍的基准地价系数修正法,或者采用成本法。

买方应当缴纳的税费:包括契税、印花税、交易手续费等,通常是根据税法及中央和地方政府的有关规定,按照土地使用权购买价格的一定比例来测算。

(2) 征用农村集体组织所有的土地,获得土地的使用权。

征用农村集体组织所有的土地,所对应的取得成本主要涵盖以下几部分:征地补偿安置费用、相关税费等。

征地补偿安置费用,也称为征地补偿费用,一般由以下四项费用组成:土地补偿费,安置补助费,地上附着物和青苗补偿费,被征地农民的社会保障费用。这些费用一般是根据各城市的有关补偿规定或者采用比较法求取。

相关税费,一般包括以下四项税费:征地管理费、耕地占用税、耕地开垦费和新菜地开发建设基金。这些税费一般是依照有关规定的标准求取。

土地使用权出让金等土地有偿使用费,一般依照有关规定的标准或采用比较法求取。

(3) 通过城市拆迁或者城市更新的方式取得土地使用权。

通过城市房屋拆迁获得土地使用权，土地取得成本包括房屋拆迁补偿安置费用、相关费用和土地使用权出让金等土地有偿使用费三部分。

房屋拆迁补偿安置费用，一般由以下五项费用组成：被拆迁房屋的补偿价格、被拆迁房屋室内自行装饰装修的补偿金额、搬迁补助费、安置补助费、拆迁非住宅房屋造成停产停业的补偿费。以上各部分的费用，往往根据各城市房屋拆迁的补偿文件规定来计算；当有的城市没有相应的补偿标准时，可以采用比较法来测算。

相关费用，一般包括以下四项费用：房屋拆迁管理费、房屋拆迁服务费、房屋拆迁估价费以及房屋拆除和渣土清运费。

2. 土地开发或者房屋开发成本

开发成本是指房地产开发商，获得土地使用权以后，将生地、毛地开发成熟地；或者开发成房地产时，所必须投入的直接费用、间接费用等。主要涵盖以下几部分：

(1) 勘察设计和前期工程费，如市场调查、可行性研究、工程勘察、环境影响评价、规划及建筑设计、建设工程招投标、施工的通水、通电、通路、场地平整及临时用房等开发项目前期工作所必要的费用。要注意场地平整等费用与前面的土地取得成本的衔接，如果土地取得成本中包含了房屋拆除费(拆除房屋和清运渣土等费用)或者取得的房地产开发用地是“七通一平”等场地平整的熟地，则在此就没有或者只有部分场地平整等费用。一般情况下，勘探设计费为建筑安装工程费的3%左右计算，可行性研究费用按项目总投资的1%～3%计算，水文地质勘察费按设计概算的0.5%左右计算。

(2) 建筑安装工程费，包括建造商品房及附属工程所发生的土建工程费用、安装工程费用、装饰装修工程费用等。附属工程是指房屋周围的围墙、水池、建筑小品、绿化等。要注意避免与下面的基础设施建设费、公共配套设施建设费重复计算。

(3) 基础设施建设费，包括城市规划要求配套的道路、给排水(给水、雨水、污水、中水)、电力、燃气、热力、电信、有线电视等设施的建设费用。如果取得的房地产开发用地是熟地，则基础设施建设费已部分或全部包含在土地取得成本中，在此就只有部分基础设施建设费或者没有基础设施建设费。

(4) 公共配套设施建设费，包括城市规划要求配套的教育设施、医疗卫生设施、文化体育(如文化活动中心)、社区服务(如居委会)、市政公用等非营业性设施的建设费用。

(5) 其他工程费，包括工程监理费、竣工验收费等。

(6) 开发期间税费，包括有关税收和地方政府或其有关部门收取的费用，如绿化建设费、人防工程费等。

开发成本在计算时，应将土地开发成本、建筑物的建造成本分开计算，如果建筑施工图、结构施工图、水电暖施工图都已经完成的话，可以利用工程量清单进行计算，或者利用工程所在地的定额进行计算。

3. 管理费用

管理费用是指房地产开发商为组织和管理房地产开发与经营活动所必要的费用，包括房地产开发商的人员工资及福利费、办公费、差旅费等，可按照土地取得成本与开发成本之和的一定比例计取，例如5%～7%。因此，在估价时，管理费用通常可按照土地取得成本与开发成本之和，按照一定的比例来测算。

4. 投资利息

在利用成本法进行估价时，关于投资利息的计算，借贷资金需要计算利息，自有资金同样要计算利息。因此，在房地产开发过程中，土地取得成本、开发成本、管理费用和销售费用，不论资金来源如何，均需要计算利息。从机会成本的视角考虑，自有资金如果不用于房地产开发，可以进行其他投资，可以获得相应的其他投资收益。在计算自有资金、借贷资金的利息时，按照复利计算。计算公式为：

$$利息 = P \times [(1+r)^n - 1] \tag{6-2}$$

式中，P 为前期投入的买地费用、土地开发成本、建筑物建造成本、管理费用和销售费用等；r 为投资利息率；n 为计息的期数。

由资金的时间价值计算公式可知，计息周期可以是年、半年、季、月等，通常为年。

投资利息与计息期的长短有密切关系，所以，计算投资利息的一项基础工作就是要估算开发期。在成本法中，开发期的起点一般是取得房地产开发用地的日期，终点是估价对象开发完成的日期，并由于一般假设估价对象在估价时点开发完成，所以开发期的终点一般是估价时点。如当估价对象为现房的，一般是假设估价对象在估价时点时竣工验收完成。

为了便于计算利息，习惯上将开发期分为准备期和建造期。准备期是从取得房地产开发用地到动工开发的这段时间。建造期是从动工开发到房屋竣工验收完成的这段时间。开发期一般能较准确地估算，这段时期房地产建设任务通过总包或者平行发包的方式，房地产开发企业和总承包企业进行结算，施工期一般就是开发期。但在现实中可能会由于某些特殊因素的影响，使开发期延长。由于开发期延长，房地产开发商一方面要承担更多的投资利息，另一方面要承担总费用上涨的风险。但这类特殊的非正常因素在估算开发期时一般不考虑。如有的工程，因为多方面的原因，在开发过程中，造成施工中断，停工几年，也就是烂尾楼工程，开发项目由于不能及时竣工，销售，从而计息周期很长，在利用成本法进行估价时，一般不考虑这些特殊情况，而是按照正常的施工速度来估计开发周期。

房地产开发过程中，开发周期一般较长，而土地取得成本、开发费用、管理费用、销售费用等，发生的时间节点并不相同，因此在计算利息时，还要确定各项费用投入的时间节点及其金额。

此外，在现实中，有的费用不是集中在一个时点发生，而是分散在一个时期内发生。如一般土地取得费用应在取得土地时付清，而土地开发费用在开发期中分期投入，两者的计息期不同，在计算利息时应分别考虑。

土地取得费用的利息，计息基数为土地取得费用，计息期为支付时到开发完成的时间。土地开发费用和建筑物开发费的利息可以根据具体情况分别进行处理：如果开发费用在整个开发期内均匀投入，为了计算方便，可以看成是将全部投资集中在开发期的中间时点一次性投入，即计息期为开发期的一半；如果开发费用在开发期内分期投入，各期投入的资金分别计算利息，有明确投入时间点的，以分期资金的投入时间点到开发完成时间点之间的时段为计息期，在各期内均匀投入的，视为在各期中间时间点一次性投入，以各期中间时间点到开发完成时间点之间的时段为计息期。下面举例说明投资利息的计算。

【例 6-1】 某房地产开发企业，通过土地一级市场获得一块城市建设用地 70 年的使用权，该土地为生地，缴纳的土地出让金及其税费共计 1.8 亿元，取得土地以后，该企业将土地开发成熟地后进行转让；土地的开发期 3 年，开发期总投资 3 600 万元，第一年投入总投资的 50%，第二年投入 30%，第三年投入 20%，开发费用在各年内均匀投入；同期银行贷款年利率为 6%。试计算土地开发过程中，相应的投资利息。

【解】 土地取得成本的利息 $= 1.8 \times [(1+6\%)^3 - 1] = 0.344$ 亿元

$$
\begin{aligned}
\text{土地开发费用的利息} &= 0.36 \times 0.5 \times [(1+6\%)^{2.5} - 1] + 0.36 \times 0.3 \times \\
&\quad [(1+6\%)^{1.5} - 1] + 0.36 \times 0.2 \times [(1+6\%)^{0.5} - 1] \\
&= 0.028 + 0.009\,9 + 0.002\,1 \\
&= 0.04 \text{ 亿元}
\end{aligned}
$$

投资总利息 $= 0.344 + 0.04 = 0.384$ 亿元

5. 销售费用

销售费用是指房地产开发完毕以后，将开发的房地产销售所发生的费用。房地产的销售方式主要有代理销售和开发企业自己组建销售团队进行销售。不论何种方式，均需要计算销售费用。销售费用涵盖广告费、销售资料制作费、样板房或样板间建设费、售楼处建设费、销售人员费用或者销售代理费等。销售费用通常按照售价乘以一定比例来测算，例如售价的 2%～5%。

6. 销售税费

销售税费是指开发企业在销售房地产的过程中，按照相应的税法规定，必须缴纳的税费。这些税费主要涵盖：营业税、城市维护建设税和教育费附加、印花税、交易手续费等。销售税费一般是按照售价的一定比例收取，实际估价中，销售税费通常按销售价格乘以一定比例来测算。

7. 开发利润

作为房地产开发企业而言，其经营的最终目的，就是获得相应的利润。在计算开发利润时，需要区分开发利润和承包商的利润，因为承包商的利润，房地产开发企业和承包商在双方的结算中已经考虑。在此，所指的利润是指开发商的利润。

开发利润等于销售总收入，扣掉开发过程中所有前期投入的成本以及缴纳的税金。在计算开发利润时，需要注意以下几个方面的问题：

（1）开发利润如果是缴纳土地增值税和企业所得税前的，简称税前利润。

$$开发利润 = 开发完成后房地产价值 - 土地取得成本 - 开发成本 - 管理费用 - 销售费用 - 投资利息 - 销售税费 \quad (6-3)$$

(2) 房地产开发利润是指大多数开发企业在正常开发过程中对应的利润，并非是个别房地产开发商最终实际获得的利润，也不是个别房地产开发商所期望获得的利润。

(3) 开发利润通常按照一定基数乘以相应的利润率来估算。开发利润的计算基数和相应的利润率主要有下列四种：

一是直接成本利润率。计算公式为：

$$开发利润 = 直接成本利润率 \times (土地取得成本 + 开发成本) \quad (6-4)$$

式中，开发利润的计算基数为土地取得成本和开发成本。

二是投资利润率。计算公式为：

$$开发利润 = 投资利润率 \times (土地取得成本 + 开发成本 + 销售费用 + 管理费用) \quad (6-5)$$

式中，开发利润的计算基数为土地取得成本、开发成本、销售费用和管理费用。

三是成本利润率。计算公式为：

$$开发利润 = 成本利润率 \times (土地取得成本 + 开发成本 + 管理费用 + 销售费用 + 投资利息) \quad (6-6)$$

式中，开发利润的计算基数为土地取得成本、开发成本、销售费用、管理费用和投资利息。

四是销售利润率。计算公式为：

$$\begin{aligned}开发利润 &= 销售利润率 \times 开发完成后的房地产价值 \\ &= 销售利润率 \times (土地取得成本 + 开发成本 + 管理费用 + 销售费用 + 投资利息 + 销售税费 + 开发利润)\end{aligned} \quad (6-7)$$

式中，开发利润的计算基数为土地取得成本、开发成本、销售费用、管理费用、投资利息、销售税费和开发利润。

具体在计算时，需要根据不同的利润率，选用合适的公式进行测算。

第二节 新开发土地的成本法估价

在房地产估价实务中，利用成本法进行估价，遇到的估价对象可能有所差异，如新开发的土地、刚刚竣工的房地产、已经建成多年的存量房地产等多种类型，具体计算过程有所差异，为了清楚的分析不同类型房地产成本法的实施过程，下面分别就以上三种情况进行分析。

一、新开发土地成本法的估价过程

新开发的土地主要是指通过征用集体组织所有的土地，并进行通路、通水、通电、通讯等基础设施建设，将生地开发为熟地的过程。土地的价值不仅与土地的区位有关，还与土地的用途有关，一块土地，作为住宅用途和作为工业用地、价值会有差异。由于土地用途变化、土地周边交通、教育以及其他配套设施的变化，会引起土地的增值，土地增值在成本法估价中需要考虑。因此，利用用成本法对新开发土地进行估价时，计算公式为：

$$
\begin{aligned}
\text{土地价格} &= \text{土地成本价格} + \text{土地增值} \\
&= \text{土地取得成本} + \text{土地开发成本} + \text{管理费用} \\
&\quad + \text{投资利息} + \text{开发利润} + \text{土地增值}
\end{aligned}
\tag{6-8}
$$

新开发土地价格的评估步骤如图 6－2 所示：

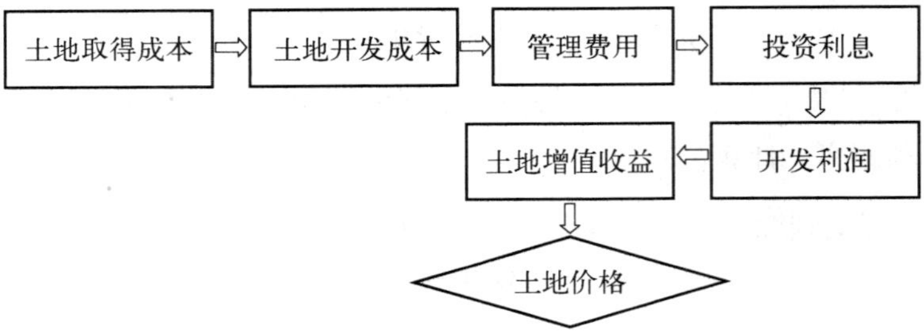

图 6－2　新开发土地的成本法评估步骤

二、新开发土地的成本构成

1. 土地取得成本

土地取得成本是取得开发用地所需的必要支出。如果通过征用农地取得土地使用权，土地取得成本涵盖农地征用费和土地使用权出让金等。如果通过城市房屋拆迁取得的，土地取得成本包括城市房屋拆迁补偿安置费和土地使用权出让金等。如果通过市场出让或者转让获得土地使用权的，土地取得成本包括土地使用权出让金和相关税费等。

2. 土地开发成本

土地开发主要指将生地开发为熟地的过程，因此其开发成本的构成主要由取得土地时土地的生熟程度决定。生地是已完成土地使用批准手续，未经开发，没有基础设施或者基础设施不完善的土地。毛地是指在城市旧城区内部的存量土地，已完成土地使用批准手续并具有一定基础设施，但尚未完成房屋拆迁补偿的土地，不具备基本建设条件的土地。熟地是指已完成土地使用批准手续，经过土地开发或已经拆迁完毕，可供直接建设的土地。

由于土地的取得状态不同，开发企业在土地的开发过程中，投入的土地开发成本存在差异，具体计算时，根据土地所在城市的相关政策要求，以及土地市场的状况，选用合适的方法进行测算。

3. 管理费用

管理费用指为组织和管理土地开发与经营活动所必要的费用,包括相关人员工资及福利费、办公费、差旅费等,可按照土地取得成本与开发成本之和的一定比例计取。

4. 投资利息

新开发土地的投资包括土地取得成本、开发成本和管理费用。因此,投资利息就包括以上所有投资的利息。计算利息时要注意利息计算方式、计算基数、计息期和利率的不同。其中土地取得费用一般为取得土地时付清,而土地开发费和管理费用则在开发期中分期投入,因此,两者计息期也有所不同。利息计算方式参照基本成本构成中投资利息的计算。

5. 开发利润

开发利润通常是由土地取得成本、开发成本和管理费用之和为计算基数乘以开发类似土地的平均投资利润率求得。

6. 土地的增值收益

土地增值收益主要缘于两方面的原因:一是由于土地用途的变化所引起的土地增值,比如由农用地转化建设用地,工业用地转化为商业用地等;二是由于土地周围设施的改善或其他一些项目的建设所引起的土地增值,主要是基础设施的改善所引起的增值。例如城市政府增加投资,兴建城市轨道交通、高速公路、兴建公立学校等。由于土地增值影响因素众多,影响程度难以把握,不同城市、不同区位的土地增值幅度差别较大。实际中,需要根据土地市场的状况和估价时点综合考虑。土地增值的求取可根据待估宗地的具体情况,选择下面的公式来测定:

① 土地增值 =(土地取得费 + 土地开发费 + 管理费 + 投资利息 + 开发利润)× 土地增值率 (6-9)

② 土地增值收益 = 开发完成后土地市场价格 − 土地成本价格 (6-10)

即参照类似土地开发项目的土地市场价格与其土地成本价格之间的差额确定。

在估价时,一般采用公式(6-9)来计算。

三、新开发土地价格的修正及其计算实例

利用上述公式计算的土地价格还应根据评估对象的具体情况和评估目的,考虑是否进行以下几方面的修正,最终确定估价结果:

(1) 根据待估宗地在区域内的位置和宗地条件,进行个别因素修正;

(2) 成本法求取有限年期的土地使用权价格时,应进行土地使用年期修正;

(3) 确定土地价格,根据上述各步的修正调整后,最终确定成本法计算的土地价格结果。

四、新开发土地宗地单价的求取

利用成本法进行估价时,往往是某一开发片区土地的价格,具体在计算时还应该考虑

开发片区的土地利用率或可出让土地的比率，进行公共设施的占地面积、公用面积和绿化面积的分摊。计算公式为：

可出让的土地平均单价＝土地总价/可出让土地面积 (6－11)

可出让土地面积＝土地总面积×可出让土地面积比率 (6－12)

可出让土地面积比率＝可出让土地面积/土地总面积 (6－13)

所以：

可出让的平均土地单价＝土地平均单价/可出让土地面积比率 (6－14)

根据前面的分析可知，成本法主要用于新开发土地的估价，特别是土地市场不发达、土地交易实例较少地区的土地价格评估。比如，由生地或毛地开发成熟地，其熟地价格就等于土地取得费，加上土地开发费、管理费、投资利息、开发利润和土地增值。其中，土地取得费和土地开发费应是估价期日的重置费用，且应采用客观费用标准。由于土地取得方式不同，成本法中各项费用的构成也存在差异，评估中应根据实际情况具体测算。

【例6－2】 某东部沿海中等城市，在城市规划中，决定在郊区开发一定面积的土地作为高新技术开发区用地。开发区面积为8平方公里，其中开发完毕以后，一部分用地作为公共设施、绿化以及道路用地，可出让的土地面积为5.6平方公里。根据市场调查和分析，获得了以下资料：征地过程中需要的土地补偿费用、青苗补偿费用、占地农民的安置补助费用、蔬菜用地补偿费用等32万元/亩，土地开发以及管理费用为650元/平方米，征地过程中需要缴纳的税费为120元/平方米，征地完成以后，将土地由生地开发为熟地的开发周期为2年，第一年投入的开发费用为50%，第二年投入50%，开发费用在开发期内均匀投入，土地投资的总利润率为22%，商业银行的贷款利率为5.6%，土地增值收益率为18%，该开发区用地属于工业用地，现在准备出让其中一块8 600平方米的宗地，试用成本法评估该宗地的出让总价。

【解】 根据前面的分析，采用成本法进行估价，计算公式为：

土地价格＝土地取得费＋土地开发费＋管理费用＋投资利息＋开发利润＋土地增值

本例中，首先按照单价进行计算。

土地取得费用单价，包括征地各种补偿费用以及征地过程中缴纳的税费：

$$\text{土地取得费}=32\times 10\,000\div 666.67+120=480+120$$
$$=600(\text{元}/\text{平方米})$$

土地开发费用及其管理费用：

$$\text{土地开发费用及其管理费用}=650(\text{元}/\text{平方米})$$

投资利息：

由于土地取得费用和开发费用投入的时间不同，所以在计算利息时，分别计息。

$$
\begin{aligned}
投资利息 &= 土地取得费用\times[(1+5.6\%)^2-1]+土地开发及管理费用\times \\
&\quad 50\%\times[(1+5.6\%)^{1.5}-1]+土地开发及管理费用\times \\
&\quad 50\%\times[(1+5.6\%)^{0.5}-1] \\
&= 600\times[(1+5.6\%)^2-1]+650\times 50\%\times[(1+5.6\%)^{1.5}-1]+ \\
&\quad 650\times 50\%\times[(1+5.6\%)^{0.5}-1] \\
&= 69.08+27.68+8.98=105.74(元/平方米)
\end{aligned}
$$

投资利润：投资利润的计算公式及结果为：

$$
\begin{aligned}
投资利润 &= (土地取得费+土地开发费及管理费)\times投资利润率 \\
&= (600+650)\times 22\% = 275(元/平方米)
\end{aligned}
$$

土地增值收益：

土地增值收益的计算公式及其计算结果为：

$$
\begin{aligned}
土地增值 &= (土地取得费+土地开发费及管理费+ \\
&\quad 投资利息+投资利润)\times土地增值收益率 \\
&= (600+650+105.74+275)\times 18\% \\
&= 293.53(元/平方米)
\end{aligned}
$$

土地价格为：

$$土地单价=600+650+105.74+275+293.53=1\,924.27(元/平方米)$$

由于开发区的土地，还有一部分作为公共设施、绿化等用地，所以可出让的面的，低于开发面积。因此，可出让部分的土地单价为：

$$出让土地单价=1\,924.27\div(5.6\div 8)=2\,749(元/平方米)$$

该宗地的出让总价为：

$$宗地总价格=2\,749\times 8\,600=23\,641\,400(元)=2\,364.14(万元)$$

第三节 新开发房地产的成本法估价

一、新开发房地产成本法的估价过程

新开发房地产的成本，等于土地取得成本、土地开发成本、建筑物地上部分、地下部分等所有建造成本、投资利息、开发利润以及销售税费等各部分的费用之和。具体的计算公式为：

$$
\begin{aligned}
新开发的房地产的价格 &= 土地取得成本+土地开发成本+建筑物建设成本+ \\
&\quad 管理费用+销售费用+投资利息+销售税费+ \\
&\quad 开发利润 \qquad (6-15)
\end{aligned}
$$

前已述及，利用成本法进行估价时，还要考虑市场供求状况的影响，如果开发完毕后，进行销售时，房地产市场在宽松的货币政策、税收政策的刺激下，需求旺盛，市场属于卖方市场，需要将评估价格上调；否则需要将价格进行下调。

利用成本法对新开发的房地产价格评估，实施步骤如图 6－3 所示：

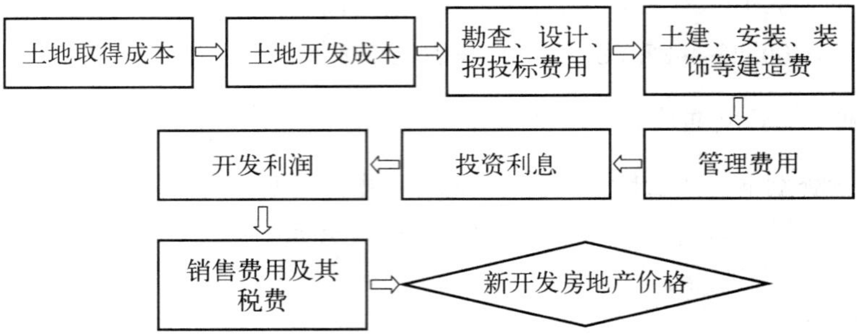

图 6－3　新开发房地产的成本法评估步骤

二、新开发房地产的土地成本构成

新开发房地产成本构成中比新开发土地增加了建筑物场地的勘探、设计、发包、施工监理、施工、竣工验收等过程发生的费用，在计算管理费、利息和利润时，需要考虑建筑物的建造成本和土地成本。

1. 土地取得成本

可以分为通过征用农地取得的、通过城市房屋拆迁取得的、通过接受市场上出让土地等三种方式。具体构成与新开发土地取得成本构成内容相同。

2. 开发成本

开发成本指的是取得土地后在土地上进行土地开发和房屋建设所需要的全部成本，可以将其划分为土地开发成本、勘察设计费、监理费、招投标代理费用、土建施工、安装、装饰施工、室外管道等建造费用。建筑物的建造费用可以采用工程量清单计价的方法进行计算，也可以根据估价时点，参考工程所在地造价管理部门定期发布的造价信息进行估算。

3. 管理费用

如果是新建房地产价格评估，管理费用应以开发成本为计算基础；如果是新建建筑物价格评估，管理费用通常以建筑物建造成本为计算基础。

4. 投资利息

如果是新建房地产价格评估，投资利息的计息基数应以土地取得成本、开发成本、建造成本和管理费用之和为计算基础；如果是新建建筑物价格评估，投资利息的计息基数应以建筑物建造成本和管理费用为计算基础。关于计息期长短、计息方式与新开发土地投资利息计算方式相同。

5. 销售费用

销售费用指预售未来开发完成的房地产所必要的费用，包括广告费、销售资料制作费、销售人员费用或者销售代理费等。销售费用通常按照售价乘以一定比例来测算。

6. 销售税费

销售税费是销售开发完成后的房地产应由开发商缴纳的税费，可分销售税金及附加、其他销售税费。实际估价中，销售税费通常按销售价格乘以一定比例来测算。

7. 开发利润

开发利润的计算分两种情形，针对房地产和新建建筑物，计算公式分别为：

（1）新开发房地产价格评估，开发利润的计算公式为：

$$\text{开发利润} = (\text{土地取得成本} + \text{开发成本} + \text{管理费用} + \text{销售费用}) \times \text{投资利润率} \quad (6-16)$$

（2）新建建筑物价格评估，开发利润的计算公式为：

$$\text{开发利润} = (\text{建筑物建造成本} + \text{管理费用} + \text{销售费用}) \times \text{投资利润率} \quad (6-17)$$

三、新建建筑物建筑、安装、装饰等成本的计算

新建建筑物建筑、安装、装饰等成本的求取根据建筑安装工程费的求取方法不同可以分为单位比较法、分部分项法、工料测量法和指数调整法等几种方法。

1. 单位比较法

单位比较法是以估价对象建筑物为整体，选取某种与该类建筑物造价或成本密切相关的计量单位（如单位建筑面积、单位体积等）作为比较单位，然后调查、了解在估价时点的近期建成的类似建筑物的单位造价，并对其进行适当的修正、调整，来求取估价对象建筑物重置成本的方法。实质上，单位比较法是一种比较法，但由于其较为简单、实用，因此被广泛使用。该方法主要有单位面积法和单位体积法。

（1）单位面积法：

通过调查了解与估价对象相似、在估价时点近期建成的类似建筑物的单位建筑面积造价，或者根据建筑物所在地造价管理部门颁布的造价信息数据，通过对土建、安装、装饰进行对比，进行适当的修正、调整，乘以估价对象建筑物总面积来估算建筑物重置成本的方法。采用此种方法，主要适用于同一类型的建筑物的单位建筑面积造价基本相同的建筑物，如住宅、办公楼等。采用单位面积法估算建筑物基准重置成本的一个简化例子如表 6-1 所示。

表 6-1　建筑物基准重置成本表

基准日期：　年　月　日　　　　价格单位：元/平方米

	钢结构	钢筋混凝土结构	砖混结构	砖木结构	其他结构
普通住宅					
高档公寓					
别　墅					

续 表

	钢结构	钢筋混凝土结构	砖混结构	砖木结构	其他结构
大型商场					
中小商店					
办公楼					
星级宾馆					
招待所					
标准厂房					
仓 库					
影剧院					
体育馆					
加油站					
其 他					

【例 6－3】 某住宅类建筑物的建筑面积为 10 200 平方米，该建筑物属于框架剪力墙钢筋混凝土结构，总层数为 22 层，建筑物竣工时，没有进行室内装修，属于毛坯房。在估价时点，当地造价管理部门发布的造价信息为，框架剪力墙结构建筑物，单方造价为 4 280 元/平方米，通过估价人员的调查分析，认为单方造价需要上调，调整系数为 1.03，试估算该住宅的土建、安装施工成本。

【解】 该建筑物的土建、安装建造成本为：

$$4\,280 \times 1.03 \times 10\,200 = 44\,965\,680(\text{元}) = 4\,496.57(\text{万元})$$

(2) 单位体积法：

单位体积法与单位面积法类似，是通过调查了解在估价时点，近期建成的类似建筑物的单位体积造价，并对其进行适当的修正、调整，乘以估价对象建筑物体积来估算建筑物重置成本的方法。主要适用于同一类型的建筑物的单位建筑体积造价基本相同的建筑物，如储油库、地下油库等。

另外，如停车场的比较单位可以是每个车位，旅馆的比较单位可以是每个房间或床位等。虽然单位面积比较法简便迅速，但缺点是较为粗略。其准确性关键在于基准建筑物单位体积的建造成本是否准确。在现实的房地产估价中，往往将建筑物划分为不同用途的建筑结构或等级，制作不同时期的建筑物基准重置成本表，以求取某个具体建筑物的重置成本。

2. 分部分项法

分部分项法也称为定额计算法，是先假设将估价对象建筑物分解为各个独立的构件或分部分项工程，并测算每个独立构件或分部分项工程的数量，然后调查、了解估价时点时的各个独立构件或分部分项工程的单位价格或成本，最后将各个独立构件或分部分项工程的数量乘以相应的单位价格或成本后相加，再加上相应费用，来求取建筑物重置成本的方法。采用分部分项法估算建筑物重置成本的一个简化例子如表 6－2 所示。

表 6－2　某项目分部分项的成本构成表

项　　目	数量(立方米)	单位成本(元/立方米)	金额(元)
基础工程	330	1 032	
墙体工程	16 000	620	
楼地面瓷砖饰面	15 000	158	
屋面工程	3 500	300	
给排水工程			
供暖工程			
电气工程			
直接费合计			
承包费间接费、利润和税费			
工程承发包价格			
开发商管理费、利息和税费			
建筑物重置成本			

3. 工料测量法

工料测量法是先假设将估价对象建筑物还原为建筑材料、建筑构配件和设备，并测算重新建造该建筑物所需要的建筑材料、建筑构配件、设备的种类、数量和用工量；然后调查、了解估价时点相应的建筑材料、建筑构配件、设备的单价和人工费标准；最后将各种建筑材料、建筑构配件、设备的数量和用工量乘以相应的单价和人工费标准后相加，再加上相应的专业费用、管理费用、销售费用、投资利息、销售税费和开发利润，来求取建筑物重置成本的方法，也就是国际上和国内广泛采用的工程量清单计价方法。

工料测量法的优点是详细、准确，它主要用于求取具有历史价值的建筑物的重置成本。采用工料测量法测算建筑物重置成本的一个简化例子如表 6－3 所示。

表 6－3　工料测量法

项　　目	建筑材料、人工、机械台班量	单　价	金额(万元)
现场准备			
水　泥			
沙　石			
砖　块			

续 表

项　目	建筑材料、人工、机械台班量	单　价	金额(万元)
木　材			
钢塑门窗			
铁　钉			
—			
—			
—			
人工费			
机械台班费			
税　费			
间接费			
利　润			
重置成本			

4. 指数调整法

指数调整法也称为成本指数趋势法，是利用有关成本指数或变动率，将估价对象建筑物的历史成本调整到估价时点的成本来求取建筑物重置成本的方法。这种方法主要用于检验其他方法的测算结果。将历史成本调整到估价时点成本的具体方法，与比较法中市场状况调整的方法相同。

【例 6-4】 某一框架剪力墙钢筋混凝土结构的建筑物，在 2014 年 6 月建成时，建筑、安装和一般室内粉刷的建造成本为4 668 元/平方米，通过调查可知，建筑物所在城市劳动力成本、建筑材料成本、机械台班费用随着时间变化有所提高，造价变动趋势为：2014 年 7 月到 12 月，每月比上月递增 0.5%，2015 年 1 月到 12 月每月递增 0.12%，2016 年价格基本维持不变，试估算 2016 年 6 月，该类建筑物的建造成本单价是多少？

【解】 建筑物建造成本 $= 4\,668 \times (1 + 0.5\%)^6 \times (1 + 0.12\%)^{12} = 4\,880$(元 / 平方米)

四、应用举例

【例 6-5】 某开发公司通过招投标的形式获得一熟地使用权，土地取得成本为 1.2 亿元，建筑物及配套、公建设施费用为 3.2 亿元，管理费用为建安成本的 4%，房地产开发周期为 2.5 年，其中半年为准备期，土地费用在准备期内均匀投入，2 年为建设周期，建安成本及管理费用在第一年均匀投入 40%，第二年均匀投入 60%，银行贷款年利率 6%，销售税费为房地产价格的 8%，开发利润为房地产价格的 25%，试用成本法评估该房地产的总价。

【解】 新开发房地产的计算公式为：

房地产总价 = 土地取得成本 + 建安成本 + 管理费用 + 投资利息 + 销售税费 + 开发利润

土地取得成本为：1.2亿元

建筑物建造成本为：3.2亿元

管理费用：$3.2 \times 4\% = 0.128$(亿元)

投资利息：$1.2 \times [(1+6\%)^{2.25}-1]+(3.2+0.128)\times 40\% \times [(1+6\%)^{1.5}-1]+(3.2+0.128)\times 60\% \times [(1+6\%)^{0.5}-1] = 0.168+0.122+0.059 = 0.349$(亿元)

销售价格假设为 V，则开发利润和销售税费分别为：

$25\%V$ 和 $8\%V$，所以：

$$V = 1.2+3.2+0.128+0.349+25\%V+8\%V$$
$$V = 7.279\text{(亿元)}$$

【例 6-6】 某新建房地产，土地面积 2 500 平方米，建筑容积率为 3。当前同类熟地取得成本(包括税费)为 10 000 元/平方米，建筑物开发费用及管理费总计为 5 000 元/平方米。该房地产开发周期为 2 年，建筑物开发费用及管理费用分期投入，其中第一年投入 40%，第二年投入 60%，年利率为 5%，销售费用为房地产价格的 5%，销售税费为房地产价格的 3%，投资的年利润率为 10%。试评估该房地产的总价和建筑面积单价。

【解】 估价对象为新建房地产，适合采用成本法评估，题目中给出的土地价格是熟地价格，不必计算土地开发成本，以 V 表示该新建房地产价格，则公式为：

V = 土地取得成本 + 建筑物开发费 + 管理费 + 销售费用 + 投资利息 + 销售税费 + 开发利润

① 计算土地取得成本：

$$\text{土地取得成本} = 10\,000 \times 2\,500 = 2\,500\text{(万元)}$$

② 计算建筑物开发费和管理费：

$$\text{建筑物开发费和管理费} = 5\,000 \times 2\,500 \times 3 = 3\,750\text{(万元)}$$

③ 计算利息：

$$\begin{aligned}\text{利息} &= \text{土地取得费} \times [(1+5\%)^2-1] + \text{建筑物开发费及管理费} \times 40\% \times [(1+5\%)^{1.5}-1] + \text{建筑物开发费及管理费} \times 60\% \times [(1+5\%)^{0.5}-1] \\ &= 2\,500 \times [(1+5\%)^2-1] + 3\,750 \times \{40\% \times [(1+5\%)^{1.5}-1] + 60\% \times [(1+5\%)^{0.5}-1]\} \\ &= 256.25 + 113.89 + 55.56 = 425.71\text{(万元)}\end{aligned}$$

④ 计算销售费用：

$$销售费用 = V \times 5\% = 0.05V$$

⑤ 计算投资利润：

$$\begin{aligned}开发利润 &= (土地取得成本 + 房地产开发费和管理费 + 销售费用) \times 投资利润率\\&= (2\,500 + 3\,750 + 0.05V) \times 20\%\\&= 1\,250 + 0.01V\end{aligned}$$

⑥ 计算销售税费：

$$销售税费 = V \times 3\% = 0.03V$$

⑦ 计算房地产价格：

$$\begin{aligned}V &= 土地取得成本 + 建筑物开发费 + 管理费 + 投资利息 +\\&\quad 销售费用 + 开发利润 + 销售税费\\&= 2\,500 + 3\,750 + 425.71 + 0.05V + 1\,250 + 0.01V + 0.03V\\&= 7\,925.71 + 0.09V\end{aligned}$$

所以，房地产的评估总价为：$V = 8\,709.57$（万元）

$$建筑面积单价\ V_{单} = \frac{8\,709.57 \times 10\,000}{2\,500 \times 3} = 11\,612.76(元 / 平方米)$$

第四节 旧房地产价格计算

一、旧房地产成本法的估价过程

对于已经建成，并且交付使用一段时间的房地产，习惯上称为旧房地产。此处所指的旧房地产，是相对于新交付使用的房地产而言的，可能是次新房，交付使用不到十年的时间。对旧房地产进行估价，需要考虑建筑物的折旧，也就是在重置成本的基础上，扣除建筑物的折旧部分。

在评估时所采用的计算公式为：

$$旧房地产价格 = 房地产重置成本 - 建筑物折旧 \tag{6-18}$$

或者采用下面更加细化的公式：

$$旧房地产价格 = 土地重置成本 + 建筑物重置成本 - 建筑物折旧 \tag{6-19}$$

如果是为了保险评估，仅仅估价建筑物部分的价格时，采用公式(6－20)：

$$旧建筑物价格 = 建筑物重置成本 - 建筑物折旧 \tag{6-20}$$

旧房地产价格评估的实施步骤及评估过程如图 6－4 所示。

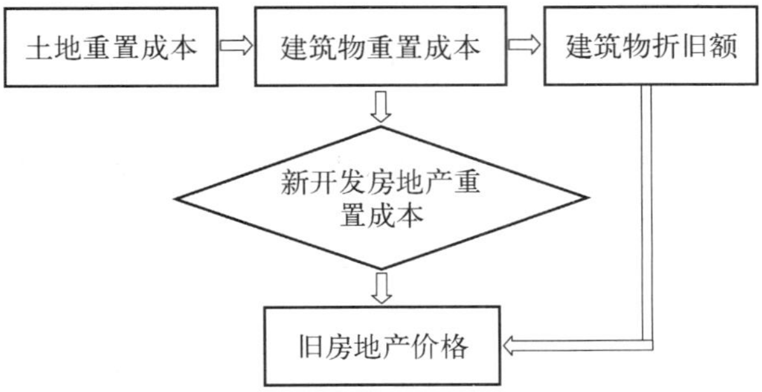

图 6－4 旧房地产的成本法评估过程

二、重置成本或重建成本及其计算

1. 基本概念

重置成本或者重建成本是指假设在估价时点重新取得全新状况的估价对象的所有费用，或者重新开发建设全新状况的估价对象的必要支出和应得利润。重新取得的方式可以是重新购买、重新建造或者重新生产。重置成本或者重建成本是指在估价时点的成本，估价时点不同，成本也会有差异。所以，利用成本法估价，同样需要明确估价时点。在估价中，重置成本和重建成本还存在一定差异，具体而言就是：

重置成本是指采用估价时点时的建筑材料、建筑构配件、建筑设备和建筑技术及工艺等，在估价时点时的国家财税制度和市场价格体系下，重新建造与估价对象建筑物具有同等功能和效用的全新建筑物的必要支出和应得利润。

重建成本是指采用与估价对象建筑物相同的建筑材料、建筑构配件、建筑设备和建筑技术及工艺等，在估价时点时的国家财税制度和市场价格体系下，重新建造与估价对象建筑物相同的全新建筑物的必要支出和应得利润。可以把这种重新建造方式理解为复制。

此外，需要明确的是，重置成本属于客观成本，也就是同类大量的开发商，重新构建时所对应的费用以及相应的利润，并非是某一家开发企业的个别重置成本。

测算建筑物的重置成本或者重建成本，可以采用单位比较法、分部分项法、工料测量法等方法，或者利用政府部门公布的房屋重置成本扣除其包含的土地价值进行适当的调整，并且符合下列规定：

(1) 对于一般的建筑物，或因年代久远，已经缺乏与旧建筑物相同的建筑材料、建筑构配件和设备，或者因建筑技术、工艺改变等使得旧建筑物复原建造有困难的建筑物，宜测算重置成本；

(2) 对具有历史、艺术、科学价值或者代表性的建筑物，宜测算重建成本。

2. 土地重置成本的计算

土地重置成本是指在估价时点重新获得土地使用权，所必须投入的费用。在计算时，需要注意的是，建筑物在建造时，原有的土地成本不能作为计算依据。其主要原因在于，随着时间的推移，城市人口的增加，土地周边配套设施的改善，城市土地，特别是我国主要城市，土地增值较快，原有的土地取得成本明显低于估价时点的土地取得成本。所以土地重置成本必须和估价时点相对应。

在估算重置成本时，常用的方法是比较法和基准地价修正法。基准地价修正法是根据当地的最新基准地价，经过区域因素和个别因素比较，得出估价对象的土地价格，比较法是根据估价时点可比实例土地的成交价格，经过区域因素和个别因素比较，得出估价对象的土地价格。

由于基准地价和可比实例土地的价格对应的使用年期可能与估价对象的土地使用年期不同，还应该考虑使用年期修正。修正的方法与比较法中的使用年期修正相同。

3. 建筑物重置成本的计算

建筑物重置成本的计算方法，和上一节新建房地产建筑物价格的测定方法相同，在此不做详细赘述。具体计算时，可以用公式 6-21：

$$\begin{aligned}\text{建筑物重置成本} &= \text{建筑安装工程费} + \text{专业费用} + \text{管理费用} + \text{销售费用} + \\ &\quad \text{投资利息} + \text{销售税费} + \text{开发利润}\end{aligned} \tag{6-21}$$

【例 6-7】 某一房地产开发商，在××市通过土地一级市场于 2010 年 8 月获得一块住宅用地 70 年的使用权，经过两年的开发，在 2012 年 8 月建成商品住宅对外出售，当时获得 70 年使用权的住宅用地，土地取得成本为 28 000 元/平方米，土地面积为 32 000 平方米。该城市建设用地供给紧张，最近几年土地出让价格明显提高。根据市场调查，在 2016 年 8 月重新取得该区位 70 年土地使用权，市场价格为 54 000 元/平方米，土地的报酬率为 5.1%，该住宅用地在 2016 年 8 月的重置成本是多少？

【解】 在 2016 年 8 月，土地使用权期限为 70 年的该区位土地取得价格为 54 000 元/平方米，由于该土地的剩余使用年限只有 64 年，则：

该土地的重置成本为：

$$\begin{aligned}\text{土地重置成本} &= 54\,000 \times 32\,000 \times \frac{1-\dfrac{1}{(1+5.1\%)^{64}}}{1-\dfrac{1}{(1+5.1\%)^{70}}} \\ &= 1\,708\,940\,542(\text{元}) = 17.09(\text{亿元})\end{aligned}$$

三、建筑物折旧的计算方法

1. 建筑物折旧

建筑物折旧是指建筑物使用过程中，由于物理因素、功能因素、经济因素等各种方面影响造成的建筑物效用或价值的损失。采用成本法对已经建造成的房地产进行估价，需要考虑建筑物的折旧问题。

2. 建筑物折旧的原因

建筑物竣工交付使用以后，很多因素可以导致建筑物价值的降低，比如自然因素的侵袭，暴雨、雷电；使用过程的不当，如火灾、机器设备震动；周围因素的影响，如建筑物周边建成垃圾中转站、建设污染严重的化工厂等。

导致建筑物价值降低的因素众多，一般将建筑物折旧分为物质折旧、功能折旧和经济折旧三大类。

（1）物质折旧：

物质折旧习惯上又称为有形损耗，是指建筑物在实体上的老化、磨损、损坏所造成的建筑物价值损失。物质折旧可进一步从以下四个方面来认识和把握：① 自然因素导致的折旧：主要是指随着时间的推移，由于自然因素的作用引起的，例如风吹、日晒、雨淋等引起的建筑物腐朽、生锈、风化、基础沉降，它与建筑物的实际经历年数正相关。但也与建筑物所处的地理位置和环境有关，比如靠近大海、湖泊的建筑物，经常处于潮湿的环境中，建筑物价值降低幅度较大。② 正常使用的磨损：主要是由于正常使用过程中，人们的活动引起的，它与建筑物的使用性质、使用强度和使用年数正相关。例如，居住用途的建筑物的磨损要小于工业用途的建筑物的磨损。工业用途的建筑物又可分为受腐蚀的和不受腐蚀的。受腐蚀的建筑物，由于会受到使用过程中产生的有腐蚀作用的废气、废液等不良影响，其受损毁的程度要大于不受腐蚀的建筑物。③ 意外破坏的损毁：主要是由于突然的自然灾害和人为的灾害造成的。例如地震、水灾、风灾、雷击、火灾、撞击、认为破坏等，这种折旧属于偶然因素造成的。④ 延迟维修的损坏：房地产或者建筑物，日常的维修和物业管理非常重要，建筑物局部出现问题，如果及时维修，建筑物的折旧相对低一些；如屋面、地下室防水出现问题，如果维修及时，对建筑物造成的危害较低，但是迟迟不能进行维修的话，可能引致建筑物其他问题，如主要承重构件的钢筋在雨水侵袭下，出现锈蚀，建筑物主要承重构件承载力下降等。

（2）功能折旧：

功能折旧习惯上又称为无形损耗，是指建筑物在功能上的不全、落后或过剩所造成的建筑物价值损失。功能折旧的原因也是多方面的，或者是建筑设计上的缺陷，如住宅类建筑，平面组合不合理、功能分区不明确、私密性不强；或者是原有的建筑物，建筑施工技术滞后、建筑材料性能较低、保温隔热效果差；或者是由于人们的住房消费模式发生改变，如住宅类建筑，居民原先偏好小客厅、大卧室的设计，现在偏好宽敞客厅、带卫生间的卧室等。① 功能缺乏是指建筑物缺少相应的某些部件、设备、设施或系统等。如，旧住宅没有卫生间、地暖、燃气、电话线路、有线电视等；办公楼没有电梯、中央空调、宽带等；商业类建筑缺乏自动扶梯、电梯等便捷上下交通的设施。② 功能落后是指建筑物已有的部件、设备、设施或系统等的标准低于正常标准或有缺陷而阻碍其他部件、设备、设施或系统等的正常运营。如，设备、设施陈旧落后或容量不够，建筑式样过时，空间布局欠佳等导致建筑物价值下降。③ 功能过剩是指建筑物已有的部件、设备、设施或系统等的标准超过市场要求的标准而对房地产价值的贡献小于其成本。如某幢厂房的层高为 6 米，但如果当地厂房的标准层高为5米，则该厂房超高的1米因不能被市场接受，而使其所多花的成本成为无效成本。

(3) 经济折旧：

经济折旧又称为外部性折旧，或者是负外部性的影响造成的价值损失，是指建筑物以外的各种不利因素所造成的建筑物价值损失。不利因素也是多方面的，或者是市场供给过量或需求不足、景观被破坏、自然环境恶化、环境污染、交通拥挤、城市规划改变、政府政策变化等。进一步可将经济折旧区分为永久性的和暂时性的。例如，一个高级居住区附近兴建了一座工厂，该居住区的房地产价值下降，这就是一种经济折旧，而这种经济折旧一般是永久性的。再如，在经济不景气时期房地产的价值下降，这也是一种经济折旧。但这种现象不会永久下去，当经济复苏之后，这种经济折旧也就消失了。

3. 建筑物折旧的求取方法

建筑物折旧的计算方法主要有三种，分别是年龄—寿命法、市场提取法和分解法。

(1) 年龄—寿命法：

年龄—寿命法是根据建筑物的经济寿命、有效年龄或剩余经济寿命来求取建筑物折旧的方法。建筑物的寿命可分为自然寿命和经济寿命。建筑物的自然寿命是指从建筑物竣工之日开始，到建筑物的主要结构构件和设备的自然老化或损坏而不能继续保证建筑物安全使用为止的时间。建筑物的经济寿命是指建筑物对房地产价值有贡献的时期，具体是从建筑物竣工之日开始，到建筑物对房地产价值不再有贡献为止的时间。

对于收益性房地产来说，建筑物的经济寿命是从建筑物竣工之日开始，在正常市场和运营状态下，房地产产生的收入大于运营费用，即净收益大于零的持续时间，如图6-5所示。

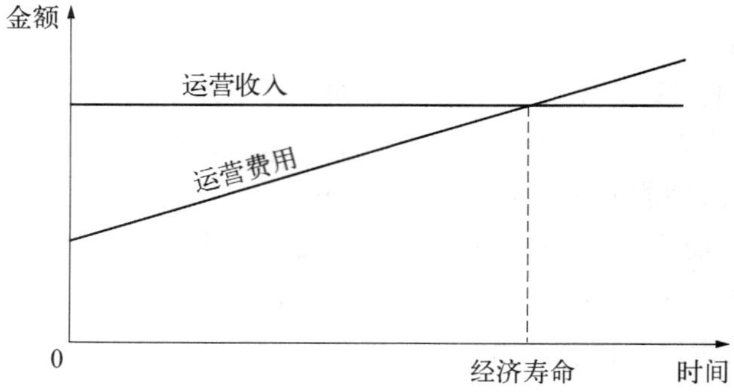

图6-5 建筑物的经济寿命

建筑物的经济寿命短于还是长于其自然寿命，是由市场和其他因素决定的。相同类型的建筑物在不同地区的经济寿命也可能不同。经济寿命具体可根据建筑物的结构、工程质量、用途和维修养护情况，结合市场状况、周围环境、经营收益状况等进行综合分析判断得出。建筑物在其寿命期间如果经过了翻修、改造等，自然寿命和经济寿命都有可能得到延长。

建筑物的年龄可分为实际年龄和有效年龄。建筑物的实际年龄是指从建筑物竣工之日开始到估价时点为止经历的年数。建筑物的有效年龄是指估价时点时的建筑物状况和效用所显示的年龄。

建筑物的有效年龄可能小于也可能等于或大于其实际年龄。实际年龄是估计有效年龄的基础,即有效年龄通常是在实际年龄的基础上进行适当的调整后得到。当建筑物的维修养护为正常的,其有效年龄与实际年龄相当;当建筑物的维修养护比正常维修养护好或者经过更新改造的,其有效年龄小于实际年龄;当建筑物的维修养护比正常维修养护差的,其有效年龄大于实际年龄。

建筑物的剩余寿命是其寿命减去年龄后的寿命,分为剩余自然寿命和剩余经济寿命。建筑物的剩余自然寿命是其自然寿命减去实际年龄后的寿命。建筑物的剩余经济寿命是其经济寿命减去有效年龄后的寿命,即:

$$剩余经济寿命 = 经济寿命 - 有效年龄$$

因此,如果建筑物的有效年龄比实际年龄小,就会延长建筑物的剩余经济寿命;反之,就会缩短建筑物的剩余经济寿命。建筑物的有效年龄是从估价时点向过去计算的时间,剩余经济寿命是从估价时点开始到建筑物经济寿命结束为止的时间,两者之和等于建筑物的经济寿命。如果建筑物的有效年龄小于实际年龄,就相当于建筑物比其实际竣工之日晚建成。此时,建筑物的经济寿命可视为从这个晚建成之日开始到建筑物对房地产价值不再有贡献为止的时间。

利用年限法求取建筑物的折旧时,建筑物的寿命应为经济寿命,年龄应为有效年龄,剩余寿命应为剩余经济寿命。因为只有这样,求出的建筑物折旧以及求出的建筑物价值,才能符合实际。例如,两幢同时建成的完全相同的建筑物,如果维修养护不同,其市场价值就会不同,但如果采用自然寿命、实际年龄来计算折旧,那么它们的价值就会相同。进一步来说,新近建成的建筑物未必完好,从而其价值未必高;而较早建成的建筑物未必损坏严重,从而其价值未必低。

运用年龄—寿命法计算建筑物折旧的具体方法主要有直线法、余额递减法、偿还基金法和综合折旧法等。

① 直线法:

年龄—寿命法中最主要的方法是直线法。直线法是最简单和应用最普遍的一种折旧求取方法,它假设在建筑物的经济寿命期间每年的折旧额相等。

直线法的年折旧额计算公式为:

$$D_i = D = \frac{C-S}{N} = \frac{C(1-R)}{N} \qquad (6-22)$$

式中,D_i表示第 i 年的折旧额,或称第 i 年的折旧。在直线法的情况下,每年的折旧额 D_i 是一个常数 D。C 表示建筑物的重置成本或者重建成本。S 表示建筑物的净残值,是建筑物的残值减去清理费用后的余额。建筑物的残值是预计建筑物达到经济寿命后，不宜继续使用时，经拆除后的旧料价值。清理费用是拆除建筑物和搬运废弃物所发生的费用。N 表示建筑物的经济寿命（也可称为耐用年限）。R 表示建筑物的净残值率，简称残值率，是建筑物的净残值与其重置成本的比率，即：

$$R=\frac{S}{C}\times 100\% \tag{6-23}$$

另外，年折旧额与重置成本的比率称为年折旧率，如果用 d 表示，则：

$$d=\frac{D}{C}\times 100\%=\frac{C-S}{C\times N}\times 100\%=\frac{1-R}{N}\times 100\% \tag{6-24}$$

有效年龄为 t 年的建筑物折旧总额的计算公式为：

$$D_t=D\times t=(C-S)\frac{t}{N}=C\times(1-R)\frac{t}{N}=C\times d\times t \tag{6-25}$$

式中，D_t表示有效年龄为 t 年的建筑物折旧总额。

采用直线法折旧下的建筑物现值的计算公式为：

$$\begin{aligned}V_t&=C-D_t=C-(C-S)\frac{t}{N}=C\left[1-(1-R)\frac{t}{N}\right]\\&=C(1-d\times t)\end{aligned} \tag{6-26}$$

式中，V_t表示建筑物的现值。

直线法以图解可表示为图 6 - 6 所示。

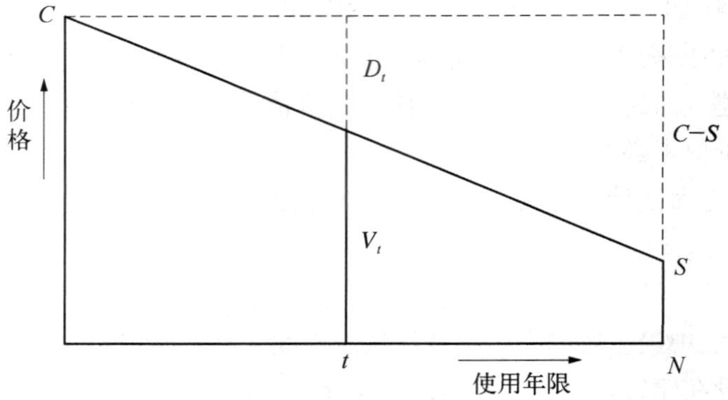

图 6 - 6 直线法示意图

直线法简便易行，应用广泛。但该法将每年折旧额相等，而现实中，建筑物并非每年以一定比率折旧，故该法估算结果与实际折旧额会有出入。具体计算时可以参照《房地产估价规范》（GB/T50291—2015）以及我国原建设部、财政部制定的对不同结构类型和等级建筑物耐用年限、残值率的相关规定。如表 6 - 4 所示。

表 6-4 房屋结构等级、耐用年限、残值率

房屋结构及等级	等级标准	耐用年限	残值率(%)
钢结构	全部或承重部分为钢结构的房屋。	生产用房 70 年;受腐蚀的生产用房 50 年;非生产用房 80 年。	0
钢筋混凝土结构	全部或承重部分为钢筋混凝土结构。包括框架大板与框架轻板结构等房屋。这类房屋一般内外装修良好,设备比较齐全。	生产用房 50 年;腐蚀的生产用房 35 年;非生产用房 60 年。	0
砖混结构一等	部分钢筋混凝土,主要是砖墙承重的结构。外墙部分砌砖、水刷石、水泥抹面或涂料粉刷,并设有阳台,内外设备齐全的单元式住宅或非住宅房屋。	生产用房 40 年;受腐蚀的生产用房 30 年;非生产用房 50 年。	2
砖混结构二等	部分钢筋混凝土,主要是砖墙承重的结构。外墙是清水墙,没有阳台,内部设备不全的非单元式住宅或其他房屋。	生产用房 40 年;受腐蚀的生产用房 30 年;非生产用房 50 年。	2
砖木结构一等	材料上等、标准较高的砖木(石料)结构。这类房屋一般是外部有装修处理、内部设备完善的庭院式或花园洋房等高级房屋。	生产用房 30 年;受腐蚀的生产用房 20 年;非生产用房 40 年。	6
砖木结构二等	结构正规,材料较好,一般外部没有装修处理,室内有专用上、下水等设备的普通砖木结构房屋。	生产用房 30 年;受腐蚀的生产用房 20 年;非生产用房 40 年。	4
砖木结构三等	结构简单,材料较差,室内没有专用上、下水等设备,较低级的砖木结构房屋。	生产用房 30 年;受腐蚀的生产用房 20 年;非生产用房 40 年。	3
简易结构	如简易楼、平房、木板房、砖坯、土草房、竹木捆绑房等。	均为 10 年	0

【例 6-8】 某一别墅,建筑面积为 380 平方米,在 15 年前竣工并出售,在居住期间物业维护正常。由于该别墅所在的区域,别墅市场交易数据很少,无法利用比较法进行估价。估价人员采用成本法进行估价。通过调查、搜集数据,得到的资料如下:在估价时点,该类别墅的重置成本为 39 800 元/平方米(包含土地取得费用),其中该类别墅的土建、安装、装饰以及室外绿化、给排水等重置成本为 5 250 元/平方米,经估价人员现场查看,认为建筑物的有效年龄和实际年龄相符,假设建筑物的经济寿命为 70 年,残值率为 2%,试利用直线折旧法计算房地产每年的折旧额、折旧总额以及房地产的现值。

【解】 在计算房地产的折旧时,仅仅计算建筑物的折旧额,对于房地产而言,土地随着时间的推移会增值。

该别墅的建筑物的重置成本为:

$$5\,250 \times 380 = 1\,995\,000(\text{元}) = 199.50(\text{万元})$$

已知 $R=2\%$；$N=70$ 年；$t=8$ 年

建筑物每年的折旧额为：

$$D=\frac{C-S}{N}=\frac{C(1-R)}{N}=\frac{199.50\times(1-2\%)}{70}=2.793(\text{万元})$$

该房屋的折旧总额为：

$$D_t=D\times t=2.793\times 15=41.895(\text{万元})$$

该房屋的现值为：

$$V_t=C-D_t=3.98\times 380-41.895=1\,470.51(\text{万元})$$

② 余额递减法：

余额递减法是对经过折旧的房地产（建筑物部分）残余价值乘以一定比率，用以计算每年的折旧额。依据这种方法计算，则折旧额是以取得房地产最初一年最大，以后逐渐减少。余额递减法实际上是一种加速折旧的方法，计算过程如下：

假设固定折旧比率为 d，那么，第一年折旧额：$D_1=Cd$

因此，第一年末估价房地产的残余价值：$V_1=C-Cd=C(1-d)$

第二年折旧额：$D_2=V_1d=C(1-d)d$

第二年末估价房地产的残余价值：

$$V_2=V_1-D_2=C(1-d)-C(1-d)d=C\,(1-d)^2$$

第三年折旧额：$D_3=V_2d=C(1-d)^2d$

第三年末估价房地产的残余价值：

$$V_3=V_2-D_3=C(1-d)^2-C(1-d)^2d=C\,(1-d)^3$$

……

同理，第 i 年折旧额为：$D_i=C\,(1-d)^{i-1}d$

第 i 年末估价房地产的残余价值：$V_i=C\,(1-d)^i$

当估价房地产经济寿命期满时，此时的残余价值就是建筑物的残值，这时 $i=N$，第 N 年的折旧额为 $D_N=C\,(1-d)^{N-1}d$，残余价值 $V_N=C\,(1-d)^N$，设残值为 S，则有

$$S=V_N=C\,(1-d)^N \tag{6-27}$$

由上式可得固定折旧比率为：

$$d=1-\sqrt[N]{S/C} \tag{6-28}$$

所以，如果经济寿命为 N，重置成本为 C，残值 S 已知的话，就可以计算定率法的折旧率 d。那么，第 t 年度建筑物现价 V_t就可按下式计算：

$$V_t=C\,(1-d)^t \tag{6-29}$$

已经使用了 t 年的建筑物折旧总额为：

$$X_t = \sum_{i=1}^{t} D_i = C - C(1-d)^t = C[1-(1-d)^t] \tag{6-30}$$

然后根据折旧率 d 与经济寿命 N，重置成本 C、残值 S 的关系，可以得到：

$$V_t = C(\sqrt[N]{S/C})^t \tag{6-31}$$

在房地产估价实务中，固定折旧比率 d，估价人员也可以根据经验取值，如新建筑物按照 $d=\frac{1.5}{N}$，旧建筑物按照 $d=\frac{1.25}{N}$。余额递减法可以用图 6－7 表示：

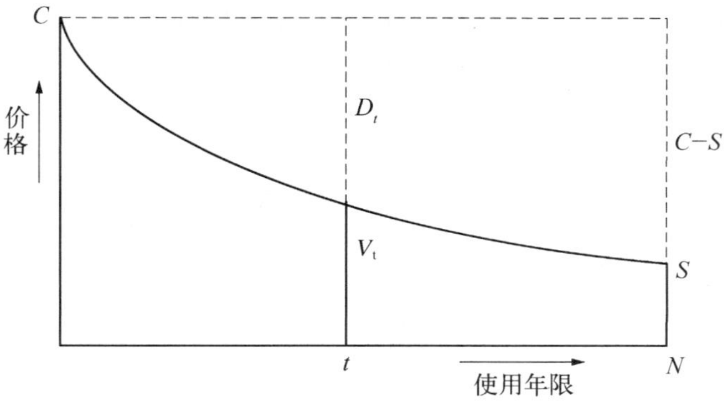

图 6－7 余额递减法图示

【例 6－9】 某一房地产，总建筑面积为 8 600 平方米，在 10 年前建成，当前房地产的重置成本为 38 000 元/平方米，建筑物及其地下室的重置成本为 5 880 元/平方米（包含室内装修），建筑物经济寿命为 50 年，残值率为 2%，适用余额递减法计算该房地产的年折旧额、折旧总额及其现值。

【解】 根据题意可得：$C = 5\,880 \times 8\,600 = 50\,568\,000$（元）$= 5\,056.8$（万元）

$R = 2\%, N = 50, t = 10$

由式(6－28)可知，$d = 1-\sqrt[N]{S/C} = 1-\sqrt[N]{R} = 1-\sqrt[50]{2\%} = 0.075$

$$D_i = C(1-d)^{i-1}d$$

$$D_1 = 5\,056.8 \times 0.075 = 379.26\text{（万元）}$$

$$D_2 = C(1-d)^{2-1}d = 5\,056.8 \times (1-0.075) \times 0.075 = 350.82\text{（万元）}$$

$$D_3 = C(1-d)^{3-1}d = 5\,056.8 \times (1-0.075)^2 \times 0.075 = 324.50\text{（万元）}$$

……

由式(6－30)可以计算 10 年末，建筑物的折旧总额为：

$$X_t = \sum_{i=1}^{t} D_i = C - C(1-d)^t = C[1-(1-d)^t]$$
$$= C[1-(1-d)^{10}] = 5\,056.8[1-(1-0.075)^{10}]$$

$$= 2\,737.84(\text{万元})$$

建筑物的现值为：

$$V_t = C(1-d)^t = 5\,056.8 \times (1-0.075)^{10} = 2\,318.96(\text{万元})$$

所以，10 年末房地产的现值为：

$$\begin{aligned}&(38\,000-5\,880)\times 8\,600 \div 10\,000 + 2\,318.96\\ =&\ 27\,623.20 + 2\,318.96 = 29\,942.16(\text{万元})\end{aligned}$$

③ 偿还基金法：

偿还基金法是相当于在建筑经济寿命内每年提取一定折旧额储存，此项金额相当于偿债基金专户存储，并按一定利率复利计算，使其生息后本利合计额与建筑物的经济寿命满期时的总折旧额相等，即等于建筑物重新建造原价中扣除残余价格的余额。

其每年折旧额的计算公式为：

$$D = \frac{C(1-R)r}{(1+r)^N - 1} \tag{6-32}$$

式中，r 表示年利率，D 为每年的折旧额存储金，C 为建筑物重置成本，R 为残值率，N 为建筑物经济寿命。

具体计算过程为：

第一年的折旧额与利息和：$D(1+r)^{N-1}$

第二年的折旧额与利息和为：$D(1+r)^{N-2}$

第三年的折旧额与利息和为：$D(1+r)^{N-3}$

……

第 $N-1$ 年的折旧额与利息和为：$D(1+r)$

第 N 年的折旧额和利息和为：D

因此，第 1 年至第 N 年各年存储金 D 本利合计为一等比数列，其首项为 D，公比为 $(1+r)$，项数为 N，其总和应与总折旧额一致。

所以，$C(1-R) = \dfrac{D[1-(1+r)^N]}{1-(1+r)}$，经整理后可得：

$$D = \frac{C(1-R)r}{(1+r)^N - 1}$$

经过 t 年建筑物的折旧总额为 D_t，因此建筑物现价 V_t 可按下式求取：

$$V_t = C - D_t = C - \frac{C(1-R)r}{(1+r)^N - 1} \times t \tag{6-33}$$

这种方法是每年折旧额相等，实际上折旧率逐年提高，从而放慢了折旧。同时由于这种方法需对建筑物的逐年折旧额（储存额）加算储存利息，所以每年的折旧额比直线法少。

④ 综合折旧法：

以上几种方法都属于对经济寿命进行一定修正的方法。其中，直线法虽然计算简便，但不符合房屋价值转移的特点，而且忽视了资金的时间价值；定率法属于加速折旧方法，虽符合房屋价值转移规律，但与直线法一样忽视了资金的时间价值，使折旧率失真；偿债基金法尽管考虑了资金的时间价值，但放慢了折旧，不符合房屋价值转移规律。综合折旧法将以上几种方法结合起来，兼顾了房屋价值转移的规律和资金时间价值，是另外一种常用的折旧方法。综合折旧法的计算步骤为：

第一步：考虑房屋价值转移规律。设每年折旧额以 G 值等差递减排列，到第 N 年末折旧完毕时为 0，只剩下残值 S，那么第 t 年折旧额为：

$$D_t = (N-t)G, t = 1, 2, \cdots, N \tag{6-34}$$

第二步：考虑资金的时间价值。每年将折旧费存入银行，若年利率为 r，则 N 年后所有折旧费的本利加上残值 S 应等于建筑物重新购建成本。即：

$$C = \sum_{i=1}^{n} D_t (1+r)^{N-t} + S$$

经整理以后，得到公式(6－35)

$$G = \frac{C-S}{\frac{N(1+r)^N+1}{r} - \frac{(1+r)^{N+1}-1}{r^2}} \tag{6-35}$$

最后可以得到：

$$D_t = (N-t)G \tag{6-36}$$

综合折旧法的特点是：符合房屋价值转移规律，折旧费以 G 值逐年递减，起到前期多提，后期少提的加速折旧的目的；考虑了资金时间价值，G 值的大小与折旧年限、年利率等有关，受多方面因素影响，而且可以根据情况变化进行调整；只要计算一次 G，每年折旧额就可计算出来，所以在会计账目处理上十分方便，与直线折旧法一样使用简便。

⑤ 成新折扣法：

成新折扣法实际上属于观察法。前已述及，建筑物的损坏程度，不仅与使用年限有关系，还与物业管理、建筑物的维修、修缮等有密切的联系，有的房地产竣工交付使用年限较长，但是修缮、维护较好的话，会延长其经济寿命，所以维修状况如何，影响建筑物的经济寿命。成新折扣法需要房地产估价人员通过现场的勘查、观察，对建筑物的完损程度进行鉴定，从而判定建筑物的成新率，然后根据建筑物的重置成本乘以成新率来计算建筑物的现值。具体计算见公式 6－37。

$$V = C \times q \tag{6-37}$$

式中，V 表示建筑物折旧后价值，C 表示建筑物的重置成本或重建成本，q 表示建筑物的成新率,以百分率来表示。

采用成新折扣法进行估价,适合于短时期内对大量建筑物进行估价的情形,在估价实务中,应用较为普遍。

房屋完损等级是用来检查房屋维修养护情况的一个标准,是确定房屋真实新旧程度和测算房屋折旧的一个重要依据。房屋的完好程度越高,其现值就越接近于重置成本或重建成本。房屋完损等级根据房屋的结构、装修、设备三个组成部分的各个项目完好、损坏程度来划分的,可以分为下列 5 类:完好房;基本完好房;一般损坏房;严重损坏房;危险房。经综合整理,房屋完损等级评定有关规定见表 6-5 所示。

表 6-5 房屋完损等级的评判标准

等 级	标 准
完好房	结构构件完好,装修和设备完好、齐全完整,管道畅通,现状良好,使用正常。或虽然个别分项有轻微损坏,但一般经过小修就能修复的。
基本完好房	结构基本完好,少量构部件有轻微损坏,装修基本完好,油漆缺乏保养,设备、管道现状基本良好,能正常使用,经过一般性的维修能恢复的。
一般损坏房	结构一般性的损坏,部分构部件有损坏或变形,屋面局部漏雨,装修局部有破损,油漆老化,设备、管道不够畅通,水卫、电照管线、器具和零件有部分老化、损坏或残缺,需要进行中修或局部大修更换部件的。
严重损坏房	房屋年久失修,结构有明显变形或损坏,屋面严重漏雨,装修严重变形、破损,油漆老化见底,设备陈旧不齐全,管道严重堵塞,水卫、电照管线、器具和零部件残缺及严重损坏,需进行大修或翻修、改建的。
危险房	承重构件已属危险构件,结构丧失稳定及承载能力,随时有倒塌可能,不能确保住用安全的。

房屋成新率和房屋完损等级两者的关系可以按照下面的分类执行,如表 6-6 所示。

表 6-6 房屋等级与成新率的匹配

等 级	成 新 率
完好房	十、九、八成
基本完好房	七、六成
一般损坏房	五、四成
严重损坏及危险房	三成以下

在具体估价时,以上房屋新旧程度评定标准仅供参考,估价人员需要根据各地区实际情况确定房屋完损等级的具体指标。

(2) 市场提取法:

采用市场提取法测算建筑物的折旧时,应该先从交易实例中选取不少于三个含有与估价对象中的建筑物具有类似折旧状况的建筑物作为可比实例,再通过这些可比实例的成交价格减去土地重置成本得到建筑物折旧后价值，然后将建筑物重置成本或者重建成本减去建筑物折旧后价值得到建筑物折旧。

（3）分解法：

采用分解法，需要将建筑物的物质折旧、功能折旧和经济折旧，根据各自的具体情况分别采用适当的方法来求取。也就是对建筑物各种类型的折旧分别进行分析和估算，然后将它们加总来求取建筑物折旧的方法。具体实施步骤是：求取物质折旧、功能折旧、经济折旧、计算建筑物的折旧总额。

① 物质折旧的计算方法：

将物质折旧项目分为可修复项目和不可修复项目两类。修复是指恢复到新的或者相当于新的状况。预计修复所必要的费用小于或者等于修复所能带来的房地产价值增加额的（修复后房地产价值－修复前房地产价值），是可修复的；反之，是不可修复的。

对于可修复项目，估算在估价时点采用最优修复方案使其恢复到新的或者相当于新的状况下所必要的费用作为折旧额。

对于不可修复项目，根据其在估价时点的剩余使用寿命是否短于整体建筑物的剩余经济寿命，将其分为短寿命项目和长寿命项目两类。短寿命项目是剩余使用寿命短于整体建筑物剩余经济寿命的部件、设备、设施等，它们在建筑物剩余经济寿命期间迟早需要更换，甚至需要更换多次。长寿命项目是剩余使用寿命等于或者长于整体建筑物剩余经济寿命的部件、设备、设施等，它们在建筑物剩余经济寿命期间是不需要更换的。在实际中，短寿命项目与长寿命项目的划分，一般是在其寿命是否短于建筑物经济寿命的基础上作出的，例如，基础、墙体、屋顶、门窗、管网、电梯、空调、卫生设备、装饰装修等的寿命是不同的。

短寿命项目分别根据各自的重置成本（通常为市场价格、运输费、安装费等之和）、寿命、年龄或剩余使用寿命，利用年限法计算折旧额。

长寿命项目是合在一起，根据建筑物重置成本减去可修复项目的修复费用和各短寿命项目的重置成本后的余额、建筑物的经济寿命、有效年龄或剩余经济寿命，利用年限法计算折旧额。

将可修复项目的修复费用、短寿命项目的折旧额、长寿命项目的折旧额相加，即为物质折旧额。

【例 6－10】 某重要的建筑物，在估价时点的重置成本为5 600万元，经济寿命为70年，竣工交付使用已经12年。其中，钢塑门窗的修复费用为86万元，室内装修部分的重置成本为369万元，平均寿命为15年，已经经过5年，设备的重置成本46万元，平均寿命为12年，已经经过6年，假设建筑物没有残置，估算此建筑物的折旧总额。

【解】 本题可以采用分类折旧法计算。将折旧分为可修复项目、长寿命项目和短寿命项目。

门窗属于可修复项目，修复费用就是折旧额：

$$门窗折旧额 = 86(万元)$$

室内装修和设备属于短寿命项目和建筑物的主体结构分开折旧：

$$室内装修折旧 = 369 \times \frac{5}{15} = 123(万元)$$

$$设备折旧额 = 46 \times \frac{6}{12} = 23(万元)$$

长寿命项目，建筑物主体部分折旧额：

$$主体部分折旧额 = (5\,600 - 86 - 369 - 46) \times \frac{12}{70} = 874.11(万元)$$

$$建筑物的折旧总额 = 86 + 123 + 23 + 874.11 = 1\,106.11(万元)$$

② 功能折旧的计算方法：

功能折旧分为功能缺乏引起的折旧、功能落后引起的折旧和功能过剩引起的折旧三类，同样可以分为可修复的和不可修复的两类。

对于可修复的功能缺乏引起的折旧，在采用缺乏该功能的“重建成本”下的求取方法：

一是估算在估价时点，在估价对象建筑物上单独增加该功能所必要的费用；二是估算该功能假设在估价时点，重新建造建筑物时就具有所必要的费用；三是将第一步计算的费用扣除第二步计算的费用，作为折旧额。

【例 6-11】 假设有一幢 6 层的办公楼，已经竣工 10 年，现准备评估该办公楼的价格。根据估价人员的调查分析，该类型办公楼现在施工，一般都配置上下垂直运输客梯。因此需要考虑设备缺乏引起的功能折旧问题。该办公楼当前的重置成本为 6 360 万元，如果现在重新增加三部电梯，考虑到增加电梯井及其附属部分的费用，购买电梯及其安装费用，一共需要 180 万元，如果新建建筑物一块浇注电梯井、安装电梯，需要 118 万元，计算该建筑物因为没有电梯引起的功能折旧额。

【解】 根据以上的介绍，该办公楼因为没有电梯所引起的功能折旧为：

$$180 - 118 = 62(万元)$$

对于不可修复的功能缺乏引起的折旧计算方法为：首先，求取缺乏该功能导致的未来每年损失租金的现值之和；然后，估算该功能假设在估价时点重置建造建筑物时就具有所必要的费用；最后，把未来每年损失租金的现值之和，减去该功能假设在估价时点重置建造建筑物时就具有所必要的费用，即得到折旧额。

对于可修复的功能落后引起的折旧，以电梯落后为例，其折旧额为该功能落后电梯的重置成本，减去该功能落后电梯已提折旧，加上拆除该功能落后电梯所必要的费用，减去该功能落后电梯可回收的残值，加上安装新的功能先进电梯所必要的费用，减去该新的功能先进电梯假设在估价时点重置建造建筑物时一同安装所必要的费用。

与可修复的功能缺乏引起的折旧额相比，可修复的功能落后引起的折旧额加上了功能落后电梯尚未折旧的价值(即功能落后电梯的重置成本减去已提折旧，这部分未发挥作用就报废了)，减去了功能落后电梯拆除后的净残值(即拆除后可回收的残值减去拆除费用，这部分为可挽回的损失)，即多了落后功能的服务期未满而提前报废的损失。

【例 6-12】 某幢旧办公楼的电梯功能已经落后，如果将该电梯更换为功能先进的新电梯，估计需要拆除费用 2 万元，可回收残值 3 万元，安装新电梯需要 120 万元(包括购买价款、运输费、安装费等)，要比在建造同类办公楼时一同安装多花费 20 万元。估计该旧办公楼的重置成本为 2 050 万元，该旧电梯的重置成本为 50 万元，已提折旧 40 万元。请计算该办公楼因电梯落后引起的折旧及扣除电梯落后引起的折旧后的价值。

【解】 该办公楼因电梯落后引起的折旧 = (50 − 40) + (2 − 3) + 20 = 29(万元)

该办公楼扣除电梯落后引起的折旧后的价值 = 2 050 − 29 = 2 021(万元)

对于不可修复的功能落后引起的折旧，仍以电梯落后为例，其折旧额是在上述可修复的功能落后引起的折旧额计算中，将安装新的功能先进电梯所必要的费用，替换为功能落后电梯导致的未来每年损失租金的现值之和。

功能过剩一般是不可修复的。功能过剩引起的折旧首先应包括功能过剩所造成的“无效成本”。该无效成本可以通过采用重置成本而自动得到消除，但如果采用重置成本则不能消除。以前面讲过的层高过高的厂房为例，因为重置成本将依据 5 米层高而不是 6 米层高来估算，而重置成本将依据 6 米层高来估算。其次，功能过剩引起的折旧还应包括功能过剩所造成的“超额持有成本”。

这样，在采用重置成本的情况下：

扣除功能过剩引起的折旧后的价值=重置成本−超额持有成本

在采用重建成本的情况下：

扣除功能过剩引起折旧后的价值=重建成本−(无效成本+超额持有成本)

将功能缺乏引起的折旧额、功能落后引起的折旧额、功能过剩引起的折旧额相加，即为功能折旧额。

③ 经济折旧的计算方法：

经济折旧有的是不可修复的，有的可能是暂时性的，比如当房地产市场供给大于需求时，在库存压力下，房地产价格有所下降，也可能是永久性的，如房地产的周围兴建了化工厂、污水处理厂等具有负外部性的房地产，或者兴建飞机场、大型交通枢纽，距离非常近的住宅楼因为噪声等问题，价值降低。所以，在计算经济折旧时应区别是暂时性的还是永久性的经济折旧，然后可以根据收益损失的期限不同，利用“收益损失资本化法”求取未来每年因建筑物以外的各种不利因素所损失的收益的现值之和作为经济折旧额。

4. 计算建筑物折旧应注意的问题

在房地产估价中，进行建筑物折旧的计算，还应注意以下几个方面的问题：

(1) 注意估价上的折旧与会计上的折旧的区别：

两者的区别在于，估价上的折旧注重的是市场价值的真实减损，其计算基数是建筑物的重置成本，在重置成本的基础上进行计算；而会计上的折旧注重的是原始价值的分摊、补偿或回收。以直线法折旧公式为例：

$$V=C\left[1-(1-R)\frac{t}{N}\right] \tag{6-38}$$

式中的 C，在会计上为资产的原始价值，是当初购置时的价值，不随着时间的流逝而变化；在估价上为资产的重置成本，是估价时点时的价值，估价时点不同，其值不同。此外，会计上把资产的原始价值 C 与累计折旧额 $C(1-R)\frac{t}{N}$ 之差，称为资产的账目价值，无需与资产的市场价值一致；估价上把资产的重置成本 C 与折旧总额 $C(1-R)\frac{t}{N}$ 之差，视为资产的实际价值，它必须与资产的市场价值一致。

（2）土地使用期限对建筑物经济寿命的影响：

在土地规定的使用期限下，建筑物经济寿命与土地使用期限可能不是同时结束。因此，在求取建筑物折旧时应注意土地使用期限对建筑物经济寿命的影响。在计算建筑物折旧时，建筑物经济寿命的可以按照以下方式确定：

① 建筑物的建设期不计入经济寿命，即建筑物的经济寿命应从建筑物竣工验收合格之日算起。

② 建筑物经济寿命早于土地使用期限结束的，应按照建筑物经济寿命计算建筑物折旧。

如图 6－8 所示，假设有一商品住宅，土地使用权出让年限为 70 年，建设期为 2 年，建筑物经济寿命为 50 年。如果计算建筑物的折旧，应按照 50 年来计算折旧。

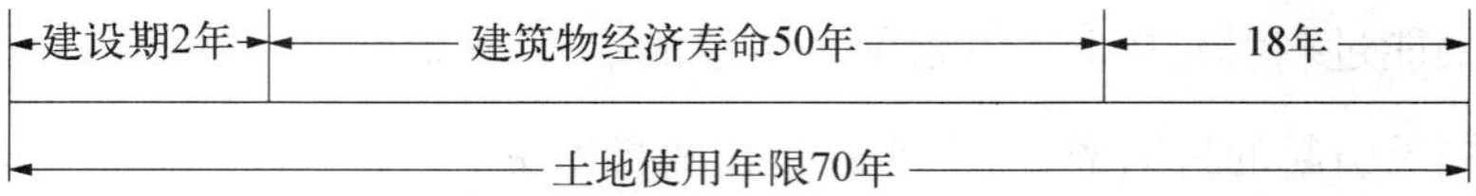

图 6－8　建筑物经济寿命短于土地使用权年限的情况

③ 建筑物经济寿命晚于土地使用期限结束的。这种情况又可按照土地使用权到期是否可以续期分为两种情形。如果土地使用权到期后，土地使用权可以自动续期，应按建筑物经济寿命计算折旧，如我国的住宅类房地产，根据《物权法》的规定，土地使用权到期后可以续期。对于在土地使用权出让合同到期不可续期的，应按照建筑物使用年限计算建筑物折旧。即按照建筑物的实际经历年数加上土地使用权的剩余年限计算折旧。

如图 6－9 所示，假设是一幢在出让土地上建造的商场，土地使用权出让年限为 40 年，建设期为 3 年，建筑物经济寿命为 60 年。在这种情况下，建筑物经济寿命中晚于土地

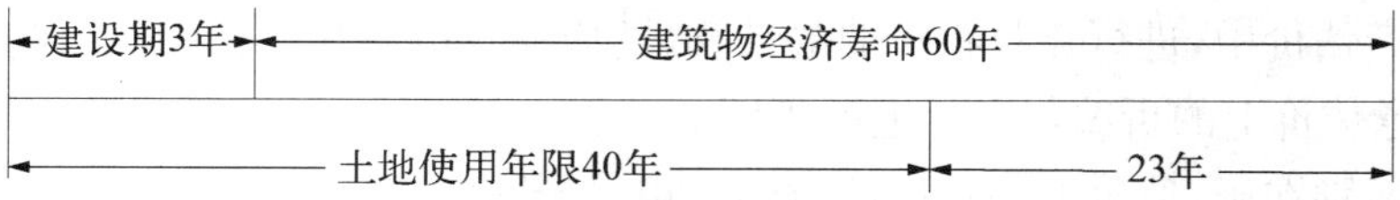

图 6－9　建筑物经济寿命长于土地使用权年限的情况

使用期限的那部分寿命为 23 年(3+60－40)，因此，应按照 37 年(60－23)计算建筑物折旧。应注意的是，在土地使用权出让合同中已约定不可续期的情况比较少见。

④ 建筑物出现于补办土地使用权出让手续之前，其经济寿命早于土地使用权年限而结束，应按建筑物经济寿命计算折旧。建筑物出现在补办土地使用权出让手续之前，其经济寿命晚于土地使用权年限而结束。如果土地使用权可以续期，应按建筑物经济寿命计算折旧；如果土地使用权到期不可续期，应按建筑物已使用年限加上土地使用权剩余年限计算折旧。

如图 6－10(a)所示。一幢旧办公楼，在其建成 15 年后补办了土地使用权出让手续，土地使用权出让年限为 50 年，建筑物经济寿命为 60 年。这种情况下，应按照 6C 年(建筑物经济寿命)计算建筑物折旧。

如图 6－10(b)所示，一幢旧厂房改造的超级市场，在该旧厂房建成 5 年后补办了土地使用权出让手续，土地使用权出让年限为 40 年，建筑物经济寿命 50 年。如果土地使用权可以续期，应按照 50 年计算折旧；如果土地使用权不可以续期，应按照 45[50－(50－5)＝45]年计算折旧。

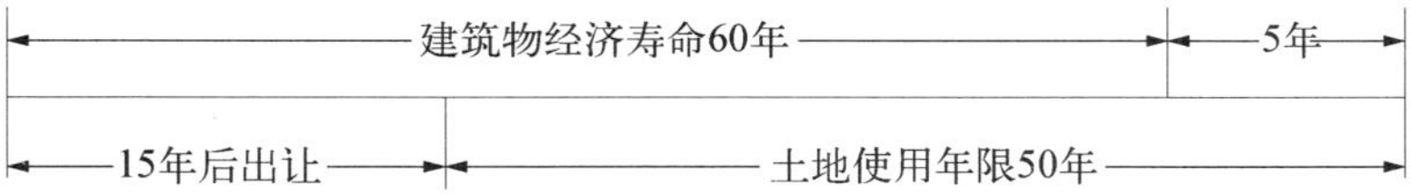

图 6－10(a)　建筑物出现于补办土地使用权出让手续之前

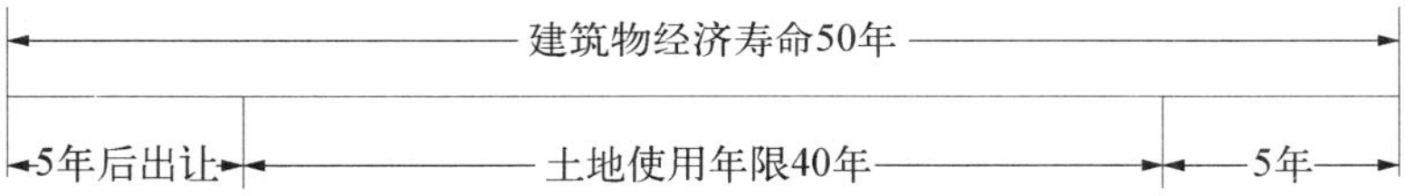

图 6－10(b)　建筑物出现于补办土地使用权出让手续之前

第五节　成本法应用举例

成本法可以用于对生地、毛地、熟地、房地产进行价格评估。在估价实务中，应用较多的是现有建筑物与土地综合体的房地产，也就是存量房地产价格的评估。存量房地产的价值等于其重置成本减去建筑物折旧，或者土地重置成本加上建筑物重置成本减去建筑物折旧。土地资源随着时间的推移，人口的增加、周边配套设施的完善，土地会出现增值。

房地产重置成本的求取，可模拟房地产开发商的房地产开发建设过程，根据房地产价格构成，采用成本法求取；或者先分别求取土地和建筑物的重置成本，然后将两者相加来求取。

土地重置成本分为重新购置价格和重新开发成本，重新购置价格可采用比较法、基准地价修正法求取，重新开发成本可采用成本法求取。

建筑物的重新取得成本可分为重建成本和重置成本，一般的建筑物采用重置成本，有特殊保护价值的建筑物采用重建成本，求取的方法主要有单位比较法、分部分项法、工料测量法、指数调整法。建筑物折旧分为物质折旧、功能折旧和经济折旧，求取的方法主要有年龄—寿命法、市场提取法和分解法。存量房地产成本法估价的实施过程如图 6－11 所示。下面通过相应的例题来说明成本法的具体应用。

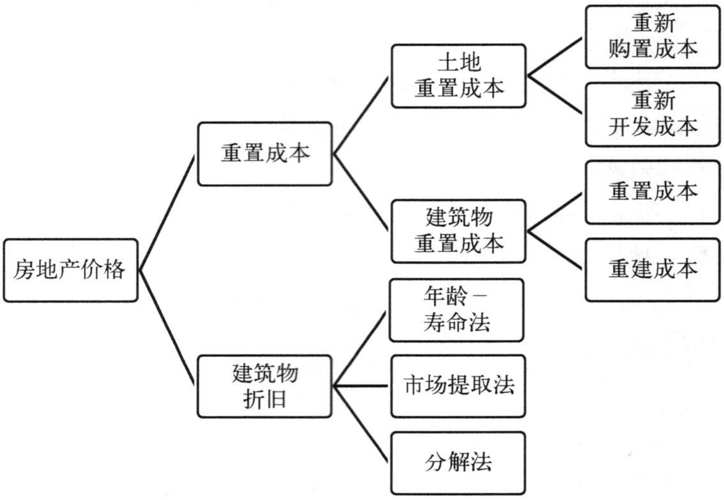

图 6－11　成本法总结

【例 6－13】　某一房地产占地面积为 12 800 平方米，建筑物的总建筑面积为 32 000 平方米，房地产开发企业在 2008 年 8 月底，获得土地的使用权，土地的使用年限为 50 年，当时开发商通过土地竞标的方式获得土地的使用权，土地单价为 4 800 元/平方米，建筑物的建筑总成本为 4 200 元/平方米，房地产在 2010 年 8 月竣工，并投入使用，房地产竣工以后，开发商作为企业的办公总部使用。现房地产开发商欲出售该房地产，想评估该房地产在 2016 年 8 月 28 日的价格。由于该建筑物建筑设计造型特殊，近期相同区位的同类型办公楼没有交易实例，无法采用比较法和收益法进行估价。估价机构拟采用成本法进行估价，通过市场调查和分析，获得的资料为：土地在 2016 年 8 月的重新取得成本，楼面地价为 4 200 元/平方米，建筑物的重新取得成本为 5 800 元/平方米。假设该建筑物的耐用年限为 50 年，建筑物的残值率为 0，土地的还原利率为 5.8%，土地到期不可续期。

【解】　土地重新取得价格的计算：

$$V_{50}=4\,200\times 32\,000=134\,400\,000(\text{元})=13\,440(\text{万元})$$

土地的剩余使用年限为：

$$50-8=42\text{ 年}$$

土地的还原利率为 5.8%，所以转换为 42 年的价格为：

$$V_{42} = V_{50} \times \frac{1-\frac{1}{(1+5.8\%)^{42}}}{1-\frac{1}{(1+5.8\%)^{50}}} = 13\,440 \times \frac{1-\frac{1}{(1+5.8\%)^{42}}}{1-\frac{1}{(1+5.8\%)^{50}}}$$

$$= 12\,953.96(\text{万元}) = 1.295(\text{亿元})$$

建筑物价格的计算，建筑物的重置成本为：

$$V_B = 5\,800 \times 32\,000 = 185\,600\,000(\text{元}) = 18\,560(\text{万元})$$

建筑物的使用期限：50－2＝48 年，残值率为 0，已经使用了 6 年。

$$\text{建筑物的价格} = V_B \times \left(1-\frac{6}{48}\right) = 18\,560 \times \frac{7}{8}$$

$$= 16\,240(\text{万元}) = 1.624(\text{亿元})$$

该房地产在 2016 年 8 月的价格为：1.624＋1.295＝2.919(亿元)＝2.92(亿元)

【复习思考题】

1. 何谓成本法？
2. 哪些类型的房地产可以采用成本法进行估价？
3. 成本法估价需要具备哪些条件？
4. 成本法的理论依据是什么？
5. 房地产的成本构成有哪些？
6. 取得新开发的土地有哪几种类型？
7. 何谓重置成本？
8. 何谓建筑物的重置成本？何谓重建成本？分别使用于哪些房地产的估价？
9. 何谓物质折旧？何谓功能折旧？何谓经济折旧？
10. 建筑物的寿命、年龄、剩余寿命的含义及其相互关系是什么？
11. 可修复和不可修复的含义及其判定标准是什么？在求取建筑物折旧中作此两种区分有何意义？
12. 土地使用期限对建筑物折旧求取有哪些影响？
13. 有一宗房地产，土地面积 3 500 平方米，土地单价为 6 800 元/平方米，土地的规划容积率为 2.4，开发商按照最高容积率进行开发，开发完成后，房地产的单价为 11 800 元/平方米，该建筑物的单价为多少？
14. 某一商场，总建筑面积为 12 500 平方米，重置成本为 4 680 元/平方米，已使用 16 年，建筑物价值损耗均匀。该类建筑物的残值率为 4%，建筑物的经济寿命为 50 年，用直线折旧法计算该建筑物的折旧总额是多少？现值为多少？
15. 某建筑物建筑总面积为 18 900 平方米，重置成本为 5 800 元/平方米。该建筑物已使用 10 年，经济寿命为 50 年，建筑物价值损耗均匀，建筑物在经济寿命结束后无残值。

求建筑物的重置成本？年折旧额、折旧总额以及现值是多少？

16. 某建筑物总建筑面积为3 800平方米，8年前建成，重置成本为4 500元/平方米，经济寿命50年，残值率为2%，试用余额递减法计算建筑物的第10年的折旧额、折旧总额和现值。

17. 某厂房建成5年后被改造为超市经营，并补办了土地使用权出让手续，土地使用权出让年限为40年，建筑物设计寿命为50年，则该建筑物折旧的经济寿命为多少年？

18. 某公司于5年前以出让方式取得某一宗面积12 000平方米的土地，土地使用权的使用期限为40年，并于2年前建成物业投入使用，总建筑面积为36 000平方米。现时重新取得40年土地使用权出让价格为3 000元/平方米，重新建造该建筑物的建安成本为1.25亿元(建设期2年，第一年投入40%，第二年投入60%，在各年内均匀投入)，管理费用为建安成本的3%，年利率为6%，销售税费为房地产价格的7%，开发利润为房地产价格的20%。门窗、墙面等损坏的修复费用为20万元，装修的重置成本为1 500万元，平均寿命为5年；设备的重置成本为350万元，平均寿命为10年；假设残值率均为0，土地使用年限到期不可续期，假设土地报酬率为6.8%，试估算该宗房地产现时价格。

第七章　假设开发法

第一节　假设开发法概述

一、假设开发法的基本含义

1. 假设开发法的定义及其溯源

假设开发法是指开发企业获得土地使用权或者购买在建工程以后，进行后期的开发，通过预测开发完成后的销售收入，扣除后续开发过程中投入的费用、开发过程中支付的利息以及应得的开发利润等，以此来评估估价对象价格的方法。假设开发法习惯上又称为倒算法。

《房地产估价规范》(GB/T50291—2015)对假设开发法的定义是，假设开发法是求得后续开发必要支出及折现或后续开发的必要支出及应得利润和开发完成后的价值，将开发完成后的价值和后续开发的必要支出折现到估价时点后进行相减，或者将开发完成后的价值减去后续开发必要支出及应得利润得到的估价对象价值或者价格的方法。

在房地产估价实务中，如果遇到估价对象是待开发的土地或者在建工程，如果难以找到可比实例，不宜采用比较法；而采用收益法，又难以获得收益方面的数据及资料。所以，对于待开发的土地或者在建工程，可以采用假设开发法。

2. 假设开发法的理论溯源

假设开发法最早可以追溯到古典经济学中的地租剩余理论，地租剩余理论开始出现于威廉·配第的《赋税论》中。在这部论著中，威廉·配第提出，“地租是从土地收益中减去包括农民工资在内的生产成本后的剩余”，这一剩余主要取决于农产品的市场价格和生产农产品的原料价格。随着时间的推移、历史的变迁，土地经济理论不断更新和完善，但是总括而言，地租剩余理论中所包含的朴素思想依然能够揭示土地价值的本质。

二、假设开发法的理论依据

和收益法的理论依据相同，假设开发法的理论依据也是预期原理。假设开发法以估价对象房地产开发完成以后的价值为基础，考虑完成开发所需的成本及其合理利润，以剩余价值作为估价对象的价格。在估价时点，由于开发完成后的房地产价值、开发过程中所投入的成本、预期的利润等都需要估价人员对房地产市场进行分析和预测，所以该方法的理论依据是预期原理。

采用假设开发法，首先根据房地产所处的城市或者区域、房地产市场的状况、价格变动趋势，在对一国宏观经济形势、货币政策、税收政策、土地供给政策以及区域经济发展状况等全面分析的基础上，预测未来房地产开发完毕后的销售价格。然后根据建筑市场中的相关成本数据，估计建筑工程土建部分、安装部分、装饰部分的费用、管理费用、投资利息、销售费用、相关税费以及开发利润。最后通过扣减的方式，把土地价格或者在建工程的购买价格测算出来。

三、假设开发法的适用范围

假设开发法适用于具有开发或再开发潜力的房地产，具体来说适合以下几种类型房地产的价格评估：

1. 待开发的生地、毛地和熟地

假设开发法适宜对待开发的生地、毛地和熟地的价格评估。房地产开发企业获得土地使用权以后，获取开发利润是其最主要的目标。通过把生地、毛地开发成熟地，在土地二级市场转让土地使用权；或者将土地进行开发，开发成商品住宅和商业地产进行销售，以获得预期的利润。如果房地产开发企业在确定土地竞标价格时，不能采用比较法、收益法等方法时，可以借助于假设开发法，进行倒算。

2. 在建工程

在房地产的开发经营中，房地产开发企业可能购买一些在建工程，进行后续开发。在购买在建工程时，开发企业往往需要确定在建工程的合理购买价格。由于在建工程一般较难获得可比实例，不宜采用比较法，所以假设开发法是评估在建工程购买价格的较好方法。

3. 可重新装修、改造的旧房地产以及改变用途的房地产

在城市更新、城市发展过程中，有一些房地产因为功能落后，不能发挥其应有的价值，或者不能获得最高的收益。所以，有一些房地产通过装修、改造或者改变用途以后，可以发挥其最高价值，这些存量房地产也具有再升级、改造或者用途转换的潜力。利用假设开发法也可以对存量旧房地产进行评估。

4. 房地产项目投资分析

除了评估房地产价格之外，假设开发法也是房地产开发项目投资分析的常用方法之一。假设开发法中有四个基本参数，即待开发房地产价格、开发完成以后的房地产价格、开发费用、开发项目的预期利润。在这些参数中，已知任意三个，就可以测算第四个。所以，假设开发法可以用来测算房地产开发项目的预期利润、测算开发项目的最高费用，从而为房地产投资者提供投资决策依据，或者作为成本控制的依据。

四、使用假设开发法进行房地产估价应具备的条件

前已述及，假设开发法基于预期原理，需要对未来的销售价格和后期投入的开发费用进行预测。因此，估价结果往往受到两方面因素的影响：一方面是房地产市场状况，另一方面是房地产估价人员的预测水平，前者习惯上称为客观因素，后者称为主观因素，具体

而言就是：

1. 客观条件

假设开发法评估结果的准确与否，在很大程度上依赖于房地产市场状况。如果某一城市或者区域，房地产市场健康稳定发展，供给、需求变化不大，房地产空置率稳定，在合理的范围之内；一国房地产产业政策、货币政策、税收政策稳定，房地产法律、法规、土地法律、法规完善、健全，房地产价格变动趋势可以预测，或者房地产价格波动幅度不大，这样的房地产市场或者某一分支市场，就比较适宜采用假设开发法。

如果一个国家或者某一城市，房地产的需求短期内受到货币政策、税收政策的影响变化较大，或者市场上投机需求旺盛，而房地产的短期供给又缺乏弹性，房地产的价格变动趋势难以把握，就不适宜采用假设开发法。如 2008 年的次贷危机，美国很多大中城市房地产价格在短期内下降幅度较大，泡沫破灭，有的城市，如洛杉矶，2009 年 6 月，住宅平均价格比 2008 年 6 月下降了 30%左右。如果房地产开发商，采用假设开发法在 2006 年评估开发商购买土地的价格，评估结果就会偏差较大。这主要是由于很多评估机构不能预测 2008 年次贷危机的发生以及导致住宅价格泡沫破灭现象。

所以，采用假设开发法对房地产进行价格评估，首先应该具备的条件就是当地房地产市场的稳定，估价人员可以根据房地产市场过去交易数据对未来房地产市场价格进行合理、正确的预测。

2. 主观条件

假设开发法估价准确性如何，还与房地产估价人员的预测水平、估价经验有关。如果房地产估价人员具有丰富的估价经验，对某一城市或者某一区域的房地产细分市场非常了解，拥有较全面的房地产价格、租金、建筑土建、安装、装饰造价等历史数据以及建筑材料、人工、机械台班的费用，就能够比较准确地预估开发完成后的销售价格和开发成本。所以，估价人员的主观因素、估价经验、估价水平和预测能力，也是假设开发法应用具备的条件。如果估价人员缺乏相应的历史数据，不能采用合理的方法对未来价格进行预测的话，建议不要采用假设开发法。

虽然假设开发法中参数的预测受到许多因素的制约，而使得不同的估价人员对同一估价对象的估价结果相差较大，有时被认为比较粗糙。但是当房地产的价格主要包含在潜在开发价值中时，假设开发法几乎是最主要而且最实用的估价方法。只要具备以上两个条件，其估价结果依然是可信的。

五、假设开发法与成本法的关系

假设开发法是一种倒算的方法，该种方法与成本法具有一定的联系。这两种方法在思路和操作步骤方面有很大的相似性，但是其中也有一些需要注意的区别之处。两者的联系和区别主要体现在以下几个方面：

1. 理论依据不同

假设开发法的理论依据是预期原理，而成本法的理论依据是生产费用价值论。

2. 估价时点不同

假设开发法的估价时点是开发商购买土地或者在建工程的某一时期；而成本法的估价时点是房地产开发完毕或者建成后的某个时间。

3. 用途有所差异

假设开发法待估对象的用途通常选择最佳利用方式，而成本法中房地产的用途通常为既定用途。

4. 运用的方法不同

成本法中建成后房地产的价格是评估的结论，而假设开发法中建成后的房地产价格是评估过程中所依赖的一个指标，需要通过比较法或收益法估算，所以成本法只是单纯的成本累加过程，而假设开发法往往是多种方法的综合运用。

第二节　假设开发法的估价过程及其实施步骤

我国现行《房地产估价规范》(GB/T50291—2015)规定，假设开发法的运用由选择具体的估价方法、选择估价前提、选择最佳开发经营方式、测算后续开发经营期、测算后续开发的必要支出、测算开发完成后的价值、确定折现率或者测算后续开发应该得到的利润和计算开发价值等八个步骤组成，下面对假设开发法的估价过程进行详细的分析。

一、选择具体的估价方法

采用假设开发法时，应该根据估价对象所处的开发阶段等情况，选择动态分析法或者静态分析法，在估价中，建议优先选用动态分析的方法。

二、选择估价前提

假设开发法的估价前提应该根据估价目的，估价对象所处的开发建设状态等情况，经过分析，选择下列前提之一：

(1) 业主自行开发前提；

(2) 自愿转让开发前提；

(3) 被迫转让开发前提。

三、选择最佳开发经营方式

选择估价对象的最佳开发经营方式，应当遵循房地产估价的最高最佳使用原则，以使估价对象在开发完成后销售或经营时能够获得最高收益。最佳开发经营方式的选择，是假设开发法成功运用的关键，是保证估价结果客观、合理以及投资者投标成功的基本前提。

最佳开发经营方式，应根据调查所得到的房地产状况和房地产市场条件，在法律和城市规划允许范围内选择，选择最佳用途，同时还要选择合适的规模和档次。最佳用途的选择，要综合考虑土地所在市场的可接受能力、当地的消费理念以及现实社会对这种用途的需要程度和未来的发展趋势，从而使供给的房地产类型和市场的需求相匹配。比如有许多土地的规划用途是商业、办公两用，这类土地的估价中有时选择其中一种用途作为最佳用途。有时将两种用途按一定的比例组合则为最佳用途，究竟怎样选择，就需要调查分析当地的商业房地产和办公用房地产的供求关系及变化趋势。如果当地商业房地产需求前景良好，而办公楼出租率有下降趋势，就应该选择商业房地产所占比例较高的开发方式；如果商业房地产供给已经趋于饱和，而办公楼市场前景良好，就应该选择办公楼所占比例较高的开发方式。

对于在建工程，由于其开发经营方式通常已经确定，在这一步中要进行分析，说明是否保持既定开发经营方式，以及是否具有改变开发经营方式的必要和可能。

有时，还需要通过假定多种开发经营方式，并分别评估待开发土地、待续建的在建工程或者待改造的旧房地产价格，然后选择最佳开发经营方式。

四、测算后续开发经营期

后续开发经营期应该根据估价对象的状况，未来开发完成后的房地产状况，未来开发完成后的房地产经营方式，类似房地产开发项目相应的一般期限、估价前提，估价对象所处开发建设状态以及未来房地产市场状况等进行测算。

由于房地产市场是动态变化的，房地产投资周期比较长，在开发过程中，构成房地产价格的各项成本都会发生变化，而开发完成以后的房地产价值也会由于销售和租赁时间不同而变化。因此，房地产项目是否能够按照预计时间完成开发，并通过销售或租赁实现预期的价值，对于估价对象的价格评估结果十分重要。

估算开发经营期的目的，是为了把握开发成本、管理费用、销售税费等发生的时间和数额，预测开发完成后的售价或租金，以及各项收入和支出的折现或计算投资利息等服务。

一般而言，开发经营期可以分为开发期和经营期，其中开发期又分为开发前期和建造期，其关系如图 7－1 所示。

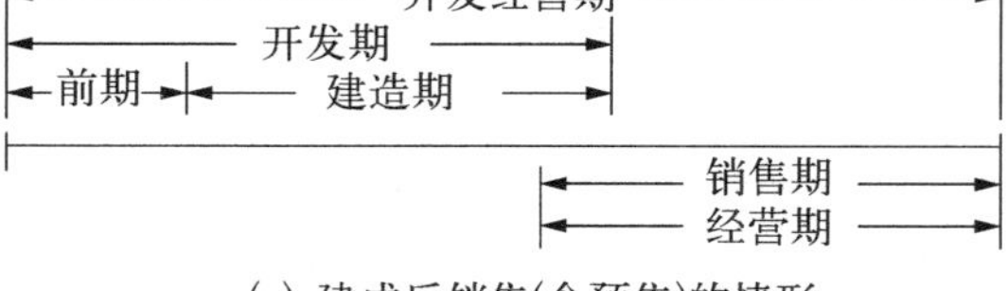

(a) 建成后销售(含预售)的情形

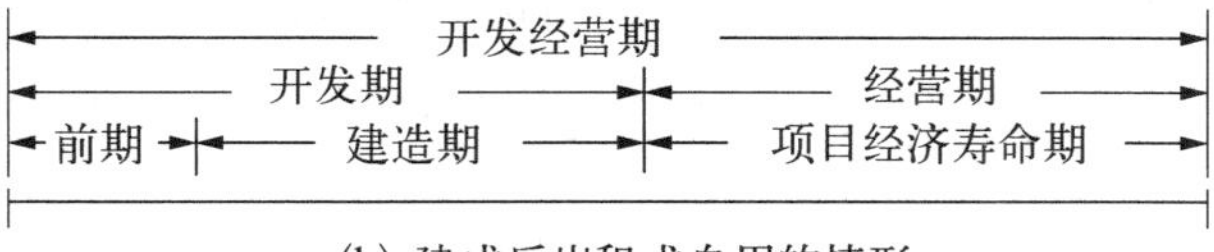

(b) 建成后出租或自用的情形

图 7－1　房地产的开发经营期

开发经营期的起点是假设取得估价对象的时间点，终点是按照假设的开发方式开发完成后的房地产经营结束的时间点。其中开发期的起点与开发经营期的起点相同，开发期的终点是房地产开发完成竣工的时间。经营期的起点是房地产开始经营获取收益的时间，终点是经营结束的时间，具体又根据房地产的经营方式而不同，对于开发以后准备出售的房地产，如图 7－1(a)所示，经营期的起点是房地产建设到符合预售条件的时间，这时经营期与开发期在时间上有一定重合，而经营期的终点是房地产项目销售完成的时间；对于建成以后计划出租或自己经营的房地产，如图 7－1(b)所示，经营期的起点是项目开发完成投入使用的时间，而终点是房地产项目经济寿命结束的时间。

开发经营期的估计方法主要是模拟开发过程，首先分别预测出其各个组成部分所需要的时间，再把各部分时间加起来。其中开发期预测的关键是掌握将估价对象从待开发的状态建设到开发完成以后的状态所需要的时间，具体方法可以根据后续开发所需要做的各项工作的必要时间直接估算，也可以采用比较法的思路，搜集已经完成开发的类似房地产的开发期相关资料，通过比较和调整，得到估价对象的开发期；经营期的预测则根据类似房地产的正常销售期或者正常经济寿命来确定。

利用假设开发法对在建工程进行评估，在测算后续开发经营期时，还要考虑待开发的房地产是由原有的业主继续开发、还是业主转让给其他企业开发，或是被人民法院强制拍卖、变卖给他人开发。在这三种情形下，测算出的开发经营期的长短是不同的。特别是，对于一些在建工程被人民法院强制拍卖，测算开发经营期时，应该考虑在建工程由现在的企业转为其他企业“换手”的正常期限，需要办理有关变更手续，会增加一部分时间，所以开发经营期会有所延长。

五、测算后续开发的必要支出

后续开发的必要支出应该根据估价对象状况、未来开发完成后的房地产状况、未来开发完成后的房地产经营方式、估价前提、估价对象所处的开发建设状态等来确定。

房地产项目从估价对象状态开发成为预计的开发经营完成状态，必须支付相应的成本费用，这是房地产项目盈利的必要成本。动态分析法的构成项目包括后续开发经营的开发成本、管理费用、销售费用、销售税费等；静态分析法的构成项目还包括后续开发的投资利息。当前估价前提为自愿转让开发和被迫自愿转让开发时，构成项目还应该包括估价对象取得税费。

动态分析法中，折现前后续开发的必要支出应为预计其在未来发生时的金额；静态分析法中，后续开发的必要支出可为假设其在价值时点发生时的金额。

取得估价对象房地产时的税费是假定在估价时点购买待开发房地产，根据相关法律法规应由买方缴纳的有关税费，包括契税、印花税、交易手续费等，通常以取得成本乘以买方税费率计算。

后续开发成本的预测，根据已选定的开发经营方式中开发完成后的房地产状况与待开发房地产状况之间的差异来测定，具体的项目构成和测算方法与成本法类似，可以采用单位比较法、分部分项法、工料测量法或指数调整法。有些城市的建设部门会定期发布工程造价经济指标，估价时可以参照这些指标并综合考虑估价对象的实际情况来确定估价对象的建筑成本费用。比较特殊的是在建工程的后续开发成本费用测算，由于每一个在建工程的状态都不相同，难以直接采用单位比较法，也没有能够直接查阅的工程造价标准，这种情况下通常是先按开发方案测算完整的工程建造成本费用；然后根据其形象进度，扣除已经投入的费用，得到后续所需成本费用，并且要考虑未来成本变化的趋势和幅度。

管理费用、销售费用和销售税费的含义与成本法中相同，预测方法与成本法中的测算方法类似。管理费用按照后续开发成本的一定比例测算。销售费用按照同类房地产的销售费用预测，其中广告费、销售资料制作费、样板房或样板间建设费、售楼处建设费通常在销售之前发生，而销售代理费通常与销售同时发生，销售费用的数额通常按照开发完成后的房地产价值的一定比例来测算。销售税费以开发完成以后的房地产销售收入乘以卖方税费率测算。

六、测算开发完成后的价值

测算开发完成后的价值，应该注意的是不应采用成本法，可以采用比较法或者收益法等其他方法。

开发完成以后的房地价值是指估价对象按照预计的用途和规模开发完成，并在预测的房地产市场状况下完成经营以后，所对应的市场价值。这是开发商购买待开发房地产、选择开发经营方式等一系列决策中所要考虑的核心因素，对这个指标的准确估计将会直接影响对估价对象价值的判断，从而也决定了在待开发房地产投标中的报价是否合理，以及投标是否能够成功。

首先，要明确开发完成以后的房地产状态，及其对应的价值内涵。在预测时必须要按照已经选择的最佳开发经营方式，如果开发完成以后的房地产是以毛坯房状态销售的，就预测那时的毛坯房价值；如果是以精装修房状态销售的，就预测那时的精装修房价值；而如果开发完成以后的房地产是以宾馆、商场等形式经营的，在房地产价值中除了建筑物价值外还应当包括经营必备的设备设施。其次，要明确预测房地产价值所对应的时间。由于房地产经营方式多种多样，开发完成以后的房地产可能存在预售、分阶段销售或者延迟销售等不同的情况。因此在预测时，应根据房地产市场的变化趋势，预测出相应时间点上的价值。

具体的预测方法根据开发完成以后的房地产经营方式选择，以比较法或者收益法、与长期趋势法相结合的方式。对于开发以后出售的房地产，通常采用比较法和长期趋势法相结合的方法。首先根据估价时点上，与开发完成以后的房地产状态类似的可比房地产的价格，采用比较法得出估价对象开发完成状态的当前价格；然后考虑在开发经营期内，当地房地产市场的变化趋势，推测出开发完成以后的房地产在未来时点的价格。对于开发以后出租或自己经营的房地产，通常根据类似房地产在估价时点的收益水平，结合房地产市场变化趋势，推测出开发完成以后的收益水平，再采用收益法，计算出开发完成以后的房地产在开发完成时点的价格。

【例 7－1】 某市有一幢在建的商业房地产，土地的使用权年限为 40 年，商业地产的建筑面积为 20 000 平方米，在建工程已经开发了半年。某一开发企业购买该在建工程后，通过 1.5 年的建设周期可以使在建工程竣工，并且能够全部租赁，每年的净租金收入为1 500 万元，假设租金在每年的年末收取，在租赁过程中，没有收取押金，如果当地该类商业地产的报酬率为 7.5%，如何测定开发完成后该商业地产的价值？

【解】 本例题测算开发完成后商业地产的价值，可以采用收益法。

由题意可知，商业地产竣工后，每年的净租金收益为 1 500 万元。

$$a = 1\,500\text{ 万元}, r = 7.5\%, n = 40 - 0.5 - 1.5 = 38\text{ 年}$$

$$V = \frac{a}{r}\left[1 - \frac{1}{(1+r)^n}\right] = \frac{1\,500}{7.5\%}\left[1 - \frac{1}{(1+7.5\%)^{38}}\right] = 18\,719.12(\text{万元})$$

$$= 1.87(\text{亿元})$$

七、确定折现率或者测算后续开发应该得到的利润

采用动态分析法进行评估时，还应该测算折现率，折现率的数值应该等于类似房地产开发项目所要求的收益率。静态分析法中，后续开发的应得利润，应该在明确计算基数和相应开发利润的基础上，为其计算基数乘以类似房地产开发项目的相应开发利润。

开发商从事房地产开发的目的是为了获取利润，利润应当以同类房地产开发的正常利润水平来测算。与成本法中的利润测算相同，以投资利润率、成本利润率或销售利润率乘以对应的投资额、开发成本或销售额来计算，它们的内涵及所对应的计算基数要匹配。

八、计算开发价值

动态分析法的开发价值，应为开发完成后的价值和后续开发的必要支出分别折现到估价时点后相减；静态分析法的开发价值，应该为开发完成后的价值减去后续开发必需的支出及应得的利润。

在假设开发法中，根据开发完成以后的房地产价格估算和开发成本的估算时间基点的选择不同，可以分为两种方法，一种是现金流量折现法，也就是动态计算方法；另外一种是计息的方法，习惯上称为静态计算方法。

计息方法也称为传统方法，是在估算估价对象开发完成以后的价格、开发过程中各项成本费用和开发商利润的基础上，以估价对象开发完成时点为时间基点，计算开发成本费用中除销售税费外的其他项目的利息，计息期为费用发生时点到开发完成。然后以开发完成以后的房地产价格减去成本费用、利息和利润，得到待估房地产的价格。

现金流量折现法是以估价时点为时间基点，将估价对象房地产开发完成以后的价值和开发过程中的成本费用都折现到估价时点，然后以开发完成以后的房地产价格现值减

去各项成本费用现值，得到待估房地产的价格。

两种计算方法的具体思路如图 7－2 和图 7－3 所示。

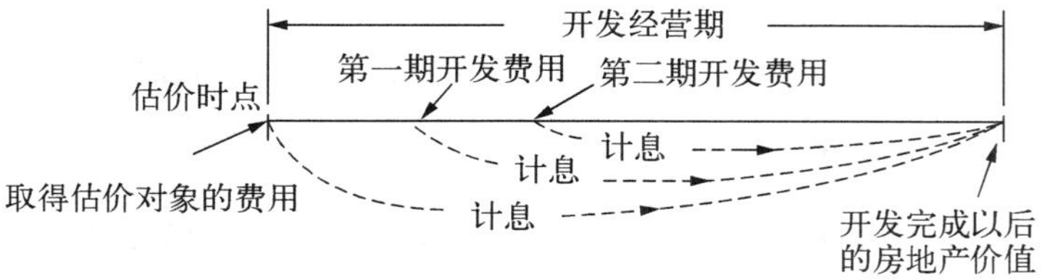

图 7－2 计息计算方法(静态计算法)

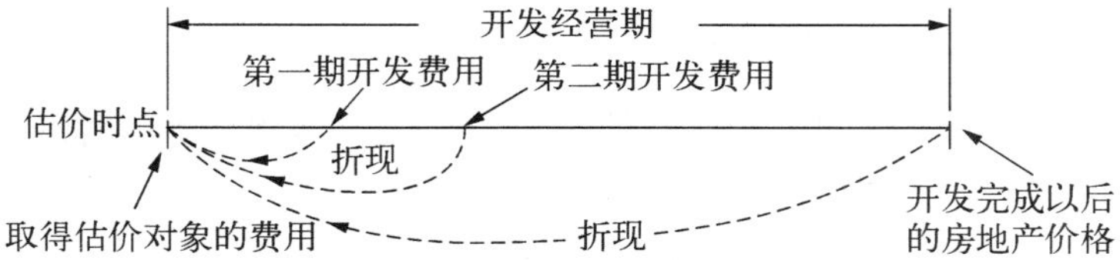

图 7－3 现金流量折现法(动态计算方法)

1. 静态计算法的公式

（1）生地开发为熟地的情况：

$$\text{生地价格} = \text{开发完成以后的熟地价格} - \text{取得生地的税费} - \text{土地开发成本} - \text{管理费用} - \text{销售费用} - \text{投资利息} - \text{熟地转让税费} - \text{开发利润} \quad (7-1)$$

式中应该注意的是，成片生地开发后通常只有部分土地可转让，因为成片开发后的土地包括一些基础设施用地、公共交通用地，以上部分是不可转让的，而且通过比较法或收益法等方法得到的熟地的市场价格也是可转让部分的土地价格，而取得生地时支付的费用则是按成片土地面积计算的，所以在采用假设开发法评估成片开发土地的价格时，要区别成片土地单价和可转让部分的单价，它们之间的关系为：

$$\text{成片土地单价} = \text{可转让部分的单价} \times \text{可转让比率} \quad (7-2)$$

（2）生地开发为房屋的情况：

$$\text{生地价格} = \text{开发完成以后的房地产价格} - \text{取得生地的税费} - \text{房地产开发成本} - \text{管理费用} - \text{销售费用} - \text{投资利息} - \text{房地产销售税费} - \text{开发利润} \quad (7-3)$$

（3）毛地开发为熟地的情况：

$$\text{毛地价格} = \text{开发完成以后的熟地价格} - \text{取得毛地的费用} - \text{土地开发成本} - \text{管理费用} - \text{销售费用} - \text{投资利息} - \text{土地转让税费} - \text{开发利润} \quad (7-4)$$

(4) 毛地开发为房屋的情况：

毛地价格 = 开发完成以后的房地产价格 − 取得毛地的费用 −
房地产开发成本 − 管理费用 − 销售费用 −
投资利息 − 房地产销售税费 − 开发利润 (7-5)

(5) 熟地开发为房屋的情况：

熟地价格 = 开发完成以后的房地产价格 − 取得熟地的税费 −
房地产开发成本 − 管理费用 − 销售费用 −
投资利息 − 房地产销售税费 − 开发利润 (7-6)

(6) 在建工程续建为房屋的情况：

在建工程价格 = 续建完成以后的房地产价格 − 取得在建工程的税费 −
续建成本 − 管理费用 − 销售费用 − 投资利息 −
房地产销售税费 − 开发利润 (7-7)

(7) 旧房地产装修改造或改变用途的情况：

旧房地产价格 = 装修或改造完成后的房地产价格 − 取得旧房地产的税费 −
续建成本 − 管理费用 − 销售费用 − 投资利息 −
装修改造后的房地产销售税费 − 开发利润 (7-8)

计息方法中，投资利息是测算房地产价格时应该从开发完成后的房地产价格中扣除的项目之一。投资利息的计算基数包括取得待开发房地产的成本、开发建设成本、管理费和销售费用。计息期的计算要考虑投资发生的时点，其中取得估价对象房地产的投资一般是在估价时点一次付清；而开发成本、管理费用、销售费用则要根据开发计划的进度分期支出，因此计息期要分别计算，得出每期投资的利息，并加总得到总利息。计息期的计算与成本法中相同，费用分期支出的，从费用支出时间到房地产开发完成的时间段，费用在某期内均匀支出的，近似为在该期的期中一次性支出。比如开发期为 3 年的，第一年内均匀支出的，近似为在第一年的年中一次性支出费用，即计息期为 2.5 年；第二年内均匀支出的费用，近似为在第二年的年中一次性支出，即计息期为 1.5 年；第三年内均匀支出的费用，近似为在第三年的年中一次性支出，即计息期为 0.5 年。

下面通过例题说明静态计算法的应用。

【例 7-2】 ×××城市边缘区域有面积为 2.5 平方千米的土地，一开发商获得 70 年土地使用权后，进行土地开发，将该区域土地开发为熟地以后分块有偿转让，可转让土地面积占总面积的 65%。通过土地使用权二级市场的调查可知，已知附近地区与之位置相当的小块熟地的单价为 1 600 元/平方米，假设土地开发期需要 2 年，开发成本、管理费用以及销售费用等估计为 2.5 亿元/平方千米，贷款年利率为 7.2%，土地开发的年投资利润率为 10%，当地土地转让中卖方需缴纳的营业税等税费为转让价格的 5.2%，买方需缴纳的契税等税费为转让价格的3.8%，假定开发费用是均匀投入的，评估该区域土地在开发前的总价和单价。

【解】 根据题意可知，评估该区域开发前土地的价格，采用静态的计算方法，也就是计息的方法。

土地开发完成以后，开发企业可以销售的价格，如果小块熟地销售单价为1 600元/平方米，那么成片土地的转让单价为：

$$1\,600 \times 0.65 = 1\,040(\text{元}/\text{平方米})$$

假设开发以前成片土地的单价为V，那么取得开发前的土地买方需要缴纳的税费为：

$$V \times 3.8\% = 0.038V$$

开发成本、管理费用以及销售费用＝2.5亿元/平方千米＝250元/平方米

投资利息为：

$$\begin{aligned}&(V + 0.038V) \times [(1 + 7.2\%)^2 - 1] + 250 \times [(1 + 7.2\%) - 1]\\&= 0.155V + 18(\text{元}/\text{平方米})\end{aligned}$$

开发利润为：

$$(V + 0.038V) \times 10\% \times 2 + 250 \times 10\% = 0.21V + 25(\text{元}/\text{平方米})$$

土地开发为熟地以后，开发企业作为卖方需要缴纳的税费为：

$$\text{成片土地的转让价格} \times \text{卖方税率} = 1\,040 \times 5.2\% = 54.08(\text{元}/\text{平方米})$$

所以开发前土地的单价为：

$$V = 1\,040 - 0.038V - 250 - (0.155V + 18) - (0.21V + 25) - 54.08$$

$$1.403V = 692.92$$

因此，开发前土地的单价为：$V = 493.88$(元/平方米)

开发前土地的总价为：$493.88 \times 2\,500\,000 = 1\,234\,711\,333$(元)＝12.35(亿元)

2. 动态计算法的计算公式

动态计算法也称为现金流量折现法，该方法的基本公式为：

$$\begin{aligned}\text{待开发房地产价格} = &\text{开发完成以后的房地产价格现值} - \text{取得待开发房地产的}\\&\text{税费} - \text{土地开发成本现值} - \text{管理费用现值} - \text{销售费用}\\&\text{现值} - \text{开发后的房地产转让税费现值}\end{aligned} \quad (7-9)$$

具体的折现公式为：

$$\text{开发后的房地产价格的现值} = \frac{\text{开发完成时的房地产价格}}{(1 + \text{折现率})^m} \quad (7-10)$$

$$\text{开发费用、管理费及销售税费的现值}=\frac{\text{开发费用、管理费及销售税费}}{(1+\text{折现率})^{n}} \quad (7-11)$$

利用动态法进行估价时，把所有的销售收入折现到估价时点，也就是购买土地或者在建工程所对应的时间。所以，公式(7-10)中的折现期数 m 是从估价时点到开发完成时点的时间段。建成后的房地产以销售方式经营的，如果有预售或延迟销售的，则先将预售或延迟销售的价格统一折现到开发完成时点，再从开发完成时点折现到估价时点，建成后的房地产以出租方式经营的，先采用比较法或收益法计算出其在开发完成时点上的价格，再折现到估价时点。

对于公式(7-11)中的折现期数 n，则是从估价时点到这些费用发生时点的时间段，开发费和管理费分期支出的，以各期的支出时间分别计算，期内均匀支出的，近似为在期中一次性支出。比如开发期为两年的，第一年均匀支出的费用，可近似为在第一年的年中一次性支出，即折现期 n 等于 0.5 年，第二年均匀支出的费用，可近似为在第二年的年中一次性支出，即折现期 n 为 1.5 年。公式(7-11)中的广告费、销售管理费等销售费用依其实际支付时间计算 t，销售税则与销售收入的时间一致，如果有预售或延迟销售，销售税也应当相应分开。在房地产估价实务中，具体可以根据待估对象的情况，合理把握销售收入和再开发成本等发生的时间节点。

【例 7-3】 某一住宅开发项目，规划建筑面积为 35 000 平方米，从当前开始开发期为 2 年，根据市场调查分析，附近类似房地产目前的价格为 48 000 元/平方米，该地区住宅市场稳定、健康发展，货币政策、税收政策稳定，预计未来几年中平均每年递增 6%。假设该项目建成时即可出售 50%，销售款项实时付清；建成一年和二年后分别出售其余的 30%和 20%，销售款项分别在半年末和一年末付清。若折现率为 8.6%，请计算该项目开发完成后的总价值的当前现值。

【解】 根据题意可得项目建成后的销售价格为：

$$48\,000\times(1+6\%)^{2}=53\,933(\text{元}/\text{平方米})$$

项目建成一年后的销售价格为：$48\,000\times(1+6\%)^{3}=57\,169(\text{元}/\text{平方米})$

项目建成两年后的销售价格为：$48\,000\times(1+6\%)^{4}=60\,599(\text{元}/\text{平方米})$

根据销售发生的时间，分别采用折现的方法，将销售收入先折现到开发完成的时间节点，然后统一折现到项目开发前的时间节点。

$$\begin{aligned}\text{销售总收入}&=53\,933\times35\,000\times0.5+\frac{57\,169\times35\,000\times30\%}{1+8.6\%}+\frac{60\,599\times35\,000\times20\%}{(1+8.6\%)^{2}}\\&=94\,382.75+55\,273.90+35\,967\\&=185\,623.65(\text{万元})=18.56(\text{亿元})\end{aligned}$$

折现到开发时刻的价值为：

$$\frac{18.56}{(1+8.6\%)^{2}}=15.74(\text{亿元})$$

【例 7-4】 某房地产开发商在某市拥有一块熟地，土地面积为 12 500 平方米，开发商想转让该土地，欲评估土地转让价格。该土地的用途为住宅，规划容积率为 2.2。另外一家开发商准备购买该熟地，进行住宅项目开发。估价人员通过市场调查，得到了如下信息及数据：完成住宅项目的开发需要 3 年的开发期，开发成毛坯房对外销售，土建、安装费用为 4 860 元/平方米，勘察、设计、工程招标等费用为建安费用的 12%，管理费用为建安费用的 5.5%，第一年投入全部的勘察、设计费及招标代理费，40%的建筑、安装工程费用；第二年投入建筑安装工程费的 40%，第三年工程完工。估价人员预测住宅建成时，住宅平均销售价格为 46 800 元/平方米，假设开发完毕时销售全部完成。销售费用为销售价格的 3%，销售费用在最后一年均匀投入。假设当地住宅交易卖方缴纳的税费为交易价格的 6.5%，开发商买地作为买方需要缴纳的土地取得税为 2.8%；住宅类房地产的折现率为 9.8%，试用动态法评估土地的价格。

【解】 运用现金流量折现法进行估价的公式为：

待开发土地价格 $V=$ 开发完成以后的房地产价格现值 − 取得待开发土地的税费 − 房地产开发成本现值 − 管理费用现值 − 销售费用现值 − 开发后的房地产转让税费现值

开发完成以后的房地产价格的现值：$\dfrac{46\,800}{(1+9.8\%)^3}=35\,354$(元/平方米)

开发商买地时需要缴纳的税费：$2.8\%V=0.028V$

房地产开发商进行住宅开发建筑、安装费用为：4 860 元/平方米，将建安费用折现到买地时的价格，则建筑安装工程费用折现：

$$4\,860\times\left[\frac{40\%}{(1+9.8\%)^{0.5}}+\frac{40\%}{(1+9.8\%)^{1.5}}\ \frac{20\%}{(1+9.8\%)^{2.5}}\right]=4\,314.27(\text{元}/\text{平方米})$$

勘察、设计以及工程招标等费用折现：

$$\frac{4\,860\times12\%}{(1+9.8\%)^{0.5}}=556.57(\text{元}/\text{平方米})$$

管理费用的折现：

$$4\,314.27\times5.5\%=237.28(\text{元}/\text{平方米})$$

销售费用的折现：

$$\frac{\text{开发完成后的销售价格}\times3\%}{(1+9.8\%)^{2.5}}=\frac{46\,800\times3\%}{(1+9.8\%)^{2.5}}=1\,111.38(\text{元}/\text{平方米})$$

开发完成后，住宅开发商作为卖方需要缴纳的税费为：

$$35\,354\times6.5\%=2\,298.01(\text{元}/\text{平方米})$$

把以上计算的数据代入上面的计算公式可以得到下式：

熟地的楼面地价 V 为：

$$V = 35\,354 - 0.028V - 4\,314.27 - 556.57 - 237.28 - 1\,111.38 - 2\,298.01$$
$$V = 26\,105.54(\text{元} / \text{平方米})$$

土地的单价为：

土地单价 = 楼面地价 × 容积率 = 26 105.54 ×2.2 = 57 432.19(元 / 平方米)

熟地总价为：

57 432.19 × 12 500 = 717 902 375(元) = 71 790.24(万元) = 7.179(亿元)

3. 动态计算法和静态计算法的比较

在《房地产估价规范》中规定，应该根据估价对象的开发阶段及其开发状况，选用动态分析法或者静态分析法，并且应该优先选用动态分析法。但是，采用假设开发法进行估价时，静态分析法也是经常采用的方法。以上两种方法，存在一定的区别，具体体现在以下几个方面：

（1）对于开发完成后的房地产价格、开发成本和费用等的估算时间基点不同。计息方法是假定所有的收入和费用都是在房地产开发完成的时间点结算，是静态的金额，并不考虑现金流支出和收入的时间先后差异。而现金流量折现法则是以估价时点的价值来看待这些收入和费用，通过模拟房地产开发过程，细化各项销售收入、成本费用的发生时间，是动态的金额，并将其时间差异反映在估价过程中。

（2）对开发完成后的房地产价格、开发成本、管理费用、销售税费等的测算方法不同。计息方法只是直接将这些金额相加减，并不考虑预售或延迟销售的情况。而现金流量折现法则要通过将不同时间点上发生的现金流折算到同一个时间点，不仅考虑各项费用发生的时间差异，而且还要考虑预售或延迟销售的情况。

（3）对于利息和开发利润的处理方法不同。在计息方法中，投资利息和开发利润都作为单独的项目计算，而在现金流量折现法中，这两项都不计。

（4）还存在利息率和折现率的区别。计息方法中采用的利息率通常是安全收益率，现金流量折现法中的折现率中既包含作为安全收益的利息率，又要考虑风险收益，所以折现率通常大于利息率。

【例 7-5】 某市有一宗挂牌出让的土地，总面积 2 000 平方米，出让用途为商业，规划建筑容积率为 3，土地使用权年限为 50 年。

某房地产开发商欲投标竞争该宗地，现委托一家房地产估价公司为其评估投标报价。房地产估价人员经过与开发商沟通，最终确定该土地的最佳开发利用方式为按最大容积率建设，建成后出租经营。

项目计划 3 年完成，已知当地商业房地产的建筑安装费为3 500 元/平方米，专业费用、管理费、不可预见费分别为建筑安装费的 3%、5%和 4%，各项建设成本的投入均为年内均匀投入。预计项目建成后可出租面积占建筑面积的 70%,可出租部分平均月租金为 120 元/平方米,平均空置率 20%,运营费率为 35%。

已知当地房地产交易中,买方和卖方支付的税费分别为房地产价格的 3%和 6%,并且在建成时需要向代理出租的房地产经纪机构支付相当于房地产年净收益 2%的代理费。取商业房地产的报酬率为 8%,银行利息率为 7%,折现率为 15%,年平均投资利润率为 10%。试采用静态分析法和动态分析法两种思路评估该待出让土地的合理价格。

【解】 本例题要求采用两种不同的方法对土地价格进行评估,假设待估土地的价格为 V,则:

① 估计开发完成以后的房地产价值和销售费用、销售税费,这一步对两种方法来说是相同的:

根据题目中的开发建设方案,开发完成以后的房地产总建筑面积 $= 2\,000 \times 3 = 6\,000$(平方米)

$$\begin{aligned}\text{开发完成以后的房地产年净收益 } a &= 120 \times 6\,000 \times 70\% \times 12 \times (1-20\%) \times (1-35\%) \\ &= 3\,144\,960(\text{元}) = 314.50(\text{万元})\end{aligned}$$

开发完成以后的房地产经营年限 $n = 50 - 3 = 47$ 年,采用收益法,

$$\text{开发完成以后的房地产价值} = \frac{314.50}{8\%}\left[1 - \frac{1}{(1+8\%)^{47}}\right] = 3\,825.66(\text{万元})$$

$$\begin{aligned}\text{开发完成后房地产出租代理费} &= \text{建成后的房地产年净收益} \times 2\% \\ &= 314.50 \times 2\% = 6.29(\text{万元})\end{aligned}$$

② 估计总开发成本,由于建筑安装费、专业费、管理费和不可预见费等各项费用都是年内均匀投入,所以这一步对两种方法来说也是相同的:

$$\begin{aligned}\text{房地产总开发成本} &= \text{建筑安装费} + \text{专业费} + \text{管理费} + \text{不可预见费} \\ &= 3\,500 \times (1 + 3\% + 5\% + 4\%) \times 6\,000 \\ &= 23\,520\,000(\text{元}) = 2\,352(\text{万元})\end{aligned}$$

③ 静态计算法,采用公式(7-6),并结合题目,有:

$$\begin{aligned}\text{待估土地价格} = &\text{开发完成以后的房地产价值} - \text{取得待估土地的税费} - \\ &\text{房地产总开发成本} - \text{销售费用} - \text{投资利息} - \text{开发利润}^{①}\end{aligned}$$

其中,取得待估土地的税费 $= V \times 3\% = 0.03V$

开发完成以后的房地产价值、房地产总开发成本、建成后的房地产销售费用和销售税费都已经计算出来,只需要计算投资利息和利润。

---

① 这个项目是建成后由开发商出租经营,所以笔者认为不应该包括销售税费。

$$投资利息=(V+0.03V)\times[(1+7\%)^{3}-1]+2\,352\times\left\{\frac{1}{3}\times[(1+7\%)^{2.5}-1]+\frac{1}{3}\times[(1+7\%)^{1.5}-1]+\frac{1}{3}\times[(1+7\%)^{0.5}-1]\right\}$$
$$=0.23V+255.21(万元)$$

$$开发利润=(待估土地价格+取得待估土地的税费)\times 10\%\times 3+房地产开发费用\times 10\%\times 1.5$$
$$=(V+0.03V)\times 10\%\times 3+2\,352\times 10\%\times 1.5$$
$$=0.31V+352.8(万元)$$

综合以上，$V=3\,825.66-0.03V-2\,352-6.29-(0.23V+255.21)-(0.31V+352.80)$，即：

$1.57V=859.36$(万元)

$V=547.36$(万元)

$$待估土地的单价=\frac{547.36\times 10\,000}{2\,000}=2\,736.82(元/平方米)$$

④ 动态计算法，采用公式(7-9)，并结合题目，有：

待估土地价格=开发完成以后的房地产价值现值-取得待估土地的税费-房地产总开发成本现值-销售费用现值

$$开发完成后的房地产价值现值=\frac{开发完成后的房地产价值}{(1+15\%)^{3}}=\frac{3\,825.66}{(1+15\%)^{3}}$$
$$=2\,515.43(万元)$$

$$取得待估土地的税费=V\times 3\%=0.03V$$

$$房地产总开发成本现值=开发总开发成本\times\left[\frac{1}{3}\times\frac{1}{(1+15\%)^{0.5}}+\frac{1}{3}\times\frac{1}{(1+15\%)^{1.5}}+\frac{1}{3}\times\frac{1}{(1+15\%)^{2.5}}\right]$$
$$=2\,352\times\left[\frac{1}{3}\times\frac{1}{(1+15\%)^{0.5}}+\frac{1}{3}\times\frac{1}{(1+15\%)^{1.5}}+\frac{1}{3}\times\frac{1}{(1+15\%)^{2.5}}\right]$$
$$=1\,919.61(万元)$$

$$开发完成后房地产出租代理费的现值=\frac{代理费}{(1+15\%)^{3}}=\frac{6.29}{(1+15\%)^{3}}$$
$$=4.14(万元)$$

综合以上，

$$V = 2\,515.43 - 0.03V - 1\,919.61 - 4.14$$

$$1.03V = 591.68(\text{万元})$$

$$V = 574.45(\text{万元})$$

$$\text{待估土地的单价} = \frac{574.45 \times 10\,000}{2\,000} = 2\,872.26(\text{元/平方米})$$

以上用了两种方法评估同一宗土地的价格，评估结果相差不大，但经过验算发现，折现率的取值是关键，前面讲过，在现金流折现法中如果不考虑利润，就应当在折现率中加以考虑。

第三节　假设开发法总结及其应用举例

通过上节对假设开发法评估过程的介绍可知，运用假设开发法估价的关键就是要把握住两点：一是待开发房地产的状况；二是未来开发完成后的房地产状况。然后假设待开发房地产状况“变成”未来房地产状况，开发企业必须完成哪些工作，完成这些工作必需的时间，相应的支出，预期获得多少利润。在房地产开发中，待开发的房地产状况和开发完成后的房地产状况是多种多样的，待开发的状况包括待开发的土地、在建工程、可重新开发和变更用途的旧房地产。未来开发完成的房地产状况，对生地、毛地而言，有熟地和新房两类；对熟地、在建工程和旧房的估价而言，只有新房一类，但是新房又细分为毛坯房、粗装修房和精装修房。此外，未来开发完成的房地产状况不一定是纯粹的房地产，还可能包含家具、机器设备和特许经营权等权利。

未来房地产的经营方式，包括出租、出售以及自己经营等。

因此，在利用假设开发法进行估价时，首先要求估价人员对待开发房地产的状况以及未来开发完成后的房地产状况有全面的把握；其次还要准确的确定开发经营期。

本节结合估价案例，就假设开发法的具体应用进行分析和介绍。

一、具有开发潜力的土地价格评估

【例 7－6】　××市有一块熟地在土地一级市场通过拍卖的方式出让土地使用权，面积为 16 000 平方米。规划用途为居住、办公综合，规划建筑容积率为 3.0，土地使用权年限为 50 年。某一房地产开发商想通过投标竞争获得该土地的使用权，并欲按最大容积率进行住宅、办公类建筑的开发，建造建筑面积相同的普通商品住宅和写字楼各一幢，建筑物属于钢筋混凝土框架剪力墙结构，层数分别为 28 层和 36，其中商品住宅建成后全部销售，写字楼建成后出租使用。

获取土地使用权以后，开发商 3 年可以完成开发，预计第一年末办理完土地使用权出让手续，届时一次性缴纳全部地价款并开工建设，工程实施进度如表 7－1 所示：

表 7－1 住宅、办公项目开发进度

		第1年	第2年	第3年	第4年		……	第 $N-1$ 年	第 N 年
住宅楼	建设		—	—					
	销售				—				
写字楼	建设			—	—				
	出租					—	—	—	—

通过市场调查以及对未来房地产市场状况的分析得到以下数据资料：已知当地住宅类房地产、钢筋混凝土剪力墙结构未进行室内装修时的建筑、安装费为 4 800 元/平方米，写字楼进行了室内装修的，建筑、安装费为 6 600 元/平方米，两类房地产建设的专业费用、管理费、不可预见费分别为建筑安装费的 4%、5%和 6%，假设各项建设成本的投入均为年内均匀投入。

通过对未来房地产市场预测，预计项目建成后写字楼可出租面积占建筑面积的 85%，当地同档次写字楼可出租部分的平均月租金为 270 元/平方米，平均空置率 10%，运营费用率为 25%；普通商品住宅的平均售价预计为 35 800 元/平方米。住宅销售费用为房地产价格的 3%，写字楼出租代理费为年净收益的 2.5%。当地房地产交易中，买方和卖方支付的税费分别为房地产价格的 3.0%和 5.0%。住宅楼销售在建成后一年内完成，售楼款在年末结算，写字楼出租在建成后一次性全部完成，租金和运营费都在每年年末结算。

假设写字楼的报酬率为 5.8%，折现率为 10.6%。试选用适当的方法评估该熟地的合理价格，为开发商进行土地竞标报价提供参考。

【解】 由题意可知，对具有开发潜力的土地价格评估，可以采用假设开发法，本例采用现金流量折现法，即动态分析的方法。

首先确定估价时点，土地使用权出让金的支付时间，也就是第 1 年末现金流量折现法计算公式为：

待估土地价格 = 开发完成以后的房地产价值现值 − 取得待估土地的税费 −
房地产总开发成本现值 − 销售费用现值 −
开发后的房地产销售税费现值

假设该块熟地的价格为 V，住宅、办公类房地产开发完成以后价格的折现值为：

$$\text{住宅总建筑面积} = \text{写字楼总建筑面积} = \frac{16\,000 \times 3}{2} = 24\,000(\text{平方米})$$

开发完成以后住宅全部销售，由横道图可知，住宅开发期两年，销售期一年，所以住宅销售价格的折现值为：

$$\text{开发完成后的住宅总价值的现值}=\frac{35\,800\times 24\,000}{(1+10.6\%)^{3}}=63\,508.07(\text{万元})$$

开发完成后，办公楼对外出租，开发完成后的写字楼年净收益为：

$$a=270\times 24\,000\times 85\%\times(1-10\%)\times(1-25\%)\times 12=4\,461.48(\text{万元})$$

土地使用权年限为50年，土地使用权期限一般从办理完毕出让手续开始计算，根据题意可知，第一年末才办理完土地使用权手续，办公楼在获得土地使用权以后的一年开始开发，开发两年，所以土地的剩余使用年限为：

$n=50-3=47$（年），写字楼报酬率 $r=5.8\%$，在此，采用收益法评估写字楼开发完成后的价格。

$$\text{开发完成以后的写字楼价值}=\frac{4\,461.48}{5.8\%}\left[1-\frac{1}{(1+5.8\%)^{47}}\right]=71\,486.76(\text{万元})$$

开发完成后办公楼的折现值为：

$$\text{开发完成后的写字楼价值的现值}=\frac{71\,486.76}{(1+10.6\%)^{3}}=52\,839.69(\text{万元})$$

所以，开发完成后房地产的总现值为：

$$\text{开发完成以后的房地产总现值}=63\,508.07+52\,839.69=116\,347.76(\text{万元})$$

房地产开发商获取土地使用权应该缴纳的买方税为：

$$\text{取得待估土地的税费}=V\times 3\%=0.03V$$

住宅、办公楼的开发成本、专业费、管理费以及不可预见费用的折现值为：

$$\text{住宅开发总成本}=4\,800\times 2.4\times(1+4\%+5\%+6\%)=13\,248(\text{万元})$$

住宅开发时间是第二年初到第三年末，开发费在年内均匀投入，因此：

$$\text{住宅总开发成本的现值}=13\,248\times\left[\frac{50\%}{(1+10.6\%)^{0.5}}+\frac{50\%}{(1+10.6\%)^{1.5}}\right]=11\,993.50(\text{万元})$$

办公楼开发成本为：

$$\text{办公楼总开发成本}=6\,600\times 2.4\times(1+4\%+5\%+6\%)=18\,216(\text{万元})$$

办公楼开发时间是第三年初到第四年末，开发费在年内均匀投入，所以：

$$\text{办公楼总开发成本的现值}=18\,216\times\left[\frac{50\%}{(1+10.6\%)^{1.5}}+\frac{50\%}{(1+10.6\%)^{2.5}}\right]=14\,910.55(\text{万元})$$

$$\text{房地产开发总成本的现值} = 11\,993.50 + 14\,910.55 = 26\,904.05(\text{万元})$$

开发完成后，房地产进行销售，销售费用的现值为：

$$\begin{aligned}&\text{开发完成后的房地产销售费用现值}\\&=\text{开发完成后的住宅总价值的现值}\times 3\% +\\&\quad\text{开发完成后的写字楼年净收益现值①}\times 2.5\%\\&= 11\,993.50\times 3\% + \frac{4\,461.48}{(1+10.6\%)^3}\times 2.5\%\\&= 442.25(\text{万元})\end{aligned}$$

$$\begin{aligned}&\text{开发完成后的房地产销售税费现值②}\\&=\text{开发完成后的住宅价值的现值}\times\text{税费率}\\&= 11\,993.50\times 5.0\% = 600(\text{万元})\end{aligned}$$

将以上计算的数据带入上面的计算公式可得：

$$V = 116\,347.76 - 0.03V - 11\,993.50 - 14\,910.55 - 442.25 - 600$$

$$V = 85\,826.66(\text{万元}) = 8.58(\text{亿元})$$

所以，该熟地的评估价格为 8.58 亿元

【例 7-7】 需要评估一小城镇一宗土地的当前价格：该宗土地总面积为 50 000 平方米，规划建筑容积率为 3.2，适宜建造商品住宅，假设开发时按照规划容积率，预计取得该土地后建造商品住宅的建设期为 2 年，建筑费为 5 960 元/平方米，专业费用为建筑费用的 6.5%，第一年投入 60%的建筑费用及专业费，第二年投入 40%的建筑费用及专业费，销售税费为未来销售总价的 1.1%，买地税费为买地价格的 4.5%，该商品住宅建成后半年一次全部售出，出售的平均价格为 48 000 元/平方米。利用以上数据，采用动态的方法评估该宗土地的当前价格。折现率假设为 8%。

【解】 本例题采用动态分析法进行价格评估。

$$\text{商品住宅的开发面积} = 50\,000\times 3.2 = 160\,000(\text{平方米})$$

住宅开发完成后，销售价格的现值为：

$$\text{销售价格现值} = 48\,000\times 160\,000\times\frac{1}{(1+8\%)^{2.5}} = 633\,580.54(\text{万元})$$

建筑费用、专业费用的折现值为：

---

① 虽然写字楼出租的净收益是年末产生的，但是通常代理费是在签订租约时（即建成以后）就需要支付的，所以这里折现的期数是 3 年。

② 写字楼部分是出租经营，不需要支付销售税费。

建筑费用折现值＋专业费用折现值

$$= 5\,960 \times 160\,000 \times (1 + 6.5\%) \times \left[\frac{60\%}{(1+8\%)^{0.5}} + \frac{40\%}{(1+8\%)^{1.5}}\right]$$

$$= 94\,829.07(\text{万元})$$

$$\text{销售税费} = 633\,580.54 \times 1.1\% = 6\,969.39(\text{万元})$$

假设该宗土地的评估价格为 V，买地时缴纳的税费为：

$$\text{买地税费} = V \times 4.5\% = 0.045V$$

将以上计算的数据代入下面的公式：

待估土地价格＝开发完成以后的房地产价值现值－取得待估土地的税费－房地产总开发成本现值－销售费用现值－开发后的房地产销售税费现值

可得：$V = 633\,580.54 - 94\,829.07 - 6\,969.39 - 0.045V$

通过计算得：$V = 508\,881.86(\text{万元}) = 50.89(\text{亿元})$

所以，该等土地的当前价格为 50.89 亿元。

二、存量旧房地产的估价

【例 7－8】 某城市在市中心有一大型厂房，厂房建筑成新较高，如果拆除重建存在较大的资源浪费，厂房所在的区域现在规划用地为低密度商业、文化、休闲用地。该厂房的所有者准备出售工业厂房，利用获得销售收入到城市郊区重新建设新厂房。该厂房的建筑面积为 11 800 平方米。其中一家房地产开发企业想购买该厂房，然后通过转换用途、重新布局、装修，作为广告、设计、文化创意园区的功能向外出租。房地产开发企业准备利用一年的时间，完成旧厂房的装修、布局、功能转换工作。开发企业委托一家房地产评估机构评估该旧厂房的价格。评估单位对厂房所在区域的房地产子市场进行调查，并进行相关资料搜集，得到如下的数据资料：

厂房更新改造后，可出租面积为建筑面积的 75%，出租率为 90%。该区域同类房地产的可出租面积的月租金为 180 元/平方米，其中运营费率为 32%。

开发企业购买厂房，转换土地用途需要补交的土地出让金为按照建筑面积为 680 元/平方米，缴纳的购买厂房的税费按照建筑面积为 320 元/平方米，土地使用权的法定最高使用年限为 40 年，房地产开发企业进行装修、更新投入的成本为 2 900 元/平方米，银行贷款的利息率为 6.5%，当地同类房地产的报酬率为 9.4%，投资利润率为 18%，试问该存量旧厂房的评估价格是多少？

【解】 根据题意可知，对存量旧厂房进行价格评估，可以采用静态分析法。

假设旧厂房的价格为 V，那么装修完成后的房地产的价格可以采用收益法进行估价。

$$\text{装修完成后对外出租年净收益} = 180 \times 11\,800 \times 75\% \times 90\% \times (1 - 32\%) \times 12$$
$$= 11\,698\,992(\text{元}) = 1\,169.90(\text{万元})$$

房地产的收益年限 $= 40 - 1 = 39$ 年

$$\text{完成后的房地产的价格} = \frac{1\,169.90}{9.4\%}\left[1 - \frac{1}{(1+9.4\%)^{39}}\right] = 12\,071.34(\text{万元})$$

房地产开发企业购买旧厂房需要缴纳的土地出让金以及税费为：

$$\text{旧房地产的补交出让金和税费} = (680 + 320) \times 11\,800 = 11\,800\,000(\text{元}) = 1\,180(\text{万元})$$

进行装修、改造的成本为：

$$\text{改造费用} = 2\,900 \times 11\,800 = 34\,220\,000(\text{元}) = 3\,422(\text{万元})$$
$$\text{投资利息} = (V + 1\,180) \times 6.5\% + 3\,422 \times [(1+6.5\%)^{0.5} - 1]$$
$$= 0.065V + 186.16$$
$$\text{投资利润} = (V + 1\,180) \times 18\% + 3\,422 \times 18\% = 0.18V + 828.36$$

将以上计算的数据代入下面的公式：

旧厂房价格＝改造后的价格－取得旧厂房需要缴纳的土地出让金及税费－改造费用－投资利息－投资利润

可得：$V = 12\,071.34 - 1\,180 - 3\,422 - (0.065V + 186.16) - (0.18V + 828.36)$

$V = 5\,184.59$(万元)

所以旧厂房的合理出售价格为 5 184.59 万元。

三、在建工程的价格评估

【例 7－9】 某市一家房地产开发企业甲开发一幢住宅楼，在开发过程中因为资金链断裂，不能继续开发，开发企业甲准备出售该在建工程。因为在建工程位于该市的商业核心区，交通便利、配套设施全面，另一家开发企业乙准备购买该在建工程。开发企业甲现委托一房地产估价机构对该在建工程进行价格评估，作为出售的价格参考。在建工程的具体情况为：

住宅楼项目开工于 2015 年 3 月 1 日，总占地面积 16 000 平方米，规划容积率为 1.5。住宅用地使用年限为 70 年，从开工之日起算；取得土地时支付的出让金为 9 800 元/平方米。已知该类商品住宅的正常开发期为 3 年，建设费用(包括前期工程费、建筑安装工程费、管理费等)为 4 900 元/平方米。到 2016 年 9 月 1 日已完成主体结构，已投入 50％的建设费用。预计还需要 2 年工程才能竣工。预计该项目建成后平均销售价格为 36 800 元/平方米，销售费用为销售价格的 1.8％；按照该市的相关规定，购买在建工程时需要缴纳的税费为购买价格的 3.2％，销售房地产项目时需要缴纳的销售税费总计为销售价格

5.6%。

试确定该在建工程在 2016 年 9 月 1 日出售时，合理的出售价格是多少？假设折现率为 10.6%。

【解】 根据案例可知，评估该在建工程在 2016 年 9 月 1 日的价格，采用现金流量折现法。

假设在建工程的出售价格为 V，在估价时可以采用的公式为：

在建工程价格 V = 开发完成后的房地产价格的现值 − 购买在建工程的税费 − 续建费用的现值 − 续建完成以后房地产的销售费用现值 − 续建完成后的房地产销售税费的现值

住宅楼项目的建筑面积 = 16 000 × 1.5 = 24 000（平方米）

$$\text{住宅楼开发完成后价格的现值} = \frac{36\,800 \times 24\,000}{(1+10.6\%)^2} = 722\,019\,299.6(\text{元}) = 72\,201.93(\text{万元})$$

购买在建工程的税费 = $V \times 3.2\% = 0.032V$

后期开发建设费用及其管理费用折现值

$$= \frac{4\,900 \times 24\,000 \times 50\%}{(1+10.6\%)^1} = 53\,164\,556.96(\text{元}) = 5\,316.46(\text{万元})$$

开发完成后的房地产销售费用现值

= 续建完成后的房地产价格的现值 × 1.8%

= 72 201.93 × 1.8% = 1 299.63（万元）

开发完成后的房地产销售税费现值

= 续建完成后的房地产价格的现值 × 税费率

= 72 201.93 × 5.6% = 4 043.31（万元）

将以上计算数据，代入计算公式可得：

$$V = 72\,201.93 - 0.032V - 5\,316.46 - 1\,299.63 - 4\,043.31$$
$$V = 59\,634.23(\text{万元}) = 5.96(\text{亿元})$$

因此，该在建住宅楼项目在 2016 年 9 月 1 日出售时合理的出售价格为 5.96 亿元。

四、土地开发方案的比较分析与选择

在土地规划中，经常提及规划创造土地的价值。同一块土地，规划为商业用地、住宅用地、工业用地，其价值明显不同，通过下面的案例分析和计算，可以说明土地规划对土地价值的影响。

【例 7-10】 某宗熟地，面积为 12 800 平方米，根据土地规划部门的许可，可以有以下三种开发方案：建成公寓毛坯房出售、建成精装公寓出售、建成宾馆经营。假设土地使用权年限为 40 年，约定到期后不可续期，规划容积率为 1.5。

根据市场调查与分析可得，预计取得土地后建成毛坯房需要 2 年时间，市场上类似建筑物的建筑安装工程费为 4 800 元/平方米，专业费用为建筑安装工程费的 5%，管理费为建筑安装工程费和专业费用之和的 3%，上述三项费用第一年投入 60%，第二年投入 40%，在各年内均匀投入；毛坯房建成时的销售价格为 35 800 元/平方米。由毛坯房装修成精装修公寓需半年时间，装修及其专业费用、管理费用等为 3 200 元/平方米；精装修公寓售价为46 000 元/平方米。公寓装修完成时，一次性购置相关设施设备后，可作为宾馆投入正常经营，购置设施设备费用为 260 元/平方米；预计宾馆正常经营的年净收益为 6 500 万元，报酬率为 7.2%。同类房地产开发项目的销售费用和销售税费分别为售价的 3%和 6%，销售费用在毛坯房、精装修公寓建成前半年内均匀投入，销售于建成时即售完，建成宾馆经营，不考虑销售费用。购买土地的税费为地价的 4%，折现率为 9.2%。根据以上数据，分别计算该熟地在三种不同使用情况下，土地的价格分别是多少？

【解】 根据题意可知，熟地在三种不同使用情况下，价格评估采用现金流量折现法。计算公式为：

土地价值 = 建成后的房地产价值的现值 − 购买土地的税费 − 总开发费用现值 − 建成以后房地产的销售费用现值 − 建成以后的房地产销售税费的现值

假设开发为毛坯房出售时土地的价值为 V_1，建成精装修房出售时土地的价值为 V_2，建成宾馆经营时土地的价值为 V_3。

① 建成毛坯房销售的情况：

$$\text{建成毛坯房销售价格的现值} = \frac{35\,800 \times 12\,800 \times 1.5}{(1+9.2\%)^2} = 576\,419\,917.1(\text{元}) = 57\,641.99(\text{万元})$$

购买熟地缴纳的税费 $= V_1 \times 4\% = 0.04V_1$

建筑安装工程费 $= 4\,800 \times 12\,800 \times 1.5 = 92\,160\,000$(元) $= 9\,216$(万元)

专业费 = 建筑安装工程费 $\times 5\% = 9\,216 \times 5\% = 460.8$(万元)

管理费 =（建筑安装工程费 + 专业费）$\times 3\% = (9\,216 + 460.8) \times 3\% = 290.3$(万元)

总开发费用 $= 9\,216 + 460.8 + 290.3 = 9\,967.10$(万元)

$$\text{总开发费用的现值} = 9\,967.10 \times \left[\frac{60\%}{(1+9.2\%)^{0.5}} + \frac{40\%}{(1+9.2\%)^{1.5}}\right] = 9\,216.58(\text{万元})$$

开发成毛坯房销售费用 = 建成后的房地产价值 × 3%

$= 35\,800 \times 12\,800 \times 1.5 \times 3\%$

$= 20\,620\,800$(元) $= 2\,062.08$(万元)

$$\text{建成后的毛坯房销售费用现值} = \frac{2\,062.08}{(1+9.2\%)^{1.5+0.25}} = 1\,767.73(\text{万元})$$

建成后的毛坯房销售税费现值 = 建成后的毛坯房价值的现值 × 6%

$= 57\,641.99 \times 6\%$

$$= 3\,458.52(\text{万元})$$

将以上计算的数据代入上面的计算公式可得：

$$V_1 = 57\,641.99 - 0.04V_1 - 9\,216.58 - 1\,767.73 - 3\,458.52$$

$$V_1 = 41\,537.65(\text{万元})$$

② 开发成精装修公寓销售的情况：

开发成精装修公寓价值$=46\,000\times12\,800\times1.5=883\,200\,000(\text{元})=88\,320(\text{万元})$

开发成精装修公寓价值的现值$=\dfrac{88\,320}{(1+9.2\%)^{2.5}}=70\,876.53(\text{万元})$

购买土地的税费 $=V_2\times4\%=0.04V_2$

开发成毛坯房时的总开发费用现值$=9\,216.58(\text{万元})$

装修费用现值$=\dfrac{3\,200\times12\,800\times1.5\div10\,000}{(1+9.2\%)^{2+0.25}}=5\,040.23(\text{万元})$

建成精装修公寓时的总开发费用现值 $=9\,216.58+5\,040.23=14\,256.81(\text{万元})$

建成后的精装修公寓销售费用$=$建成后的房地产价值$\times3\%=88\,320\times3\%$

$$=2\,649.60(\text{万元})$$

建成后的精装修公寓销售费用现值$=\dfrac{2\,649.60}{(1+9.2\%)^{2+0.25}}=2\,173.60(\text{万元})$

建成后的精装修公寓销售税费现值$=70\,876.53\times6\%=4\,252.60(\text{万元})$

将以上计算的数据代入上面的计算公式可得：

$$V_2 = 70\,876.53 - 0.04V_2 - 14\,256.81 - 2\,173.60 - 4\,252.60$$

$$V_2 = 48\,263(\text{万元})$$

③ 建成宾馆后销售的情况：

宾馆年净收益 $a=6\,500$ 万元，收益年限 $n=40-2.5=37.5$ 年，报酬率 $r=7.2\%$，采用收益法评估价格可得：

建成后的宾馆价值$=\dfrac{6\,500}{7.2\%}\left[1-\dfrac{1}{(1+7.2\%)^{37.5}}\right]=83\,620.81(\text{万元})$

建成后的宾馆价值的现值$=\dfrac{83\,620.81}{(1+9.2\%)^{2.5}}=67\,105.45(\text{万元})$

购买土地的税费 $=V_3\times4\%=0.04V_3$

建成精装修公寓时的总开发费用现值 $=14\,256.81$ 万元

购置设施设备费用现值$=\dfrac{260\times12\,800\times1.5\div10\,000}{(1+9.2\%)^{2.5}}=400.61(\text{万元})$

建成宾馆的总开发费用$=14\,256.81+400.61=14\,657.42(\text{万元})$

本例题中，由于建成宾馆后自己经营，所以不考虑销售费用和销售税费。

将以上计算的数据代入上面的计算公式可得：

$$V_3 = 67\,105.45 - 0.04V_3 - 14\,657.42$$
$$V_3 = 50\,430.80(\text{万元})$$

通过以上三种不同土地利用方式的计算可知，在不同的利用方式下，土地价格是存在差异的。其中建成宾馆后经营，土地价值最高，开发成住宅毛坯房销售土地价格最低。

【复习思考题】

1. 何谓假设开发法？
2. 假设开发法适合对哪些类型的房地产进行价格评估？
3. 假设开发法和成本法有哪些不同？
4. 假设开发法包含哪两种方法？
5. 某一住宅类房地产项目，预计三年后建成销售，预测建成销售的总收入达到 4.58 亿元，假设住宅类房地产的折现率为 8.9%，那么建成后住宅销售总收入的现值是多少？
6. 某一综合商业地产项目，土地的使用权年限为 50 年，开发建筑面积为 23 600 平方米，获得土地使用权以后，开发商就开始承建，目前已经开发了一年半的时间，预计还需要开发两年才能竣工。开发完毕后就可以对外出租经营，预计年净收入为 3 800 万元，假设收益发生在年末，该类房地产项目的报酬率为 6.9%，折现率为 10.8%，项目建成后的价格及其当前的现值是多少？
7. 某一住宅类房地产开发项目，建筑面积为 12 680 平方米，开发期需要 3 年。通过分析可得，项目建成后可以出售 40%，一年后出售 40%，剩余部分在第二年末可以全部出售完毕，建成后出售的平均价格为 38 600 元/平方米，第一年的平均销售价格为 41 650 元/平方米，第二年的平均销售价格为 43 800 元/平方米，住宅建成后销售价格的当前现值是多少？
8. 某市有一块熟地，面积 13 600 平方米，规划容积率 3.6，拟开发建成写字楼，建设期 3 年，建筑费用为 5 200 元/平方米，专业费为建筑费的 8%，建筑费和专业费都在建设期内均匀投入。该写字楼建成后即可全部售出，预计售价为 39 680 元/平方米，销售费用为销售价格的 2.8%，销售税费为销售价格的 6%，当地银行年贷款利息率为 7%，同类房地产的投资利润率为 20%，熟地的当前总价、单价和楼面地价分别是多少？
9. 某一幢在建写字楼开工于 2015 年 3 月 1 日，总用地面积 23 800 平方米，规划容积率为 3.2，土地使用权期限为 50 年。从开工之日起计，已知所占土地的取得费为地面价 12 880 元/平方米。项目的正常开发期为 3 年，建筑安装费为 6 200 元/平方米，前期工程费和管理费为建安费用的 5%。到 2016 年 3 月 1 日已投入 40%的工程费用并完成主体结构，但因开发商经营转变战略拟转让此在建工程。其余的工程可在 2 年内完成，建设费将在 2 年内均匀支付。据市场调查和预测，该写字楼建成并用半年时间装修后可出租，其中可出租面积占建筑面积的 80%，正常出租率为 90%，出租部分的租金可达到 10 元/平方米·天，出租的运营费为租金收入的 25%，当地房地产交易中买方应缴纳的税费为成交价的 3%，卖方应缴纳的税费为成交价的 5.6%。取报酬率为 9%，折现率为 10.5%，请使用现金流折现法计算该在建工程的正常出售价格。

10. 某宗拟出让的熟地面积为 10 000 平方米，适宜建造成公寓或宾馆出售，容积率为 2，出让年限为 40 年，约定不可续期。预计取得土地后建成毛坯房需 2 年时间，市场上类似建筑物的建筑安装工程费为 1 400 元/平方米，专业费用为建筑安装工程费的 5%，管理费为建筑安装工程费和专业费用之和的 3%，上述三项费用第一年投入 60%，第二年投入 40%，在各年内均匀投入；毛坯房建成时的销售价格为 5 000 元/平方米。由毛坯房装修成精装修公寓需半年时间，装修及其专业费用、管理费用等为 800 元/平方米；精装修公寓售价为 7 000 元/平方米。公寓装修完成时，一次性购置相关设施设备后，可作为宾馆投入正常经营，购置设施设备费用为 200 元/平方米；预计宾馆正常经营的年净收益为 1 200 万元，报酬率为 8%。同类房地产开发项目的销售费用和销售税费分别为售价的 3% 和 6%，销售费用在毛坯房、精装修公寓或宾馆建成前半年内均匀投入，销售于建成时即售完，购买土地的税费为地价的 4%，折现率为 10%。请根据上述资料比较不同开发方式下的土地价值。

11. 某市有一宗面积 12 000 平方米的土地挂牌出让，出让用途为居住、办公综合，规划建筑容积率为 2.8，土地使用权年限为 50 年。某房地产开发商欲投标竞争该宗地，并计划按最大建筑覆盖率和最大容积率，建造建筑面积相同的普通商品住宅和写字楼各一幢，其中商品住宅建成后全部销售，写字楼建成后出租经营。

项目计划 3 年完成，预计第一年末办理完土地使用权出让手续，届时一次性缴纳全部地价款，并开工建设。实施进度如下列横道图所示：

		第1年	第2年	第3年	第4年		……	第 $N-1$ 年	第 N 年
住宅楼	建设		—	—					
	销售				—				
写字楼	建设			—	—				
	出租					—	—	—	—

已知当地住宅房地产的建筑安装费为 2 600 元/平方米，写字楼的建筑安装费为 4 300 元/平方米，两类房地产建设的专业费用、管理费、不可预见费分别为建筑安装费的 4%、5% 和 6%，各项建设成本的投入均为年内均匀投入。预计项目建成后写字楼可出租面积占建筑面积的 80%，当地同档次写字楼可出租部分的平均月租金为 100 元/平方米，平均空置率 10%，运营费率为 30%；普通商品住宅的平均售价预计为 5 200 元/平方米。住宅销售费用为房地产价格的 2.5%，写字楼出租代理费为年净收益的 2.5%。当地房地产交易中，买方和卖方支付的税费分别为房地产价格的 3.2%

和 5.5%。住宅楼销售在建成后一年内完成，售楼款在年末结算，写字楼出租在建成后一次性全部完成，租金和运营费都在每年年末结算。取写字楼的报酬率为 7%，折现率为 12%。请选用适当的方法评估该地块的合理价格。

12. 某房地产开发企业准备收购一处旧厂房加以改造利用，已知该厂房的建筑面积为 2 000 平方米，所在地段已被城市规划部门列入商业用地范围。该房地产开发企业拟将此旧厂房改造为以画廊为主的创意房地产并出租经营，预计完成改造需要 12 个月时间，根据当地市场状况，改造完成后即可进入出租经营阶段，可出租面积占总建筑面积的 80%，出租率为 95%，届时同类房地产可出租面积的月租金约 120 元/平方米，同类房地产出租经营的运营费率为租金收入的 40%。

已知由于改变用途需补交的土地出让金和税费合计按楼面价格计算为 1 000 元/平方米，新的土地使用权出让期限为 40 年，该房地产的改造费用和管理费按建筑面积计算为 2 400 元/平方米。

设银行贷款利息率为 7%，同类房地产的报酬率为 10%，投资利润率为 15%，请利用计息方法帮助该房地产开发企业估算购买旧厂房的合理价格。

第八章　基准地价修正法和路线价法

土地价格评估可以采用前几章所学过的方法，如成本法、比较法、收益法以及假设开发法等。在本章中，主要介绍另外两种可行的方法，也就是基准地价修正法和路线价法。所谓基准地价修正法是指在颁布基准地价的城市和区域，以基准地价作为区域平均价格，并对待估宗地的条件与区域平均土地条件相比较，来评估宗地价格。在已经完成基准地价评估的地区，这种方法是土地价格评估的方法之一。路线价法是对于一些沿街宗地，首先评定代表性宗地的价格并得出平均价格，然后根据每块宗地的条件与平均条件的比较，评估宗地价格，主要适用于没有基准地价资料的地区。例如，在土地纳税时，评估某一区域多块土地价格，可以采用路线价法。

基准地价是在城镇土地分等定级的基础上进行评估的。所以，在本章中首先介绍城镇土地分等定级的相关内容，然后介绍基准地价修正法以及路线价法。

第一节　城镇土地分等定级

一、城镇土地分等定级的概念及其简介

1. 城镇土地分等

城镇土地分等是通过在影响城镇土地质量的经济、社会和自然等各项因素综合分析的基础上，揭示城镇之间土地质量的地域差异，运用定性和定量相结合的方法，对城镇土地进行分类和排队，评定城镇土地等。对城镇土地分等，应该分层次进行；对全国城镇土地分等，应该重点考虑对全国范围内重要的城市划分土地等；对各省开展土地分等，应该重点考虑对本省内的城市和县城划分土地等；对直辖市开展城镇土地分等，则应重点考虑对市域内的市区、地级和县级政府所在城镇划分土地等。

2. 城镇土地定级

城镇土地定级是根据城镇土地的经济、自然两方面的属性及其在社会经济活动中的地位、作用，对城镇土地使用价值进行综合分析，揭示城镇内部土地质量的差异，评定土地级。通常情况下，城镇土地定级有综合定级和分类定级两种。所谓综合定级是指对影响城镇土地质量的各种经济、社会、自然因素进行综合分析，按照综合评价值的高低来划分土地级。而分类定级主要包括住宅用地定级、商业用地定级、工业用地定级等；分类定级是指分别对影响城镇某类型用地质量的各种经济、社会、自然因素进行分析，按照分类评价值的差异划分土地级别。

3．城镇土地分等定级的目的

对城镇土地分等定级的主要目的是提高土地利用效率，节约、集约利用土地；全面把握城镇土地质量及其利用状况，为国家、城市政府制定土地利用规划、计划、调整土地政策、土地纳税等工作，提供科学的参考依据。

城镇土地分等定级的对象主要是城市市区、建制镇镇区的土地。

4．城镇土地分等定级和土地价格评估的联系

城镇土地分等定级和土地价格评估之间存在一定的关系。土地分等定级主要是对土地使用价值进行的评价；而土地估价主要是指在估价时点，根据估价目的对土地价格的测定。在土地市场中，如果交易信息成分、不存在摩擦的话，土地的使用价值优，土地级别高，土地价格就高；否则，土地价格就低。由于土地市场交易信息不充分，土地的利用受到土地规划、土地用途的限制，同一块土地，作为住宅用地使用和作为商业用地使用，其价格存在明显差异。因此，在土地市场中，可能出现土地使用价值高的，土地价格不一定高。

第二节　基准地价评估

一、基准地价的概念和特点

1．基准地价的概念

本土地利用总体规划确定的城镇可建设用地范围内，对平均开发利用条件下，不同级别或者不同均质地域的建设用地，按照商业、住宅、工业等用途分别评估，并由政府确定的，某一估价期日法定最高使用年期土地权利的区域平均价格①。

城市基准地价往往是以某一个城市为对象，在该城市的一定区域内，根据用途相似、地块相连、地价相近的原则划分地价区段，调查评估的各地价区段某一时点的平均水平价格。

基准地价是目前区域平均价的最常见形式，通常由政府组织专业人员评估或委托估价机构评估，评估结果经政府认可后向社会公布。

2．基准地价的作用

基准地价能够反映土地价格及土地市场的总体变化和发展趋势，为政府制定相关宏观调控政策提供参考。基准地价为政府进行土地出让价格管理提供依据，为政府审核、确定土地使用权出让价格，国有土地补偿价格提供参考依据。基准地价的作用主要体现在以下几个方面：

（1）为国家、城市土地资源管理部门宏观控制土地价格提供依据。基准地价反映了在某一时期城市不同用途的土地在市场供求的状况下，所对应的某一区域平均水平的土地价格。价格的高低，反映了土地市场、房地产市场土地供求的变化。通过基准地价的变

① 引自中华人民共和国国家标准《城镇土地估价规程》(GB/T18508—2014)中对基准地价的解释。

动和房地产价格的变动，城市政府可以及时调整土地供应、土地政策，加强对土地市场进行调控。

（2）土地征税的依据。在西方国家，土地和房地产的所有权人，需要缴纳相应的土地税或者房产税。土地税或者房产税一般从价征收。城市政府认定专门的土地评估、房地产估价机构每隔3～4年，对城市土地、房地产进行价格评估，评估价格作为纳税的依据。虽然我国耕地占用税、城镇土地使用税实行的是定额税率，按照土地面积征收；而土地增值税是按照土地增值额实行累进税率。从税收公平的视角而言，按照土地价值征税对土地所有者、土地使用者相对公平。所以，随着我国土地市场的不断完善和健全，土地税收制度的健全，从价征收是发展趋势。因此，如果城市政府采用从价征收土地使用税时，也可以利用基准地价作为征收的依据。

（3）可以利用基准地价评估宗地价格。基准地价反映了城市某一区域、分用途的土地，在某一时期的平均水平价格。因此，可以利用基准地价、基准地价修正系数表对基准地价进行修正，从而把基准地价修正为某一块宗地的价格。

（4）实现城市政府土地财政的目的。前已述及，在我国法律框架下，我国的土地资源实行二元所有，即国家所有和农村集体组织所有，其中城市政府代表国家，具有对农村集体组织所有的土地实行征用的权利。城市政府通过非市场化的方式，低价征用农村集体组织的土地，然后通过市场化的方式，也就是招标、拍卖、挂牌的方式，把征用后的土地使用权出让给房地产开发商，从而获得大量的土地出让收益，也就是土地财政。根据相关土地资源管理的要求，城市政府在出让土地使用权时，出让价格不得低于当地的基准地价。所以，基准地价是城市政府出让土地使用权时，出让价格的参考依据之一。

3．基准地价的特点

基准地价具有多方面的特点，其主要特点如图8-1所示。

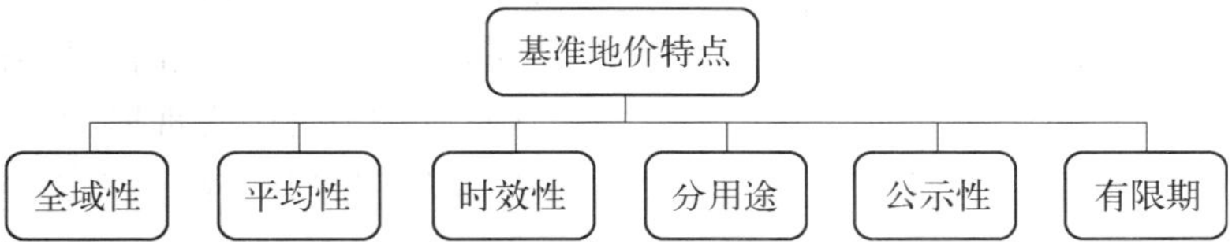

图8-1　基准地价的特点

（1）全域性。基准地价应该能够涵盖城市的所有土地，也就是说，城市中的任何一个区域、任何一种类型的土地，都能够找到对应的基准地价。

（2）平均性。基准地价反映一个区域中土地价格的平均水平，可以通过样点宗地价格的平均数或众数求取。

（3）分用途。基准地价评估时应当区分土地用途。基准地价虽然是一种平均的地价水平，但是即使在同一区域中，不同用途的土地，也应当有不同的基准地价标准。

（4）有限期。基准地价是有限年期的土地使用权价格。我国城镇土地实行有限期使用制度，而土地价格与其使用年限有很强的相关性。因此，在基准地价评估时，应当设定一个明确的使用期限，一般为土地法定最高使用年限。

(5) 时效性。基准地价只反映特定时间点的土地平均价格。土地价格会随着市场的变化而变化，不同时期的土地价格会有显著差异。因此，在基准地价评估时还应当设定一个评估基准日，并根据市场变化的需要而更新。

(6) 公示性。基准地价应当定期向社会公布，以便社会及时了解城镇的地价水平及变化幅度，使土地市场更公开、透明，并且为调控和指导土地市场的发展提供依据。

4. 基准地价的内涵

基准地价的内涵主要涉及基准地价对应的时点、土地的用途、土地的最高使用年限、土地价格的形式、设定的容积率、土地开发程度等内容。由于各个城市，在评估基准地价时，所采用的表达方式和测定方法不同，基准地价的内涵也存在一定的差异，如北京市和上海市的基准地价内涵有所不同。在参考基准地价时，应该明确以下几个方面：

(1) 土地用途以实际用途为主。基准地价评估时选择的样点土地用途以实际用途为主。与宗地地价和房地产价格评估中的最高最佳使用原则不同，基准地价的评估应以样点宗地的实际用途为基础，以反映现实土地收益和地租地价的支付能力，体现基准地价的市场导向性。

(2) 土地使用年期以法定最高使用年期计算。基准地价按照土地所对应用途的法定最高使用年限评估。根据我国《土地法》的规定，住宅用地最高使用年限为 70 年，工业和办公用地最高使用年限为 50 年，商业用地最高使用年期为 40 年，在评估基准地价时，按照法定最高年限考虑。

(3) 设定容积率值。容积率对土地的使用价值有显著影响，从而影响土地价格。土地资源管理部门，委托评估机构对基准地价评估时，必须在评估结果中写明所设定的容积率。一般而言，容积率是按照所调查的样点宗地的平均容积率设定的。

(4) 地价单位有楼面地价和地面价两种表现形式。基准地价评估可以用楼面地价表示，也可以用地面价表示。通常市中心繁华地段或商业用地价格较高，以楼面价表示，其他以地面价表示。在使用基准地价资料时，需要注意基准地价的表现形式。

(5) 不考虑他项权利。基准地价评估的是无他项权利限制下的国有土地使用权出让价格。

(6) 以平均开发程度为基础。以各级别分用途的土地平均开发程度为基础评定基准地价，比如市区的土地通常以“七通一平”为评估时的设定状态。研发总部、工业用途为五通一平等。

下面以上海市 2013 年的基准地价成果为例进行介绍。

上海市 2013 年 1 月 1 日基准地价的内涵为：① 使用年限为对应用途的法定最高年限。② 开发强度为各用途、各级别土地设定的容积率。③ 住宅、商业、办公用地开发程度为“七通一平”，指宗地外通路、供电、通讯、通上水、通下水、通污水和通燃气及宗地内场地平整。研发总部、工业用途为五通一平，指宗地外通路、供电、通讯、通上水、通下水及宗地内场地平整。具体如表 8 - 1 所示。

表 8-1　上海市基准地价内涵说明表

内容 用途	基准日	开发程度	年限	使用权类型
住宅	2013 年 1 月 1 日	七通一平	70	出让国有建设用地使用权
商业	2013 年 1 月 1 日	七通一平	40	出让国有建设用地使用权
办公	2013 年 1 月 1 日	七通一平	50	出让国有建设用地使用权
研发总部	2013 年 1 月 1 日	五通一平	50	出让国有建设用地使用权
工业	2013 年 1 月 1 日	五通一平	50	出让国有建设用地使用权

其中，上海市 2013 年基准地价采用分类定级的方式，即依据不同用途划分土地级别，并确定基准地价成果。各用途各级别的基准地价成果，如表 8-2 所示，基准地价为楼面地价。

表 8-2　上海市基准地价成果表(楼面地价)

基准日：2013 年 1 月 1 日　　　　单位：元/平方米

用途	住宅		商业		办公		研发总部		工业	
级别	价格	设定容积率	价格	设定容积率	价格	设定容积率	价格	设定容积率	价格	设定容积率
1	25 840	2.5	34 060	4.0	22 850	4.0			6 500	2.0
2	18 890	2.5	27 090	4.0	17 040	4.0			4 350	2.0
3	15 220	2.0	19 670	2.0	12 910	4.0			2 740	1.6
4	12 750	2.0	15 270	2.0	10 990	3.5			1 450	1.6
5	10 730	2.0	11 130	1.8	7 350	3.5			990	1.6
6	8 200	1.8	8 120	1.8	5 780	3.5	1 550	2.0	860	1.2
7	6 160	1.8	5 770	1.6	4 230	2.5	920	2.0	615	1.0
8	4 370	1.4	4 400	1.6	3 090	2.5	675	2.0	450	1.0
9	2 810	1.4	2 910	1.2	2 070	2.0	450	2.0	300	1.0
10	2 090	1.2	2 230	1.2	1 370	2.0				

说明：该表不可独立理解和使用，须与基准地价土地级别范围说明和成果应用说明结合使用。

从表 8-1、表 8-2 中可知，2013 年上海市基准地价分住宅、商业、办公、研发总部和工业五个用途，综合用地地价参照分用途用地基准地价面积加权平均价格。

基准地价反映的是各用途各级别国有建设用地在一定设定条件下的土地使用权平均价格。在应用时需要考虑时间因素、年期、容积率、区域因素、个别因素、楼层等条件的影响。因此，2013 年上海市基准地价的修正体系主要包含期日修正、容积率修正、年期修正等。

在运用基准地价修正体系时，住宅、商业、办公和研发总部用地以楼面地价为参考基准，工业用地以地面价为参考基准。

基准地价是各用途土地在基准日时点的土地使用权平均价格，当宗地的评估期日与基准地价的基准日不一致时，需进行期日修正。期日修正系数测算的基本公式为：

$$(1)\ 期日修正系数=\frac{宗地评估基准日地价指数}{基准地价基准日地价指数} \tag{8-1}$$

(2) 基准地价是各用途土地在法定最高出让年期下的土地使用权平均价格，当土地的剩余使用年限不等于法定最高出让年限时，需进行年期修正。年期修正系数测算公式如下：

$$年期修正系数=1-\left(\frac{1}{1+r}\right)^n \tag{8-2}$$

式中，r 表示土地还原利率，m 表示待估宗地剩余使用年限，n 表示分用途土地法定最高使用年限。

公式 8-2 中，土地还原利率可参照表 8-3 的数值选用：

基准地价一般根据平均的土地利用程度来确定其设定容积率。当宗地的容积率水平与基准地价设定容积率不一致时，需进行容积率修正。

表 8-3　各用途土地还原利率参考表

土地用途	还原利率
住　宅	6%
商　业	8%
办　公	7%
研发总部	6%
工　业	5.5%

对住宅楼面地价的容积率修正系数表，具体如表 8-4 所示。

表 8-4　住宅用地容积率修正系数表

住宅容积率	1～2 级	3～5 级	6～7 级	8～9 级	10 级
0.3	3.956	3.789	3.675	3.363	3.210
0.5	2.482	2.377	2.306	2.110	2.014
0.8	1.645	1.576	1.528	1.398	1.335
1.0	1.488	1.332	1.256	1.111	1.060
1.1	1.402	1.269	1.206	1.076	1.029
1.2	1.333	1.220	1.163	1.048	1.000

续　表

住宅容积率	1～2 级	3～5 级	6～7 级	8～9 级	10 级
1.3	1.274	1.177	1.124	1.022	0.972
1.4	1.224	1.139	1.093	1.000	0.948
1.5	1.180	1.105	1.064	0.977	0.925
1.6	1.143	1.078	1.041	0.955	0.906
1.7	1.111	1.052	1.018	0.936	0.885
1.8	1.084	1.031	1.000	0.919	0.869
1.9	1.063	1.015	0.984	0.904	0.855
2.0	1.044	1.000	0.971	0.891	0.842
2.1	1.029	0.988	0.959	0.881	0.831
2.2	1.017	0.978	0.951	0.872	0.822
2.3	1.008	0.971	0.943	0.865	0.815
2.4	1.003	0.968	0.939	0.861	0.811
2.5	1.000	0.965	0.936	0.859	0.810
2.6	0.993	0.958	0.929	0.852	0.804
2.7	0.986	0.951	0.922	0.846	0.796
2.8	0.980	0.945	0.917	0.841	0.791
2.9	0.972	0.938	0.910	0.833	0.785
3.0	0.965	0.930	0.903	0.827	0.779
3.1	0.958	0.923	0.896	0.820	0.773
3.2	0.952	0.917	0.890	0.816	0.767
3.3	0.945	0.912	0.884	0.809	0.760
3.4	0.938	0.904	0.877	0.803	0.754
3.5	0.930	0.897	0.870	0.796	0.749
3.6	0.923	0.890	0.862	0.790	0.740
3.7	0.917	0.884	0.858	0.784	0.736
3.8	0.910	0.877	0.851	0.778	0.730
3.9	0.903	0.870	0.843	0.771	0.723
4.0	0.896	0.862	0.836	0.765	0.718
4.1	0.890	0.856	0.830	0.759	0.712
4.2	0.883	0.851	0.825	0.752	0.705
4.3	0.875	0.843	0.817	0.746	0.699

续　表

住宅容积率	1～2 级	3～5 级	6～7 级	8～9 级	10 级
4.4	0.868	0.836	0.810	0.739	0.692
4.5	0.861	0.829	0.803	0.733	0.685
4.6	0.855	0.823	0.797	0.727	0.681
4.7	0.848	0.816	0.791	0.722	0.674
4.8	0.841	0.809	0.784	0.714	0.668
4.9	0.833	0.801	0.777	0.709	0.662
5.0	0.827	0.797	0.771	0.703	0.656
5.1	0.820	0.790	0.764	0.697	0.650
5.2	0.813	0.783	0.758	0.690	0.644
5.3	0.806	0.775	0.751	0.684	0.637
5.4	0.798	0.768	0.743	0.677	0.631
5.5	0.793	0.762	0.738	0.671	0.626
5.6	0.785	0.755	0.732	0.665	0.619
5.7	0.778	0.748	0.725	0.658	0.613
5.8	0.771	0.740	0.717	0.652	0.607
5.9	0.764	0.735	0.710	0.645	0.599
6.0	0.758	0.729	0.704	0.640	0.595

说明：(1) 住宅容积率低于 0.3 时，按容积率为 0.3 对应的地面价计算；商业、办公、研发总部类容积率低于 1.0 时，按容积率为 1.0 对应的地面价计算；(2) 住宅、商业、办公容积率高于 6.0 时，按容积率为 6.0 对应的楼面价计算；(3) 当宗地容积率介于上述所列的容积率之间时，可用直线插值法确定其对应的修正系数。

基准地价为对应区域因素和个别因素为“一般”时的地价水平，具体宗地的区域因素和个别因素有可能会优于或劣于基准地价对应的水平，需进行相关修正。

二、基准地价评估的过程及其采用的方法

1. *基准地价评估程序*

基准地价评估的程序为：准备工作、资料调查与整理、划分地价区段、基准地价评估、基准地价确定、编制基准地价修正系数表、成果整理、成果验收、备案及公布。

基准地价评估的准备工作主要有：编写基准地价评估的任务书，编制基准地价调查表和工作表，确定基准地价评估的区域。

划分地价区段，是指将用途相同、地块相连、地价相近的土地归并为一个区段，在划分地价区段时，可以根据城市土地定级的成果。

其中，资料调查与整理阶段的具体内容因技术路线不同而有区别。级差收益测算法

中，资料调查与整理主要是根据样点土地利用资料整理，计算出分级别的土地收益数据，并计算出相应的级别基准地价；而土地交易实例法是根据收集到的样点交易资料测算样点宗地价格，并修正到基准地价设定条件下，再平均得出相应均质区域的基准地价，所采用的技术路线不同，资料调查的内容也不同。

关于标准宗地的选择问题，是在地价区段划分的基础上，从不同用途的土地中，分别选择数宗在土地面积、形状、容积率、剩余年期等具有代表性的土地作为样点宗地。确定不同区段的样点宗地后，评估人员需要对样点宗地的资料进行搜集，包括市场交易数据、经营性房地产土地的收益、开发费用资料等。

2. 基准地价评估的技术路线

根据我国《城镇土地估价规程》，基准地价评估有两种技术路线，也可以说是基准地价评估的两种思路。

（1）以土地定级为基础。这种技术路线又称为级差收益测算法，是以土地定级为基础，土地收益资料为依据，评估基准地价。土地价格反映的是土地的收益能力，本质是土地权益的价格，是为了获取来自土地的收益而付出的代价，反映的是土地的收益水平，因此基准地价的评估必须以土地收益为主要依据。具体思路是先根据土地利用条件，采用多因素综合定级的方法划分土地级别。然后选择样点宗地，调查其土地使用者的企业经营收益、土地、资金和劳动力等数据资料，运用回归分析法，建立各级别土地的收益与各种生产要素之间的数量关系模型；再根据土地的边际收益系数，计算各级别土地收益的估计值，并结合所选定的资本化率计算出各级土地的基准地价。

（2）以均质区域为基础。这种技术路线又称为土地市场交易实例法，是以均质区域为基础，选择交易样点，用样点的市场交易资料评估基准地价。城镇中的土地在规划指导下利用，从而形成各种土地利用同质区域，这些区域内部土地区位、基础设施条件相似，土地利用性质基本相同，其土地价格也必然相近。因此在没有完成土地定级的城镇，土地利用均质地域就可以作为基准地价评估的基础。具体思路是：先以城市规划为主要依据划分均质区域，或直接利用土地交易资料划分土地级别。然后通过大量的房地产市场交易案例调查，获得土地出让、转让以及房地产交易的相关资料，并评估相应土地的正常价格；再计算各区位、区段的各类用地的平均地价，得到所在均质地域的基准地价。

以土地定级为基础对基准地价进行评估，是在搜集资料的基础上，通过利用前面几章所学过的收益法、比较法、成本法、假设开发法等，对样点宗地价格进行评估。由于样地产宗地的剩余使用年限和土地的法定最高使用年限不同，因此需要进行年期修正；此外还需要进行容积率修正、地价楼层分配修正、配套设施修正等。

三、基准地价修正系数表的编制

基准地价对于反映土地市场的地价水平，宏观控制地价，引导土地交易和合理流动，具有重要的作用。但是在房地产市场运行中，仅有基准地价还不能满足广大房地产市场主体和行政管理部门的需要，房地产市场中的交易者更关心的是宗地地价，土地行政管理部门在土地交易申报价的审查、土地增值税的征收、行使土地优先购买权等管理过程中，也需要掌握宗地地价。因此，为了更好地发挥基准地价的作用，充分利用基准地价评估过程中收集到的样点地价资料，帮助房地产市场交易主体和行政管理部门快捷、方便地得到宗地地价，还需要编制基准地价修正系数表。

基准地价修正系数表是采用替代原理，建立基准地价、宗地地价及其影响因素之间的相关关系，编制出基准地价在不同因素条件下修正为宗地地价的系数体系，以便能在宗地条件调查的基础上，按对应的修正系数，快速、高效、及时地评估出宗地地价。

1. 编制基准地价修正系数表的思路

基准地价与样点地价的差异，一般是由影响地价的区域因素和个别因素差异造成的，只要在特定区域或级别内确定了与基准地价对应的区域和个别因素平均水平，在拥有大量宗地样点地价分析资料的基础上，通过对已有地价数据和影响因素的数理统计和比较分析，就可得到不同因素在不同标准下，对地价的影响程度和修正率，从而编制出在不同土地条件下，基准地价修正为宗地地价的修正系数体系。

根据编制的基础，基准地价修正系数表分为级别基准地价修正系数表、均质地域基准地价修正系数表和路线价修正系数表两种。级别基准地价修正系数表是在土地级别基础上编制的，均质地域基准地价修正系数表是以均质区域为基础的，而路线价基准地价修正系数表是以路线价区段为基础的。下面以级别基准地价修正系数表的编制为例，说明其过程。

2. 级别基准地价修正系数表的编制

（1）选择影响宗地地价的因素：第一，商业用地的影响因素包括商业繁华度、交通便捷度、环境质量优劣度、规划限制、宗地条件等。第二，居住用地的影响因素包括位置、交通便捷度、基础设施完善度、公用设施完备度、环境质量优劣度、规划限制、宗地条件等。第三，工业用地的影响因素包括交通便捷度、基础设施完善度、产业集聚规模、环境质量优劣度、规划限制、其他因素、宗地条件等。

（2）确定各因素的权重值：各因素对土地价格的影响程度有大小之分，在选定影响土地价格的因素后，要对所选因素加以初步判断，根据其影响程度进行重要性排序，并计算各因素的权重值。权重反映定级因素因子对土地质量的影响程度，在统计学中对权重值的赋予通常有三个约定条件：第一，权重值与因素因子对土地质量影响的大小成正比；第二，权重的取值在 0～1 之间；第三，各选定因素的权重值之和为 1。

（3）建立因素因子评价标准。因素因子的评价标准应当以全面调查当地土地质量影响因素为基础，通常根据土地定级的精度要求，以某种因素在当地的最佳状况和最劣状况为上下限，在其区间内划分评价标准。因素因子的得分值与土地优劣成正相关，分值体系采用 1～100 的封闭区间，即最优条件取值 100 分，最差条件取值 0 分，其余得分在此区间内推算；

（4）计算各因素影响地价的修正幅度。城镇土地定级基础上确定的基准地价，是通过对每一级土地的市场资料及土地收益测算而得出的一种综合性平均价格，根据每级土地的基准地价和其中的样点地价、收益的关系，可以确定因素整体的修正范围，即总修正幅度。其思路如图 8－2 所示①。

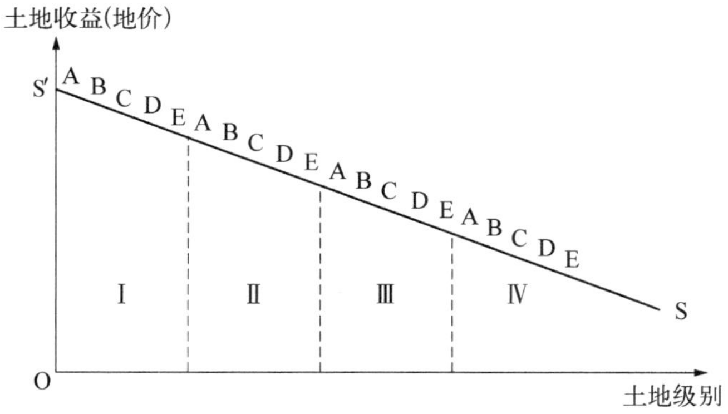

图 8－2　土地级别与土地收益的关系

（5）编制基准地价修正系数表。按优、较优、一般、较劣、劣确定的各种地价标准下的因素修正系数，在此基础上，要量化所有影响因素的标准，按此编制修正系数表，并通过已有地价点的检验、校核，编制出一个类型区域的城镇级别的基准地价修正系数表。

（6）编制基准地价修正系数说明表。在编制基准地价修正系数表的同时，要一并编制各修正系数对应的指标说明表，作为对照的依据。

指标说明表反映各影响因素的重要性，及其最大修正幅度。由于样点地价与基准地价相比较的优劣程度，是由影响地价的因素及其重要性共同决定的，因此，在确定级内行业地价调整幅度的情况下，要按照用途，分别确定各类地价的各个影响因素的权重值，计算出各因素在不同行业中的最大修正幅度。

各城镇在具体编制时，所选择的因素指标应当与本地土地定级和基准地价评估中的地价影响因素一致，表 8－5 和表 8－6 是上海市住宅用地修正系数表和因素指标说明表实例②。

表 8－5　住宅用地因素修正系数表(1～3 级)

影　响　因　素			优	较优	一般	较劣	劣
区域因素	繁华程度	距市级商务中心距离	1.6%	0.8%	0.0%	－0.8%	－1.6%
		距区级商业中心距离	1.0%	0.5%	0.0%	－0.5%	－1.0%
		距社区商业中心距离	0.7%	0.3%	0.0%	－0.3%	－0.7%
	交通条件	周围道路类型	2.1%	1.0%	0.0%	－1.0%	—
		距快速路匝口距离	0.5%	0.3%	0.0%	－0.3%	－0.5%

① 该图引自地质出版社《土地估价理论与方法》(2000 年版)，第 383 页。
② 选自上海市 2013 年基准地价更新成果。

续 表

影响因素			优	较优	一般	较劣	劣
区域因素	交通条件	距轨道交通站点距离	2.1%	1.1%	0.0%	−1.1%	−2.1%
		距公交站点距离	1.8%	0.9%	0.0%	−0.9%	−1.8%
	基本设施状况	基础设施	1.9%	0.9%	0.0%	−0.9%	−1.9%
		公用设施	1.9%	0.9%	0.0%	−0.9%	—
	环境状况	环境状况	4.5%	2.3%	0.0%	−2.3%	−4.5%
	人口状况	人文环境	4.3%	2.1%	0.0%	−2.1%	−4.3%
	城市规划	城市规划	2.8%	1.4%	0.0%	−1.4%	−2.8%
个别因素	临街状况	临街道路类型	5.0%	2.5%	0.0%	−2.5%	−5.0%
	宗地形状	宗地形状	3.0%	1.5%	0.0%	−1.5%	−3.0%
	宗地面积	宗地面积	5.0%	2.5%	0.0%	−2.5%	−5.0%

表 8-6 住宅用地因素修正系数指标说明表(1～3 级)

影响因素			优	较 优	一 般	较 劣	劣
区域因素	繁华程度	距市级商务中心距离(KM)	<0.3	[0.3, 1)	[1, 2)	[2, 3)	≥3
		距区级商业中心距离(KM)	<0.2	[0.2, 0.5)	[0.5, 1)	[1, 2)	≥2
		距社区商业中心距离(KM)	<0.1	[0.1, 0.3)	[0.3, 0.8)	[0.8, 1.5)	≥1.5
	交通条件	周围道路类型	300 米内有主干道	500 米内有主干道	500 米内有次干道	500 米外有次干道	—
		距快速路匝口距离(KM)	<0.5	[0.5, 1)	[1, 1.5)	[1.5, 2)	≥2
		距轨道交通站点距离(KM)	500 米内有两条以上线路的站点	<0.5	[0.5, 1)	[1, 2)	≥2
		距公交站点距离(KM)	200 米内有十条以上线路的站点	200 米内有五条以上线路的站点	<0.3	[0.3, 0.5)	≥0.5
	基本设施状况	基础设施	保障率高	保障率较高	保障率一般	保障率较低	保障率低
		公用设施	1 公里内设施齐全	2 公里内设施齐全	2 公里内设施较齐全	2 公里内设施较少	—
	环境状况	环境状况	优越	良好	一般	较差	差

续　表

影响因素			优	较优	一般	较劣	劣
区域因素	人口状况	人文环境	好	较好	一般	较差	差
	城市规划	城市规划	有利	较有利	无影响	较不利	不利
个别因素	临街状况	临街道路类型	支路	综合性次干道	交通性次干道	主干道	快速路
	宗地形状	宗地形状	规则，利用合理	较规则，有利于利用	无不利影响	不规则，影响利用	不规则，严重影响利用
	宗地面积	宗地面积（平方米）	≥50 000	[20 000，50 000)	(8 000，20 000)	(3 000，8 000]	≤3 000

第三节　基准地价系数修正法在土地评估中的运用

一、基准地价系数修正法

1. 基准地价系数修正法的概念

基准地价修正法是一种简便、快速评价某一区域多宗土地价格的方法，在土地纳税、动拆迁土地评价中，可以采用。采用这种方法的前提条件是已经完成城市基准地价的评估，并且颁布了相应的基准地价成果资料的城市或者地区。

基准地价系数修正法是利用城镇基准地价和基准地价修正系数表等成果，就待估宗地的条件与所在区域的平均土地条件进行比较，对照基准地价修正系数表和修正系数指标说明表，选取相应的修正系数，对基准地价进行实物状况修正、土地使用年限、估价时点、容积率等进行修正，从而求取待估宗地在估价时点的价格。

利用基准地价修正法进行土地价格评估，评估结果的准确性，与城市已经颁布的基准地价图、基准地价表、基准地价修正系数表等成果等有密切关系。

2. 基准地价系数修正法的原理

和比较法的原理相同，基准地价系数修正法的基本原理也是替代原理。基准地价作为一个区域或级别上土地的平均价格，所对应的土地条件是该区域或该级别上土地的平均条件，那么区域内或同级别上相同用途的所有土地，其价格都应当围绕着基准地价在一定幅度内上下波动，这正是替代原理的本质。

基准地价修正法实际上是比较法的一种特例。在比较法中，要选择可比实例，对可比实例进行交易情况修正、房地产市场状况调整、实物状况调整。利用基准地价系数修正法时，把宗地所属区域的基准地价作为可比实例，通过对宗地条件和平均条件进行对比，进行相应的修正，可以把平均水平的基准地价，修正为待估宗地的价格。

3. 基准地价系数修正法的适用范围

基准地价系数修正法是在短期内对大批量宗地进行估价的有效手段，它适用于满足以下条件的城镇土地：

（1）资料条件。土地所在城市和区域，已经完成了土地的分等定级，并且对城市所属的土地按照不同用途进行了土地价格评估，颁布了相应的分用途基准地价成果图、成果表、基准地价容积率修正系数表、影响因素修正表等。如果没有基准地价的相关资料和成果，则无法采用该种方法。

（2）土地市场、房地产市场状况。土地市场、房地产市场发展平稳，房地产价格没有出现较大的波动，土地一级市场、二级市场供求变化不大，土地价格在时间、空间和区域结构、用途结构上没有出现可能导致地价标准失准的重大变化。如果在某一时期，受到货币政策、产业政策的影响，房地产价格短期内波动幅度较大的话，不宜采用基准地价系数修正法进行评估。

基准地价具有时效性，随着时间的推移，基准地价与土地市场交易价格差异较大。如果基准地价更新周期比较长的话，采用该种方法进行地价评估存在较大的偏差。

基准地价的评估工作量很大，虽然国家规定了基准地价定期更新的制度，但是，其更新速度往往不能适应城镇土地价格变化的节奏，尤其是在土地市场变化活跃的时期，不但地价的平均水平会在短期内有大幅波动，而且土地价格的分布空间结构也会不断改变，打破原有的均质地域划分。这些都会影响该方法评估结果的准确性，因此在实际运用时要加以判断。

二、基准地价系数修正法评估土地价格的步骤和方法

基准地价系数修正法的估价步骤如图 8－3 所示：

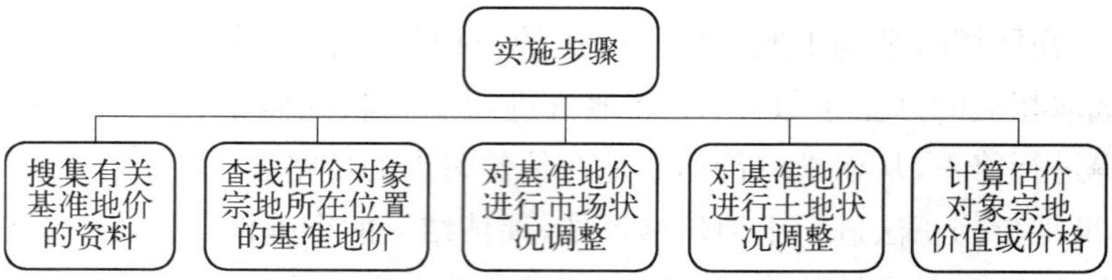

图 8－3　基准地价系数修正法的实施步骤

1. 搜集基准地价评估成果资料

采用基准地价系数修正法对宗地价格进行评估，首先需要搜集宗地所在区域的基准地价资料以及相关的修正系数资料，这些资料包括基准地价图、样点地价分布图、基准地价表、基准地价修正系数表和相应的因素指标说明表等。

2. 查找估价对象宗地所在位置的基准地价

根据以上搜集的城市基准地价相关资料和数据，如上海市 2013 年基准地价更新成果，以及待估宗地所处的位置、用途，确定待估宗地在该用途下所处的土地级别、该级别对

应的基准地价，从而获得相应的基础数据及资料。

3. 对基准地价进行市场状况调整

基准地价对应的是一定时间节点上的某一区域、分用途的平均地价水平，在利用基准地价修正法对待估宗地进行评估时，应将基准地价在其基准日期的值调整为估价时点的值，调整方法与比较法中市场状况的调整方法相同。

市场状况调整系数可以采用地价指数或价格变化率两种方法计算，其中地价指数又分为定基指数和环比指数，价格变化率又分为期内平均变化率和逐期变化率，在计算时根据所搜集的资料情况选用。三种情况的修正系数计算公式分别为：

（1）定基地价指数法：

$$K_t = \frac{A_t}{A_0} \tag{8-3}$$

式中，K_t 表示市场状况调整系数，A_t 表示待估宗地估价期日的地价指数，A_0 表示基准地价评估基准日对应的地价指数。

（2）环比价格指数法：

$$K_t = A_1 \times A_2 \times A_3 \times \cdots \times A_t \tag{8-4}$$

式中，K_t 表示市场状况调整系数，A_1 表示基准地价评估期日下一期的地价指数，A_2 表示再下一期的地价指数，A_3 表示以此类推，A_t 表示待估宗地估价期日的地价指数。

（3）期内平均增长率法：

$$K_t = 1 \pm na \tag{8-5}$$

式中，K_t 表示市场状况调整系数，n 表示从基准地价估价期日到待估宗地估价期日的期数，a 表示期内土地价格平均增减率。

（4）逐期变动率法：

$$K_t = (1 \pm b)^n \tag{8-6}$$

式中，K_t 表示市场状况调整系数，n 表示从基准地价估价期日到待估宗地估价期日的期数，b 表示期内土地价格逐期增减率。

4. 对基准地价进行土地状况调整

基准地价对应的土地条件是一定用途，样点宗地条件下的地价，而待估宗地的条件和样点宗地的条件会存在一定的差异，因此，在估价时，应将估价对象宗地状况与基准地价对应的土地状况进行比较，根据两者之间的差异，对基准地价进行相应的调整。

具体而言，首先查对相应级别和用途的宗地地价影响因素指标说明表，得出待估宗地各因素指标的优劣状况，然后按优劣状况查对基准地价修正系数表，得到各因素的修正系数。所有因素的修正系数都得到以后，即可计算待估宗地的总修正系数。

宗地地价影响因素修正系数的计算公式如下：

$$K = \sum_{i=1}^{n} K_i \tag{8-7}$$

式中，K 表示地价影响因素总修正系数，K_i 表示因素 i 的修正系数，n 表示修正因素个数。

下面举例说明基准地价的修正计算过程。

【例 8-1】 有一宗地位于某一城市的一级土地区域，属于商业用地，容积率为 3.0，其土地因素条件与基准地价修正系数表对比后的结果如表 8-7 所示：

表 8-7 因素条件对比及其修正系数的确定

因素名称	宗地条件	优劣等级	修正系数
商服繁华程度	距离市级的商业中心较近，在 1 公里以内	较优	2.0%
公共交通条件	附近 1 公里左右有公交站点和轨道交通站点	较优	1.5%
对外交通条件	距离飞机场和高铁较远	较劣	−1.5%
临街状况	一面临商业中心步行街，临街宽度适中	较优	1%
宗地形状	形状规则，与标准宗地相似	一般	0
规划限制	规划限制和区域限制相同，仅仅存在容积率的差异	较优	1.5%

已知该市一级商业用地的楼面地价为 34 060 元/平方米，基准地价设定的容积率为 4.0，在不考虑其他因素的情况下，用基准地价修正系数法求该商业宗地的楼面地价。

【解】 对于大型城市而言，市中心的商业用地一般用楼面地价来表示，当待估宗地容积率与基准地价对应的容积率不同时，需要以地面价为比较基础。

基准地价对应的土地单价为：

$$V = V_{\text{楼面地价}} \times \text{容积率} = 34\,060 \times 4.0 = 136\,240(\text{元}/\text{平方米})$$

然后计算宗地条件综合修正系数：

$$K = \sum_{i=1}^{n} K_i = 2.0\% + 1.5\% - 1.5\% + 1\% + 0 + 1.5\% = 4.5\%$$

然后计算待估宗地土地单价：

$$V_1 = 136\,240 \times (1 + 4.5\%) = 142\,370.8(\text{元}/\text{平方米})$$

待估宗地的楼面地价：

$$V_{\text{宗地楼面地价}} = \frac{V_1}{3.0} = \frac{142\,370.8}{3.0} = 47\,457(\text{元}/\text{平方米})$$

5. 土地使用年期、容积率修正系数的确定

基准地价是根据土地的最高使用年限、确定的估价期日和区域平均容积率情况下所

评估的某一区域的土地平均价格。对于待估宗地而言，宗地的条件和基准地价所对应的条件存在差异。因此，在采用基准地价系数修正法评估待估宗地价格时，除了上面考虑的区域和个别因素条件外，使用年期和容积率因素也要加以修正，下面介绍土地使用年期修正系数、容积率修正系数的计算。

(1) 使用年期修正系数。土地使用年期修正系数的计算公式为：

$$K_y = \frac{1-\left(\frac{1}{1+r}\right)^m}{1-\left(\frac{1}{1+r}\right)^n} \tag{8-8}$$

式中，K_y 表示使用年期修正系数，r 表示土地还原利率，m 表示待估宗地使用年期，n 表示该用途土地法定最高使用年期。

【例 8-2】 某商业用地出让年限为 40 年，经过 3 年的开发以后转让，已知同级别商业用地同期基准地价为 5 000 元/平方米，取土地报酬率为 6%，求该商业用地转让时的土地使用年期修正系数。

【解】 根据题意，待估土地使用年期 $m=40-4=37$，商业用地基准地价对应的使用年期是其法定最高使用年期 40 年，即 $n=40$，所以待估土地的使用年期修正系数为：

$$K_y = \frac{1-\left(\frac{1}{1+r}\right)^m}{1-\left(\frac{1}{1+r}\right)^n} = \frac{1-\left(\frac{1}{1+6\%}\right)^{37}}{1-\left(\frac{1}{1+6\%}\right)^{40}} = 0.98$$

(2) 容积率修正系数。基准地价评估时对应的容积率是评估区域内某种用途土地的平均容积率，而具体宗地的容积率则由土地规划确定，每宗土地都可能各不相同，由于容积率对地价的影响比较复杂，难以在编制基准地价修正系数表时考虑，因此在采用基准地价系数修正法评估宗地价格时要对容积率引起的地价差异加以量化。

首先根据容积率与地价水平的相关性分析，确定容积率和地价的相关系数，制定容积率修正系数表，然后，利用土地登记的资料，查询了解规划关于待估宗地所处地区的容积率指标以及待估宗地的容积率现状，再查对容积率修正系数表，找到基准地价设定容积率和待估宗地规划容积率分别对应的修正系数，最后利用下列公式计算容积率修正系数：

$$K_v = \frac{k_i}{k_0} \tag{8-9}$$

式中，K_v 表示容积率修正系数，k_i 表示待估宗地容积率对应的修正系数，k_0 表示基准地价设定容积率对应的修正系数。

【例 8-3】 某中等城市三级土地上办公用地的基准地价为1 500 元/平方米，设定容积率为 1.5，有一待估办公用途的宗地规划容积率为 1.8，据统计分析，该市办公用地，以容积率等于 1.2 为基准，容积率每增加 0.1，宗地地价就提高 0.8%。计算该待估宗地的容积率修正系数。

【解】 本题没有给出容积率修正系数表，但是给出了容积率与宗地地价之间的相关关系。依此得到待估宗地的容积率修正系数为

$$K_v = (1 + 0.8\%)^{\frac{(1.8-1.5)}{0.1}} = 1.02$$

6. 计算估价对象宗地价值或者价格

根据以上分析和计算所得到的各项修正系数，对待估宗地所对应的基准地价加以修正，即可得到待估宗地价格。计算公式为：

$$V = V_{lb} \times (1 \pm K) \times K_y \times K_t \times K_v \tag{8-10}$$

式中，V 表示待估宗地价格，V_{lb} 表示待估宗地对应的基准地价，其他符号含义同前。

【例 8-4】 某待估宗地所处区域基准地价为地面价 8 600 元/平方米，根据待估宗地条件和基准地价修正系数表分析测算，区域因素和个别因素修正系数之和为−0.13，使用年期、房地产市场状况调整系数、容积率修正系数分别为 0.96、1.18、1.45，请采用基准地价修正系数法评估该待估宗地的地面价。

【解】 利用以上介绍的内容，可以方便地对基准地价进行修正，求得待估宗地的价格。

$$V = 8\,600 \times (1 - 0.13) \times 0.96 \times 1.18 \times 1.45 = 12\,289.63(\text{元} / \text{平方米})$$

三、基准地价系数修正法应用举例

基准地价在城市土地资源管理中发挥着重要的作用，为城市政府出让土地使用权提供了出让价格参考依据，基准地价修正系数法在土地价格评估中，也得到广泛的应用。下面通过相应的例题说明基准地价修正系数法的评估过程。

【例 8-5】 根据城市土地管理的需要，对城市的基准地价需要进行更新。假设基准地价的评估日期为 2015 年 1 月 1 日。城市政府委托一家土地评估机构，对某一区域的三级区段的商业用地进行评估。该评估机构通过调查和搜集资料，得到的调查结果为：

(1) 调查样点房地产中，有一个样点房地产为临街商业店铺，位于该市三级地段，占用的土地面积 120 平方米，剩余使用年期为 38 年，建筑面积 180 平方米，房屋为砖混结构，重置成本为 2 300 元/平方米，耐用年限 60 年，已使用 16 年，残值率为 0，目前为 7 成新。租金为 18 000 元/月，租约签订时间为 2015 年 1 月 10 日，出租方需支付的税费为1 500 元/月。

(2) 该机构测算的当地土地还原利率为 6%，房地产的还原利率为 7.0%，商业二、三级土地的平均容积率为 3.2，在样点地价计算中，认为容积率与地价成正比关系。

请计算，按照基准地价内涵，样点房地产的修正基准地价是多少？

【解】 本例题主要说明基准地价的评估过程。也就是利用样点宗地的价格，通过相应的修正，测算基准地价。

根据题意，不能直接得到样点宗地的价格，需要借助于土地剩余技术来进行测算。

样点房地产的年净收益为：

$$a = (18\,000 - 1\,500) \times 12 = 198\,000(\text{元})$$

收益年期为建筑物和土地使用年期中较短的一个，即 $n = 38$ 年，那么样点房地产的价格为：

$$V = \frac{a}{r}\left[1 - \frac{1}{(1+r)^n}\right] = \frac{198\,000}{7\%}\left[1 - \frac{1}{(1+7\%)^{38}}\right] = 2\,612\,307.74(\text{元})$$

利用成新法计算建筑物的成本：

$$V = 2\,300 \times 180 \times 0.7 = 289\,800(\text{元})$$

土地总价为：$2\,612\,307.74 - 289\,800 = 2\,322\,507.74$(元)

所以，样点土地的单价为：

$$2\,322\,507.74 \div 120 = 19\,354.23(\text{元} / \text{平方米})$$

得到样点宗地的单价以后，可以通过修正，进而求得基准地价。

商业土地使用年期 $n = 40$，样点 P 的使用年期 $m = 38$，土地还原利率 $r_L = 6\%$，则使用年期修正系数为：

$$K_y = \frac{1 - \left(\frac{1}{1+r}\right)^m}{1 - \left(\frac{1}{1+r}\right)^n} = \frac{1 - \left(\frac{1}{1+6\%}\right)^{40}}{1 - \left(\frac{1}{1+6\%}\right)^{38}} = 1.013\,5$$

因题目中设定容积率与地价成正比，样点宗地的容积率为：

$$K_i = \frac{180}{120} = 1.5$$

而样点房地产所在区域的所商业用地的平均容积率为 3.2，即基准地价设定容积率为 3.2，则容积率修正系数为：

$$K_v = \frac{3.2}{1.5} = 2.133$$

其他因素题目中没有提到，认为样点条件与基准地价设定条件相似，不需要修正，所以，样点地价修正后的价格为：

$$\begin{aligned} V &= 19\,354.23 \times K_y \times K_V = 19\,354.23 \times 1.013\,5 \times 2.133 \\ &= 41\,839.89(\text{元} / \text{平方米}) \end{aligned}$$

【例 8－6】 某市有一宗房地产因超容积率需要补交地价，现委托某房地产估价公司评估其所需补交的土地使用权出让金数额，估价对象概况如下：

估价对象为某市一广场超建筑面积 8 000 平方米对应的土地使用权，估价时点为 2015 年 1 月 1 日。

估价对象系委托方以出让方式取得的国有土地使用权，根据出让合同记载，土地使用期限为2005年7月5日至2055年7月4日，出让面积为11 600平方米，土地用途为办公用地，建筑密度不超过60%，容积率不超过7.6。经勘测，目前实际建筑面积96 160平方米，容积率达到8.29。

委托方未提供估价对象的他项权利登记情况，根据估价目的，评估时不考虑是否存在他项权利对价格的影响。

估价技术资料如下：

某市基准地价成果资料，估价对象位于该市的一级土地范围内，所对应的办公用地基准地价为楼面地价22 850元/平方米；

待估宗地实际容积率达到8.29，比基准地价设定的区域平均容积率4.0高出很多，但考虑到高层办公楼的容积率越大，层数越高，通常房地产销售收益越高，而造价增幅不大，因此受地价的影响不明显，所以根据实际情况，不做容积率修正；

本次评估的估价基准日是2015年1月1日，而当地的基准地价评估基准日是2013年1月1日，已知自2013年以来当地土地价格变化明显，城市土地监测的地价指数在2013年和2015年分别为111.72和118.86；

区域因素和个别因素修正系数如表8-8所示。

表8-8　区域因素和个别因素分析及调整系数

影响因素		条件说明	修正系数(%)
区域因素	区域土地利用类型	位于商业中心较好位置	3
	距市中心距离	为市中心	1
	距火车站距离	>1公里	0
	距机场距离	10公里	0
	公交种类数	300米内有地铁线路两条	4
	公交线路密度	8条左右	0
	市政基础设施	七通一平	0
	小　计		8
个别因素	临街状况	三面临街，其中一面为次要街	3
	宗地形状	形状一般	0
	宗地面积	与区域同类宗地相似	0
	宗地进深	与区域同类宗地相似	0
	小　计		3
合计	合　计		11

待估宗地的土地开发程度为七通一平，与所在区域基准地价评估设定的开发程度相

同,所以土地开发程度修正值为0;

待估宗地的出让年期为50年,是同用途土地的法定最高出让年期,与基准地价内涵相同,不需要做使用年期修正。

请根据以上资料,计算待估宗地的楼面单价。

【解】 这道题目的资料中已经给出了基准地价系数修正法所需要的修正系数,只需要直接计算即可。

待估宗地的楼面地价为:

$$V = 22\,850 \times \frac{118.86}{111.72} \times (1+8\%) \times (1+3\%) \times 1 = 27\,042.82(\text{元} / \text{平方米})$$

【例8-7】 某厂房的建筑面积为4 800平方米,建筑结构为钢筋混凝土框架结构,耐用年限为50年,于5年前建成并投入使用,土地面积为8 000平方米,于6年前取得土地使用权,土地使用年限为50年,土地使用权到期后,土地和地上建筑物所有权由国家无偿取得。已知该厂房所在位置的工业用地土地使用权出让最高使用年限的基准地价为450元/平方米,目前的工业地价指数为102.10(为定基价格指数,基期为基准地价对应的评估基准日),土地综合状况较基准地价对应的土地综合状况好1.7%。重新建造该厂房的建筑安装工程费为1 500元/平方米,专业费为建筑安装工程费的6%,管理费用为建筑安装工程费与专业费用之和的3%,销售费用为重置成本的2%,年利息率为6%,建设期为1年,建筑安装工程费、专业费、管理费用、销售费用可视为均匀投入,销售税费为重置成本的6%,建筑物的投资利润率为15%,该厂房的部分门窗、地面等有损坏,修复费用为5万元,其内没有行车,出租率为80%,月租金为15元/平方米;如果目前单独增加行车,需要66万元,如果重置该厂房随同增加行车,仅需要增加50万元,市场上类似有行车厂房的出租率为85%,正常月租金为16元/平方米,当地该类房地产的报酬率为6.5%,建筑物的残值率为0,该房地产目前的价值是多少?

【解】 根据题意可知,本例题采用成本法进行估价,但是在确定土地的重置成本时,利用基准地价修正法进行评估。

成本法的计算公式:

旧房地产的价格=土地重置成本+建筑物重置成本-建筑物折旧

① 土地的重置成本:

$$\text{土地重置成本} = 450 \times 1.021\,0 \times (1+1.7\%) \times \frac{1-\dfrac{1}{(1+6.5\%)^{44}}}{1-\dfrac{1}{(1+6.5\%)^{50}}}$$

$$= 457.64(\text{元} / \text{平方米})$$

② 建筑物的重置成本:

建筑物的重置成本 = 建设成本 + 管理费用 + 销售费用 + 销售税费 + 开发利润

建设建筑物的重置成本为 V，那么，

$$V = 1\,500 \times (1+6\%) + 1\,500(1+6\%) \times 3\% + V \times 2\% + [1\,500 \times (1+6\%) + 1\,500 \times (1+6\%) \times 3\% + V \times 2\%] \times [(1+6\%)^{0.5} - 1] + V \times 6\% + [1\,500 \times (1+6\%) + 1\,500 \times (1+6\%) \times 3\% + V \times 2\%] \times 15\%$$

通过计算可得：

$$V = 2\,107.98(\text{元}/\text{平方米})$$

③ 建筑物的折旧：在计算时分为物质折旧和因功能缺乏而产生的折旧。根据题意可知，物质折旧，折旧年限为 50－1＝49 年，开发期为 1 年。

$$\text{物质折旧} = 50\,000 + (2\,107.98 \times 4\,800 - 50\,000) \times \frac{5}{49} = 1\,077\,378(\text{元})$$

因功能缺乏造成的折旧，首先计算增加行车所能带来的房地产价值增值额：

$$\frac{(16 \times 85\% - 15 \times 80\%) \times 12}{7.5\%} \times \left[1 - \frac{1}{(1+7.5\%)^{44}}\right] \times 4\,800$$
$$= 1\,177\,807.21(\text{元}) = 117.78(\text{万元})$$

因为修复费用 66 万元，小于 117.78 万元，所以因功能缺乏造成的折旧为：

$$66\text{ 万元} - 50\text{ 万元} = 16(\text{万元})$$

(4) 该房地产的价格为：

$$457.64 \times 8\,000 + 2\,107.98 \times 4\,800 - 1\,077\,378 - 160\,000$$
$$= 1\,254.204\,6(\text{元}) = 1\,254.20(\text{万元})$$

第四节　路线价法及其应用举例

一、路线价法简介

在土地估价实务中，特别是税法规范、税收体系健全的欧美国家，土地纳税评估是房地产估价机构、土地估价机构经常进行的工作。我国的土地和房地产税法有待完善，随着时间的推移，我国税收体系将会逐步趋于公平合理，土地、房地产以市场价格或者评估价格纳税将是未来的发展趋势。因此，如何在较短的时期内，对大量的土地市场进行价格评估，满足纳税的需要，是城市政府，特别是西方国家政府管理部门所关注的重要问题之一；因为土地税、房地产税主要归州或者当地城市政府管理和使用。所以，为满足纳税等其他需要，西方一些国家的房地产估价专业技术人员、执业律师在长期的估价实务中，总结出了另外一种快速、简便的评估土地价格的方法，即路线价法。

路线价法是英、美等国家评定土地课税标准的常用方法，尤其在美国，该技术已经相当成熟。路线价法早在 1866 年，美国的克利夫兰、纽约等城市开始采用；进入 20 世纪以后，在 1923 年关东大地震之后，日本为了确定城市土地重划补偿标准，才开始借鉴美国的土地估价方法，采用了路线价估价法，后来的土地税收工作中也常以路线价法评估的土地价格作为纳税的基数。我国台湾地区在土地估价中也借鉴使用了路线价法。

随着我国房地产和土地估价行业的发展，为满足房地产和土地经济活动的需要，在我国的一些中小城市，房地产和土地估价专业人员在估价实务中也采用路线价法，如浙江省丽水市、江西省的上高县等。

路线价是指对临接特定街道、使用价值相等的市街地，设定标准深度（也就是离道路距离远近的一个标准），求取在该深度上多宗土地的平均单价，并附设于特定街道上，即得到该街道的路线价。路线价指的是这条街道上的价格。路线价法就是依据路线价，配合深度指数和其他修正系数，用数学方法算出其他宗地地价的方法。

1. 路线价法的思路

对于城市繁华的商业街两侧的土地而言，土地的价值不仅与土地的形状、面积有关，更重要的是与土地所处的商业街道的位置有关。也就是，在商业街土地上建造商业用房，进行商业经营，经营收入不仅与管理水平、经营方法、产品特征有关，更重要的是商业房地产所在商业街的位置。位置核心，人流量较多，商业经营会获得较高的经营收入。经营收入影响因素中，经营性房地产所坐落的位置是关键影响因素。因此，道路或者街道沿线一定范围内的土地，其价格会受到道路级别或街道繁华程度的影响。城市繁华商业街两侧的土地价格明显高于次级商业街两侧土地价格。

下面以图 8－4 来说明路线价法的实施过程。假设在商业街两侧坐落多块商业用地，如 A、B、C、D、E、F、G、H 等多块宗地。如果这些宗地的用途相同，全部为商业用途；那么根据替代原理，其土地价格虽然存在一定的差异，但是相邻的地块，差别不会很大。路线价法就是充分利用了这些宗地地段相邻、用途相似的特点，能够快速评估多宗土地的价格，特别适用于城市繁华街道两侧的土地评估。

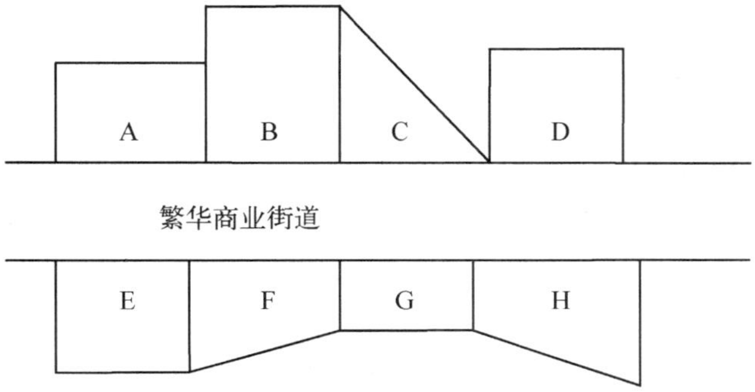

图 8－4　临商业街的宗地

路线价法在估价时，基于以下考虑：相邻的临街宗地价格，与土地临街宽度呈正相关，临街宽度越大，土地单价相应较高；而临街深度与价格呈负相关，一块宗地，如果临街深度较大，临街宽度较小，单价会较低。因为，随着临街深度的增加，人流的可达性就会降低。所以，临商业街土地，不仅与土地形状有关系，还与临街宽度、临街深度有明显的关系。

2. 路线价法的概念

路线价法是一种数学计算方法。采用该方法时，需要先测定路线价，也就是根据土地价格随着距街道距离增大而递减的原理，在特定街道上设定单价，以此单价配合深度修正表及其他修正系数表，用数学方法来计算邻接同一街道的宗地地价的估价方法。

具体计算公式为：

$$\text{临街宗地单价} = \text{路线价} \times \text{深度百分率} \times \text{其他因素修正系数} \tag{8-11}$$

$$\text{宗地总价} = \sum \text{宗地单价} \times \text{宗地面积} \tag{8-12}$$

3. 路线价法的理论依据

和比较法的原理相同，路线价估价法的理论依据也是替代原理。位置相近、用途相同、临街宽度差别不大的土地，其单价也会具有趋同性。众所周知，区位和用途是决定土地价格的两个主要因素，区位条件相似、用途相同的土地其价格必定相似，这是土地经济学中的基本规律，这为路线价估价法提供了充分的理论依据。

由于这些宗地的临街深度、形状、容积率等各不相同，其价格也有所差异，但都是以路线价为基础上下波动的。所以，路线价实质上也是比较法的一种特殊情况，标准宗地相当于比较法中的可比实例，根据临街深度、形状、容积率等因素，对可比实例进行修正，得出估价宗地的价格，这些相当于比较法中的因素修正。

4. 路线价法的适用对象和条件

路线价法主要适合于城市商业街道两侧商业用地的估价，特别是土地课税、土地整理、房屋拆迁改造等需要在较大范围内对大量土地进行估价的情况。能够同时对多宗土地进行估价，被认为是一种相对快速、公平合理、节省人力和财力的估价方法。

如果街道比较规整，两侧临街土地的排列比较整齐，运用路线价估价法得出的结果就会比较准确。

二、路线价法的实施步骤

路线价法的实施步骤由划分路线价区段、设定标准深度、选择标准宗地、求取路线价、编制深度百分率表、编制其他因素修正系数表、计算待估宗地价格等步骤构成，如图 8-5 所示。

1. 划分路线价区段

在利用路线价法进行土地估价时，首先需要划分路线价区段。所谓路线价区段是指具有同一路线价的地段，这是运用路线价法的基础。划分的原则是在路线价区段内，土地

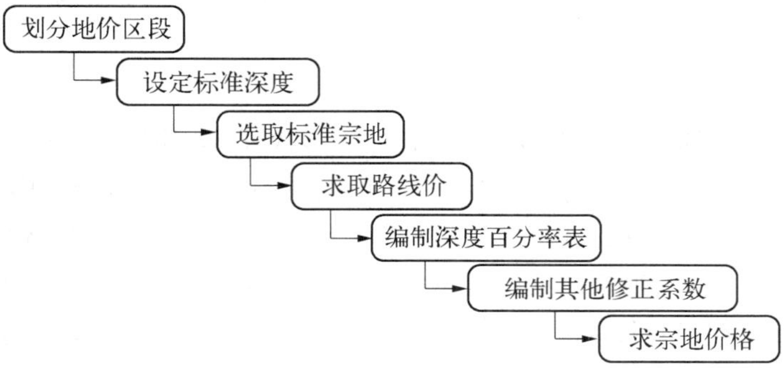

图 8－5　路线价法的操作过程

价格水平相近，不同的路线价区段上地价水平有明显差异。

将地段相连、可及性相似的地段划分为一个路线价区段，以路线价显著增减的地点为界，通常以道路、沟渠或其他明显地物为界限，比如以十字路口或丁字路口的中心处划分，路口与路口之间的地段划为一个路线价区段。一般情况下，一条街道只设一个路线价。但对于一些十分繁华、土地条件变化明显的街道，商业街人流量差别大的，也可以根据需要划分为不同的路线价区段，如果一条街道的两侧繁华程度有明显差别，则需要将街道两侧划分为不同的路线价区段；而有些不太繁华的街道，如果地价差异较小，也可以将多条街道划分为一个路线价区段。

2. 设定标准深度

道路或街道沿线的土地到街道的距离称为临街深度。街道繁华程度对其沿线的土地价格的影响会随着临街深度的增加而降低，到达一定深度后，这种影响基本消失。所以，标准深度是指随着土地与道路距离的增加，道路对土地利用价值影响为零时的深度。①，并且将标准深度的连线称为里地线，里地线与道路之间的区域称为临街地或表地，里地线以外的土地称为里地，见图 8－6 所示。可以把 A、B 两块宗地的临街深度作为标准深度。路线价法主要适用于临街地的价格评估。

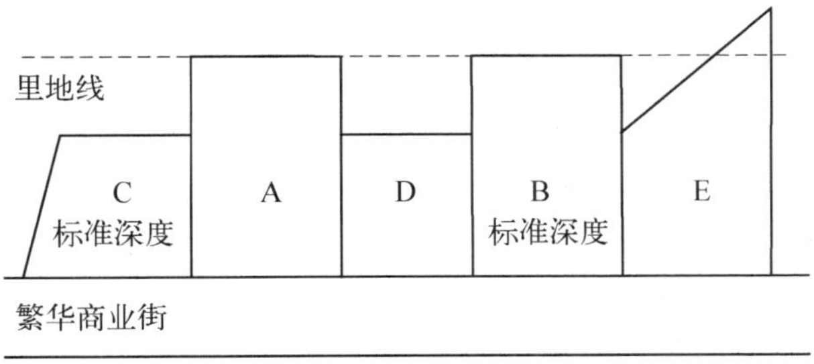

图 8－6　标准深度、里地线、临街深度

实践中，为了路线价具有代表性，通常选择在该区段上有代表性的深度作为标准深

① 参见《GB/T18508—2014，城镇土地估价规程》，第 3 页。

度，也就是选择区段内临街宗地深度的众数作为标准深度，这主要是为了简化计算和评估工作。

3. 选取标准宗地

标准宗地是确定路线价的依据，其临街深度、形状、用途等必须在区段内具有代表性，具体来讲，标准宗地应当具备以下条件：① 一面临街；② 宗地形状为矩形；③ 临街深度等于标准深度；④ 临街宽度在路线价区段内具有代表性；⑤ 用途为所在路线价区段内的代表性用途；⑥ 容积率等于所在路线价区段内大多数宗地的容积率；⑦ 土地使用权期限、土地开发程度等方面在路线价区段内具有代表性。如图 8－6 中 A、B 两块宗地可以作为标准宗地。

4. 求取路线价

路线价是所选标准宗地的平均价格。通常先分别评估所选标准宗地的价格，然后求出这些标准宗地价格的平均值，作为路线价。

标准宗地价格的评估采用前面学过的比较法、收益法等宗地地价评估方法，在评估标准宗地价格的同时，可以对这些宗地的价格影响因素进行调查分析，为编制修正系数表做准备。

路线价的求取是整个过程中最关键的步骤，其准确性将直接影响到多宗土地估价结果的准确性。

5. 编制深度百分率修正系数表

深度百分率表又称为深度指数表，反映宗地价格随着临街深度的增加而变化的比率关系。由于每块待估宗地的临街深度不同，它们的价格与路线价之间会有不同程度的差异，深度百分率表就是将路线价修正为宗地地价的一个系数表。

(1) 编制深度百分率表的思路：

邻接同一街道的土地，虽然路线价相同，但是由于临街深度不同，宗地各部分的价格会随着远离街道的程度增加，其价格有递减的趋势，即深度越大，价格越低。如图 8－7 所示。

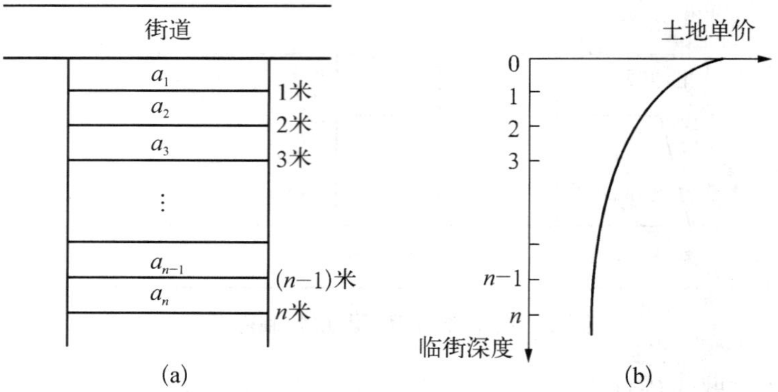

图 8－7　临街宗地价格的变化

在图 8－7(a)中，如果沿平行于街道的方向，按照深度 1 米为单位，将土地平均划分为 n 个细长条形状的地块，编号分别为 a_1、a_2、a_3、…、a_{n-1}、a_n，那么，靠近街道的地块 a_1 由于可及性好，利用价值高，其土地单价就高于离街道较远的地块 a_2，如果以 V_1、V_2、V_3、…、V_{n-1}、V_n 分别表示这 n 块土地的单价，这些单价之间的关系有以下两个特征：

首先，按照单价大小排列顺序，则

$$V_1 > V_2 > V_3 > \cdots > V_{n-1} > V_n$$

其次，按每两个相邻地块之间的单价之差排列，则 $V_1 - V_2 > V_2 - V_3 > V_3 - V_4 > \cdots > V_{n-1} - V_n$。

也就是说，随着临街深度的增加，这些地块的单价呈现递减规律，并且递减的速度越来越小，到达某一个深度时，递减额几乎为零，就说明深度不再对土地单价构成影响，这个深度就是前面学过的标准深度。图 8－7(b)表示的就是这两个特征，图中的曲线表示随着深度的增加，土地单价下降，斜率越来越大，表示单价下降的速度呈递减规律。

不同的城市、同一城市的不同地段、同一地段上的不同街道，由于商业密集程度、土地使用强度、道路级别、街道繁华程度等的不同，图 8－7(b)中的曲线位置和形状都会不同，曲线弯曲程度大，表明土地单价随着临街深度的增加而递减的速度较快，即临街深度对土地价格的影响比较显著，弯曲程度小，表明临街深度对土地价格的影响比较弱。

在具体的路线价运用中，究竟将地块按怎样的标准划分、划分以后每单元地块上地价的变化幅度有多大，并没有既定的标准，路线价的表示方法不同，深度百分率表的编制形式也不同。如美国常用的深度百分率表是从临街线开始，按顺序依次增加其比例，深度 100 英尺处的比例为 100%；而日本的深度百分率表，是以临街线起深度五间(相当于 9 米)处为 100%；我国台湾地区则是以临街深度 18 米处为 100%。

下面介绍国外、国内几种比较著名的深度百分率指数体系。

(2) 四三二一法则：

四三二一法则是将标准深度的普通临街地，分为与街道平行的四等份，那么，各等份的土地，由于距离街道的深度不同，其价值也会有差异。临街的那一部分，价格最高；离街道最远的那一部分价值最低，主要是可及性有差异。以国外的估价实务为例，假设以 100 英尺为标准深度，设标准宗地的总价为 V，将标准深度以内、也就是里地线以内，宽度与标准宗地相同的普通临街土地，划分为平行于街道的四等份。从临街处算起，第一个 25 英尺范围内的地块总价 V_1 等于标准宗地总价的 40%，第二个 25 英尺范围内的地块总价 V_2 等于标准宗地总价的 30%，第三个 25 英尺范围内的地块总价 V_3 等于标准宗地总价的 20%，第四个 25 英尺范围内的地块总价 V_4 等于标准宗地总价的 10%。在标准深度以外 100 英尺范围内土地，按同样方法四等分，每个 25 英尺范围内的地块总价分别为标准宗地总价的 9%、8%、7%、6%(如图 8－8 所示)。如果深度不为 25 英尺的整数倍时，则按照相应 25 英尺整数倍的高档百分比选取或者进行差值计算。

单独深度百分率：图 8－8 中，40%、30%、20%、10%就是深度百分率。由于它们反映

假设：V=标准宗地的总价

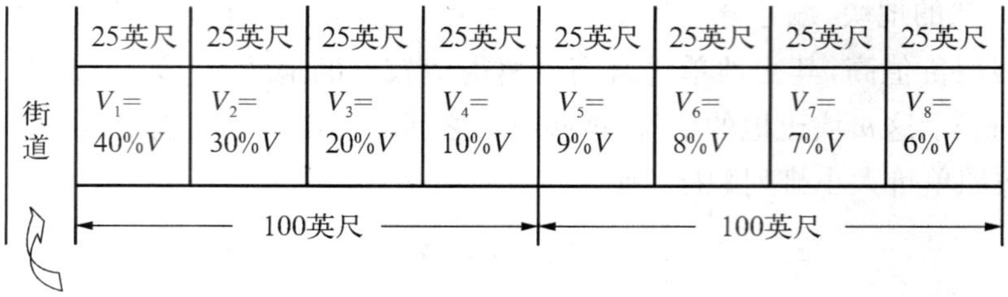

图 8-8 四三二一法则

的是每块土地的价格与标准宗地价格之间的关系，所以称为单独深度百分率。

$$40\% > 30\% > 20\% > 10\% > 9\% > 8\% > 7\% > 6\%$$

累计深度百分率：如果计算前两个 25 英尺范围内的地块总价，则得到深度为 50 英尺的累计深度百分率，依此类推，可以得到任何深度的累计深度百分率。

按照四三二一法则，临街 50 英尺以内的地块总价格与标准宗地总价之间的关系为：

$$V_1 + V_2 = (40\% + 30\%)V = 70\%V$$

即临街深度 50 英尺的累计深度百分率为 70%。

同理，临街深度为 75 英尺和 100 英尺的土地总价格分别为：

$$V_1 + V_2 + V_3 = (40\% + 30\% + 20\%)V = 90\%V$$
$$V_1 + V_2 + V_3 + V_4 = (40\% + 30\% + 20\% + 10\%)V = 100\%V$$

即临街深度为 75 英尺和 100 英尺的累计深度百分率分别为 90%和 100%。

以此类推，临街深度为 125 英尺、150 英尺、175 英尺和 200 英尺的宗地总价分别为：

$$V_1 + V_2 + \cdots + V_5 = (40\% + 30\% + \cdots + 9\%)V = 109\%V$$
$$V_1 + V_2 + \cdots + V_6 = (40\% + 30\% + \cdots + 8\%)V = 117\%V$$
$$V_1 + V_2 + \cdots + V_7 = (40\% + 30\% + \cdots + 7\%)V = 124\%V$$
$$V_1 + V_2 + \cdots + V_8 = (40\% + 30\% + \cdots + 6\%)V = 130\%V$$

即：$40\% < 70\% < 90\% < 100\% < 109\% < 117\% < 124\% < 130\%$

以上的单独深度百分率和累计深度百分率，用以计算临街地的总价。由于需要考虑面积因素，会使计算中的数据比较复杂。既然路线价是标准宗地的单价，如果能直接找出临街地的单价与路线价之间的关系，就能使计算过程更加简便。其实在四三二一法则中，临街地的单价不难得到。

设标准宗地的面积为 S，单价为 V'，临街深度 25 英尺、50 英尺、75 英尺、100 英尺、125 英尺、150 英尺、175 英尺、200 英尺的地块面积分别为 S_1、S_2、S_3、S_4、S_5、S_6、S_7、S_8，单价分别为 V_1'、V_2'、V_3'、V_4'、V_5'、V_6'、V_7'、V_8'，则：

$$V' = \frac{S}{V}$$

临街各深度处的土地平均价格分别为：

$$V'_1 = \frac{V_1}{S_1} = \frac{40\%V}{25\%S} = 160\%\frac{V}{S} = 160\%V'$$

$$V'_2 = \frac{V_2}{S_2} = \frac{70\%V}{50\%S} = 140\%\frac{V}{S} = 140\%V'$$

$$V'_3 = \frac{V_3}{S_3} = \frac{90\%V}{75\%S} = 120\%\frac{V}{S} = 120\%V'$$

$$V'_4 = \frac{V_4}{S_4} = \frac{100\%V}{100\%S} = 100\%\frac{V}{S} = 100\%V'$$

$$V'_5 = \frac{V_5}{S_5} = \frac{109\%V}{125\%S} = 87.2\%\frac{V}{S} = 87.2\%V'$$

$$V'_6 = \frac{V_6}{S_6} = \frac{117\%V}{150\%S} = 78\%\frac{V}{S} = 78\%V'$$

$$V'_7 = \frac{V_7}{S_7} = \frac{124\%V}{175\%S} = 70.8\%\frac{V}{S} = 70.9\%V'$$

$$V'_8 = \frac{V_8}{S_8} = \frac{130\%V}{200\%S} = 65\%\frac{V}{S} = 65\%V'$$

即临街深度 25 英尺、50 英尺、75 英尺、100 英尺、125 英尺、150 英尺、175 英尺、200 英尺的土地平均深度百分率分别为 160%、140%、120%、100%、87.2%、78%、70.9% 和 65%。

对于宽度与标准宗地相同的宗地，平均深度百分率与累计深度百分率的关系可以用下列公式表示：

$$\begin{matrix}\text{某临街深度处的}\\\text{平均深度百分率}\end{matrix} = \text{累计深度百分率} \times \frac{\text{标准深度}}{\text{该临街深度}} \qquad (8-13)$$

按照四三二一法则得到的深度百分率，可以编制成深度百分率修正系数表，如表 8-9 所示。

表 8-9　四三二一法则中的临街深度百分率修正系数表

深度(英尺)	25	50	75	100	125	150	175	200
单独深度百分率(%)	40	30	20	10	9	8	7	6
累计深度百分率(%)	40	70	90	100	109	117	124	130
平均深度百分率(%)	160	140	120	100	87.2	78.0	70.9	65.0

其中将临街深度 100 英尺处的平均深度百分率 25%乘以 4，使深度 100 英尺处的平

均深度百分率为 100%，以满足利用平均深度百分率修正单价的需要，同时其他深度的平均深度百分率也分别乘以 4，即得到括号内的对应数据。

从表 8－9 可以看出，随着临街深度的增加，单独深度百分率和平均深度百分率呈递减变化，而累计深度百分率呈递增变化。由于累计深度百分率是计算从街道开始一直到设定深度的土地总价的，深度越大，土地总价越大，这也符合常识。

如果待估宗地深度在 25 英尺以内，则使用单独深度百分率、累计深度百分率、平均深度百分率都是相同的含义。如果待估宗地深度超过 25 英尺，并且至少有一个边临街，则表 8－9 中各指标的使用方法如下：使用单独深度百分率和累计深度百分率计算出来的是总价，使用前者时，首先以 25 英尺为单位将待估宗地分割为若干小块，分别用相应的单独深度百分率计算分割后每小块土地的总价，然后相加，得到待估宗地的总价；使用后者时，根据待估宗地的深度，直接选用相应的累计深度百分率计算待估宗地的总价；而使用平均深度百分率计算出来的是单价，即根据待估宗地的深度，直接选用相应的平均深度百分率计算待估宗地的单价。

(3) 苏慕斯法则：

苏慕斯法则，又称为克利夫兰法则，最早是由美国人苏慕斯（William A. Somers）创立，他根据自己多年的实践经验并结合大量交易实例比较后提出这一法则。由于该法则在美国俄亥俄州克利夫兰市的应用最为著名，所以又称为克利夫兰法则。

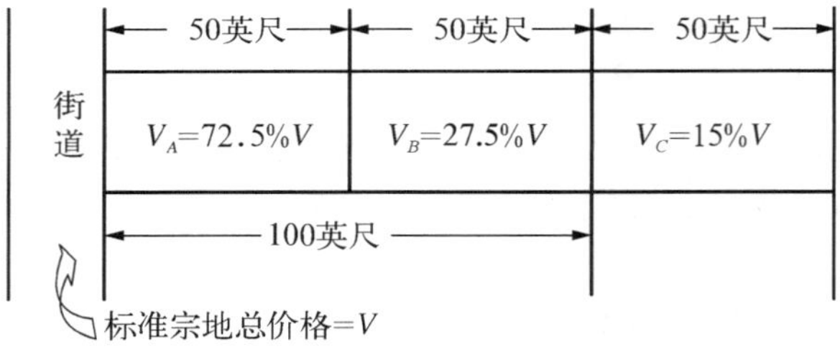

图 8－9 苏慕斯法则

该法则的主要内容是，将深度 100 英尺的宗地以平行于街道的方式平均分为两半，临街的 50 英尺土地价值占整个宗地价值的 72.5%，不临街的 50 英尺土地价值占整个宗地的 27.5%，如果深度再增加 50 英尺，则土地价值的增加幅度只有 15%（如图 8－9 所示）。该法则中的土地价格修正系数表是按照以上原则编制的。

(4) 霍夫曼法则：

霍夫曼法则是由纽约市的一位名叫霍夫曼的法官于 1866 年创立的，是最早被认可的用于各种深度的宗地估价的法则。其基本含义是，深度为 100 英尺的宗地中，比较靠近街道的 50 英尺的价值占整个宗地的三分之二。在此基础上，再将两块 50 英尺的部分分别平均分割，每小块的价值各占一半（如图 8－10 所示）。

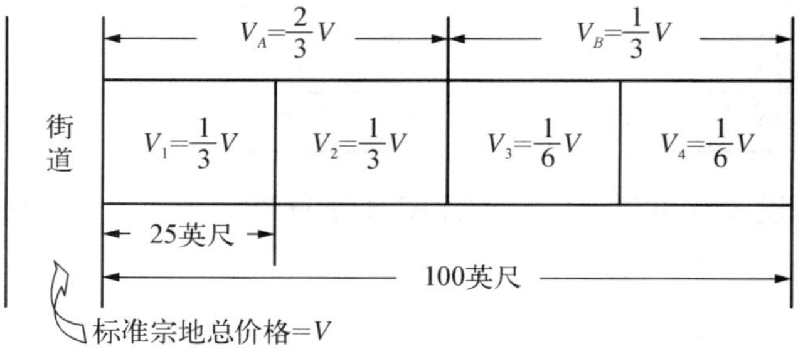

图 8－10 霍夫曼法则

（5）哈柏法则：

哈柏法则最早创设于英国，其基本观点是一宗土地的价值与其临街深度的平方根成正比，即：

$$\text{深度百分率} = \frac{\sqrt{\text{待估宗地临街深度}}}{\sqrt{\text{标准宗地临街深度}}} \times 100\% \quad (8-14)$$

四三二一法则、苏慕斯法则和霍夫曼法则都将标准深度设定为100英尺，限定了路线价法的运用范围，而哈柏法则适合于任何标准深度的情况。

如果按照前几种法则的假定，设标准深度为100英尺，那么哈柏法则中，

$$\text{深度百分率} = \frac{1}{10} \times \sqrt{\text{待估宗地临街深度}} \quad (8-15)$$

即临街宗地的深度百分率为其临街深度平方根的十分之一。

哈柏法则指数是一种累计深度百分率指数，临街深度越深，深度百分率越大。

（6）我国台湾地区的深度指数表：

我国台湾地区的土地估价中，路线价法是一种常用方法，并且有专门的深度指数表和特殊形状土地价格的计算方法。

根据《台湾省各县市办理规定地价及编制现值繁荣街道各宗地土地地价计算原则》（1981年5月1日颁发）的规定，台湾地区的深度指数表如表8－10所示：

表8－10　台湾省临街深度指数表

深度（米）	$h<4$	$4\leqslant h<8$	$8\leqslant h<12$	$12\leqslant h<16$	$16\leqslant h<18$	$h\geqslant 18$
指数（%）	130	125	120	110	100	40

三、路线价法的应用情况举例

以上所介绍的几种深度指数，都是估价人员在估价实务中形成的。深度指数因为地域的不同存在差异，所以在利用路线价法进行估价时，不能直接套用以上几种深度指数，估价人员需要根据当地某一商业街的情况，编制相应的深度指数。

1．普通宗地的路线价法应用

【例8－8】　某市某一临近商业街有多块临街宗地A、B、C、D、E、F，如图8－11所示，其中D、A、C、B为一面临街地，深度分别为125英尺、25英尺、100英尺和50英尺，E、F不临街，其位置和深度如图所示，所

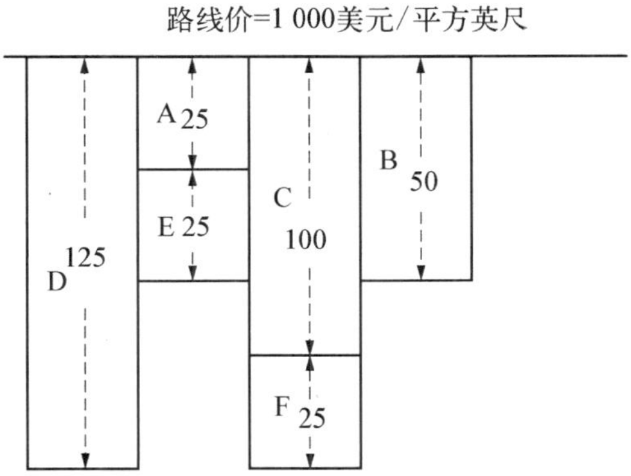

图8－11　四三二一法则运用

有宗地的宽度均为 100 英尺。已知该街道的路线价为 1 000 美元/平方英尺，标准宗地的深度为 100 英尺，宽度为 100 英尺。请运用四三二一法则计算图中各宗地的单价。

【解】 根据题意，在计算宗地单价时，采用四三二一法则。为了熟悉单独深度百分率和平均深度百分率的计算，本例题介绍两种方法的应用。

单独深度百分率的应用：

首先计算标准宗地的总价：

$$\text{标准宗地总价 } V = 1\,000 \times 100 \times 100 = 10\,000\,000(\text{美元})$$

根据四三二一法则，宗地 A 的总价为：

$$V_A = 40\% \times 10\,000\,000 = 4\,000\,000(\text{美元})$$

$$\text{所以，宗地 A 的单价} = \frac{4\,000\,000}{25 \times 100} = 1\,600(\text{美元 / 平方英尺})$$

宗地 B 的临街深度为 50 英尺，所以其总价为：

$$V_B = (40\% + 30\%) \times 10\,000\,000 = 7\,000\,000(\text{美元})$$

$$\text{所以，宗地 B 的单价} = \frac{7\,000\,000}{50 \times 100} = 1\,400(\text{美元 / 平方英尺})$$

宗地 C 的深度和宽度都与标准宗地相等，所以其总价和单价都与标准宗地相同，

$$\text{宗地 C 的单价} = 1\,000(\text{美元/平方英尺})$$

宗地 D 的临街深度为 125 英尺，所以在计算时需要在 100 英尺的基础上，另外增加 25 英尺，即增加 9%，宗地 D 的总价为：

$$V_D = (40\% + 30\% + 20\% + 10\% + 9\%) \times 10\,000\,000 = 10\,900\,000(\text{美元})$$

$$\text{宗地 D 的单价} = \frac{10\,900\,000}{125 \times 100} = 872(\text{美元 / 平方英尺})$$

宗地 E 和 F 虽然都不临街，同样可以采用四三二一法则计算其总价和单价，只要按照它们所处的深度范围查找百分率修正系数即可。

$$\text{宗地 E 的总价} = 30\% \times 10\,000\,000 = 3\,000\,000(\text{美元})$$

$$\text{宗地 E 的单价} = \frac{3\,000\,000}{25 \times 100} = 1\,200(\text{美元 / 平方英尺})$$

$$\text{宗地 F 的总价} = 9\% \times 10\,000\,000 = 900\,000(\text{美元})$$

$$\text{宗地 F 的单价} = \frac{900\,000}{25 \times 100} = 360(\text{美元 / 平方英尺})$$

平均深度百分率的应用：

利用平均深度百分率时，不需要计算标准宗地的总价，而是直接根据各宗地的深度找出对应的平均深度百分率，并乘以路线价，即可得到各个宗地的单价。需要注意的是平均

深度百分率仅适用于临街地，而对于 E 和 F 两宗不临街的土地，则不适合。

宗地 A 的单价 = 160% × 1 000 = 1 600（美元 / 平方英尺）
宗地 B 的单价 = 140% × 1 000 = 1 400（美元 / 平方英尺）
宗地 C 的单价 = 100% × 1 000 = 1 000（美元 / 平方英尺）
宗地 D 的单价 = 87.2% × 1 000 = 872（美元 / 平方英尺）

【例 8－9】 现有一块临街深度 100 英尺、临街宽度 50 英尺的矩形宗地 A，总价为 200 万元，试利用四三二一法则，计算与其相邻、临街深度为 150 英尺、临街宽度为 50 英尺的宗地 B 的总价。

【解】 本题中，宗地 A 临街深度 100 英尺，符合四三二一法则中标准宗地的条件，可以看作标准宗地。而宗地 B 的临街宽度与 A 相同，所以计算中不需要考虑面积因素。

根据四三二一法则，这道题适用累计深度百分率，因为临街深度 150 英尺的累计深度百分率为 117%。所以，宗地 B 的总价为：

$$200 \times 117\% = 234(\text{万元})$$

【例 8－10】 某路线价区段的标准深度为 24 米，划分为三个等份，从街道方向算起，各等份单独深度价格修正率分别为 50%、30%、20%，则临街 8 米的矩形土地的平均深度价格修正率应为多少？

【解】 设该路线价区段上的标准宗地面积为 S，标准宗地总价格为 V，根据题意，该路线价区段上，深度为 8 米、16 米和 24 米深度的宗地总价分别为 $50\%V$、$30\%V$ 和 $20\%V$，如图 8－12 所示：

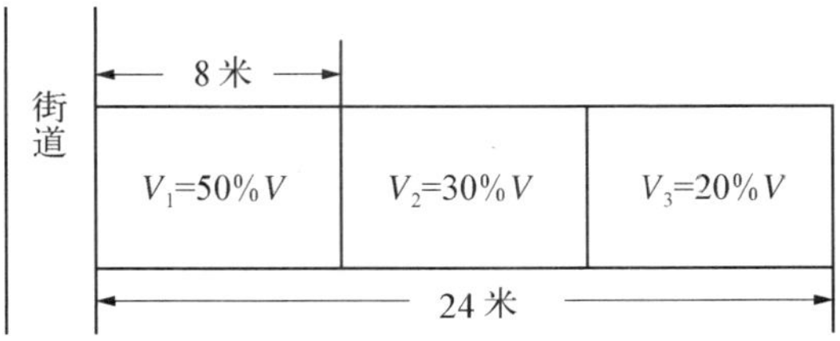

图 8－12　标准深度 24 米

则临街深度为 8 米的矩形土地的总价为：$V_1 = 50\%V$

而深度 8 米的矩形土地的面积为：$S_1 = \frac{8}{24}S = \frac{1}{3}S$

所以，临街深度 8 米的矩形土地的平均价格为：

$$V_{单} = \frac{50\%V}{\frac{1}{3}S} = 150\%\frac{V}{S}$$

即临街深度 8 米的矩形土地平均深度价格修正率为 150%。

2. 特殊形状宗地的路线价法运用

在上面的讨论中，估价宗地的形状和标准宗地的形状均为矩形，因而估价计算过程比较简单；在估价实务中，有些待估宗地形状并非为矩形，房地产估价人员通过长期的估价实践，总结出一些简便易行的计算方法，下面介绍特殊形状宗地的计算方法。

(1) 平行四边形宗地，以平行于街道的边为底边，其高度就是临街深度，查相应的深度百分率，即可计算其价格。

(2) 平行边与街道平行的梯形宗地，以梯形的高为临街深度，查得相应深度百分率，计算价格，并根据其平行边中长边和短边的临街关系，进行加价或减价修正，如果长边临街，则做加价修正；如果短边临街，则做减价修正。

(3) 平行边与街道垂直的梯形宗地，以其两个非平行边的中点连线的长度为临街深度，查相应的深度百分率，并计算，不再进行加价或减价修正。

(4) 一条边为临街线的三角形，以其高的一半为临街深度，查相应的深度百分率，并计算。

(5) 只有一个顶点在临街线上的三角形宗地，以其临街顶点与底边中点的垂直距离的 1/2 处为起点，以底边中点处的临街深度为终点，比照袋地指数表查相应的深度百分率，并计算。

(6) 宗地深度较深而超过里地线的，对里地线以内和里地线以外部分分别计算。

(7) 袋地：有些宗地并不沿街，但是离街道比较近，其价格受到街道的影响，这类宗地称为袋地。将比较靠近街道一边的临街深度称为深度起，远离街道一边的临街深度称为深度讫，其指数由宗地的起讫深度共同决定。我国台湾地区的估价中，袋地的深度指数如表 8－11 所示：

表 8－11　我国台湾地区袋地深度指数表

深度起（米） \ 深度指数（%） \ 深度讫（米）	$h<4$	$4\leqslant h<8$	$8\leqslant h<12$	$12\leqslant h<16$	$16\leqslant h<18$
$16\leqslant h<18$					60
$12\leqslant h<16$				66	63
$8\leqslant h<12$			72	69	66
$4\leqslant h<8$		75	74	71	68
$h<4$	78	77	75	73	70

【例 8－11】 有临街宗地 A、B、C、D、E、F、G 共 7 宗，形状和临街位置如图 8－13 所示，设路线价为 18 000 元/平方米，标准深度为 18 米，请根据表 8－10 中的深度指数资料和特殊宗地的路线价法运用方法，计算这些宗地的单价。

【解】 宗地 A 是平行四边形，临街深度 11 米，未超过里地线，查表 8－10 得其深度指数为 120%，则宗地 A 的单价为：

$$V_A = 120\% \times 18\,000 = 21\,600(\text{元} / \text{平方米})$$

宗地 B 是平行边与街道平行的梯形，以其高 14 米为临街深度，查表得深度指数 110%，因其长边临街，做加价 10%的修正，则宗地 B 的单价为：

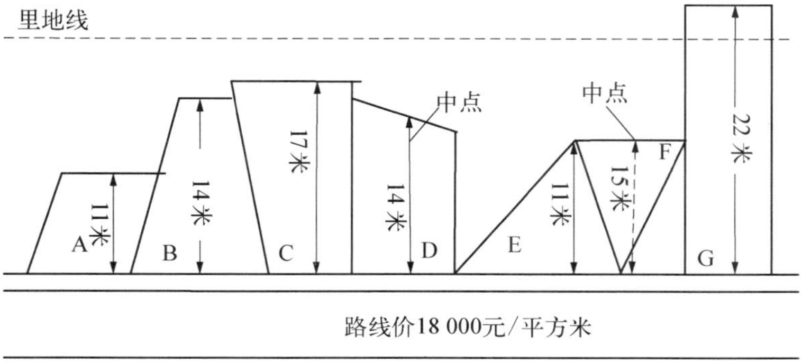

图 8-13　一边临街土地价格的计算

$$V_B = 18\,000 \times 110\% \times (1 + 10\%) = 21\,780(\text{元} / \text{平方米})$$

宗地C也是平行边与街道平行的梯形，以其高17米为临街深度，查表得深度指数为100%，因其短边临街，做减价10%的修正，则宗地C的单价为：

$$V_C = 18\,000 \times 100\% \times (1 - 10\%) = 16\,200(\text{元} / \text{平方米})$$

宗地D是平行边与街道垂直的梯形，以其两个非平行边中点连线的长度14米为临街深度，查表得深度指数为110%，则宗地D的单价为：

$$V_D = 18\,000 \times 110\% = 19\,800(\text{元} / \text{平方米})$$

宗地E是一条边为临街线的三角形，以其高的一半5.5米为临街深度，查表得深度指数为125%，则宗地E的单价为：

$$V_E = 18\,000 \times 125\% = 22\,500(\text{元} / \text{平方米})$$

宗地F是只有一个顶点临街的倒三角形，按袋地处理，起讫深度分别是顶点到底边垂直距离的一半和底边的中点，即7.5米和15米，查袋地深度指数表8-11，得深度指数为71%，则宗地F的单价为：

$$V_F = 18\,000 \times 71\% = 12\,780(\text{元} / \text{平方米})$$

宗地G是临街深度超过里地线的矩形宗地，以里地部分的单价和临街部分的单价按面积比例加权平均得到其单价，其中里地单价按路线价的40%计算，所以宗地G的单价为：

$$V_G = 18\,000 \times \left(40\% \times \frac{22 - 18}{22} + 100\% \times \frac{18}{22}\right) = 16\,036.36(\text{元} / \text{平方米})$$

【例 8-12】　现有临街宗地A、B、C、D、E共5宗，形状和临街位置如图8-14所示，设路线价为35 000元/平方米，标准深度为18米，根据表8-11中的袋地深度指数资料和特殊宗地的路线价法运用方法，请计算这些宗地的单价。

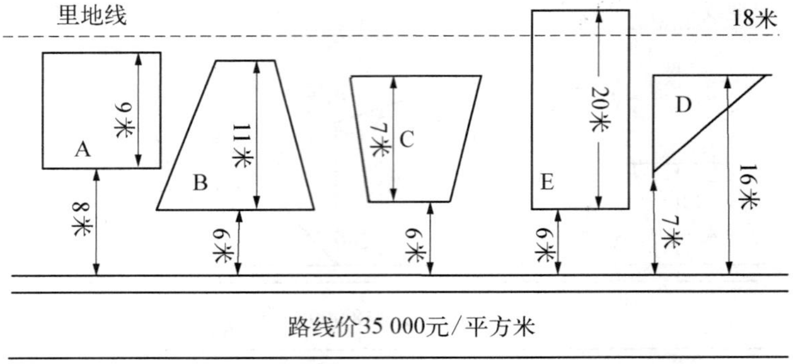

图 8-14　袋形地价格的计算

【解】 宗地 A 是矩形袋地，起讫深度 8～17 米，查表得深度指数为 66%，因此，宗地 A 的单价为：

$$V_A = 35\,000 \times 66\% = 23\,100(\text{元} / \text{平方米})$$

宗地 B 是长边临街的梯形袋地，起讫深度 6～17 m，查表得深度指数为 68%，长边临街，加价 10%，因此，宗地的 B 单价为：

$$V_B = 35\,000 \times 68\% \times (1 + 10\%) = 26\,180(\text{元} / \text{平方米})$$

宗地 C 是短边临街的梯形袋地，起讫深度 6～13 m，查表得深度指数为 71%，短边临街，减价 10%，因此，宗地 C 的单价为：

$$V_C = 35\,000 \times 71\% \times (1 - 10\%) = 22\,365(\text{元} / \text{平方米})$$

宗地 D 为倒三角形袋地，以顶点与底边中点连线的一半处为起深度，以底边中点为讫深度，11.5～16 m，查表得深度指数为 66%，因此，宗地 D 的单价为：

$$V_D = 35\,000 \times 66\% = 23\,100(\text{元} / \text{平方米})$$

宗地 E 为超过里地线的袋地，以临街部分和里地部分分别计算单价，并按面积比例加权平均，临街部分起讫深度为 6～18 m，查表得深度指数为 68%，里地部分的单价按路线价的 40%计算，因此，宗地 D 的单价为：

$$V_E = 35\,000 \times 68\% \times \frac{12}{20} + 35\,000 \times 40\% \times \frac{8}{20} = 19\,880(\text{元} / \text{平方米})$$

（8）其他特殊形状土地的处理方法

以上特殊形状的宗地在采用路线价法时，对其临街深度有特殊的界定，从而消除了由于形状而造成的价格差异。还有一些宗地可能会由于宽度过小、深度过大或深度过小而需要进行价格修正。

表 8-12 就是上海某估价机构根据市场中宗地价格比较的经验，所制定的上海市商业、办公用地个别因素修正说明表。

表 8－12　上海某估价机构制定的商业、办公用地个别因素修正说明表

影响因素	宗地状况	修正系数
临街状况	三面临街	10%
	两面临街	5%
	一面临街	0%
	袋地	－5%
宗地进深	50 米以内	按四三二一法则修正
	50 米以外	按袋地修正
宗地面积与本区域同用途宗地相比	过小	－3%
	过大	－1%
宗地形状	狭长且宽面临街	2%
	形状规则	0%
	狭长且窄面临街	－2%
	存在非矩形角，形状影响建筑	－2%

由此可见，修正系数表并不是一成不变的，实践中还需要根据各地实际情况编制适合本地情况的修正系数表，并且随着时间的变化，也要更新修正系数表。

【例 8－13】　有一宗三角形的宗地需要估价，它的临街深度为 75 英尺、临街宽度为 50 英尺，已知所在路线价区段的路线价为 700 美元/平方英尺，当地三角形土地的平均价格修正系数如表8－13 所示，请计算该三角形宗地的单价。

表 8－13　某市三角形宗地平均价格修正率

临街深度	25	50	75	100	125	150	175	200
平均价格修正率	80	75	70	65	60	50	30	20

【解】　对于给出的路线价条件为单价的情况，应该采用平均深度百分率，查四三二一法则的临街深度百分率表，可知临街深度 75 英尺的平均深度百分率为 120%，然后根据宗地形状修正系数，查得临街深度 75 英尺的三角形宗地修正系数为 70%，所以该三角形宗地的单价为：

$$700 \times 120\% \times 70\% = 588(\text{美元 / 平方英尺})$$

3. 前后两面临街土地利用路线价法进行计算

前后两面临街的土地，由于土地价格受到前后两条街的影响，在计算时往往先根据两条街道的路线价高低，划分其各自的影响深度；再根据影响范围将宗地分成不均等的两部分；然后分别计算两部分的价格，并相加得到宗地总价，也就是采用“重叠价值估价法”。如果要计算单价，则以总价除以宗地面积。

街道影响深度的计算公式为：

$$前街影响深度 = 总深度 \times \frac{前街路线价}{前街路线价 + 后街路线价} \quad (8-16)$$

$$后街影响深度 = 总深度 \times \frac{后街路线价}{前街路线价 + 后街路线价} \quad (8-17)$$

【例 8-14】 某宗地属于前后两面临街，如图 8-15 所示，宗地宽为 100 英尺，请采用“重叠价值估价法”，并以四三二一法则计算该宗土地的价格。

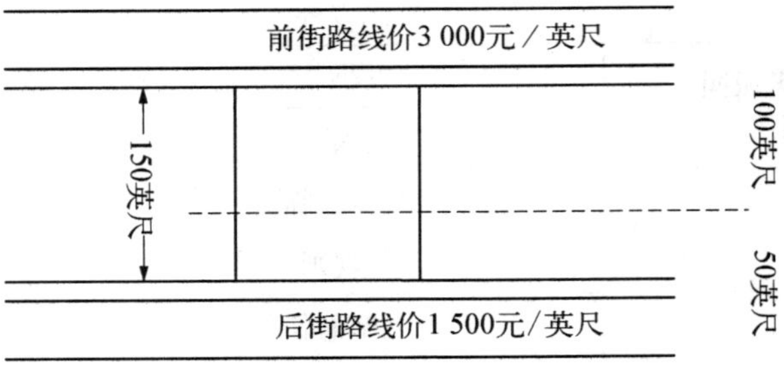

图 8-15 前后两面临街地

【解】 根据题意可得：前街路线价为 3 000 元/英尺，后街路线价为 1 500 元/英尺，临街深度为 150 英尺。

$$前街影响深度 = \frac{3\,000}{3\,000 + 1\,500} \times 150 = 100 \text{ 英尺}$$

后街影响深度为：$150 - 100 = 50$ 英尺

根据四三二一法则：前街影响部分的总价为：

$$(40\% + 30\% + 20\% + 10\%) \times 3\,000 \times 100 = 300\,000(元) = 30(万元)$$

后街影响部分土地的总价为：

$$(40\% + 30\%) \times 1\,500 \times 100 = 105\,000(元) = 10.5(万元)$$

土地总价为：$300\,000 + 105\,000 = 405\,000(元) = 40.5(万元)$

4. 矩形街角地价格的计算

街角地是指位于十字路口或者丁字路口的土地，同时受到垂直的两条街道影响的宗地。计算街角地的价格，通常采用“正旁两街分别轻重估价法”，也就是先根据高价街计算价格，然后根据低价街进行加价处理。关于旁街的加价率与旁街的级别与路线价高低有关。不同的城市，房地产估价人员在加价时，往往根据具体情况来处理。表 8-14 是日本常用的一个旁街加价率表的案例。

在我国台湾地区的街角地加价则是以每 4.5 m 为一级，依次加价，加价的幅度与所在地区的性质和路线价高低有关：① 在省辖市地区，正旁街路线价每平方米在 2 万元新台

表 8-14　旁街影响加价率①

街道所在地区	加价率
繁华街道,高度商业区	15%
普通商业区,并用住宅地区	10%
普通住宅地区,家庭工业地区	7%
中小工厂地区,大工厂地区	5%

币以下的,加价不超过 10%;正旁街路线价每平方米在 2 万～4 万元新台币之间的,按顺序分别加价 20%和 10%,如图 8-16 中,宗地 A 和 B 分别加价 20%和 10%;正旁街路线价每平方米超过 4 万元新台币的,按顺序分别加价 30%、20%和 10%,如图 8-17 中,宗地 C、D、E 分别加价 30%、20%和 10%;② 在县辖市地区,正旁街路线价每平方米在 1.5 万元新台币以下的,加价不超过 10%;正旁街路线价每平方米在 1.5 万～3 万元新台币之间的,按顺序分别加价 20%和 10%;正旁街路线价每平方米超过 3 万新台币的,按顺序分别加价 30%、20%和 10%;③ 在乡镇地区,正旁街路线价每平方米在 1 万元新台币以下的,加价不超过 10%;正旁街路线价每平方米在 1 万～2 万元新台币之间的,按顺序分别加价 20%和 10%;正旁街路线价每平方米超过 2 万元新台币的,按顺序分别加价 30%、20%和 10%。

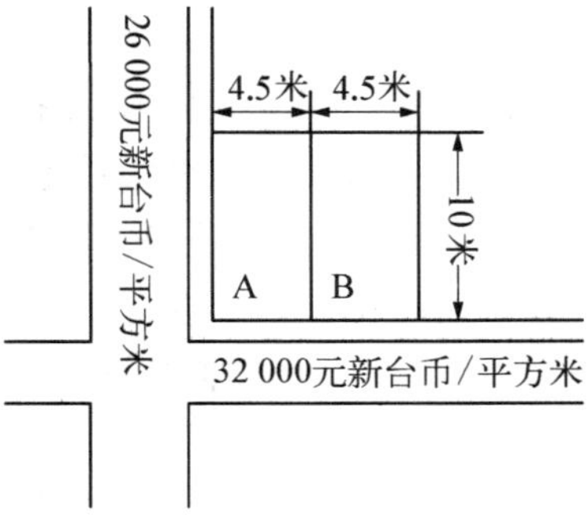

图 8-16　路线价在 1.5 万～3 万元新台币之间的旁街加价方法

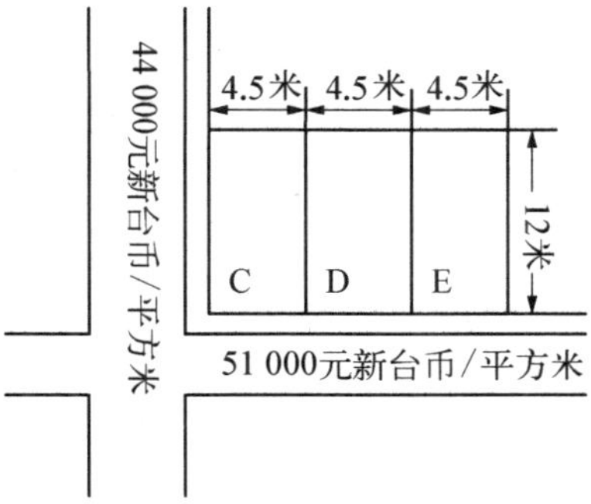

图 8-17　路线价超过 3 万元新台币的旁街加价方法

【例 8-15】　根据表 8-15 所给深度指数表和我国台湾地区的街角地加价规则,计算图 8-16 和图 8-17 所示宗地 A、B、C、D、E 的单价。

表 8-15　某市深度指数表

深度(米)	$h<4$	$4\leqslant h<8$	$8\leqslant h<12$	$12\leqslant h<16$	$16\leqslant h<18$	$h\geqslant 18$
指数(%)	130	125	120	110	100	40

① 资料来源:《2002 年全国土地估价师资格考试辅导教材之三:土地估价理论与方法》,第 230 页。

【解】 图 8－16 中，正街和旁街的路线价分别为 32 000 元新台币/平方米和 26 000 元新台币/平方米，所以宗地 A、B 的加价率分别是 20%和 10%，则其单价分别为：

$$V_A = 32\,000 \times 120\% + 26\,000 \times 20\% = 43\,600(\text{元新台币}/\text{平方米})$$

$$V_B = 32\,000 \times 120\% + 26\,000 \times 10\% = 41\,000(\text{元新台币}/\text{平方米})$$

图 8－17 中，正街和旁街的路线价分别为 51 000 元新台币/平方米和 44 000 元新台币/平方米，所以宗地 C、D、E 的加价率分别是 30%、20%和 10%，则其单价分别为：

$$V_C = 51\,000 \times 110\% + 44\,000 \times 30\% = 69\,300(\text{元新台币}/\text{平方米})$$

$$V_D = 51\,000 \times 110\% + 44\,000 \times 20\% = 64\,900(\text{元新台币}/\text{平方米})$$

$$V_E = 51\,000 \times 110\% + 44\,000 \times 10\% = 60\,500(\text{元新台币}/\text{平方米})$$

第五节　多层、高层建筑地价分摊

随着经济的发展、社会的进步以及人口的流动，大城市以其强大的集聚效应吸引了大量的人口，大城市土地资源更加稀缺。由于我国属于人多地少的国家，人均土地资源量偏低，而我国经济发展又表现出区域不平衡，东部沿海城市和省份发展较快，西部省份和城市发展相对较慢。在经济利益、就业的驱动下，大量的工作劳动力汇集到东部沿海城市，我国东部沿海城市土地资源更加紧张，如上海、杭州、广州等城市。为了满足各类房屋的需求，大城市高密度开发地产已经成为趋势，特别是城市的核心区域，超高层建筑、摩天大楼不断涌现。迄今为止，上海已经成为世界上高层建筑、超高层建筑最多的城市之一。为了充分利用土地的地上权和地下开发权，房地产开发企业和投资企业建设了大量的高层、超高层建筑，这些建筑往往带有各种类型的地下利用空间，包括大型地下商场、地下车库、地下仓库等。

随着我国房地产业的发展，房地产经济活动处于趋于多样化，不论是商品住宅还是其他类型的房地产，因其建筑规模的庞大和功能的多样化，产权所有者为一个人或者某一机构的情形较少。比如，一幢大型的商业办公类房地产，商场部分可能有多位产权所有人；而办公部分，房地产开发商可能出售给不同的购买者，所以，一幢房地产往往有多位产权人。

根据我国《土地法》的规定，我国城市土地实行土地所有权和使用权相分离的制度，城市政府通过土地一级市场将一定年期的土地使用权出让给房地产开发企业或者其他投资主体。因此，在我国的土地制度下，人们面临着土地使用权到期如何续期的问题。对于住宅用地而言，土地使用权 70 年到期后自动续期。但是，房地产所有权人面临着补交土地出让金的问题。所以，房地产所有权人，如何补交土地出让金？存在多位产权所有人的情况下，每位产权所有人应该补交的土地出让金的额度是多少？是应该探讨的重要问题之一，本节讨论多层、高层建筑地价如何分摊的问题。

多层、高层建筑地价分摊的方法有按照建筑面分摊、房地产价值分摊和土地价值分摊三种。

一、按建筑面积分摊

按照建筑面积分摊，忽略建筑物内部功能、楼层、朝向等差异以及各部分房地产价值的差异，仅仅根据房地产产权所有人所拥有房地产的建筑面积占整个房地产的建筑面积的份额来分摊土地的价值。计算公式为：

$$\text{某一房地产产权所有人占有土地的份额} = \frac{\text{拥有的建筑面积}}{\text{建筑物总建筑面积}} \times 100\% \tag{8-18}$$

$$\text{某一房地产产权所有人分摊的土地面积} = \frac{\text{拥有的建筑面积}}{\text{建筑物总建筑面积}} \times \text{土地总面积} \tag{8-19}$$

$$\text{某一房地产产权所有人分摊的土地价值} = \text{土地总价值} \times \frac{\text{拥有的建筑面积}}{\text{建筑物总建筑面积}} \tag{8-20}$$

【例题 8－16】 现有一幢房地产，总建筑面积为 52 000 平方米，属于商业办公类建筑。某一金融机构购买了 1～15 层，其中 1～2 作为银行的对外营业区，面积 3 600 平方米，3～15 层作为金融机构的办公用房，共计 10 400 平方米，该幢房地产占用土地面积为 20 000 平方米，土地总价值在 2016 年 3 月为 4.2 亿元，该金融机构占有土地的份额、土地面积以及土地的价值各为多少？

【解】 该金融机构占有土地的份额 $= \dfrac{3\,600 + 10\,400}{52\,000} = 26.92\%$

该金融机构占有土地的面积 $= 20\,000 \times 26.92\% = 5\,384$（平方米）

该金融机构占有土地的价值 $= 4.2 \times 26.92\% = 1.13$（亿元）

建筑面积进行地价、土地面积分摊主要适用于房地产功能单一、每层房地产价值差别不大的情形。如果房地产属于综合类的，有商业部分、办公部分、酒店部分，由于房地产内部功能多样，内部装修差别较大，各部分价值差别也较大，此类房地产在进行地价、土地面积分摊计算中，就不宜采用建筑面积分摊的计算方法。

如我国香港地区，在 20 世纪 70 年代初，曾经出现地价分摊不均引起的诉讼案例。在 20 世纪 70 年代初期，当许多为期 75 年的地契在 1973 年到期时，港英政府决定再批下一个 75 年的租期。按照规定，需要补地价，当时按照建筑面积分摊，引起许多业主的不满，因为香港人多地少，许多房地产底层属于营业商店，上部为住宅部分，底层部分因其功能、临街收益较高，价值相对也较高，所以上层的住户认为按照建筑面积分摊土地补交额，存在不公平的问题。所以，以上计算方法虽然简单，但并非所有的房地产都适用。

二、按房地价值分摊

当房地产各部分的功能、价值差别比较大时,可以采用价值方法进行分摊,也就是各部分房地产的价值占房地产总价值的份额。计算公式为:

$$\text{某一房地产产权所有人占有土地的份额}=\frac{\text{拥有部分房地产价值}}{\text{房地产总价值}}\times 100\% \tag{8-21}$$

$$\text{某一房地产产权所有人占有土地的面积}=\text{土地总面积}\times\frac{\text{拥有部分房地产价值}}{\text{房地产总价值}} \tag{8-22}$$

$$\text{某一房地产产权所有人占有土地价值}=\text{土地总价值}\times\frac{\text{拥有部分房地产价值}}{\text{房地产总价值}} \tag{8-23}$$

【例 8-17】 现有一幢综合类房地产,占地面积 26 000 平方米。1～5 层为商场部分,6～36 层为办公部分,37 层～67 层为酒店部分。其中,商场部分为一家商业机构所拥有,在 2016 年 3 月,商场部分的价格为 3.5 亿元。另外一家国有企业购买了该房地产的 6～25 层作为办公空间,面积为 16 000 平方米,在 2016 年 3 月,该部分房地产的价格为 15.6 亿元,该房地产在 2016 年 3 月的总价值为 62.6 亿元,其中占有土地的价值为 6.3 亿元,根据房地价值分摊法,计算该商业机构、国有企业占有土地的份额及其土地的价值。

$$\text{商业机构占有土地份额}=\frac{3.5}{62.6}\times 100\%=5.59\%$$

$$\text{商业机构占有土地的价值}=6.3\times 5.59\%=0.35(\text{亿元})$$

$$\text{国有企业占有的土地份额}=\frac{15.6}{62.6}\times 100\%=24.92\%$$

$$\text{国有企业占有的土地价值}=6.3\times 24.92\%=1.57(\text{亿元})$$

三、按土地价值分摊

当房地产各组成部分价值差别较大时,还可以采用另外一种方法进行土地价值分摊,也就是按照各部分产权所有人拥有土地的价值进行分摊。具体而言,就是按照占有的房地产土地的价值占土地总价值的比例来分摊。该种方法比较合理,但是在估价实务中,调查评估工作较为烦琐。计算公式为:

$$\text{房地产产权所有人占有土地份额}=\frac{\text{占有部分的房地产价值}-\text{占有部分的建筑物价值}}{\text{整幢房地产总价值}-\text{建筑物总价值}}\times 100\% \tag{8-24}$$

$$\text{房地产产权所有人占有土地价值}=\text{土地总价值}\times\text{房地产产权所有人占有土地份额} \tag{8-25}$$

【例 8-18】 某一办公类房地产,房地产的总价值为 12.8 亿元,利用成本法测定该房地产在 2016 年 6 月建筑物的价值为 5.2 亿元,该房地产总建筑面积为 20 000 平方米。其中有一业主，拥有该写字楼的 2 500 平方米，该部分房地产的总价值为 2.1 亿元，建筑物价值为 4 600 万元，求在 2016 年 6 月，该业主占有土地的价值及其份额是多少？

【解】 该业主占有的房地产对应土地的价值为：

$$2.1\text{ 亿元} - 4\,600\text{ 万元} = 1.64(\text{亿元})$$

$$\text{该房地产占有的土地总价值} = 12.8 - 5.2 = 7.6(\text{亿元})$$

$$\text{该业主占有的土地份额} = \frac{1.64}{7.6} \times 100\% = 21.58\%$$

【复习思考题】

1. 何谓城镇土地分等？何谓土地定级？
2. 何谓基准地价？
3. 基准地价有何特点？
4. 何谓基准地价系数修正法？
5. 基准地价系数修正法的基本原理是什么？
6. 基准地价的主要作用是什么？
7. 何谓路线价法？路线价法的理论依据是什么？
8. 路线价法适用于哪些估价对象？
9. 如何划分路线价区段？
10. 何谓标准宗地？何谓标准深度？
11. 何谓里地线？对于里地线以外的土地，怎样运用路线价法计算其价格？
12. 什么是深度指数？常用的深度指数体系有哪几种？
13. 路线价法中，对于袋地、特殊形状的宗地价格怎样计算？
14. 已知某临街深度 100 英尺、临街宽度 50 英尺的矩形宗地，总价为 50 万美元，有一矩形宗地临街深度 50 英尺、临街宽度 50 英尺，根据四三二一法则，其总价和单价各是多少？
15. 某块临街深度为 50 英尺、临街宽度为 30 英尺的矩形宗地甲，单价为 1 000 美元/平方英尺，有一矩形宗地乙临街深度 150 英尺，临街宽度 15 英尺，如果运用四三二一法则，乙的单价和总价分别为多少？
16. 某宗地深度和宽度都是 30 米，前后两面临街，已知两条街的路线价分别为 4 000 元/平方米和 2 000 元/平方米，如果根据四三二一法则，利用重叠价值估价法，该宗地的单价为多少？
17. 若标准宗地的临街深度为 20 米，按照四三二一法则计算临街深度为 35 米的宗地价格，则其平均深度价格修正率为多少？
18. 在哪些情况下需要对高层建筑的地价进行分摊？
19. 高层建筑的地价分摊有哪些常用的方法？分别适合于哪些情况？
20. 某一大型商业、办公类建筑，房地产总面积为 102 000 平方米，商业部分面积 15 000

平方米，营业部分房地产价值为 4.5 亿元，房地产总价值为 45.9 亿元，有一商业机构购买了该房地产的全部商业部分，并进行商业经营；另一家金融机构购买其中的 22 层作为办公空间，建筑面积 18 000 平方米，该部分房地产价值为 7.2 亿元，该房地产占有土地面积 25 500 平方米，土地总价值 5.61 亿元，分别按照建筑面积、房地产价值测算商业机构和金融机构占有土地的份额及其拥有土地的价值？

21. 有一临街深度为 24 米的沿街宽度为 20 米的一面临街矩形土地，已知路线价为 38 000 元/平方米，标准深度为 16 米，如何利用哈柏法则和四三二一法则分别计算该宗土地的价格？

第九章　房地产估价报告的撰写及其程序

第一节　房地产估价的程序

房地产估价的工作程序是指完成一项房地产估价任务所需要的工作阶段及其相应的工作内容。一般情况下，房地产估价工作划分为三个阶段：准备阶段、实施阶段和收尾阶段。其中，准备阶段的工作主要包括获取估价业务、受理估价委托、制定估价作业方案；实施阶段的工作主要包括：搜集估价所需资料、实地查看估价对象、分析估价对象价值、测算估价对象价值、判断估价对象价值以及撰写估价报告；收尾阶段的工作包括：内部审核估价报告、交付估价报告以及估价资料归档。这三个阶段是相互联系、相互制约的，完成一项房地产估价实务工作必须经历这三个阶段。其中，准备阶段是非常重要的，在一阶段，估价机构必须获取相应的估价任务，在市场竞争极为激烈的环境下，估价机构在竞争中求生存、求发展，在不断提高估价水平、拓展服务范围的前提下，通过多种渠道和方式获得估价业务。

按照一定的工作流程完成房地产估价实务工作，既可以规范估价行为，避免估价疏漏；也有利于保障估价质量，提高估价效率。完成任何一项房地产估价项目都不得随意省略房地产估价程序中的工作步骤及具体要求。在各方对估价结果存在异议需要对估价报告鉴定的时候，最重要的一个检查方面就是查证估价机构和估价师是否履行了必要的程序来完成估价报告，即在履行估价程序方面是否有疏漏。

一、估价准备阶段

1. 获取估价业务

从事房地产估价，首先要有房地产估价业务。房地产估价业务来源归纳起来主要包括被动接受、主动争取以及自有自估三类。

被动接受通俗地说就是坐等估价需求者找上门来要求提供估价服务；主动争取即走出门去力争为估价需求者提供估价服务；自有自估行为即对自己拥有或欲取得的房地产，自己提出估价要求，并自己进行估价。需要注意的是，自有自估行为不属于专业估价行为，其估价结果或估价报告对外也不具有法律效力，仅供自己掌握、做到心中有数。

随着房地产估价从业人员的增加，估价机构的数量增多，房地产估价组织之间的竞争越来越激烈，房地产估价机构为了获得更多的估价业务，既要不断完善服务质量，拓展服务范围；又需要走出去，主动寻找估价业务。随着我国住宅产业的发展，房地产交易量不断增加，在房地产买卖中，产权承受人往往因货币支付能力有限，需要金融机构、住房公积金机构的抵押贷款支持。债权人为了保障贷款的安全，往往需要对房地产进行评估，所以房地产估价机构在寻找估价业务时，需要加强和房地产开发企业、住房贷款金融机构的沟通。另外，对于房地产开发企业而言，在竞标土地的使用权中标后，往往以土地作为抵押，获得贷款，贷款机构往往要求对土地的使用权价格进行评估。所以，估价机构也可以和房地产开发企业进行沟通，获得相应的估价业务。

根据我国《房地产估价规范》的要求，当出现以下几种情况时，房地产估价机构或估价师应该回避相应的估价业务。

(1) 有利害关系或利益冲突的估价业务。估价机构和估价师与估价需求者或相关当事人有利害关系，或者与估价对象有利益关系，会影响到独立、客观、公正地估价，估价结果可能招致怀疑，缺乏公信力，这时应选择回避相应的估价业务。

(2) 超出自己业务范围的估价。一级资质房地产估价机构可以从事各类房地产估价业务；二级资质房地产估价机构可以从事除公司上市、企业清算以外的房地产估价业务；三级资质房地产估价机构可以从事除公司上市、企业清算、司法鉴定以外的房地产估价业务；暂定期内的三级资质房地产估价机构可以从事除公司上市、企业清算、司法鉴定、城镇拆迁、在建工程抵押以外的房地产估价业务。如果估价业务超越了本估价机构资质登记许可的业务范围，就不应承接相应的估价业务。

(3) 囿于业务水平的限制。如果估价机构或者估价师感到自己的专业知识和经验所限而难以作出客观合理的价值评估，就不应承接相应的估价业务。

2. 受理估价委托

在估价方与委托方签订委托合同时，估价方必须了解估价对象的基本情况，这是制定估价作业方案、选择估价方法的前提。具体而言，估价方需要明确以下几方面的事项：

(1) 明确估价目的。明确估价目的包括两个方面的内容：一是厘清委托人的估价目的；二是按照规定，清晰表述估价目的。

要厘清委托人的估价目的，估价师必须与委托人进行充分沟通，了解委托人的真实意图。因为在实际中，委托人往往不能像估价专家一样提出符合估价要求的明确、具体的估价目的。这就要求估价师必须在了解委托人的真实表意之后，应用符合估价要求的表述方式将估价目的表达出来。

在表述的时候应当符合相关规定，尽可能细化，避免模糊、笼统、粗略的表达。房地产估价目的包括：土地使用权出让评估，征地和房屋拆迁补偿估价，房地产分割、合并估价，房地产纠纷估价，房地产拍卖底价评估，企业各种经济活动涉及房地产的估价等。但估价目的的描述还要在此基础上进一步深化，在简要说明估价目的之后，还应描述估价项目的背景或加以必要的解释。例如，房地产抵押估价目的应当表述为“为确定房地产抵押贷款额度提供参考依据而评估房地产抵押价值”。国有土地上房屋征收估价目的根据征收补偿方式，可分为货币补偿的估价目的和房屋产权调换补偿的估价目的。其中，货币补偿的估价目的应当表述为“为确定被征收房屋货币补偿金额而评估其房地产市场价格”；房屋产权调换补偿的估价目的可以表述为“为结算房屋产权调换的差价而评估被征收房屋的房地产市场价格和所调换房屋的房地产市场价格”。

（2）明确估价对象。在我国的土地制度、住房制度的背景下，多种产权形式的住房并存，房屋产权类型不同、价值不同。所以，在房地产估价中，需要明确估价对象的实物状况、权益状况和区位状况。

估价对象的实物状况是指土地和房屋的状态，包括以下方面的内容：土地面积、形状、临街状况、土地开发程度、地质、地形和水文状况；建筑物的类型、面积、层数、建筑结构、平面布置、工程质量、新旧程度、装修和室内外的设施、建筑朝向等。

估价对象的权益状况包括：土地权利性质、权属、土地使用权的年限、房地产的权属、估价对象设定的其他权利状况，如房屋是否抵押等。

估价对象的区位状况包括：估价对象的位置、交通、周围环境和景观、外部配套设施等。估价对象的用途和实物状况不同，对其区位状况的界定也会有所不同。例如，估价对象是整个住宅小区还是其中的一幢住宅楼、一幢住宅楼中的一套住房，对区位状况的界定是不同的，后者的区位状况还应包括楼层和朝向。

（3）明确估价时点。前已述及，由于房地产市场的波动，房地产在不同时期，价格存在差异。如 2008 年美国次贷危机以后，主要城市的住宅价格下降明显。所以，在房地产估价中，必须明确估价时点。所谓明确估价时点，是指明确需要评估的价值是在哪个特定时间（通常为某个年、月、日）的价值。估价时点的具体时间是由估价目的决定的。例如，国有土地上房屋征收估价的估价时点一般为房屋拆迁许可证颁发之日（拆迁规模大、分期分段实施的，以当期（段）房屋拆迁实施之日为估价时点）；对原估价结果有异议而引起的复核或鉴定估价的估价时点应为原估价报告确定的估价时点，除非原估价报告的估价时点有误。此外，估价时点一般采用公历表示，精确到日。

3. *确定估价实施方案*

通过前期对房地产实物状况、权益状况、区位状况的调查和了解，通过和委托方的交流、沟通，明确了估价目的和估价时点以后，就需要拟定估价实施方案。

估价作业方案主要包括以下内容：拟采用的估价技术路线和估价方法；拟搜集的估价所需资料及其来源渠道；预计需要的时间、人力和经费；估价作业步骤和时间进度安排。

（1）拟采用的估价技术路线和估价方法。估价技术路线是评估出估价对象价值所遵循的基本途径，是指导整个估价过程的技术思路。鉴于不同的估价方法所需要的资料并不相同，技术路线的拟选可以提高工作效率，也有利于估价方法的落实。

在比较法、收益法、成本法、假设开发法中，只要是估价对象在理论上适用的，都应当初步入选，不得随意取舍。例如，开发完成后的价值可以采用比较法或收益法估价的在建工程，理论上可以采用假设开发法、成本法估价；开发完成后的价值可以采用比较法或收益法估价的房地产开发用地，理论上可以采用假设开发法、比较法估价；已经建成的写字楼、公寓，理论上可以采用比较法、收益法、成本法估价；已经建成的商场、商业用房，理论上应当采用收益法、比较法估价；已经建成的游乐场、影剧院，理论上应当采用收益法、成本法估价。

(2) 确定需要搜集的估价资料及其来源渠道。针对估价对象、估价目的以及拟采用的估价方法，确定需要搜集的资料以及这些资料的来源渠道。

(3) 估计完成估价任务所需投入的资源和时间。在估价作业前，预估需要的人力资源、人员专业构成，从而确定估价所需的时间、人力和经费。作为一种中介服务行业，人力资源是房地产估价所涉及的主要资源，在进行估价资源配置中，要依据估价师的专长、水平以及工作效率来进行任务分配，从而达到不同项目的专业要求并实现多个项目的缓急调配。

(4) 估价作业步骤和时间进度安排。估价作业步骤和时间进度安排，主要是对今后需要开展的各项工作以及所需的时间、人员、经费等做出具体安排，以便于控制进度及协调合作，通常附以流程图、进度图等，特别是对大型、复杂的估价项目而言。

二、估价作业阶段

1. 搜集资料

在房地产估价中，估价作业人员必须进行资料的搜集，这些资料主要涉及以下几个方面：① 估价对象基本情况的资料；② 估价对象及类似房地产的交易、收益、开发建设成本等资料；③ 估价对象所在区域子市场的资料；④ 对房地产价格有普遍影响的资料。

估价对象基本情况的资料主要包括：估价对象状况及其开发建设成本、运营收入和费用、历史交易价格。这些资料的获取主要通过估价师的日常积累和市场调研，作为房地产估价师，为了准确地评估房地产的价格，平时搜集资料是非常重要的。

对类似房地产资料的收集主要取决于拟采用的估价方法。具体而言，利用比较法估价，主要是搜集交易实例资料；利用收益法估价，主要是搜集收益实例资料；利用成本法和假设开发法估价，主要是搜集开发建设成本资料。而具体应搜集的内容，要针对估价方法中的计算所需的数据进行。例如，对出租的写字楼拟选用收益法估价的，则需要搜集租金水平、出租率或空置率、运营费用等方面的资料；对房地产开发用地拟选用假设开发法估价的，则需要搜集开发建设成本、类似的房地产在目前的市场价格水平及其未来变动趋势等方面的资料。在搜集类似房地产的交易、收益、开发建设成本等资料时，应考察它们是否受到不正常或人为因素的影响。对于受到这些因素影响的，只有在能够确定其受影响的程度并能够修正的情况下才可以采用。

对估价对象所在地区房价有影响的资料和对房价有普遍影响的资料的搜集内容可以参见本书房地产价格影响因素的相关内容。此外，还应搜集潜在竞争性房地产供求方面的资料，包括：已完工项目、在建项目、已审批项目并预计它们投入市场的时间。

2. 现场实地勘察待估对象以及可比实例

任何估价项目，只要有可能，估价师都应当亲自到现场进行实地查看。实地查看是指估价师亲自到估价对象现场，检查估价对象的房地产状况，观察估价对象的外观和内部状况，核对先前搜集的各项估价资料，拍摄待估房地产内外、周边、四至的影像资料，了解估价对象历史使用状况，周边乃至当地类似房地产的市场行情，并搜集补充估价所必需的其他资料。

在实地查看时，一定要注意保存“实地查看记录”。要完成“实地查看记录”，首先要认真准备估价相关问题，并将观察询问到的情况和数据仔细记录下来，形成“实地查看记录”；完成实地查看之后，执行实地查看的估价师应在“实地查看记录”上签名，注明实地查看日期，并尽量要求委托人中协助实地查看的人员和被查看房地产的业主在“实地查看记录”上签名认可。其中，国有土地上房屋征收估价应按照《城市房屋拆迁估价指导意见》的要求，“实地查看记录”由实地查看的估价人员、征收人、被征收人签名认可。

实地察看需要注意以下几个方面：① 如果被征收人不同意在“实地查看记录”上签名的，应当请除委托人和估价机构以外的无利害第三人见证，并在估价报告中作出相应说明。② 对于估价对象为已经消失的房地产，虽然不能进行完全意义上的实地查看，但也应去估价对象原址进行必要的调查了解。③ 负责该房地产项目的房地产估价师应当对估价对象进行实地查看，并用照片证明自己进行了实地查看。为了避免在实地查看时遗漏应当调查了解的内容，在实地查看前应当制作好“实地查看记录表”。④ 对于运用比较法、收益法、成本法估价所选取的可比实例房地产，应当参照对估价对象进行实地查看的要求，进行必要的实地查看。

3. 确定所采用的估价方法

估价方法的采用，取决于估价对象的房地产类型、估价方法的适用条件及所搜集资料的数量和质量。在前面已根据估价对象初步选择了估价方法，在此再根据搜集到的资料情况，正式确定所采用的估价方法。关于所搜集资料的数量和质量，值得指出的是，有的是真正缺乏所需要的资料，有的可能是估价人员没有尽力去搜集。影响估价方法的采用与否不包括后一种情况。

4. 测算估价对象价值

在进行资料搜集、整理，对估价对象实地考察，对房地产权益等方面进行了解的基础上，根据选用的估价方法，通过计算，评估待估对象的价格。

5. 判断估价对象价值

用不同估价方法测算出的结果可能有所不同，这是正常的。估价人员首先应比较、分析这些测算结果及之间的差异。当这些测算结果之间有较大差异时，应寻找导致较大差异的原因，并消除不合理的差异。

寻找导致较大差异的原因，可以按照下列顺序进行检查：① 测算过程是否有误；② 基础数据是否准确；③ 参数选取是否合理；④ 公式选用是否恰当；⑤ 所选用的估价方法是否切合估价对象和估价目的；⑥ 是否符合估价原则。特别需要强调的是，估价中的每一个数字都应有来源依据。

在采用数学方法求出一个综合结果的基础上，估价人员还应考虑一些不可量化的价格影响因素（由于影响房地产价格的因素众多，估价人员不能拘泥于用某些计算公式得出的结果，还需要依靠自己的专业经验及对房地产市场行情的理解来把握评估价值），同时可听取有关人士的意见，对该结果进行适当的调整或取整；或认定该结果，作为最终的估价结果。当有调整时，应在估价报告中明确而充分地阐述调整的理由。

6. 撰写估价报告

具体详见本章第二节。

三、估价收尾阶段

1. 内部审核估价报告

为了保证出具的估价报告的质量，估价机构应当建立估价报告内部审核制度，审核人员可由估价机构内部或外部资深房地产估价专家担任。按照规范的估价报告的要求，对撰写完成尚未出具的估价报告，从形式到内容进行全面、认真、细致的检查，确认估价结果是否客观合理，提出审核意见。在估价报告审核中，要做好审核记录。完成审核之后，审核人员应当在审核记录上签名，并注明审核日期。

审核的结论性意见可为下列之一：① 可以出具；② 作适当修改后出具；③ 应重新撰写；④ 应重新估价。对于经审核需要修改的估价报告，应当进行修改；对于不合格的估价报告，应当重新撰写，甚至需要重新估价。经修改、重新撰写或者重新估价后撰写的估价报告，还应当再次进行审核。只有经审核合格的估价报告，才可以交付委托人。

2. 交付估价报告

估价报告经内部审核合格后，应由负责该估价项目的至少 2 名注册房地产估价师在“注册房地产估价师声明”等处签名并注明注册号，由估价机构在“致委托人函”中加盖公章，以估价机构名义出具，并应注明致函详细日期，该日期即为估价报告出具日期，并由负责该估价项目的估价人员及时交付给委托人。

在交付估价报告时应当由委托人或者其指定的接收人在“估价报告交接单”上签收。接收人签名并填写的收到估价报告的年月日，此即估价报告交付日期。

房地产估价师在交付估价报告时，可以主动地或者根据委托人的要求，对估价报告中的某些问题，特别是估价报告使用建议做口头说明或解释。

3. 估价资料归档

在向委托人交付了估价报告后，应及时对在该项估价业务中形成的各种文字、图表、声像等不同形式的资料进行清理，对其中有保存价值的资料进行整理、分类，然后归档保存。估价师不应将估价资料据为己有或者拒不归档。

估价机构应当建立估价资料的立卷、归档、保管、查阅和销毁等估价档案管理制度，保证估价资料妥善保管、有序存放、方便查阅，严防毁损、散失和泄密。归档有助于估价机构和估价师不断提高估价业务水平，有助于解决日后可能发生的估价争议，还有助于行政主管部门和行业组织对估价机构和估价师开展的有关检查和考核等。

归档的估价资料在可能的情况下应当全面、完整，一般包括：① 向委托人出具的估价报告(包括附件)；② 委托人出具的“估价委托书”及与委托人签订的“估价委托合同”；③ “实地查看记录”；④ “估价报告内部审核表”；⑤ “估价报告交接单”；⑥ 估价项目来源和接洽情况记录;⑦ 估价过程中的不同意见和估价报告定稿之前的重大调整或者修改意见记录;⑧ 估价师和估价机构认为有必要保存的其他估价资料。其中,估价报告、估价委托书、估价委托合同、实地查看记录、估价报告内部审核表是必须归档的。归档时,可以采用电子版归档,但估价报告应当至少保留一份与向委托人出具的完全相同的原件,特别是其中有估价师签名处应当原件归档。

估价资料的保管期限自估价报告出具日期计算,一般为 15 年,最少不少于 10 年。保存期限届满而估价服务的行为尚未结束的,估价档案应当保存到估价服务的行为结束为止。

估价资料的保管人员调动工作,应按有关规定办理交接手续。估价机构终止(如撤销、解散、破产等)、分立、合并等,估价资料的保管人员应会同有关人员和单位编制估价资料移交清册,将估价资料移交指定的单位,并按有关规定办理交接手续。

第二节 房地产估价报告的撰写

在进行了一系列的资料搜集、市场状况调查、确定估价方法、估价结果测算完成以后,需要根据《房地产估价规范》的要求,撰写房地产估价报告。

一、估价报告的内涵

估价报告是估价机构出具的关于估价对象价值的专业意见,可视为估价机构提供给委托人的成果,是在完成估价后给委托人的正式答复,是关于估价对象的客观、合理价格或价值的研究报告,也是全面、公正、客观、准确地记述估价过程、反映估价成果的文件。

估价报告质量的高低,除了取决于估价结果的准确性、估价方法选择的正确性、参数选取的合理性,还取决于估价报告的文字表述水平、文本格式以及印刷、装帧质量。前者可以说是估价报告的内在质量,后者可以说是估价报告的外在质量,两者不可偏废。

二、估价报告的形式

估价报告的形式分为书面报告和口头报告。口头报告仅用于某些特定用途,如专家证词;书面报告按照其格式,又可分为叙述式报告和表格式报告。对于成片或成批多宗房地产的同时估价且单宗房地产的价值又较低时,估价报告可以采用表格的形式,如旧城区居民房屋拆迁估价或成批房地产处置估价。居民预购商品住宅的抵押估价报告,也可以采用表格的形式。

叙述式报告能使估价人员有机会充分论证和解释其分析、意见和结论,使估价结果更具有说服力。叙述式报告是估价人员履行对委托人责任的最佳方式。所以,叙述式报告是最普遍、最完整的估价报告形式。

无论是书面报告和口头报告,叙述式报告和表格式报告,都只是表现形式的不同,对它们的基本要求是相同的。下面主要以叙述式报告来说明估价报告的有关要求和内容。

三、估价报告的总要求

房地产估价报告应全面、公正、客观、准确地记述估价过程和结论。具体包括以下要求：

第一，房地产估价报告应能够全面、完整地反映估价所涉及的事实、推理过程和结论，正文内容和附件资料应该齐全、配套，使估价报告使用者能够正确理解估价结果。

第二，房地产估价报告要站在客观、中立的角度分析、评判估价对象价值的影响因素，得出的结论要有充分依据。

第三，房地产估价报告要用语清楚、准确，避免模棱两可、产生歧义，未经查实的事项不得轻率写入，对难以确定的事项应予以说明，并描述其对估价结果产生的影响。

第四，房地产估价报告应高度概况，对涉及的大量资料去伪存真，用语凝练地反映资料所表达的事物本质特征。

此外，估价报告的纸张、封面设计、排版、装帧应有较好的质量，尽量做到图文并茂。

四、估价报告的内容及需要注意的问题

一份完整的估价报告通常由八个部分组成：① 封面；② 目录；③ 致委托人函；④ 估价师声明；⑤ 估价的假设和限制条件；⑥ 估价结果报告；⑦ 估价技术报告；⑧ 附件。

1．封面

封面的内容一般包括下列几项：

（1）标题。这是指估价报告的名称，如“×××房地产估价报告”。

（2）估价项目名称。说明该估价项目的全称。通常是采用估价对象的名称。在项目名称的描述中，至少应包括房地产的权利人和所处位置两个要素。

（3）委托人。说明该估价项目的委托人的名称或者姓名。其中，委托人为单位的，为单位全称；委托人为个人的，为其姓名。

（4）估价机构。说明受理该估价项目的估价机构的全称。

（5）估价作业期。说明该估价项目估价的起止年、月、日，即决定受理估价委托的年、月、日至出具估价报告的年、月、日。

（6）估价报告编号。说明该估价报告在估价机构内的编号，以便于归档和今后的统计、查找等。

2．目录

目录中通常按前后次序列出估价报告的各个组成部分的名称、副标题及其对应的页码，以使委托人或估价报告使用者对估价报告的框架和内容有一个总体了解，并容易找到其感兴趣的内容。

3．致委托人函

致委托人函是正式地将估价报告呈送给委托人的信件，在不遗漏必要事项的基础上

应尽量简洁。其内容一般包括下列几项：

(1) 致函对象。这是指委托人的名称或者姓名。

(2) 致函正文。说明估价目的、估价对象、估价时点、估价结果、价值类型、估价报告应用有效期(是指使用估价报告不得超过的时间界限,从估价报告出具日期起计算。估价报告应用有效期最长不宜超过一年,可以是半年或三个月。估价报告应用有效期的表达形式为：自本估价报告出具之日起多长时间内有效;或者自本估价报告出具之日起至未来某个年、月、日止。估价报告应用有效期不同于估价责任期。如果估价报告在其有效期内得到使用,则估价责任期应是无限期的;如果估价报告超过了其有效期还未得到使用,则估价责任期就是估价报告的有效期)。另外,通常说明随此函附交一份(或多份)估价报告。

(3) 致函落款。为估价机构的全称加盖估价机构公章,并由法定代表人或负责该估价项目的估价师签名、盖章。

(4) 致函日期。这是指致函时的年、月、日,也即正式出具估价报告的日期——估价报告出具日期。

4. 估价师声明

在估价报告中应包含一份由所有参加该估价项目的估价师签字、盖章的声明。声明中应载明哪些注册房地产估价师进行过实地查勘,哪些未至现场查勘。

该声明告知委托人和估价报告使用者,估价师是以客观公正的方式进行估价的,同时它对签字的估价师也是一种警示。估价师声明通常包括下列内容：

我们郑重声明,在我们的知识和能力的最佳范围内：

(1) 估价报告中对事实的陈述,是真实、完整和准确的。

(2) 估价报告中的分析、意见和结论,是本人公正的专业分析、意见和结论,但要受估价报告中已说明的假设和限制条件的限制和影响。

(3) 我们与估价报告中的估价对象没有任何(或有已载明的)利益关系;对与该估价对象相关的各方当事人没有任何(或有已载明的)偏见,也没有任何(或有已载明的)个人利害关系。

(4) 我们是依照中华人民共和国国家标准《房地产估价规范》的规定进行分析,形成意见和结论,撰写本估价报告。

(5) 我们已对(或没有对)估价报告中的估价对象进行了实地查勘(如果不止一人签署该估价报告,应清楚地列出对估价对象进行了实地查勘的估价人员的姓名和没有对估价对象进行实地查勘的估价人员的姓名)。

(6) 我们在该估价项目中没有得到他人的重要专业帮助(如果有例外,应说明提供了重要专业帮助者的姓名、专业背景及其所提供的重要专业帮助的内容)。以及其他需要声明的事项。

5. 估价的假设和限制条件

估价的假设和限制条件是说明估价的假设前提,未经调查确认或无法调查确认的资料数据，在估价中未考虑的因素和一些特殊处理及其可能的影响，估价报告使用的限制条件等。主要包括：对委托人提供的有关情况和资料的真实性、合法性的假定；对估价对象有关状况的假定，主要是其中的权益状况和实物状况；对评估的价值前提的说明；对估价方法使用前提的说明。

在估价报告中陈述估价的假设和限制条件，一方面是规避风险、保护估价机构和估价人员，另一方面是告知、保护委托人和估价报告使用者。

6. 估价结果报告

估价结果报告应简明扼要地说明下列内容：

(1) 委托人。委托单位的全称、法定代表人和住所，个人委托的为个人的姓名和住所。

(2) 估价机构。估价机构全称、法定代表人、资质等级、资质证书编号、资质证书有效期、工商营业执照注册号。

(3) 估价人员。列出所有参加该估价项目的估价人员的姓名及其执业资格、从业执业或专业技术职务等，以及在该估价项目中的角色，并由本人签名、盖章。有些估价机构出具的估价报告，不具备估价员或估价师资格的人员也在估价报告上签名，这样出具的估价报告即便有两名以上注册房地产估价师签名也是不规范的。

(4) 估价目的。估价目的描述要做到准确，且要对应其经济行为或应用方向。例如："为确定房地产抵押贷款额度提供参考依据而评估房地产抵押价值"；"为确定被拆迁房屋货币补偿金额而评估其房地产市场价格"。很多估价机构会将估价目的描述为"委托方了解房地产市场价值"，而没有写明委托方为什么要了解房地产市场价值，这显然没有将估价目的对应的经济行为或应用方向标注清楚。

(5) 估价时点。说明所评估的客观合理价格或价值对应的年月日，要力求做到准确。

(6) 估价对象。名称、坐落、四至、面积、用途、权属、生熟程度、建筑结构、年限等。大致可以分两个方面即实物状况分析及权益状况分析。

(7) 评估价值定义。说明本次估价采用的价值标准或价值内涵，要明确本次估价的价值类型、价值构成及使用条件限制。

(8) 估价依据。包括估价所依据的估价规范；国家和地方的法律、法规；委托方提供的有关资料；估价机构和估价人员掌握和搜集的有关资料。此外，网上价格信息只代表了买方或卖方的单方面意愿，而非实际成交的价格，以此作为依据，理由不充分。

(9) 估价原则。说明本次估价遵循的房地产估价原则，包括独立客观公正原则、合法原则、最高最佳利用原则、替代原则、估价时点原则，抵押估价还应增加遵循谨慎性原则。同时除列明本次估价原则外，还应对每个估价原则进行解释，且要做到准确无误。

(10) 估价方法。不仅要说明本次估价的思路和采用的方法以及这些估价方法的定义，还应说明选择该估价方法的理由及陈述不选择其他估价方法的原因。一般情况下，估价方法的范围涉及常规的四种估价方法，即比较法、成本法、收益法和假设开发法，土地评估还包括基准地价系数修正法、路线价法等。

（11）估价结果。分别说明本次估价的最终结果，列明总价和单价，附大写金额。若用外币表示，应说明估价时点中国人民银行公布的人民币市场汇率中间价，并注明所折合的人民币价格。此外，还要说明本次估价结果的内涵，是否与假设限制条件一致，出让金、税费等是否扣除等。

（12）估价作业期。本次估价的起止年月日，起算日期一般以估价委托书签订之日，终止日期一般以估价报告出具日期为准。

（13）估价报告应用有效期。本估价报告应用的有效期，可表达为到某个年月日止，也可表达为多长年限，如一年，一般情况下起算日期以报告出具日期为准，有效期一般不超过一年。如果房地产市场近期波动起伏较大的，建议估价报告有效期相应缩短，如不超过半年。

（14）其他说明。

7. 估价技术报告

估价技术报告一般包括下列内容：

（1）详细介绍估价对象的区位、实物和权益状况。

（2）详细分析影响估价对象价值的各种因素。

（3）详细说明估价的思路和采用的方法及其理由。

（4）详细说明估价的测算过程、参数选取等。

（5）详细说明估价结果及其确定的理由。

8. 附件

附件是把可能会打断叙述部分的一些重要资料放入其中。附件通常包括：估价委托书、估价对象位置示意图、估价对象内外部状况及周围环境和景观的图片、估价对象权属证明、估价中引用的其他专用文件资料、估价机构资质证书复印件、估价机构营业执照复印件、注册房地产估价师的注册证书复印件等。此外，抵押估价中还应将法定优先受偿权利等情况的书面查询资料和调查记录作为估价报告的附件。

9. 估价报告文本的外形尺寸

估价报告文本的外形尺寸应当统一，如统一采用国际标准 A4 型纸张。

【复习思考题】

1. 简述房地产估价报告的组成、作用和有效期。
2. 估价方法的选择取决于什么条件？
3. 在估价报告中应包含由房地产估价师签名、盖章的声明，请简述哪些估价师必须出现在声明签字中，非注册估价师是否具有签名权？
4. 某房地产估价机构向委托人甲出具了估价报告，估价作业期为 2015 年 5 月 20 日至 5 月 30 日，估价报告应用有效期为一年。2016 年 5 月 20 日，甲利用该估价报告向银行申请办理了 18 年的抵押贷款，试根据上述条件确定该估价报告的最短存档期。
5. 在明确了估价基本事项的基础上，应对估价项目进行初步分析，拟定估价作业方案。

简述估价作业方案包括的主要内容。

6. 简述明确估价基本事项所包括的内容。
7. 简述估价时点、估价作业期、估价报告出具日期、估价报告应用有效期、估价资料保管期限和估价责任期之间的异同。
8. 估价报告归档的目的何在,应如何归档?
9. 试结合实例估价撰写一份估价报告。

参考文献

[1] 车维汉.发展经济学.清华大学出版社,2008.

[2] 沈悦.房地产价格与宏观经济的关系研究.中国水利水电出版社,2006.

[3] 盛承懋等.海峡两岸房地产比较研究.东南大学出版社,2004.

[4] 陈耀.浅论民国土地法的得失——民国时期土地立法与司法的评析.西南政法大学硕士学位论文,2007.

[5] 理查德·M·贝兹,赛拉斯·J·埃利著,黄英等译.房地产估价(第6版).电子工业出版社,2008.

[6] 威廉·小文托洛,马莎·R·威廉斯著,施建刚等译.房地产估价原理.上海人民出版社,2005.

[7] 高波等.现代房地产经济学导论.南京大学出版社,2007.

[8] 苗天青.我国房地产业:结构、行为与绩效.经济科学出版社,2004.

[9] 柴强.房地产估价理论与方法.中国建筑工业出版社,2008.

[10] 叶剑平等.不动产估价.中国人民大学出版社,2005.

[11] 高鸿业.西方经济学.中国人民大学出版社,2000.

[12] 赵小虹等.房地产估价.同济大学出版社,2008.

[13] 苏东水.产业经济学.高等教育出版社,2005.

[14] 曹振良等.房地产经济学通论.北京大学出版社,2003.

[15] 王志伟.现代西方经济学流派.北京大学出版社,2002.

[16] 丹尼斯·迪帕斯奎尔,威廉·C·惠顿著,龙奋杰译.城市经济学与房地产市场.经济科学出版社,2002.

[17] 叶剑平.房地产估价.中国人民大学出版社,2002.

[18] 忻健强.房地产估价综合实践.中国建筑工业出版社,2007.

[19] 朱道林.不动产估价.中国农业大学出版社,2007.

[20] 卢新海.房地产估价——理论与实务.复旦大学出版社,2006.

[21] 张洪力.房地产估价.机械工业出版社,2009.

[22] 郭斌.房地产估价理论与实务.化学工业出版社,2008.

[23] 李恩辕等.房地产估价.中国建筑工业出版社,2006.

[24] 俞明轩.房地产评估.中国人民大学出版社,2004.

[25] 吴翔华等.房地产估价案例与分析.化学工业出版社,2008.

[26] 中华人民共和国国家标准.房地产估价规范(GB/T 50291—2015).

［27］ 中华人民共和国国家标准.城镇土地分等定级规程(GB/T18507—2001).
［28］ 中华人民共和国国家标准.城镇土地估价规程(GB/T18508—2014).
［29］ 崔云等.土地资源与城市房地产研究.经济科学出版社,2009.
［30］ 北京兴宏程建筑考试培训中心组织.房地产估价理论和方法命题点全面解读.中国铁道出版社,2010.
［31］ 佘南平.欧洲社会模式——以欧洲住房政策和住房市场为视角.华东师范大学出版社,2009.
［32］ 章鸿雁,刘永胜.房地产估价实务与案例.重庆大学出版社,2007.
［33］ 李益民.房地产估价理论与实践.暨南大学出版社,2008.
［34］ 中国房地产估价师与房地产经纪人学会.房地产估价案例与分析.中国建筑工业出版社,2009.
［35］ 中国统计年鉴(2015).中国统计出版社.
［36］ 上海市 2013 年基准地价更新成果.
［37］ 上海房地产估价师协会网站:http://www.valuer.org.cn/scjg/zs09-11-11.htm
［38］ 澳大利亚:http://www.sqmresearch.com.au/pdfs/Falls%20Recorded%20For%20February%202016.pdf
［39］ 新加坡:新加坡市区重建局网站 https://www.ura.gov.sg/uol/media-room/news/2015/oct/pr15-50.aspx
［40］ 中国香港地区:香港差饷物业估价署网站 http://www.rvd.gov.hk/mobile/en/publications/hkpr.html
［41］ 德国:http://www.cbre.de/de_en/research
［42］ 英格兰:http://www3.lancashire.gov.uk/corporate/web/?siteid=6118&pageid=35438&e=e
［43］ 加拿大:https://www.cmhc-schl.gc.ca/en/index.cfm
［44］ 美国:美国统计署
https://research.stlouisfed.org/fred2/series/USRVAC
https://research.stlouisfed.org/fred2/series/USHVAC